LE ROMAN DE JEANNE D'ARC

PHILIPPE DE VILLIERS

LE ROMAN DE JEANNE D'ARC

ALBIN MICHEL

À Bérengère

– Retirez-vous d'ici… Vous n'avez rien à faire dans mon cachot… Je ne veux plus parler à personne… Je n'ai rien à vous dire.

– Jehanne, écoutez-moi un instant… Je ne suis pas votre ennemi, vous le savez bien. Je vous ai aidée comme j'ai pu, avec mes petits signes de la tête et de la main sous mon capuce et derrière mon scapulaire dominicain… pendant les interrogatoires.

– Oui, c'est vrai. Vous et frère Isambard, vous m'avez secourue. Mais le procès est fini… Je vous en supplie, frère Martin, laissez-moi seule en mes prières.

– Mais, Jehanne, c'est pour prier avec vous que je suis venu… Et pour vous préparer…

– Me préparer à quoi ?

– À mourir… ma pauvre enfant…

– C'est aujourd'hui ?

– Oui…

– Mon Dieu ! Oh, maman…

– Ma fille…

– On va me brûler ?

– Je le crains… Les juges…

– Les juges ? Quels juges ?…

– Oh oui, je sais bien .. Ce ne sont pas des juges…

– J'aimerais mieux être décapitée sept fois que d'être réduite en cendres. Vous savez, frère Martin, que mon corps n'a connu aucune corruption. On veut me déshonorer !

– Je le sais… Je viens vous aider à marcher dans ce mystère de ténèbres.

– Qui vous a envoyé ici ?

– Monseigneur de Beauvais. .

– Mais c'est par lui, c'est par cet évêque que je vais mourir.

– Il m'a dépêché vers vous pour vous dire quelques paroles de réconfort.

– Je n'en ai pas besoin… J'ai mes Voix. Elles viennent essuyer mes larmes. Précieuse consolation puisque votre évêque ne veut pas que je reçoive les sacrements.

– Si. Il m'a autorisé à venir vers vous, avec ma patène, pour vous donner la communion. J'ai apporté une hostie dans mon corporal.

– Vraiment ?

– Oui. Vraiment…

– Oh merci… merci… frère Martin.

– Jehanne, qu'il plaise à Dieu de vous mettre à genoux.

– Je voudrais d'abord recevoir de vous le sacrement de Pénitence. Pouvez-vous m'induire à vraie contrition ?

– Oui, Jehanne. J'ai mon étole sur moi et je peux vous confesser de la grande confession.

– La grande confession ?

– Oui : la confessio fidei, laudis et peccati.

– Je n'entends rien au latin…

– La confession de votre vie entière : la confession de la Foi, de la Louange et du Péché.

– Nous n'aurons jamais le temps.

– Si… Nous le prendrons… Il n'est que sept heures du matin. Jehanne, nous allons mettre en ordre toute votre vie.

– J'y suis prête. Interrogez-moi.

– Oui, ma fille… Commençons : croyez-vous vraiment que vos Voix viennent de Dieu ?

– Oui, je le crois.

– Regrettez-vous d'avoir fait la guerre au nom du Seigneur ?

– Non, je ne le regrette pas.

– Croyez-vous avoir bien fait de partir de Domremy, à l'âge de dix-sept ans, sans le congé de votre père et de votre mère ? « Tu honoreras ton père et ta mère. » L'obéissance est un devoir sacré pour un enfant.

– En toutes choses, je leur ai obéi, excepté ce voyage… Mais, depuis, je leur ai écrit et ils m'ont pardonnée.

– Mais, quand vous les avez quittés, croyiez-vous pécher par dureté de cœur ?

– Je ne sais pas. Je ne sais plus. Non. Je ne crois pas. Et il y avait l'appel de mes Saintes…

– Vous les avez plongés dans un profond chagrin…

– Oui, frère Martin. Encore aujourd'hui je le regrette. J'en suis peinée au plus profond de moi-même.

« J'étais une fille de l'eau »

JE LES AIMAIS BEAUCOUP. Jamais je n'aurais songé à leur désoler le cœur. Mais puisque Dieu commandait, il fallait obéir. Quand j'aurais eu cent pères et cent mères, si Dieu me l'avait demandé, je serais partie.

Pourtant, toutes mes tendresses me retenaient à Domremy. À l'heure de mourir, les souvenirs de mon village me reviennent par cette fenêtre et galopent dans ma tête à chaque pensée. Je cours après les aulnes de mon enfance dans ce pays lumineux et doux, où la vie débordait de fleurs de printemps.

Souvent j'embrassais mon petit anel en laiton que mon père et ma mère m'avaient offert pour ma communion. Il me remembrait tout ce que j'avais aimé. Sur le chaton, était inscrit *Jhesu Maria*. Je le gardais à mon doigt par plaisance et pour l'amour de mes proches. Auprès d'eux, j'étais heureuse.

J'ai grandi entre la Meuse et le soleil, dans la vallée des couleurs de Vaucouleurs. Sur les coteaux, entre les vignes, je suivais mes frères. J'avais les poches pleines de marrons ; je promenais, dans mon devantier, la réserve de leurs lance-pierres. Nous fabriquions des arcs de noisetier et des épées de coudrier. Je les quittais pour ramasser les flocons de laine accrochés aux épines de la haie. Quand j'allais, avec ma grande sœur Catherine, chercher un bouquet de cresson, j'essayais d'attraper les libellules à la pointe des joncs de la rivière des Trois Fontaines, qui coulait derrière la maison.

On sautait sur la pierre plate qui enjambait le filet d'eau. D'un côté nous étions en pays de France, de l'autre en pays barrois. Partout jaillissaient des fontaines, comme celle des Fiévreux, celle des Groseilliers ; nous y remplissions des cruches bienfaisantes.

J'étais une fille de l'eau. Une fille des champs. Qui sautillait. Une enfant de la Meuse.

Notre hameau était sur la rive gauche, aux confins du royaume de France, entre le pays de Champagne et celui de Lorraine.

Je suis sortie de ce petit village qui dépendait d'une châtellenie, un dernier lambeau de terre française à l'orient du royaume en perdition. J'étais une fille de France.

Je suis née pour les rois, en la fête des Épiphanies, le six janvier 1412. Ce jour-là, ma mère préparait comme chaque année un gâteau de froment qu'elle chauffait dans le fournil où on faisait cuire les pains de seigle. On tirait les rois. Enfant, j'avais toujours la fève. Je choisissais Jacquemin, le petit Jehan ou Pierrelot, mes frères, pour les couronner.

– Des rois, en France, hélas, il y en a trois, se lamentait mon père.

Trois rois, trois royaumes. Celui des Anglais. Celui de Bourges. Et celui des Français reniés, les Bourguignons.

Dès que l'on s'éloignait du moulin banal où les hommes déposaient les provisions de grain sur la route de Neufchâtel, j'avais peur. Mes frères me donnaient la main.

Quand ils partaient à l'école à Maxey, le matin, de l'autre côté de la Meuse, à quelques lieues, en Lorraine, ils remplissaient leurs sacs de cailloux. Souvent je les ai vus revenir couverts de sang. Au pays de Maxey, on était bourguignon ; chez nous, on formait des vœux pour les Armagnacs.

Mon parrain Jehan Lingué en appelait au Ciel contre les Godons, qui menaçaient le royaume de France, ces fils d'Anglais dont le juron favori était « God dam ! », « Dieu me damne ! ».

Dans le clocher, il y avait un guetteur qui veillait jusqu'à l'adieu des complies.

Ma sœur Catherine riait beaucoup de m'entendre hurler d'horreur quand elle glissait des grenouilles dans la balle d'avoine de ma couche.

On dormait peu, trop peu pour moi. On se levait tôt. Le coq, l'Angélus, l'enclume venaient nous tirer du sommeil.

Ma chambre me donnait à respirer au petit matin l'odeur du pain chaud, une bonne odeur forte qui pénétrait par la fenêtre peureuse, à côté de la grange à outils où mon père travaillait déjà. Dès l'aube, les grands partaient pour la besogne de la terre, comme toutes les familles de laboureurs occupées à la culture des champs et à l'élève du bétail.

Moi, je restais à la maison ; je n'avais pas le droit de

quitter le jardin qui donnait sur le clos du cimetière et l'église. Je m'installais sous la treille, près de notre vollier.

Catherine m'appliquait à la garde des poules de fumier, des dindons, des canards qui allaient au ruisseau derrière les lavandières.

Sous ma houlette, pas la moindre brebiette ne fut atteinte par la dent des bêtes qui rôdaient souvent autour des chaumières. On avait la crainte des loups. Quand ils étaient affamés, ils déterraient de leurs pattes les corps des gens que l'on ensépulturait au village et aux champs. Ils entraient partout, la nuit, dans les paroisses.

Nous vivions dehors. Il fallait avoir l'œil. Le jardin de mon père était « mon fief », fermé par une allée de sureaux jusqu'au cimetière. Au milieu des carrés d'oignons et de poireaux, je surveillais les framboisiers qui faisaient la joie de mes voisines, Hauviette et Mengette. Nous nous abritions de la pluie sous un pommier doux où grimpait le petit Jehan, mon frère, le dénicheur d'oisons.

L'ombre qui venait sur le jardin au soleil couchant était celle du clocher de l'église, derrière notre chaume, en face de la Meuse.

Comme disait ma sœur, la maison était « divisée en deux royaumes ». Ma mère régnait au-dedans, et mon père au-dehors, sur les terres à sillons, avec son train de labour. Mon domaine à moi était dans la grand'salle, à côté du saloir où s'entassaient des quartiers de lard. Au mantel de la cheminée, j'accrochais la pointe de ma lampe de nuit, ma « petite coupe » ; j'avais appris très tôt à faire mon huile avec des olivettes mûries sur le gagnage.

Les soirées étaient longues et la maison toujours humide. Autour de l'âtre, les doigts tournaient le fuseau. Mon père et mes frères me donnaient à rapiécer leurs mitaines. Ils bûcheronnaient près du grand feu. Et ma mère faisait cuire des pommes embrochées sur des baguettes de saule.

Je poussais les tisons sous la marmite et décrochais les poêles à queue appendues au mur. Je passais des heures à battre beurre et à nettoyer les chazières d'ozière où l'on mettait à sécher le fromage salé.

À l'âge de sept ou huit ans déjà on me réputait comme la fileuse la plus habile de Domremy. Je savais tous les usages de la laine, j'aimais la respirer, m'y blottir.

C'est ma mère qui m'a appris, tantôt à tirer l'aiguille, tantôt à coudre les toiles de lin. Chaque jour de labeur était une prière.

Je ne savais ni A ni B. Mais ma mère m'a enseigné à lire dans les nuages et les saisons.

C'est elle qui a déposé en mon cœur ma créance, le Pater, le Credo, l'Ave Maria. Elle n'était pas d'ici. Elle venait de Sermaize, à vingt-cinq lieues de Domremy. Elle s'appelait Isabelle mais mon père la surnommait Zabilet. Zabilet Rommée. Et moi, on m'appelait Jehannette. Jehannette Rommée. Parce que, chez nous, les filles portent le nom d'usage de leur mère.

Toutes les maisons vivaient à la même heure et de la même ouvrage. Les bergeries et les étables étaient communes, comme la vaine pâture. Quand la mort s'invitait au village, tous les feux partageaient le deuil.

Je fabriquais des sacs pour le froment et des paniers

pour les voisins qui allaient vendre leurs œufs aux foires de Neufchâtel.

À la maison, on parlait peu, on priait beaucoup. Surtout ma mère. Elle était réfléchie et inquiète, toujours après « sa petite Jehannette ». Elle me serrait dans ses bras.

Mon père était maugréeur, aussi bougon que son cheval, mais tendre comme de l'endive. On l'entendait se plaindre tout le temps : « Il fait trop chaud... il fait trop froid. Les journées sont courtes... » Ma mère en riait avec nous : « Quand il se plaint, c'est qu'il va bien. »

Ma sœur Catherine aidait ma mère. Mes frères aidaient mon père. Mais moi, je n'aidais personne, je n'avais que neuf ans. Alors je passais mon temps à demander une chose au Ciel : qu'il me donne vite le même âge que ma sœur.

«Notre maison se trouvait sur la rive de toutes les rumeurs»

DEVENUE GRANDELETTE, on me tourna le cœur vers les besognes du Bien, les aumônes et les œuvres de miséricorde.

Là où le malheur se mettait sous le chaume, je courais visiter les pitoyables.

Un jour, notre voisin, Simonin Musnier, qui taillait des tourillons de hêtre et livrait les rouets de tout le village, tomba malade. J'allai le secourir en lui apportant des herbes du jardin. Pour me remercier de lui avoir relevé le cœur, il m'apprit à tailler la vigne avec son ciseau.

Puis il me prêta son hoyau pour que j'apprenne à briser les mottes de terre dans les sillons. J'étais bonne paysanne.

Souventes fois, je passais chez Michel Lebuin, qui possédait quelques fauchées de pré à Burey. Derrière sa maison, à côté de ses arbres à fruits, il avait un trésor de cosses de châtaigniers ; il y abritait jalousement un élevage de mouches à miel. Je l'aidais à préparer des quartes de cire pour les bougies de tous les moustiers des paroisses avoisinantes.

Contre un sac d'avoine et de seigle, il me laissait quelques

« chandelles de la reine ». J'allais les porter à Messire le curé qui les aspergeait d'eau bénite.

Et quand arrivait le samedi, à la belle saison, je pèlerinais avec mon panier de chandelles bénites jusqu'à l'ermitage de Notre-Dame-de-Bermont. Il fallait s'enfoncer dans la forêt, traverser une lieue de bois de chênes et de hêtres, après Greux. On croisait sous les arbres les voisins qui menaient les porcs à la glandée. Je grimpais là-haut en compagnie de Mengette, Hauviette et ma sœur Catherine. On s'arrêtait cueillir des bouquets pour les déposer au pied de la statue de la Vierge. On laissait là nos offrandes de dévotion et les cierges allumés à toutes sortes d'intentions.

Cette chapelle était comme une demeure du Ciel. On entendait au-dehors, dans les bois, les oiseaux qui chantaient aux premières chaleurs. On guettait les écureuils ; ils s'approchaient tout près du cimetière des ermites et de la fontaine où gazouillait une source vive. Ils dansaient comme des anges pour fêter les nouvelles couleurs du printemps.

Nous tombions à genoux devant le cancel qui séparait le chœur de la nef. Au-dessus du vitrail du chœur, il y avait un Jésus crucifié qui prenait sur lui la misère du monde. Il allongeait d'immenses bras tout plats. Il avait l'air de souffrir. Aux plis de son front, on voyait que le sang coulait à grosses gouttes. On pouvait compter ses côtes. Il reposait dans le jeûne éternel. Sa robe de taille était pourpre et noire.

Je passais de longues heures à le contempler. Et à le supplier. Je cherchais parfois à le consoler, pour qu'il me sourie. Mais il restait là-haut, impassible, pâle et souffrant pour nous.

Alors, je me tournais vers la Vierge couronnée, portant un sceptre dans la main droite et l'Enfant Jésus sur le bras gauche, qui caressait un oiseau au bec joueur.

Puis vint le temps des troubles. Les routes n'étaient plus sûres. Il nous fut interdit d'aller jusqu'à l'ermitage. À cause des calamités publiques, on n'avait plus le droit de sortir de Domremy.

Le jour de mes onze ans, je fus sévèrement gourmandée par notre voisin, Jehan Moen. Il me désigna, au bout de la route de l'Isle, un laboureur qui cueillait pour moi des bouquets d'iris sous les saules de la rivière.

– Jehannette ! Tu ne devrais pas parler à n'importe qui…

– Mais c'est mon voisin, Gérardin d'Épinal. Sa sœur a le même âge que moi et vient souvent filer chez nous.

– Ce grippeminaud cherche à savoir ce que pense ton père, le doyen de Domremy.

– Et que peut-il bien faire de mes paroles ?

– Les livrer aux Anglais, pardi !

– Mais il n'est pas anglais !

– Non, pire que cela, il est bourguignon. C'est un Français renié. Ce sont eux les plus dangereux.

Jehan Moen avait raison. Son métier de charron lui donnait à réparer toutes les roues de transhumance. En travaillant à cercler les chariots des chaudronniers, des rétameurs et des fondeurs, il écoutait. Il n'avait pas son pareil pour démasquer les faux pèlerins.

Notre père nous apprenait à lire les visages. Il fallait être méfiant car certains voisins avaient le pied en France et le cœur en Bourgogne. Comment savoir ce qu'ils pensaient vraiment ? Toute la famille soupçonnait ainsi le tonnelier qui venait à la maison cercler nos barricots. Il avait la dent dure et la toux grasse. Il était rond comme ses tonneaux. Quand il parlait, il enfonçait le cou dans les épaules et regardait ailleurs. Ma mère s'amusait de sa drôle de manière de porter la main à ses deux mentons, « l'un pour parler haut et l'autre pour mentir bas ».

Il y avait beaucoup de gens de passage sur la grand'route : des colporteurs portaient des dépêches entre les deux Bourgognes et nous annonçaient la mort du roi fol. Des Cordeliers pérégrinaient vers Saint-Nicolas, en les trois diocèses de Toul, Troyes et Châlons ; ils parlaient à mon père d'un « sinistre traité » tout juste signé qui donnait la France à l'Angleterre. Les bourgeois de Neufchâtel venaient chez nous pour confier aux manœuvriers et ménagers de Domremy leurs bestiaux à nourrir pendant la belle saison. Les Lombards de Toul déchargeaient la lombarde – le sel de leurs salines – et nous rapportaient la dernière défaite française.

Des convois traversaient tous les jours le village. Ils faisaient route vers les pays de la basse Meuse, avec de lourdes charrettes attelées parfois d'une douzaine de chevaux, chargées de vins de la Bourgogne. D'autres redescendaient avec des laines anglaises depuis la Flandre. Ils faisaient halte chez le charron, qui les interrogeait.

Notre maison, à côté de la Meuse, se trouvait sur la rive de toutes les rumeurs qui voyageaient avec les convois, entre les draps et les barriques.

À chaque fois qu'un char ferré, attelé de quatre chevaux, s'arrêtait chez notre voisin, on venait écouter les dernières nouvelles. Elles étaient le plus souvent mauvaises. Tous les deux jours, on nous annonçait l'arrivée d'un corps d'armée anglais.

Je lisais dans les yeux de ma mère qu'elle portait le souci de grands malheurs à venir.

«J'ai vu le blé qui brûlait sur pied»

MA ROBE DE FENAISON, mon tablier de toile de chanvre et la blouse de mes frères pour aller aux champs, c'est moi-même qui les ai cousus.

Je préférais courir à la moisson plutôt que d'assister à la saignée du cochon. Parfois, je gardais les bêtes du village quand venait le tour de la famille Darc sur les herbages de vaine pâture des bords de Meuse. Le soir, je menais le troupeau à l'abreuvoir.

Quand il fallait retourner la glaise, on partait tôt le matin. On emportait les pots en terre remplis par Catherine et ma mère, qui en garnissaient les deux cavités de soupe et de fromage. Mes frères attelaient à la charrue trois ou quatre juments. Un courtaud puissant de l'encolure traînait la herse ; seul mon père s'autorisait à le commander.

Pour rentrer à l'écurie, mes frères me faisaient monter à cru sur le vieux cheval de somme.

Plus tard, j'appris à tenir par la bride le roussin qui traînait le rouleau sur les mottes ou tirait l'attelage du labour.

J'apportais à mon père, pour attacher les gerbes, les liens

que j'avais faits de deux poignées de longues pailles encore fraîches, nouées ensemble par leurs épis.

Mais, très jeune, j'ai vu le blé qui brûlait sur pied et mon père qui retenait ses larmes. Des chefs de bande ravageaient le pays et mettaient partout le feu aux récoltes. Il fallait quitter le rouet et s'enfuir. On ne reconnaissait à leurs chevauchées cruelles ni les Armagnacs ni les Bourguignons. Ils volaient, pillaient, incendiaient, tous autant qu'ils étaient. On les voyait passer, troussés de biens comme des hérissons de pommes, après avoir enlevé tout ce qu'ils pouvaient dérober, jusqu'aux missels des églises et bréviaires des couvents.

Notre village se trouvait pris entre les meutes de routiers et d'écorcheurs qui venaient du Barrois, celles qui venaient de la Champagne au levant et celles qui venaient de la Lorraine au couchant.

Les hommes d'armes des Marches de Lorraine avaient renommée des plus grands pillards du monde. Le damoiseau de Commercy qui s'invitait de ce côté-ci de la Meuse, dans la châtellenie de Vaucouleurs, s'écriait dans un éclat :

– Guerre sans brûlement ne vaut pas mieux qu'andouille sans moutarde.

Alors il mettait tout à feu et à sang. Quand ces bandes s'approchaient, mes frères cachaient nos chevaux pendant le jour et se relevaient la nuit pour les mener paître.

Mon père commandait le guet car il était procureur. Il décida qu'un veilleur se tiendrait à toute heure sur la tour carrée du moustier. Chaque paroissien y prenait son tour, même Messire le curé Frontey. Le guetteur, à la lueur des lances lointaines, sonnait les cloches à toute volée. Il fallait courir aux étables et pousser les troupeaux vers la « Maison forte » de l'Isle, que les bras de la Meuse protégeaient des hommes-loups détrousseurs et de leurs approches. Bientôt les alertes devinrent si fréquentes que les bestiaux, au premier son de la corne du moustier, fuyaient seuls vers la Maison forte. Ils connaissaient le chemin.

Un jour, mon père nous annonça qu'il avait pris à ferme, auprès de la dame de Bourlémont, la forteresse de l'Isle, moyennant un loyer de trois ou quatre imaux de blé complétés par des livres tournois. Mon frère Jacquemin s'en servait comme grenier à fourrage.

Mais les routiers se faisaient de plus en plus hardis, les murailles étaient, par endroits, éboulées et trouées. Même le refuge de l'Isle n'était plus une sauveté suffisante.

Les alertes se multipliaient. Les cloches sonnaient presque tous les jours. Jacquemin prit l'habitude d'attacher au cou de nos bêtes à laine et du gros bétail à cornes des clochettes et quelques enseignes de Monseigneur saint Antoine.

Mon père nous répétait souvent, le soir à la veillée :

– Mes enfants, il faut vous préparer au pire. Écoutez bien les oies.

On les laissait dormir derrière les clayettes du jardin. Elles nous prévenaient de tous les bruits de la nuit. Mon père m'apprenait à avoir peur sans jamais le montrer.

«Je ne manquais pas de faire mes fontaines»

Je grandissais. J'avais la voix fragile, lente, timide et tranquille. Je me sentais pourtant forte et bien compassée de mes bras, avec de la gaîté au cœur et de l'entrain dans le caractère. J'aimais rire.

Quand j'atteignis l'âge de pleine discrétion, à douze ans, j'appris à danser, à chanter et à prendre un peu de part aux ébattements de nos âges. J'aimais courir dans les prairies.

Depuis la porte de la maison, on apercevait, à une demi-lieue du village, un bois antique, épais et sombre, le Bois-Chenu, qui descendait vers la Meuse.

Il était peuplé de loups et de sangliers. Seuls les jeunes gens avaient le droit d'y pénétrer. Mais les enfants y allaient en cachette.

Juste au-dessus de ce bois, près du grand chemin qui conduit de Domremy à Neufchâtel, il y avait un hêtre majestueux, touffu et courbé, dont les branches tombaient jusqu'à terre et formaient des sortes de loges à l'ombre épaisse. On l'appelait le «Beau Mai».

Non loin de l'Arbre qui nous enchantait, mais plus près du village, coulait la fontaine dite des Groseilliers. On m'a raconté que les personnes malades de la fièvre venaient boire de son eau pour recouvrer la santé. Mais je n'en ai pas rencontré qui aient été guéries.

J'ai ouï dire qu'à une époque reculée, les Faées, les Dames fatales, fréquentaient l'Arbre et la Fontaine. Elles accompagnaient de leurs comptines mystérieuses les rondes autour du vieux hêtre. Cet Arbre appartenait au même domaine des seigneurs Bourlémont que la Maison forte, le « château de l'Isle », servant de refuge au bétail pour les jours d'alerte.

Selon une légende du pays, un fantôme de chevalier était venu jadis s'entretenir sous son ombre avec une fée.

L'une de mes marraines, Jehanne, l'épouse du maire Aubery, pourtant réputée prude femme et non pas devine, me dit un jour avoir vu les Faées en ce lieu. Je ne l'ai jamais crue.

Au printemps, de bon matin, les garçons des villages de Domremy et Greux passaient chercher, au château de l'Isle, les filles de la famille Bourlémont ; elles emportaient des corbeilles de pain à la fleur de froment ainsi que des provisions de noix et des cruches du vin rosé de Greux. Nous prenions tous ensemble la route de Neufchâtel. Puis nous tournions à senestre vers le Bois-Chenu. Les jeunes dames de la seigneurie oubliaient leur rang et leurs titres l'instant d'un repas champêtre.

À cette époque de l'année, l'Arbre Charmine, comme l'avait baptisé le notaire d'Andelot, répandait ses parfums merveilleux et les vertus enchanteresses qu'on lui prêtait alentour. Car il était beau comme les lys. Il étendait au loin ses rameaux qui, chargés d'un riche feuillage, se courbaient en voûtes obscures. On s'abritait dessous comme on le ferait au couvert d'une cabane.

Au mois de mai, tous les enfants de Domremy s'y rendaient en troupe. Nous y faisions un «Homme de Mai», une sorte d'épourail formé d'herbes et de feuillages.

Le jour où l'on prononçait, dans la sainte Église, à l'introït de la messe, les paroles consacrées «Réjouis-toi, Jérusalem», tous les jeunes gens venaient chanter et danser sous l'Arbre. On appelait ce jour le jour de «Laetere Jerusalem» ou encore le «Dimanche des Fontaines». C'était après la mi-carême, le dimanche où l'Évangile raconte la multiplication des pains. On y faisait un repas rustique avec les petits pains des Dames, puis on revenait vers la Meuse; nous traversions le gué pour nous rendre à la fontaine des Groseilliers, un bouquet de fleurs d'églantier et de houx à la main. J'ai souvent célébré le Dimanche des Fontaines. Ainsi qu'on le disait dans mon pays, j'étais comme toutes les jouvencelles, je ne manquais pas de «faire mes fontaines».

Avec mes amies Hauviette et Mengette, nous suspendions des guirlandes et des chapels de fleurs aux rameaux de l'Arbre aux Dames.

Le bruit courait qu'en creusant la terre, sous les ombrages, on découvrirait une sorte de racine charnue et fourchue, qui offrait quelquefois la semblance d'une figure humaine; la croyance populaire confiait à cette racine, grosse comme un potiron, des vertus surnaturelles.

Un jour, Colin et la femme Thouvenin, mes voisins, ont voulu me faire accroire que cette «mandragore», comme ils la nommaient, procurerait des richesses à celle qui la posséderait. Cette menterie me fit peu d'impression. D'autres villageois prétendaient que l'on préparait avec cette plante un philtre d'amour, qu'elle guérissait les femmes stériles, ou encore que les sorcières se frottaient à ses humeurs avant de partir pour le sabbat. Mais je n'ai jamais vu de ma vie cette plante douteuse.

Auprès de la Vierge de Bermont, c'est aux choses du Ciel que s'ouvrait mon cœur. Je pressentais les dangers de commercer avec les esprits infernaux. J'étais fille de piété.

« Comme la nef sans gouvernail et le cheval sans frein »

LE VOISINAGE frappait à notre porte de plus en plus fréquemment. Il fallait la débarrer. On venait chercher mon père. Il n'avait plus le temps d'aller aux champs. Il partait souvent, avec sa charrette, à Vaucouleurs, auprès du capitaine royal, appelé par son office de doyen de Domremy. Parfois, il retournait à Sept-Fonts en Champagne où il retrouvait des cousins et des voisins d'enfance. D'autres fois, il chevauchait jusqu'à Arc-en-Barrois, paroisse de sa naissance, près du ruisseau d'Aujon.

À la tombée de la nuit, il rapportait les dernières nouvelles. Il les déposait sur la table de famille.

Mes frères, noués par l'inquiétude, attendaient debout, sans manger, son retour, devant la grande cheminée où notre père prenait une petite poignée de feu, avant de raconter son voyage et les dernières désolations portées par la rumeur. Un soir, je le vis s'attabler, la tête dans les mains. Il semblait soucieux. Sa voix était grave :

– Mes chers enfants, j'arrive de Vaucouleurs : le capitaine m'a confié ses accablements, les larmes aux yeux :

«Jacques, voilà une vieille histoire qui s'achève dans la cendre et le sang… c'est la fin.»

Jacquemin le pressa :

– La fin de quoi ?

– La fin de la pauvre Dame France, humiliée, déjetée. Il n'y a plus que le rocher de Saint-Michel-au-Mont qui résiste aux Anglais. Ils sont partout.

– Sauf chez nous !

– Non, pas encore, mais déjà dans tout le voisinage. On dit que les seigneurs de Champagne, du Barrois et de Lorraine ont tourné anglais. Paris serait entre les mains des Bourguignons. La Normandie est passée aux Godons. Mes pauvres enfants, nous devons nous préparer au pire : nous allons bientôt devenir une province anglaise.

– Mais que fait le roi ?

– Il n'y a plus de roi… Ou plutôt si, il y a un roi enfant, Henri VI, un roi anglais qui porte les deux couronnes.

– Il reste bien Charles le Septième, le roi de France ?

– Il n'y a plus de roi de France. Tout juste Charles est-il seigneur de Bourges.

– Et la reine Isabeau, que fait-elle ?

– Elle a renié son fils. Elle le nomme le «soi-disant Dauphin». Elle l'a déshérité. À Troyes, on m'a parlé d'un traité marqué du sceau de l'infamie. La reine Isabeau a tout donné à l'Angleterre.

– Pourtant elle n'est pas anglaise !

– Non, mais pas française non plus. Elle n'aime que la compote de choux de son pays de Bavière. Plissée de gras sous son hennin. Une truie couronnée !

– Et que dit le Dauphin ?

– Que pourrait-il dire ? Il a tellement peur ! Il ne sait comment réparer sa fortune. Il est seul. Tous les princes du sang se sont retirés de son autorité. Il n'a plus l'appareil convenable à sa dignité. On dit même qu'il doute de son droit. Il ignore qui il est.

– Mais il lui reste encore un connétable et une armée !

– Ah, oui ! Et quelle armée ! Les restes de Crécy et de Poitiers. Depuis Azincourt, on la connaît cette armée ! Avec dix archers, les Anglais mettent en fuite cinq cents cavaliers français. C'est ce qui vient de se passer encore à Cravant et à Verneuil. Visés comme des biches, enflêchés comme des sangliers.

– Et que va faire le capitaine de Vaucouleurs ?

– Il m'a avoué ce matin son désarroi : « Jacques, nous allons comme la nef sans gouvernail et le cheval sans frein. »

Il y eut un long silence. Puis ma mère nous invita à nous agenouiller devant le crucifix accroché au-dessus de la cheminée. Elle récitait une prière d'imploration, lue dans *L'Imitation de Jésus-Christ*. « Ô mon Dieu, étendez votre main sur votre serviteur. Délivrez-le de l'angoisse. Dites-lui votre dessein. »

Mon père, qui connaissait par cœur cette prière, récitait la suite : « ... Ô mon fils, je suis le Seigneur qui réconforte aux temps de tribulation. Attends-moi et surattends-moi. Un jour je viendrai te quérir. »

« Relever le monde du péché de veulerie »

DEPUIS LA PETITE BAIE qui éclairait ma chambrette, j'apercevais l'église où, selon les dires de ma mère, le curé Minet m'avait plongée dans la cuve baptismale, à côté du portail, au lendemain de ma naissance. Au crépuscule, je veillais jusqu'à l'adieu des complies qui endorment la paroisse. Je préparais de petits présents pour le marguillier Perrin Drappier. Et je lui apportais de la laine de nos brebis. Quand il oubliait de sonner les cloches, je le reprenais pour qu'il fût moins étourdi et lui offrais des lunes – des galettes de Commercy.

Il suffisait de traverser le jardin paternel et d'enjamber les tombes familiales pour se rendre à la maison du Bon Dieu.

Mes parrains et marraines m'accompagnaient pour les fêtes. C'étaient des gens d'entendement, versés dans les choses de la liturgie. Jehanne Aubery, ma marraine, était l'épouse du maire ; Jehanne Thiesselin, l'épouse du greffier du tribunal. Jehan Rainguesson, qui venait souvent à la maison chercher des noisettes et du lait, était maire de Greux. Il prenait souci de mes pleurs d'enfant.

L'église était placée sous le patronage de l'apôtre des Francs. Alors, au premier octobre, on célébrait la fête de saint Remi.

Lorsque je reçus la confirmation de la main de l'évêque de Toul, il m'enseigna que ce fut à Toul, dans son diocèse, que commença l'édification religieuse du roi fondateur Clovis.

La Dame de Domremy dont la demeure, dans une isle de la Meuse, touchait notre maison, s'appelait Jehanne, comme moi. Elle nous parlait de son aïeul, le sénéchal de Joinville, qui avait approché le roi Saint Louis. Elle racontait aux enfants comment ce roi éternel avait choisi de mourir sur un lit de cendres, loin de son royaume.

Presque tous les jours, j'allais de la demeure paternelle à la maison du Père céleste. Je me rendais devant une statue de Jean l'Évangéliste pour invoquer les secours de mon saint patron. On le réputait le plus grand des saints du Paradis car il avait reposé la tête contre la poitrine du Christ et on disait qu'il devait revenir sur la terre à la fin des siècles. Puis je m'arrêtais devant celle de sainte Marguerite. Elle avait, à la main, la palme du martyre. Je lui demandais conseil et courage.

Je priais aussi, près des fonts baptismaux, une statue ancienne, celle de saint Élophe ; j'avais grande affection pour sa mémoire car, selon les Anciens, c'est lui qui avait prêché l'Évangile par chez nous. Il eut la tête tranchée par ordre d'un empereur. À la lumière d'une seule chandelle, j'aimais entretenir en silence la compagnie des saints de la cour de Paradis.

Quand venait le jour du Seigneur, nous avions coutume

de nous endimancher. Je portais une longue robe de laine bleu azur, avec une corde nouée autour de ma taille. Et je me coiffais d'un chaperon d'étoffe de même couleur.

Le vénérable curé de Domremy, Messire Guillaume Frontey, nous délivrait, d'une voix tremblante, sa parole de pasteur. Il narrait, depuis la chaire, les touchantes histoires et beaux traits de l'Écriture sainte. Devant l'assistance inquiète, il nous promettait le Salut ; on se reconnaissait dans ses enseignements :

– La religion chrétienne établit que tous les hommes sont nés d'un seul et même aïeul. Dieu voulut voir le jour dans la misère et mourir dans l'ignominie pour racheter le genre humain tout entier ! C'est d'abord aux humbles qu'il a promis les couronnes du Ciel.

Un dimanche de la Chandeleur, il s'exclama en regardant spécialement les enfants :

– Tous les corps ensemble et tous les esprits ensemble et toutes leurs productions ne valent pas le moindre mouvement de charité. Et aujourd'hui, en ces temps troublés où les esprits sont affaissés, nous devons appeler de nos prières, chez nous, au royaume de France, une charité supérieure à toutes les charités ordinaires pour que vienne en saillir une œuvre qui puisse relever le monde du péché de veulerie.

À la confession du lendemain, il m'expliqua où se loge le « péché de veulerie » :

– Dans notre cœur, quand on n'ose plus défendre les choses qui, en la vie, sont supérieures à la vie.

«La pillerie et la roberie rôdaient partout»

Nous allions souvent chez nos cousins et lignagers de Champagne à Sermaize, où habitait la famille de ma mère. Il fallait traverser sans sûreté vingt-cinq grandes lieues de forêts et de landes. Je faisais le voyage en croupe avec mon frère Pierrelot sur une petite jument, la bâtière du gagnage.

À chaque fois que je m'y rendais, avec mes frères et ma sœur, nous prenions logis en l'hostel de notre cousin Perrinet, où nous demeurions plusieurs jours.

Le frère de ma mère, l'oncle Jehan, de Vouthon, connaissait bien Domremy. Il avait réparé le chaume de notre maison, ainsi que la toiture de l'église. Selon la commune renommée, il était un honnête couvreur. Mon cousin Perrinet, son fils, délivrait à mes frères en forêt les secrets du cœur de bois. Jeune et habile charpentier, il travaillait à la construction d'une abbaye voisine, à Cheminon, pour son frère Nicolas, un moine cistercien érudit que j'écoutais avec grande curiosité.

Un beau jour, le charpentier et le couvreur se mirent ensemble pour construire la maison de Jacquemin qui décida, après son mariage, de s'installer à Vouthon sur des arpents que possédait ma mère.

Mais surtout il y avait Mengotte, ma chère cousine germaine. Je l'aimais comme une sœur. Je tissais pour elle des chemises en voile de lin coloré au pastel et des cottes de lainage teint à la garance.

Nous passions des veillées entières à filer ensemble en écoutant dans le recueillement le frère de ma mère, Henri de Vouthon, le curé de Sermaize. Il ne nous cachait aucun des drames survenus en Champagne, il invitait les plus jeunes comme les anciens à prendre leur part de la pitié universelle au royaume de France. Il connaissait la famille du duc Charles d'Orléans, le célèbre captif d'Azincourt, toujours aux mains des Anglais. Son frère, Philippe d'Orléans, voisin de Sermaize, portait le titre de comte de Vertus. Sa ville et son comté, comme nombre de villages champenois, étaient à la merci des Anglais.

Messire le curé Henri nous célébrait les hauts faits de cette famille :

– Savez-vous, mes enfants, que Louis d'Orléans, avant d'être assassiné, avait jeté un défi au roi Henri IV d'Angleterre, le provoquant à combattre jusqu'au rendu, avec lance, hache, épée et dague ? Ils étaient tous deux accompagnés de cent chevaliers et escuyers, tous gentilshommes. Quelle époque !

J'apprenais à compatir à la détresse de ce prince Charles si courageux, un poète, voué à la captivité et à l'exil.

Messire l'oncle curé ne nous laissait rien ignorer de la tendresse donnée par Valentine de Milan à la mémoire de son mari défunt, et surtout de la devise admirable qu'affichait cette veuve inconsolée, depuis le meurtre du prince Louis par les Bourguignons : « Rien ne m'est plus, plus ne m'est rien. » Quelle noblesse d'âme ! Pauvre famille d'Orléans !

Notre oncle, le curé de Sermaize, témoignant sa fidélité au Dauphin, faisait sonner, au clocher de son église, ce carillon désespéré :

Mes amis, que reste-t-il
À ce Dauphin si gentil ?
Orléans, Beaugency,
Notre-Dame-de-Cléry,
Vendôme, Vendôme…

Et puis, un soir, comme nous chantions la chanson du Dauphin, ce fut le drame. Ce n'était plus seulement la famille d'Orléans, la Maison de France, qui était plongée dans le malheur, mais aussi la nôtre.

– Collot est mort ! s'écria Jacquemin, hors de souffle, se ruant dans la maison, en pleine veillée.

Collot, c'était le mari de Mengotte, ma chère cousine, ma sœur de tendresse. Elle s'effondra, hors de sens.

Son mari avait reçu un coup de bombarde, au-dessus d'un fossé, près de l'église, pendant le siège mis devant Sermaize par le comte de Salm pour en débusquer une poignée d'Armagnacs, commandés par un Gascon du nom de La Hire.

Le deuil fut long, la douleur profonde ; la plaie devait rester toujours ouverte. À partir de cet instant, jamais plus je ne vis mon père et ma mère autrement que soucieux de visage.

Il faut dire que les troubles s'étendaient à tout le voisinage. Le damoiseau de Commercy ravageait le duché de Bar. Il faisait brûler, devant lui, les moissons, pour y voir plus clair dans la nuit et mieux préparer ses attaques le jour. Il exigea des échevins de la paroisse une forte rançon de deux cents écus d'or simplement pour ne pas livrer le village de Domremy à la dévastation. Les habitants payaient pour avoir la vie sauve.

Dans le pays, on ne voyait que maisons démolies, hameaux rasés, paroisses abandonnées.

Les familles s'enfuyaient en tous sens, devant les chevauchées des Français reniés. Certain sénéchal de Bourgogne capturait lui-même hommes, femmes et enfants pour les mettre à rançon. Les gens d'armes faisaient main basse sur tout ce qu'ils trouvaient : vin, vaisselle, vêtements, menu et gros bétail.

Chez nous, on arrêta de labourer. Les moulins furent détruits jusqu'au dernier. Le duc de Bar en était venu à interdire aux paysans barrois d'entretenir le moindre feu dans la crainte de fournir à l'ennemi l'occasion d'incendier leurs chaumières. La pillerie et la roberie rôdaient partout dans les campagnes.

Mais le pire était à venir. Un homme de mauvaise vie, un chef de bande entouré de larrons, dénommé Henri d'Orly, s'invita une nuit à Domremy.

Le temps nous manqua de pousser les bêtes pour les mettre en sûreté au château de l'Isle. Il enleva tous les troupeaux des deux villages de Greux et Domremy.

Quelques jours après, nous eûmes vent, à Domremy, d'un miracle : les hommes du rocher de Saint-Michel-au-Mont avaient, selon la rumeur, défait les Godons, par mer comme par terre.

Ainsi, même s'il y avait grande pitié au royaume de France, brillait encore une lumière pour la châtellenie de Vaucouleurs, celle de l'Archange sur son rocher perdu parmi les flots.

«Les anges gardiens fuient les pécheurs comme les abeilles la fumée»

IL FAISAIT CHAUD. On ne voyait plus qu'un filet d'eau courir sous les fontaines. Les fleurs mouraient de soif. Le lit de la Meuse semblait presque à sec. C'était l'été. Je cherchais l'ombre du grand pommier dans le jardin de mon père pour mon ouvrage de quenouille. Je rendais grâces à Notre-Dame pour le retour du bétail à l'étable dans la nuit. J'avais treize ans. Le carillon sonna. Il était midi.

Ce jour-là du mois d'août, m'enveloppa une grande clarté. La lumière n'était pas celle du soleil qui donnait à pic. Elle venait du côté dextre de l'église.

Soudain, une voix me parle. Suave, douce, profonde. Je suis éblouie. Je me lève. Je prends peur. Je reste comme hors de moi, effrayée.

La voix insiste. Est-ce à moi qu'elle s'adresse ? Sans doute, puisqu'elle m'appelle :

– Jehanne… Jehanne…

– Oui… Oui… C'est moi…

Je me retourne. Personne. Ai-je rêvé ?

Alors, dans une nuée étincelante, se dessine une armée

d'anges du Ciel tout de blanc vêtus. Et au milieu d'eux, un Archange me sourit.

Je m'enfuis en courant. J'entre dans la maison, je tremble. Je me blottis dans la chambrette : est-ce de Dieu ? Est-ce du Diable ? Je sais que les anges gardiens fuient les pécheurs comme les abeilles la fumée. Suis-je en estat de grâce ? Ou ne suis-je qu'une pécheresse ? N'aurais-je été que le jouet d'un songe ou plutôt d'un mauvais esprit ? « Cette vision n'est sans doute qu'une fantômerie de ton imagination trop ardente. » Voilà ce que ma famille me dira, mes frères, ma sœur, ma mère, mon père. Je les entends déjà. Alors, je me tais.

Le lendemain, aux douze coups de midi, j'observe le Ciel. Rien. C'est le surlendemain que revient la grande clarté des anges ; je les vois avec les yeux de mon corps.

Je prends soin de regarder l'être radieux qui conduit la nuée angélique, il a l'aspect d'un vrai prud'homme, c'est le Prince des Archanges, l'Archange du Premier Rayon, je le reconnais à son parler tout céleste. Il ressemble au vitrail du chœur de l'église, avec son mantel rouge. Bientôt il se nomme à moi. Il m'enseigne et me montre tant de choses que je n'ai plus de doutes. Il m'apprend à me gouverner, à fréquenter l'église.

Ma sœur Catherine m'observe avec stupéfaction. Elle se désole. Elle voit que je ne suis plus à mon ouvrage, que je laisse traîner mon rouet dehors, que je ne mange plus. Je n'ai jamais eu de secret pour elle. J'essaie de lui parler. Mais elle secoue la tête, en murmurant :

– Jehannette, sans doute te seras-tu endormie debout.

Le soleil tape si fort ! Tout le monde devient fol dans ce royaume. Roi fol… Folle fille.

– Mais je ne suis pas folle !

– Je prie le Ciel pour que chacun reprenne le fil de son ouvrage et retrouve ses esprits…

Catherine ne veut rien entendre.

Je décide de ne plus parler à personne.

Environ un mois après, au milieu des prairies qui bordent la Meuse, je revois l'Archange et ses anges. Sur toutes choses, il me recommande d'être bonne enfant. Puis il me raconte la pitié qui est au royaume de France.

Il vient et revient. Dans les bois de Bermont, sous les ramures du Bois-Chenu, dans les champs lorsque sonne l'Angélus. Peu à peu, la peur me quitte. Je n'ai plus de frayeur. Au contraire. Toutes les fois que je le vois, j'éprouve une profonde joie. Je lui fais révérence.

Ses visites deviennent fréquentes. Un matin, il m'annonce que je verrai un prochain jour sainte Catherine et sainte Marguerite. Qu'elles sont chargées de me conduire et de me conseiller sur ce que j'aurai à faire, selon le commandement du Roi du Ciel.

Bientôt ce sont, en effet, deux jeunes femmes d'une radieuse beauté qui m'apparaissent. Elles sont magnifiquement vêtues, leurs têtes sont parées de belles, riches et précieuses couronnes. Elles se nomment à moi.

Elles parlent un beau langage. Leur voix est tendre et leur langue est le français. Je me prosterne et leur baise les pieds.

Un soir où la famille est réunie autour d'une tablée de châtaignes, mon père évoque les derniers malheurs du royaume et le prochain envahissement de Vaucouleurs par les hordes de Bourguignons. J'obéis à l'ordre de mes frères en Paradis qui m'ont prescrit de révéler la prochaine délivrance de la France. Mon père, en m'écoutant parler ainsi, m'impose silence, sèchement. Lui non plus ne veut rien entendre.

À l'une de mes visions, je respire leur parfum céleste. Un jour, l'anel de mes parents que je porte à l'index de la main gauche effleure la robe de sainte Catherine elle-même. Depuis cet instant, je ne cesse de regarder mon anel où sont gravés les noms Jhesu et Maria. Il est sacré.

Puis vient le moment où l'Archange, sainte Catherine et sainte Marguerite m'entretiennent de l'œuvre que j'aurai à accomplir. À nouveau mes Voix me rassurent : le roi sera remis en possession du royaume. Elles me promettent de me mener en Paradis. Je leur demande :

– Mais qui suis-je donc pour vous ?

– Tu es Jehanne la Pucelle… fille de Dieu… fille au grand cœur…

Un jour, mon céleste Conseil me déclare qu'il faut que moi, Jehanne, je quitte mon village et que mon père n'en sache rien.

Ma voix me signifie que je ne peux durer, rester là où je suis. Je ne comprends pas. J'entends continuer à honorer mon père et ma mère. Je ne partirai jamais de cette maison que j'aime, auprès de cette église qui est ma deuxième demeure, mon refuge d'espérance.

Quand mes anges s'éloignent, je les implore de rester auprès de moi. Toute seule, condamnée à ne parler à personne de mes Voix, je m'abîme. Je voudrais qu'ils m'emportent avec eux.

Après avoir beaucoup prié, je décide de vouer au Roi du Ciel ma virginité. Je resterai toujours telle que m'appellent Mesdames les Saintes : « Jehanne la Pucelle, fille de Dieu. »

Un matin d'automne, gardant les brebis de mon père, assise au bord de la rivière des Trois Fontaines, une nuée brillante se forme autour de moi. Et de la nuée sort une Voix qui me parle :

– Jehanne, il faudra que tu mènes une autre vie et que tu accomplisses des actions merveilleuses. Car tu es celle que le Roi du Ciel a choisie pour la réparation du royaume de France.

– Mais comment le serais-je, moi qui ne sais rien sur rien ?

– Tu revêtiras bientôt un habit d'homme : en prenant les armes, tu seras chef de guerre. Tu auras pour mission de protéger le roi Charles, expulsé de sa seigneurie. Et toutes choses seront gouvernées par ton Conseil.

– Mais regardez plutôt mes habits de paysanne, osé-je lui répondre en lui tendant mes bras si frêles et en lui présentant mes mains de la terre.

– Notre-Seigneur nous a chargés de te guider. Tu n'auras qu'à suivre les conseils d'en haut.

Je cherche en moi l'impossible harmonie entre les voix de la terre, les voix de mon cœur et celles du Ciel.

À qui donc pourrais-je au moins confier mon grand secret ?

«Mes frères, les anges, en la cour de Paradis»

JE VEUX ALLER où séjournent mes Voix, dans les églises où on les célèbre. Je marche ainsi, dans la direction de Neufchâtel, jusqu'au village de Moncel; saint Michel y est spécialement honoré dans un sanctuaire très fréquenté.

Je supplie ma sœur Catherine, souffrant d'une grave affection de la gorge, de m'accompagner en pèlerinage. Nous traversons à gué la rivière et arrivons à Maxey, à quelques lieues de Domremy; dans cette paroisse voisine, l'église a pour patronne sainte Catherine, celle-là même qui a entrepris de me gouverner. Je reste un long moment à genoux devant la statue.

Puis je me rends chez Messire le curé de Domremy, Guillaume Frontey, mon confesseur.

Je ne lui dis rien sur mes visions mais lui mande de me parler de ces deux Saintes. Il me fait alors asseoir sur un banc, au fond de l'église, devant la statue de sainte Marguerite, et sous le vitrail de saint Michel.

Je le questionne sur la vie et les vertus de mes frères en Paradis :

– Pourquoi donc, Monsieur le curé, dit-on que saint Michel est l'ange gardien de tous les Français ?

– C'est l'Ange des batailles : avec son écu, sa cotte d'armes et sa lance, il veille…

– Sur la France ?

– Bien sûr, et aussi sur le duché de Bar dont il est le saint patron. En Lorraine, on lui a consacré beaucoup de chapelles. C'est lui qui pèsera les âmes lors du Jugement dernier et qui accompagnera les élus au Paradis. Et c'est lui qui vient de sauver le rocher sur l'autre confin de la France, le Mont qui se trouve au péril de la mer et porte justement le nom du Prince des Anges. Il a repoussé les assaillants anglais. Oui, chère Jehannette, saint Michel est le protecteur du royaume de France.

– Et d'où vient la dévotion de notre pays à ces deux saintes, Catherine et Marguerite ?

– Elles sont toutes deux vierges martyres de la foi. Sainte Catherine eut une parole si ardente, une sagesse si éloquente qu'elle confondit les docteurs et philosophes les plus savants d'Alexandrie venus pour l'éprouver. Elle a tenu tête à un empereur païen, Maxence. Elle fut décapitée, refusant d'abjurer sa foi. Son bourreau impérial avait fait disposer, devant la foule, un appareil de roues garnies de lames de fer, destiné à déchiqueter les chairs vives de la pauvre vierge.

– Et sainte Marguerite ?

– Elle était une jeune bergère qui, très tôt, vit apparaître le Diable sous la forme d'un dragon. Elle s'échappa de la maison de son mari en habit d'homme.

– En habit d'homme ?

– Oui, pour échapper aux intentions adultères du gouverneur d'Antioche. Celui-ci, le préfet Olibrius, avait entrepris de la séduire car elle était fort belle. Mais elle se refusa à lui. Il la fit étendre sur un chevalet. On la fouetta, on la lacéra avec des ongles de fer. Puis le préfet ordonna d'allumer un grand feu où la vierge fut jetée toute vive.

J'écoute avec effroi. Les lames de fer, la roue, le bûcher, les flammes. Oh mes pauvres Saintes ! Comment pourrais-je garder tout cela pour moi ? Et sur quels chemins vont-elles me conduire ?

Je décide de mander à Messire le curé Frontey qu'il m'entende en confession. Je veux connaître ce qui vient de Dieu ou du Diable, selon le jugement d'un ministre de l'Église, que je sais avisé. Je l'accable de mes impatiences :

– À quoi reconnaît-on que les prophétesses ne sont pas des devineresses ?

– Il y a plusieurs sortes de visions et de révélations. Les plus excellentes sont celles, toutes spirituelles, de l'intuition de l'âme, comme celles de saint Paul. Il y a les révélations de Dieu en extase ou en songe. Enfin il y a les visions corporelles, lorsque Dieu montre quelques secrets à certaines personnes que, cependant, la plupart des autres ne peuvent voir.

– Est-il possible que des êtres surnaturels aient mandat signifié par Dieu d'apparaître à une jeune fille qui ne sait ni A ni B et qui n'entend rien aux choses de la foi ?

– Oui, c'est même fréquent. Car, dit l'Écriture, « ce que Dieu a caché aux doctes et aux prudents, il l'a révélé aux simples ».

Alors Messire le curé poursuit son enseignement en me parlant du royaume de Dieu et de Domremy :

– Ici, c'est un lieu particulier… riche de symboles.

– Pourquoi dites-vous cela ?

– Parce que notre église paroissiale se rattache à la fondation du royaume de France. « Dom » signifie Monseigneur, Monseigneur saint Remy ; l'église de votre baptême, chère Jehannette, est dédiée à Monseigneur saint Remy, cet évêque qui a sacré à Reims le premier des Francs, Clovis.

– Aujourd'hui, son successeur est à Bourges ?

– Oui, mais il n'est pas vraiment roi. Le rang, la lignée, la naissance ne suffisent pas pour l'être en plénitude. On ne le devient que lorsque l'on a reçu les saintes Huiles. Il faut avoir été oint du saint Chrême, de ce baume précieux qui a servi à consacrer Clovis par saint Remy. Le royaume de France est un fief divin. Le roi ne tient ce fief qu'en vertu de l'onction, c'est-à-dire d'une délégation d'en haut.

– Mais le roi d'Angleterre, aujourd'hui prétendu roi de France, qu'est-il donc ?

– Un usurpateur de la couronne de France. Il ne peut prétendre tenir du Roi du Ciel le royaume des Lys. Seul le tiendra le vrai héritier, le roi Charles. Mais pour cela, il devra se rendre à Reims.

« *Va, va, fille au grand cœur…* »

MON VISAGE s'assombrit quand j'entends les échevins de Domremy dire à mon père, entre le cimetière et l'église, que, selon une nouvelle sûre, le Dauphin, accablé, songe à présent à se réfugier chez le roi d'Écosse.

Ils racontent aussi que tous les gens d'armes ont peur du régent anglais Becquefort ou Bêtefort – je ne sais pas trop. Et que ce dernier va porter la guerre au cœur même des pays demeurés fidèles au « petit roi de Bourges ».

Les Godons se préparent à occuper nos maisons à Domremy, avec l'aide des Français reniés qui rôdent autour de leur proie.

À nouveau, la Voix me presse :

– Jehanne la Pucelle, il faut partir. Va parler au capitaine de Vaucouleurs, Robert de Baudricourt, pour qu'il te donne une escorte de soldats qui te conduiront devers le Dauphin.

– Mais, je vous le redis, je ne suis qu'une pauvre fille… Comment donnerai-je des ordres aux gens de guerre ?

– Va ! reprend la Voix. Va, fille au grand cœur, va… Dieu te viendra en aide.

Je m'effraie. Je tremble de tous mes membres. L'Archange me commande de quitter le bercail de mes tendresses. Mais c'est impossible. Ma mère va me manquer. Et Hauviette. Et Mengette. Et mon pays. Que dira mon père ? J'aimerais mieux être tirée par quatre chevaux que de venir en France sans le congé de ma famille. Je pleure. Comme une biche aux abois, en forêt du Bois-Chenu.

Mon père et ma mère en mourront de chagrin. Déjà ils pressentent quelque chose. Ils me surveillent. Le petit Jehan m'a même dit que mon père a cru voir en songe que je partais en la compagnie de gens de guerre. Le lendemain matin, il a convoqué ses fils, encore tout bouleversé :

– Si elle devait devenir une ribaulde à soldats, j'aimerais mieux vous voir noyer ma fille. Et au cas où vous y manqueriez, je le ferais moi-même.

Vers l'Ascension, en l'année 1428, je décide d'aller voir mon cousin au Petit Burey. Il connaît le capitaine de la forteresse de Vaucouleurs. Il croira ce que je lui dirai. Mais il ne faut pas trop répandre mon secret. Car je dois me méfier des Bourguignons qui m'empêcheront d'aller devers le gentil Dauphin. Et je crains mon père qui, par amour de moi, ne m'autorisera jamais à quitter la maison familiale.

C'est donc sans un mot que je m'arrache à Domremy, avec comme seul complice mon cousin Durand Laxart. Il est venu me chercher à la maison de mon père. Il m'a emmenée en croupe sur sa mule, jusqu'à la ferme de Burey.

Nous avons fait halte en l'ermitage de Notre-Dame-de-Bermont. Et là, aux pieds de la Vierge, il m'a interrogée :

– Pourquoi veux-tu voir le capitaine ?

– Pour accomplir ma mission. L'Archange saint Michel m'a assuré que Robert de Baudricourt m'attend. Il me donnera des armes et des gentilshommes pour aller devers le seigneur Dauphin. Je le ferai couronner à Reims.

– Mais c'est une folie, ma petite Jehannette !

– Non. C'est une prophétie. Car il a été dit que la France serait livrée à la désolation par une femme et qu'elle serait ensuite restaurée par une Pucelle des Marches de Lorraine.

– Et qui est la femme de la désolation ?

– Une mère dénaturée. La reine Isabeau de Bavière, celle qui a trahi le royaume et son fils à Troyes en livrant la Couronne aux Anglais.

– Et la Pucelle des Marches de Lorraine, qui est-elle ?

– C'est moi. Ce sont mes Voix qui m'ont choisie.

À genoux devant la sainte table, dans le chœur de l'oratoire, mon cousin, si solide, âgé de seize ans de plus que moi et rude en besogne d'homme, se met à pleurer comme une Marie-Madeleine de Commercy. Longtemps plus tard, nous nous levons. Alors je lui ai fait partager ma résolution.

Mon cousin Laxart juge à propos de se rendre d'abord seul auprès du capitaine de Vaucouleurs et de lui faire savoir ma demande d'audience.

Mais le capitaine le reçoit mal. Connaissant mon père, il ferme la porte du châtelet à ma visite :

– Laxart, ramenez-la chez son père. Et n'oubliez pas de la souffleter avant de la renvoyer à Domremy.

« *Aussi bourru qu'un fagot d'épines* »

JE NE RETOURNERAI PAS à Domremy. Je veux voir le capitaine tout de suite. Rien ni personne ne changera mes desseins.

L'épouse de Laxart me propose une nouvelle robe de femme pour remplacer mes méchants habits rouges, mal rapiécés et salis par le voyage. Je refuse. Je veux apparaître telle que je suis. Une paysanne de la châtellenie d'en haut, qui vit au royaume des pauvres.

Nous nous mettons en route pour la forteresse de Vaucouleurs. Quand je l'aperçois de loin, il est tard : elle est accrochée au versant d'une colline brumeuse. Tout en bas court une prairie à perte de vue, arrosée par la Meuse qui passe près de la citadelle.

La place forte est entourée d'épaisses murailles reliées entre elles par d'imposantes tours rondes. Nous entrons par l'une des tours porches. Le pont-levis s'abaisse.

Laxart me conduit chez un forgeron de la cité, appelé Henri Le Royer, dont la femme ne tarde guère à me prendre en amitié. Après plusieurs jours d'attente, j'obtiens enfin d'être présentée au capitaine.

Je connais tout sur lui. J'ai tout entendu. Je sais qu'il a l'abord rude. Je me suis exercée à l'apprivoiser. Je me tiendrai droite devant lui. Je vais lui parler avec assurance.

Il a, m'affirme-t-on, le grand mérite de demeurer un partisan dévoué du seigneur Dauphin, sur ce dernier moignon de terre française. Il n'en retire ni gloire ni tranquillité.

Mon hôte, le forgeron, fréquente depuis longtemps Robert de Baudricourt. Tout en finissant l'ouvrage d'un timon de charrette qu'il travaille sur un lit de braise, il me glisse à l'oreille :

– Le capitaine de Vaucouleurs est un vrai Lorrain-Champenois. Son caractère s'en ressent : il a la bravoure lorraine, mais aiguisée de finesse champenoise qui le rend hésitant. Il n'est jamais vraiment là où son tempérament le laisse paraître. Ne sois pas surprise, Jehannette, de ses bourdonnements : il est aussi bourru qu'un fagot d'épines. Ce n'est pas un mauvais homme mais il a de la malice. Et il n'est pas facile de lui faire passer la lune pour une peau de veau.

Me voilà prévenue.

C'est le jeudi treize mai, le jour de l'Ascension, que nous sommes présentés, avec mon cousin, au gouverneur.

Quand j'entre dans la salle d'armes du château, je ne sais vers où me diriger car les voûtes sont basses et la pièce est sombre. Il y a partout des escuyers et des gens d'armes qui s'affairent. Les murs sont recouverts de râteliers à arbalestres. Je marche vers la grande cheminée. Je reconnais Robert de Baudricourt qui porte une jaque de mailles et des sandales de fer ; son épée traîne à son côté. Il a gardé ses bottes et ses esperons comme s'il était toujours à cheval. Assis sur un bahut avec un haut dossier, au coin du feu, il caresse un gros chien au pelage court d'un noir de loup, qui grogne comme son maistre et montre ses crocs. Il le fait taire en lui donnant des coups de pied. Il ne me regarde pas. M'a-t-il seulement vue ?

Je fais signe à Laxart pour qu'il me présente. Il bredouille :

– Capitaine, je vous ai amené ma cousine de Domremy... Vous savez, c'est la fille de maistre Jacques, le doyen de la paroisse...

Je regarde cet homme avec crainte. Un cou de bélier, des yeux secs, de grosses mains nerveuses. Il paraît brutal, colérique. Il me fait signe de m'approcher :

– Pourquoi voulais-tu me voir ?

– Capitaine Messire, je suis venue vers vous de la part de mon Seigneur. Afin que vous mandiez au Dauphin de se bien tenir et de ne point assigner bataille à ses ennemis.

– Et pourquoi attendrait-il pour déloger les Godons ?

– Le temps que mon Seigneur lui donne secours avant le milieu du carême prochain.

Le capitaine, stupéfait, grommelle.

Je pressens qu'il va me mettre à la porte. Je poursuis quand même :

– Mon Seigneur veut que le Dauphin devienne roi et qu'il ait le royaume de France en commande.

– En commande ?

– Oui. En commande...

– Mais où as-tu appris ce mot ? Tu parles comme un notaire royal.

– Non, je parle comme mes Voix. Elles m'ont dit que le Dauphin aurait le royaume en dépôt, il sera fait roi, je le mènerai à son sacre. Mon Seigneur me l'a assuré.

Le capitaine éclate de rire et toute la salle d'armes avec lui. Il invite ses hommes à entrer dans ses moqueries :

– Et qui est ce fameux seigneur et le nom de son fief ?

– C'est le Roi du Ciel. Et le Ciel est sa seigneurie.

Robert de Baudricourt se redresse brusquement, il saisit son épée. Puis, à voix basse, lentement, il demande à deux escuyers de me reconduire comme on le ferait pour un esprit indisposé. Il s'en prend à mon cousin Laxart :

– J'espère que tu es moins fou qu'elle, elle mériterait que je la livre à mes gens pour une ripaille. Mais je veux bien la ménager parce qu'elle n'a plus sa raison en ses songes. Ramène-la à son père et plains-le de ma part.

Humiliée, je fais demi-tour. Je vois, qui se précipite vers moi à la sortie de la salle d'armes, un gentilhomme élégant.

– Ne perdez pas espoir… et revenez le voir un autre jour. Je lui parlerai.

Je quitte le château en pleurant de rage.

Catherine Le Royer, mon hôtesse, me conduit à l'église de Vaucouleurs. Je demande à parler à maistre Jacques Fournier, le curé de la paroisse. Je veux entendre les matines et la messe. Je prie la mère du Sauveur et me dispose à un nouvel assaut du capitaine. Mon cousin me recommande la patience.

Je m'efforce d'écourter, par la dissipation du travail, les lentes heures de l'attente. J'occupe mes journées à manier les fuseaux.

Le temps me semble aussi pesant qu'à une femme en travail d'enfant. Je supplie mes hôtes :

– Il faut que j'aille vers le noble Dauphin, parce que mon Seigneur le veut ainsi. Quand bien même je devrais y courir sur les genoux, j'irai.

– Mais comment faire ? Tu es seule…

– Il faut que quelqu'un me conduise. Regardez dans la rue : le peuple est avec moi.

Le capitaine a fermé sa porte. Il ne veut pas m'entendre.

Autour de lui, on ne me croit pas. Alors, Laxart me ramène à Domremy. Rien n'a changé, dans le fond de mon cœur, de mes résolutions. J'attendrai. Mais je reviendrai. Je me garde en la fermeté de mes desseins.

Par deux fois, le capitaine de Vaucouleurs a refusé de prêter l'oreille. Il s'est gaussé. Il m'a désignée à ses escuyers comme une folle, une diablesse. Pourtant il faudra qu'un jour prochain, il m'écoute. Car avant même la mi-carême, je dois être près du Dauphin. Personne au monde – roi, duc, princesse d'Écosse, nouvelle fiancée royale – ne peut recouvrer le royaume de France. Il n'y a de secours que de moi, mes Voix me l'ont dit.

J'aimerais mieux filer auprès de ma mère que d'être sur les routes ; ce n'est pas ma condition d'aller crier sous les remparts en armure.

Pourtant je choisis d'accomplir les volontés du Ciel.

«Les jurements des laboureurs contre les Français reniés»

AU MOIS DE JUIN 1428, une rumeur se répand sur les rives de la Meuse : le gouverneur de Champagne, Antoine de Vergy, s'emploierait à rassembler un millier de chevaliers et d'archers. Et le régent Bêtefort aurait résolu d'en finir avec la châtellenie de Vaucouleurs. Il voudrait la soumettre au roi anglais.

Plus tard, la foudre tombe sur le chemin de tous les feux : on nous annonce qu'un traité va être signé pour la «reddition du chastel et de la ville de Vaucouleurs». La cité passera aux mains des Français reniés et du roi d'Angleterre.

Je vois mon père et ma mère qui sombrent dans la tristesse. Ils ne me quittent plus de l'œil. Ils ont failli perdre le sens quand ils ont appris ma partance pour Vaucouleurs. Ils ne sont pas revenus de leur chagrin, je leur ai désobéi. Ils veillent à me faire vivre en leur garde. Partout, autour de moi, depuis que je suis rentrée, on rit de mes desseins.

Le Bourguignon de Domremy, Gérardin d'Épinal, me désigne à la moquerie des jeunes gens de la paroisse, sur la place de l'église :

– Regardez passer la vierge guerrière ! La fille des songes qui devait relever la France et le sang royal !

À qui dois-je obéir ? À mon père en ce monde, qui veut me tenir dans sa dépendance par ces temps troublés ? Ou à mon père en l'autre monde qui me commande d'accomplir ma vocation ?

Et voici que le malheur qui rôde vient encore frapper notre famille : ma sœur Catherine, qui a quitté la maison pour épouser un prud'homme, Colin, le fils du maire de Greux, meurt en couches. Je perds ma seconde mère.

C'est elle qui m'a appris le chemin de Bermont. La maison pleure du matin au soir. Ma mère fait dire des prières. Elle a vieilli de vingt ans. Elle a perdu le goût et oublie même d'aller chercher le bois.

Les nouvelles navrantes se succèdent. Les hommes d'armes du maréchal de Vergy assiègent la cité de Vaucouleurs. Ils s'apprêtent à descendre sur Greux et Domremy, ils portent des torches enflammées partout dans les campagnes.

Il faut fuir en grande hâte. On rassemble les troupeaux. Chaque famille entasse sur les chariots et les brouettes des cruches de lait et quelques hardes. Le temps presse. On suit la Meuse. On s'arrête à Neufchâtel, la cité fortifiée où chacun cherche refuge à l'abri des remparts.

Je marche, chargée de linge, derrière mon père et ma mère. Nous sommes reçus chez une honnête femme nommée La Rousse, du parti armagnac, qui tient une espèce d'hostellerie. Je conduis dans un champ voisin notre troupeau et notre cheval à l'abreuvoir. Consacrant mon temps à aider notre hôtesse dans les soins de sa maison, j'écosse les pois, je suspends les tresses d'ail à l'âtre du logis. La

Rousse, qui souffre d'un accès de goutte, me demande de frotter les meubles au pain de cire d'abeille.

Il y a beaucoup de passage dans la grand'salle des tonnelets où l'on se retrouve pour traire le vin : des marchands flamands et même italiens y font étape pour une nuit. Mais aussi des drapiers qui viennent chercher les peaux de bêtes pour les tanneurs, bourreliers et parcheminiers du quartier de sainte Marguerite.

Cet exil va durer une quinzaine de jours. Je me rends chaque matin à un couvent de Cordeliers, au cœur de la cité. J'offre à Dieu mon infortune, entraînée si loin de Vaucouleurs. Je me mets sous la garde du petit pauvre d'Assise, Monsieur saint François, qui prêcha la religion d'amour et d'abandon. Dans la salle capitulaire où les bourgeois de la cité tiennent leur assemblée générale, j'écoute, en serrant mon anel, les prêcheurs franciscains qui nous édifient sur la charité.

Un beau matin, par un grand soleil, mon père nous annonce que les Bourguignons sont repartis de Domremy.

C'est le plein de l'été. Sur le chemin du retour, de méchantes fumées s'élèvent à toutes les aires de l'horizon. Les champs de blé ont été dévastés par les galops des chevaux. Il n'y a plus un épi debout. Les maisons ont été incendiées. Il n'y a plus un chaume, plus un toit.

J'entends, autour de moi, les gémissements des mères, la fureur, les jurements des laboureurs contre les Français reniés. Domremy n'existe plus. Le village est calciné. La tour carrée du moustier a été abattue. L'église de mon baptême, la maison de saint Remi, livrée aux flammes, n'est plus qu'un monceau de ruines. Elle est en cendres.

Notre maison brûle encore. Les arbres ont été abattus, les tombes du cimetière profanées, les croix brisées. On n'entend plus que les aboiements des chiens errants, redevenus à moitié sauvages.

Pour la première fois, je vois mon père pleurer. Il serre ma mère dans ses bras, devant le grand pommier arraché de notre jardin désolé :

– Zabilet ! Zabilet ! Nous ne sommes plus que des morts-vivants… C'est trop d'épreuves…

«Ma vie est ailleurs...»

À Neufchâtel, j'ai côtoyé des gens de guerre qui dégorgeaient des mots impudiques. Ils étaient souvent entourés de jeunes femmes sans retenue qui buvaient comme des écorcheurs.

Je suis bien aise d'être repartie chez nous. Je devine que mes parents voudraient me marier. Ils prennent soin de me garder près d'eux et me tiennent en grande sujétion. Je n'ai que seize ans, mais un jeune homme de Neufchâtel a déjà demandé ma main. Il est allé voir mon père qui lui a annoncé les meilleures dispositions de la famille pour nos fiançailles. Ils ne savent pas que je me suis secrètement accordée avec l'Archange saint Michel.

Chez La Rousse, le prétendant venait me voir tous les jours, à l'hostellerie; il me guettait sur la route des lavandières. À chacun de mes passages, il jetait sur mes sabots des brassées de fleurs sauvages et de compliments :

– Jehannette, vous êtes moult belle.

C'est vrai que j'ai grandi et que l'on ne me regarde plus dans le village comme une fillette mais «comme une promesse de fruit à cueillir». Je suis plutôt bien conformée.

On me juge gracieuse et enjouée dans le commerce ordinaire de la vie. Au fond de moi, je suis flattée que l'on me prête attention. La nature m'a donné une chevelure opulente qui m'inspire de la fierté. Je me défends cependant de la dévoiler et la maintiens toujours soigneusement embéguinée. Je ne veux pas de coquetterie. J'ai choisi une pauvreté d'atours. Ma vie est ailleurs. Mes sentiments aussi.

Hélas, mes parents n'ont pas découragé le jeune homme de Neufchâtel. On me considère comme engagée par les liens des fiançailles. Je n'ai jamais rien promis à cet étourdi. Je le lui répète. Il s'entête comme un bandit barrois. Quelle mauvaise surprise pour moi d'être, plus tard, traduite devant un tribunal ! Il a osé me citer devant l'official de Toul. En me faisant grief d'une promesse que je n'ai jamais tenue. Mes parents me pressent à ne point soutenir ce procès. Je les soupçonne de l'avoir suscité. On compte sur ma bonne nature mais je ne plierai pas.

Je chemine donc vers Toul, à dix-huit lieues de Domremy, avec la ferme résolution de me défendre devant le tribunal du diocèse. Je jure devant la cour que je n'ai jamais rien promis à ce benêt. L'official finit par me donner raison. Le jouvenceau se trouve confondu. Mais cette affaire contrarie fortement mon père, il me couvre de reproches.

L'heure a sonné de repartir pour Vaucouleurs, mes Voix m'y engagent. C'est alors que les nouvelles se précipitent. Le royaume est au plus mal. Selon les courriers qui arrivent à Vaucouleurs, au mois de novembre 1428, les Godons assiègent la cité du duc Charles d'Orléans, qu'ils retiennent captif depuis la bataille d'Azincourt. On dit même qu'ils ont entouré les remparts de nombreuses bastilles.

Je ne dors plus. Depuis que notre église a été détruite, je marche chaque matin jusqu'à celle de Greux, notre nouvelle paroisse.

Les Anglais sont les plus forts. Orléans ne tiendra pas. Le Dauphin s'enfuira. La France va s'éteindre.

Je me sens seule. Je ne peux rien dire de mes Voix à mon père, à ma mère, à Hauviette. Obéir à mes Voix, c'est trahir mes proches. Et obéir à mes proches, c'est trahir mes Voix. Entre le Ciel et la terre, je choisis le Ciel. Je vais mentir à ma famille. Par omission. Je partirai sans leur donner la vraie raison.

Quand mon cousin Laxart nous visite avec la sœur de ma mère qui vient du Petit Burey, je le supplie de m'emmener :

– Mon cousin, demandez à mon père que j'aille assister ma tante Jehanne, pour ses couches.

Et, à voix basse, j'ajoute :

– Vous me conduirez au sire Robert de Baudricourt.

Laxart danse d'un pied sur l'autre et me dit son grand embarras de conscience. Il finit par céder et mon père se laisse convaincre. Si c'est pour aider la famille…

J'ai le cœur lourd. J'ai menti, désobéi. Je réunis quelques effets. Qu'il est dur de partir ! Encore plus dur de partir sans rien dire. Je fais mine de quitter la maison pour quelques jours mais je sais au fond que je prends congé pour toujours.

Même à Hauviette la bien-aimée, je ne peux avouer la vérité sur mon départ. Je passe devant chez elle sans m'arrêter. C'est un déchirement. Mon cœur salue dans les larmes toute mon enfance :

Adieu Mengette…

Adieu mes frères…

Adieu mes vaches…

Adieu la maison de tous mes souvenirs.

Adieu ma Meuse tendre et rieuse…

Adieu tous… Je vous quitte…

Il pleut. Une dernière prière à l'église. Il vente. Il grêle.

Maintenant que l'on est sorti de Greux, je peux laisser échapper mes larmes. Deux lieues dans la bourrasque.

Chez le cousin de Burey, on ne pense qu'à la naissance, imminente, et au baptême. Le soir même de notre arrivée, je presse Laxart :

– Hardiment ! m'ont dit les Voix.

Hardiment, va, va, fille de France !

Nous ne sommes qu'à une lieue de Vaucouleurs. Je n'attendrai pas l'accouchement, même si je dois être la marraine.

Nous voilà devant le Porche Chaussée. Nous entrons dans la cité. Nous traversons la place, au bas de la rue qui monte au château. Nous prenons domicile chez Henri Le Royer. Je retrouve sa femme, Catherine. Elle surveille la soupe et le feu. Elle a fait cuire pour moi des châtaignes dans la cendre.

Le lendemain matin, je gravis la rue des Annonciades, pour aller entendre messe à la collégiale Sainte-Marie. Puis je descends à Notre-Dame-des-Voûtes. Dans la crypte se dresse un pilier d'où s'élancent en quatre sens des nervures qui retombent. Elles me rappellent les branches de l'Arbre Charmine, près du Bois-Chenu. Je prie pour mes parents, pour Domremy, en implorant avec ferveur Notre-Dame-de-Bermont. Le soir, je confie à Henri Le Royer :

– Il faut que j'aille vers le gentil Dauphin. C'est la volonté de Messire le Roi du Ciel.

– Et qu'attends-tu du capitaine de Vaucouleurs ? m'interroge Henri.

– Qu'il me donne une escorte...

Depuis le logis de mes hôtes, j'aperçois les tours du château. Je vois la lumière dans les meurtrières. Il faut m'y conduire.

Chaque soir, nous veillons, nous travaillons la laine. Mais je ne suis pas venue à Vaucouleurs pour filer. Bien sûr, je préférerais retrouver mon fuseau de veillée à Domremy ! Parce que guerroyer n'est pas mon métier. Mais je dois pourtant m'y résoudre. J'en ai reçu l'ordre d'en haut.

Dans les rues de Vaucouleurs et le long du canal des Moulins, depuis la Porte de Neuville jusqu'à la Porte du Roy, les paroles volent, le secret de mes Voix s'est éventé. Il n'y a plus de mystère sur les raisons de ma venue dans cette cité. Tous les bourgeois parlent de mon arrivée. Et tous savent qu'Orléans va tomber aux mains des Anglais.

Plusieurs des hommes d'armes qui m'avaient entendue devant le sire de Baudricourt veulent me revoir. On me dit que deux escuyers de Champagne au service du capitaine ont été émus de mes propos.

Un soir, à la veillée, alors que je file la laine avec Catherine Le Royer, quelqu'un frappe à la porte. Henri ouvre à l'escuyer qui se présente. Il s'appelle Jehan de

Novelompont, dit Jehan de Metz, l'un des officiers de Baudricourt. Il est venu chez mon hôte, le charron, pour me questionner :

– Que faites-vous ici ?

– Je suis en ouvrage de patience. J'attends que le capitaine de Vaucouleurs me reçoive.

– Faut-il que le roi soit chassé du royaume et que nous soyons devenus anglais pour que l'on vous aide ?

Je demande au chevalier de glisser un mot au capitaine :

– Noble chevalier, si je suis venue ici à « chambre de roi », comme on dit, dans cette ville royale, c'est pour parler à Robert de Baudricourt. Car je voudrais qu'il me veuille mener ou faire mener au roi. Mais comme vous l'avez entendu lors de la première audience, il ne prend guère souci de ce que je dis. Que vous a-t-il confié lorsque j'ai quitté sa salle d'armes ?

– Qu'il n'accordait aucune créance à vos propos. Il ne faisait que s'en moquer et réputait vos visions sorties du chaudron bouillant de vos folles imaginations. Il a même ajouté que vous seriez bonne pour ses gens à les esbattre en péché. Mais je peux vous assurer que nul de ses soldats n'eut cette volonté. Votre seule vue leur a commandé le respect. Avec le chevalier Bertrand de Poulengy, nous qui sommes au service du capitaine de Baudricourt, nous voulons vous porter secours.

– Allez donc voir de ce pas le capitaine pour qu'il m'écoute. Car avant le milieu du carême, il faut que je sois devers le Dauphin. Je dois aller en France, Messire me le demande…

– Qui est ce « Messire » ?

– Le Roi du Ciel !

Alors le jeune chevalier porte la main à la garde de son épée :

– Je vous jure que je vous conduirai vers le Dauphin. Quand voulez-vous partir ?

– Plutôt maintenant que demain, et plutôt demain que dans huit jours.

Quelques instants après cette entrevue, l'ami de Jehan de Metz, Bertrand de Poulengy, s'acquitte du même serment.

Enfin le Ciel m'entend. Mon escorte se forme. Me voilà à pied d'œuvre. Les bonnes gens commencent à me croire. J'écoute l'écho de mon Conseil qui m'invite à marcher hardiment : « Va, va, fille de France… »

«Même sans escorte, seule, bientôt, je partirai»

Ce matin-là, je n'ai pas entendu l'Angélus de l'aube. Catherine Le Royer s'est précipitée pour me réveiller :

– Le vieux duc de Lorraine a exprimé le désir de te voir.

– Le duc de Lorraine ? N'est-il pas bourguignon ?

– Oui, mais c'est un Bourguignon malade et il s'est pris à penser qu'une fille visitée par le Ciel pourrait obtenir sa guérison. Il a mandé hier que l'on te conduise à son chevet en la cité de Nancy. Nous venons de recevoir un sauf-conduit.

Je supplie Jehan de Metz de m'accompagner avec mon cousin Laxart ; le chevalier s'arrêtera à Toul. Je poursuis ma chevauchée en pays lorrain avec Laxart et l'un de ses amis, charron comme lui, Jacques Alain.

Dès mon arrivée dans la capitale de Lorraine, on m'introduit immédiatement auprès du duc Charles. Alité, il se redresse et me presse de questions :

– Vais-je guérir de la maladie dont je souffre ?

– Dieu seul le sait. Mais comment pouvez-vous vous gouverner aussi mal ? Car je crois que vous ne guérirez que si vous vous amendez. Je vous engage fort à reprendre votre bonne épouse.

On m'a confié, à Toul, que le vieux duc avait délaissé sa femme Marguerite de Bavière pour vivre avec une jeune fleur, une certaine Alizon du May. La vieille est une ruine et la jeune, une braise ardente : elle lui a donné cinq bastards. Le duc, agacé, revient à la question qui l'obsède :

– Je voudrais guérir. Que voulez-vous que je vous donne pour que vous chassiez mon mal ?

– Une troupe d'hommes d'armes pour me mener au Dauphin. Avec l'époux de votre fille Isabelle, René d'Anjou, pour la commander.

Les liens de parenté de René avec la cour de Chinon favoriseront ma démarche.

Le duché de Bar est, depuis cinq ans, affranchi de la tutelle lorraine car le duc René, fils de la reine Yolande de Sicile, a été émancipé par sa mère et n'est plus soumis au duc Charles. Je sais par mon oncle, le curé de Sermaize, qu'il est français de cœur. C'est un ami du capitaine de Baudricourt. Il n'aime pas les Bourguignons et pourra aisément parler au gentil Dauphin puisqu'il est son beau-frère.

En sortant de la chambre du duc, c'est une grande surprise qui m'attend : son gendre René d'Anjou est là. Il me dit qu'il brûlait de me connaître.

Malgré tout, ma visite tourne court. Le vieux duc n'obtient pas de moi la guérison attendue et je n'obtiens pas de lui l'escorte désirée. On m'offre un bidet pour rentrer chez moi.

Je quitte Nancy. C'est un fervent « au revoir » que le jeune duc René m'a lancé au départ.

Sur le chemin du retour, comme c'est la tradition en Champagne, je tiens à faire pèlerinage à Monseigneur saint Nicolas de Varengeville. C'est le grand patron des voyageurs mais aussi celui des croisés. Je prie devant un vaisseau d'argent déposé par la reine Blanche de Castille.

Pauvre France de Saint Louis, qui n'est plus que l'ombre d'elle-même : la couronne est passée au front de l'Anglais. Le régent Bêtefort tient la moitié du royaume et ce qu'il ne tient pas, le duc de Bourgogne le tient pour lui.

Mes nouveaux amis, les chevaliers Poulengy et Metz, portent déjà le deuil de la France dans leurs yeux mangés d'inquiétude :

– Si Orléans tombe, toute la Loire succombera.

Un soir, alors que nous parlons tranquillement avec la famille Le Royer, Catherine sursaute. Elle aperçoit par la fenêtre, qui viennent frapper à la porte, Messires Jehan Fournier, le curé de Vaucouleurs, et le capitaine Robert de Baudricourt en personne.

Je n'ai pas le temps de deviner ce qu'ils sont venus faire ici. Je vois soudain, qui s'approche de moi, Messire le curé Fournier, harnaché, avec le surplis, l'étole, le goupillon dans sa vasque et un petit crucifix qui tremblote. Soudain, il m'asperge d'eau bénite et m'adjure :

– Jehanne ! Si vous venez de Dieu, approchez-vous ! Mais, si vous venez de l'Esprit Malin, alors éloignez-vous. Va-t'en, Satan, va-t'en…

Je ne comprends pas le sens de cette cérémonie. J'ai cru qu'il s'agissait d'une bénédiction que mes hôtes auraient sollicitée. À l'adjuration du prêtre, je garde le silence et, tout étonnée, je me traîne à genoux jusqu'à lui, sous le regard attentif du capitaine de Baudricourt. Alors, Messire Fournier m'adresse ce commandement :

– Jehanne, levez-vous. Car vous n'êtes pas du Diable !

– Messire, vous deviez bien savoir si l'Esprit Malin habitait en moi puisque vous m'avez souvent entendue en confession. Quant à vous, Messire Capitaine, pourquoi ne voulez-vous pas me conduire au roi ?

– Je ne sais pas qui vous êtes vraiment.

– Vous savez au moins que je ne suis pas possédée...

– Oui, mais si tous les gens qui ne le sont pas venaient à moi réclamer une escorte de soldats, l'armée des anges n'y suffirait pas.

– Soyez sûr que, même sans escorte, seule, bientôt, je partirai.

« Advienne ce qu'il pourra ! »

Les citadins de Vaucouleurs disent qu'ils n'ont jamais connu un hiver aussi rude, avec ce brouillard glacé qui, chaque matin, encombre la colline et la citadelle.

L'escuyer Jehan de Metz m'avise que le capitaine de Baudricourt aurait écrit en secret une lettre au Dauphin Charles de France et qu'il attendrait la réponse par un courrier royal envoyé de Chinon pour arrêter sa résolution.

Je prie le Ciel, j'appelle mes Voix ; il faut attendre et attendre encore.

Le jour de carême-prenant, le mercredi neuf février 1429, je reçois les Cendres. Jehan de Metz m'attend à la sortie de Notre-Dame-des-Voûtes, porteur de la bonne nouvelle : le capitaine accepte enfin de me recevoir.

Il sait que la situation de la ville d'Orléans est désespérée. Et Messire Fournier lui a assuré, après sa visite chez Henri Le Royer, « qu'aucun Diable ne hante la prophétesse ». En revanche, il s'obstine à prétendre que je suis incapable de tenir une épée.

Je sais, par mes Voix, que les habitants de la ville d'Orléans se trouvent pressés en grande nécessité par les assaillants godons. Ils appellent au secours. Ils ont envoyé une ambassade au duc de Bourgogne, préférant se rendre aux Français reniés qu'aux Anglais. Ce qui demeure du royaume des Lys est presque perdu. Et Vaucouleurs aussi : il faudra, tôt ou tard, restituer la place aux Bourguignons.

Alors tous les escuyers de la garnison pressent le capitaine. Ils ont écouté Jehan et Bertrand, devenus mes chevaliers d'escorte, qui les ont gagnés à notre cause.

Au matin du dimanche des Bures, le treize février, j'accours au château, sans même y avoir été conviée.

Le temps m'a manqué de changer de vêtements, j'ai gardé ma robe en grosse futaine rapiécée. Bertrand de Poulengy me rejoint devant la poterne du château. Jehan de Metz, l'escuyer, nous attend; impatient, il fait les cent pas sur les dalles de la cour. Ganté de cuir, avec des grosses chausses de voyage, il semble prêt pour la partance.

Et voici que s'ouvre la porte de la salle d'armes qui m'est désormais familière.

Mais cette fois-ci, en me voyant entrer, les varlets qui graissent les cordes à arbalestres avec du lard frais laissent là leur ouvrage. On ne rit plus sous les râteliers. Le capitaine, au fond de la salle, s'est levé. Il a perdu son air de sanglier qui charge. Il semble presque courtois. Il ne parle plus de me donner de bons soufflets.

Autour de moi, c'est le silence. Et face à moi, la gravité du capitaine.

Malgré tout, il me dévisage et ne peut s'empêcher de m'entreprendre en cédant à un trait d'ironie :

– Sais-tu, fillette, que ta robe rouge est celle-là même que l'on met dans les trousseaux de noce des jouvencelles ?

– C'est ma mère qui me l'a fabriquée avant d'aller à Toul.

– Elle te donne plutôt l'allure d'une filandière à marier que d'une guerrière à escorter.

– Messire Capitaine, pourriez-vous cesser de me gourmander ?

– Alors, que veux-tu me dire ? Qu'attends-tu de moi ?

– Messire Capitaine, je suis venue vous dire que Dieu m'a plusieurs fois commandé d'aller vers le gentil Dauphin qui est le vrai roi de France. Je lèverai le siège d'Orléans et le mènerai sacrer à Reims.

– Voilà qui n'est pas neuf. Tu me l'as déjà dit lors de la dernière audience.

– Vous tardez trop à m'écouter ! Car, aujourd'hui même, le gentil Dauphin a eu, près d'Orléans, un bien grand dommage… et il est en péril d'en avoir pire encore, si vous ne m'envoyez bientôt vers lui.

– De quel dommage parles-tu ? Et où aurait-il eu lieu ?

– À Rouvray… Un désastre.

À ces paroles, le capitaine se trouble. Il appelle à lui ses escuyers. Il se met à l'écart et me demande d'aller l'attendre dans la cour. Le vieux renard doute. Une heure après, l'entretien reprend. Entre-temps, un chevaucheur, Colet de Vienne, est venu lui apporter la triste nouvelle de la défaite de Rouvray, à la bataille des Harengs. Le message est d'une grande précision : « Quatre cents chariots anglais, chargés de viandes de carême, se sont disposés en U et ont vaincu leurs assaillants, les soldats français, à un contre six. » Le grand dommage est bien celui que je lui avais annoncé.

D'un geste de la main, il donne un ordre bref : oui à l'escorte, oui au voyage, oui à tout ce que j'ai souhaité. À cet instant, c'est lui qui semble le plus pressé de me voir partir. Je le remercie. Voilà qu'il me traite avec honneur et me fait présent d'une épée.

– Hâte-toi. Advienne ce qu'il pourra !

Dehors déjà, la petite troupe se forme : deux varlets, Jehan de Hennecourt et Julien viennent d'arriver. Ils chevauchent botte à botte avec nous, aux ordres de Jehan de Metz et Bertrand de Poulengy. Il reviendra à Colet de Vienne, le chevaucheur royal, de nous servir de guide. Il connaît les routes à éviter, les gués à prendre, les pièges à tourner.

Nous partirons à la tombée de la nuit.

Colet de Vienne me déconseille de garder mon habit de jouvencelle. Par les chemins peu sûrs que nous allons fréquenter, une fille est un appât que flairent de loin les écorcheurs. Je suis prête à revêtir l'habit de guerre

Je juge que mon surnom – la Pucelle – me protège de toute confusion avec les hommes, malgré l'interdiction biblique. Je serai soldat parmi les soldats : Catherine Le Royer me coupe les cheveux à l'escuelle pour qu'ils soient à la façon des jeunes gens, taillés en rond.

C'est le menu peuple de la cité qui me procure tout mon équipement. La foule se presse. Tout alentour, il n'est de bruit que « de la Pucelle et de ses révélations ». Il faut changer de costume très vite. Je revêts un justaucorps gris, des braies, un gippon bien rembourré car il gèle, et des chausses longues et retenues au pourpoint par vingt aiguillettes ; Jehan de Hennecourt me donne des souliers hauts lacés en dehors. J'enfile une courte robe jusqu'aux genoux, Catherine Le Royer me coiffe d'un chaperon découpé de feutre noir. J'ai quelque difficulté à mettre mes houseaux serrés. Puis Julien m'apporte de longs esperons. Enfin je n'oublie pas l'épée du capitaine.

Jacques Alain et Durand Laxart, les deux charrons, bons connaisseurs des maquignons, ont réuni leurs bourses pour m'acheter un cheval au prix de douze francs.

C'est dans la cour du château, au coucher du soleil, que ma petite troupe se rassemble pour prendre le départ, sous le rameau du vieux tilleul, dépouillé de feuilles en ce temps hivernal. Mon cheval montre de l'impatience, il mordille les basses branches. Un archer du prénom de Richard a complété l'escorte au dernier moment. Nous sommes sept à partir, « les sept cavaliers de l'Apocalypse », comme dit Messire le curé Fournier, à qui je dicte une courte lettre adressée à mes parents. Pour leur demander pardon et leur dire que je les aime.

Le chargement est modeste : un peu de linge et quelques piques à loups pour traverser les forêts.

Je salue Catherine et Henri.

Adieu Vaucouleurs…

J'esperonne mon cheval comme le ferait un hardi cavalier. Nous partons au trot. Les sabots ferrés des sept chevaux martèlent le pavé sous la Porte de France.

Et puis, très vite, c'est la campagne et la brume froide de la nuit. On devine à prime les baies d'aubépine et les prunelliers. Les prairies de la Meuse nous attendent, tout en bas.

Advienne ce qu'il pourra.

«Le temps des rois n'est pas celui des hommes d'armes»

LE SILENCE est de rigueur pour la troupe. Le courrier royal Colet de Vienne, qui conduit l'escorte, impose un trot rapide. Les deux gentilshommes du capitaine, qui m'ont donné leur foi pour le voyage, ne prodiguent d'attentions que pour leurs montures. Ils sont peu encombrés pour trotter, une armure, tête nue, avec un simple bassinet accroché à la selle.

Ils me laissent à la traîne, derrière le jeune Richard, alourdi par ses fentes garnies de carreaux d'arbalestre. On est loin de la promenade de Sermaize, chez mes cousins, avec ma bâtière, la jument du gagnage de mon père. Mon cheval est un ambleur dont l'allure est le pas relevé, ni trot ni galop.

Je suis déjà hors de souffle, mal assise sur une selle trop large. Mes houseaux ne tiennent guère mes jambes et je flotte dans mes estriers. Mon cheval sent qu'il est mal gouverné. J'ai surtout froid à la tête, avec ma nuque rasée à l'escuelle. Mon chaperon est un courant d'air, il se défait à chaque ornière du chemin, à chaque branche. J'ai à peine le temps d'entendre le « Baissez-vous ! » du chevaucheur de tête.

Parfois, on revient en arrière pour éviter un pont bourguignon ou picard. On traverse les rivières à gué. Avec les pluies d'hiver, elles débordent. On s'enfonce jusqu'à mi-corps dans l'eau glacée. On porte à bout de bras les coffres de selle et les sacs de ravitaillement. Il faut délier mes vingt aiguillettes et, après chaque traversée, attacher à nouveau mes chausses à mon gippon. Ma grande pèlerine de laine est trempée. On chevauche la nuit. Et on dort le jour, dans des huttes de charbonnier, en forêt.

Colet se méfie des coupeurs de route et des rôdeurs. Il ne choisit que des chemins de traverse. On quitte rarement les bois. Quand on arrive sur des chemins cailloutés, on enveloppe de linges les sabots de nos chevaux pour amortir le bruit sur la route. Nous marchons à pas de loup, parmi les loups, les hardes affamées nous devinent et nous guettent.

Il y a tellement de sons étranges, de grognements, de plaintes... La forêt parle. Elle parle anglais. Avec un accent bourguignon. J'ai peur, peur du noir, de la nuit profonde. Peur des écorcheurs, des Godons en maraude. Et la fatigue accompagne la peur. De temps en temps, on met pied à terre. On pose le bagage de selle. Pour dormir, nourrir les bêtes. Les varlets enlèvent du naseau des chevaux les mangeoires de toile, ficellent leurs sacs d'orge. Et on repart.

J'ai repris un peu de force. On a somnolé sur un lit de feuilles mortes. Parfois, le Ciel met sur notre route un asile de moines, comme l'abbaye de Saint-Urbain, sur la Marne, à une lieue de Joinville.

Mais, jusqu'à Auxerre, nous prenons les chemins les moins frayés. Il y a de larges rivières à traverser : l'Aube, la Seine, l'Yonne, la Loire, la fameuse Loire qui sépare les deux royaumes ! Oh la chère Meuse, comme elle est loin !

Chaque nuit, on couche à la paillade, en mauvais gîte sur la paille mouillée. Comme je dors à côté des hommes d'armes de l'équipée, je garde mon pourpoint et mes chausses lacées. J'ai quelque méfiance de ces jeunes hommes et de leurs mouvements de chair. Je sens aussi mauvais qu'un sanglier dans sa bauge, cela me protège un peu.

Les embûches sont de plus en plus fréquentes, la peur s'installe dans l'escorte. Et le doute chez les cavaliers. Pourquoi continuer ainsi ?

Je ferme les yeux mais je les entends, aigres, malplaisants, qui ruminent leur renfrogne à voix basse. La nuit, ils disent par-devers eux que je suis folle, qu'il faut se défaire de moi. Ils me laisseront dans un fossé. Après avoir pris leur plaisir sur ma personne. L'archer voudrait me forcer :

– Si elle était nue, on serait surpris : elle a peut-être des cornes à la poitrine et le pied fourchu.

Un soir de ce voyage qui n'en finit pas, ils perdent patience. Je veux m'arrêter entendre une messe mais ils refusent.

Alors l'escuyer Poulengy m'annonce, au nom de la troupe, une fâcheuse résolution :

– Nous n'irons pas plus loin. Il faut revenir à Vaucouleurs.

– Revenir à Vaucouleurs ? Mais vous m'aviez promis…

– Oui. De vous conduire saine et sauve à Chinon. Mais il y a trop de dangers, c'est impossible… avec une troupe comme celle-là, on ne pourra pas empêcher les pilleries des routiers. Nous n'avons aucune chance d'aller jusqu'au terme.

– Rien n'est impossible à Messire Dieu.

– Mais on est en pays hostile. Êtes-vous bien sûre que sa protection s'étend jusqu'à ces terres incertaines de Bourgogne ?

– Oui, j'en suis sûre. Ce que je fais, je le fais par commandement. Mes frères en Paradis m'ont dit qu'il fallait que j'allasse en guerre pour recouvrer le royaume de France. Vous verrez, chers compagnons, quand nous gagnerons la ville de Chinon, le noble Dauphin nous fera bon visage.

Nous reprenons la route. La confiance revient peu à peu. Nous marchons botte à botte. Seize lieues par jour. On se méfie des villes et même des monastères :

– Les ennemis y sont peut-être.

– Mais sûrement que Dieu y est aussi.

Arrivés devant la ville d'Auxerre, j'obtiens de mes compagnons un peu de liberté pour mes dévotions. Je veux aller entendre la messe. J'entre dans la cathédrale par le grand portail tout neuf.

Nous nous faufilons entre Joigny, Charny et les autres places bourguignonnes, par la Puisaye, puis Toucy ; nous parvenons enfin aux collines de la Loire. La crainte des embuscades se dissipe à chaque lieue. À partir de Gien, notre escorte ne voyage plus qu'en terre française. C'est un immense soulagement pour mes compagnons. Nous voilà en pays libre, loin des domaines de la France reniée que nous avons traversés. Nous sommes peut-être à dix lieues d'Orléans. Exultation de la troupe. Il ne reste plus que cinquante lieues de franc estrier, par Selles et Loches, pour accéder aux portes de Chinon.

Et puis nous atteignons un village de Touraine, Fierbois. Je cherche l'église, dédiée à Madame sainte Catherine. Elle est tout en haut, sur la colline. Les pèlerins sont nombreux. Ils viennent rendre grâces. D'innombrables prisonniers et leurs familles lui doivent la liberté. Ce sont des vagues de louanges et de larmes, au pied de la statue de la sainte libératrice. Elle embrasse l'horizon de toutes les guerres, de toutes les délivrances. Elle me répète et insiste du regard : « Va ! Va hardiment ! » Je tombe à genoux. Elle porte au côté l'épée de son supplice et la roue du martyre.

Longue veillée d'armes. Tout autour de la statue, les murs sont couverts des harnois de guerre de miraculés, humbles ou célèbres. Sanctuaire glorieux…

Je vois passer, après la messe, un franciscain qui change les chandelles épuisées. Je lui demande de tenir la plume. Il me guide jusqu'au grimoire de l'aumônerie où il prend ses encres. Et je lui dicte en tremblant une lettre qui me semble malaisée, trop familière, que mon courrier royal, Colet, ira porter d'un seul galop à la forteresse de Chinon ; c'est une lettre au Dauphin. Je lui écris que j'ai cheminé l'espace de cent cinquante lieues pour venir à lui. Que je connais beaucoup de choses qui lui seront agréables. Que je voudrais savoir si je peux entrer dans Chinon.

La réponse remise à Colet arrive vite. C'est oui. Chinon est à dix lieues. La route est belle. Libre.

Nous sommes partis le treize du mois, nous atteignons les portes de Chinon le vingt-quatre février, vers midi. Le voyage n'aura duré que onze jours.

Nous chevauchons au bord de la Vienne.

Tout là-haut se détachent, sous les nuages bas, les donjons, les tours, les châteaux de la forteresse où il faudra monter.

Nous entrons par la porte Saint-Étienne. Dans les rues, des grappes d'enfants accourent vers nous. Beaucoup d'entre eux sortent des murs de roches. Puis ils retournent à leurs maisons, qui sont des caves demeurantes, tout en bas des escarpements.

Colet de Vienne connaît la cité de Chinon par cœur. Il nous a trouvé gîte et couvert dans la ville basse, chez une femme de bonne renommée, près du château, au quartier du Grand Carroi. On n'y mange que du poisson pêché en rivière de Vienne, car nous sommes en carême. Il fait froid et humide dans cette hostellerie. Les murs suintent. On vit sous le mantel de la cheminée. À l'extérieur, sous le grand auvent, la margelle nous sert à descendre et monter à cheval, pour aller à l'église paroissiale Saint-Maurice, où je passe les longues heures de l'attente.

Le Dauphin sait que je suis là. Pourquoi veut-il ainsi m'éprouver ? Aurait-il changé de résolution ? Ces heures-ci me sont encore plus pénibles que l'incommodité du voyage.

Mes escuyers commencent à douter ; je les invite à la patience :

– Le temps des rois n'est pas celui des hommes d'armes.
– Ne nous avez-vous pas dit que le Dauphin devait, dès notre arrivée dans la ville, nous accueillir et nous faire bon visage ? Voilà deux jours que nous sommes sans nouvelles.

« Un miracle d'être arrivés jusqu'ici sains et saufs »

DANS LES FIÈVRES DE L'ATTENTE, je dépêche mon messager Colet de Vienne à la forteresse, pour quérir les nouvelles. Je ne suis pas venue à Chinon pour me promener sur les bords de la rivière mais pour aller devers le Dauphin. J'ai obéi à mon Conseil qui m'a guidée jusque-là. J'attends. Pourquoi les choses traînent-elles ainsi ?

On me dit que l'impression produite par ma lettre, envoyée depuis Sainte-Catherine-de-Fierbois, ne m'a pas été favorable. Trop familière. Le Dauphin « n'est pas un varlet d'armes », a-t-on pensé à la cour.

Quand Colet revient au Grand Carroi, il m'exhorte à de nouvelles heures de patience :

– Le roi a saisi, à nouveau, le grand conseil. Pour éclairer sa décision. Il veut savoir s'il peut licitement vous recevoir et vous entendre.

– Et qui fait donc partie de ce grand conseil ?

– D'abord la bonne mère du roi, la reine Yolande de Sicile.

– Est-ce la mère de René, que j'ai rencontré à Nancy ?

– Oui, c'est elle.

– C'est heureux. Une sainte femme, m'a-t-on dit. Elle aura écouté son fils René. Et qui d'autre ?

– Le confesseur du Dauphin, Gérard Machet, le bailli d'Orléans et plusieurs prélats. Mais je n'en sais guère plus.

Il n'y a qu'à patienter encore un peu. Je vais et viens sur le Grand Carroi où toutes sortes de gens déambulent. J'écoute les transports de cette foule bruyante. Sous les auvents, se mêlent les gens d'église, beaucoup de dominicains, de franciscains, et les gens d'armes.

On croise moult provinces et lointains pays. Il y a des Espagnols, des Lyonnais, des Dauphinois, des Poitevins. Tous parlent avec des accents armagnacs pour chasser l'anglais, dans la langue de leurs terroirs. Je rencontre, au fil des ruelles inquiètes, des vieux soldats estropiés qui narrent à de jeunes escuyers leurs prouesses d'Azincourt, de Verneuil. Il y a tant de tristesse dans leurs regards !

De fenêtre à fenêtre, on se cherche noise, les insultes pleuvent. Les Auvergnats reprochent aux Écossais de s'être mal conduits à la bataille de Rouvray, qui a fait perdre espoir aux bourgeois de la cité d'Orléans : toutes ces barriques de harengs fumés transpercées, ces tonnes de poissons qui gisaient dans les herbes et les champs. C'est de leur faute ! Pourtant les Écossais sont de vrais fidèles. Le fils du Dauphin a été tout juste fiancé avec la fille du roi d'Écosse. Ce sont nos amis. Mais ils n'ont jamais eu de discipline. Joyeux convives, piètres archers.

Un peu plus loin, devant l'église Saint-Maurice, un personnage au costume de cour explique à voix basse à un évêque en camail, sortant de l'office, que la reine Marie d'Anjou a vendu hier ses bijoux, ses bagues et ses beaux habits. Et Bertrand de Poulengy, qui l'écoute derrière le porche, l'entend murmurer :

– Hier soir, elle a livré en gage l'argenterie de sa chapelle Saint-Melaine pour aider le roi à payer ses soldats.

– Et lui, le roi, que dit-il ? reprend l'évêque.

– Que le trésor est vide. Il lève les bras au Ciel : « Que ne puis-je monnayer mon cœur ! Volontiers je le laisserais arracher pour en faire des pièces d'or et entretenir mes troupes… »

Je n'ai pas de pièces d'or à apporter au gentil Dauphin. Mon trésor vient d'ailleurs. Ah, s'il m'écoutait ! Le Ciel lui enverrait l'armée des anges.

Je vais prier à l'église Sainte-Radegonde ; c'est un sanctuaire taillé dans le rocher. Je supplie la sainte martyre de fléchir le cœur du Dauphin.

Le soir venu, les nobles conseillers et gens du roi qui mènent l'enquête me questionnent à nouveau.

Les deux officiers Jehan de Metz et Bertrand de Poulengy s'écartent pour parler aux messagers royaux. Ils leur racontent notre voyage aventureux en terre bourguignonne, par les champs, les cités hostiles et les traits ennemis. « Un miracle d'être arrivés jusqu'ici sains et saufs. »

Puis ils osent, à voix basse dans un coin de la pièce, porter sur moi le meilleur témoignage. Ils affirment avoir foi en mes révélations. Ils disent que je ne suis pas une sorcière, ni une menteresse :

– Elle respire la pauvreté évangélique et confesse un candide amour de Dieu.

Les conseillers écoutent, notent, se regardent. Les uns

sourient, les autres grimacent. Ils justifient le retard de l'audience royale par la prudence d'Estat :

– Il n'est pas à propos que cette jeune fille ait accès au roi tant que l'on ne sera pas bien acertainé de sa vie et de ses mœurs.

Puis ils se tournent vers moi :

– Nous sommes là, de par le roi, pour vous poser une question : dans quel but êtes-vous venue ici ?

– Je ne le dirai qu'au roi.

– Mais si nous sommes revenus vous interroger, c'est justement au nom du roi lui-même.

– Alors, vous pouvez lui dire que j'ai chevauché vers lui parce que j'ai deux choses en mandat de la part du Roi du Ciel : faire lever le siège d'Orléans et le mener, lui, le Dauphin, jusqu'à Reims pour qu'il soit sacré et couronné.

L'entretien sera bref. Car mes deux escuyers sont appelés au château pour être entendus par le Dauphin lui-même.

Le lendemain matin, à l'aube, ce sont deux doctes clercs qui me rendent visite. Ils sont envoyés par le roi pour me questionner encore. Ils s'enquièrent de mon langage, de mes dévotions, de mes façons. Ils m'apprennent que le conseil royal a chargé deux religieux de l'ordre de Saint-François d'aller dans mon pays natal à Domremy et à Vaucouleurs afin de se renseigner sur ma famille, ma jeunesse, mes usages, et tout ce que l'on dit là-bas de mes manières.

À ce que l'on me demande, je fais toujours la même réponse :

– J'attends que l'on me mette en œuvre. C'est au Dauphin que j'ai à parler. À lui seul je dirai tout.

– Et qu'attendez-vous de lui ?

– Qu'il m'accorde sa créance. Et qu'il me confie des hommes, des chevaux et des armes.

Au troisième jour d'attente, Colet de Vienne vient nous chercher. La reine Marie d'Anjou veut me voir, au château. Miséricorde. Merci, mon Dieu ! Elle saura intercéder.

Nous quittons le Grand Carroi, la Vieille Porte s'ouvre. Je gravis la pente raide menant au fort Saint-Georges. Colet me précède.

Dans l'une des ruelles que nous empruntons, un garde, assis sur une pierre de montoir, s'en prend à mon chaperon de laine, sur ma tête, qui laisse deviner mes cheveux blonds coupés en sébile à la manière des varlets. C'est un soudard. À pleine poitrine, il vocifère :

– Est-ce un gars ?... ou plutôt une garce ?... Du bon temps pour le Dauphin ! Je vais lui défaire les aiguillettes !

Je lui demande de se taire. Il hurle encore. Alors, je descends de mon cheval, le fixe dans les yeux et l'adjure :

– Mon pauvre garçon, as-tu pensé que tu vis peut-être ton dernier jour ? Alors, consacre-le, ce jour que Dieu te donne encore, à la louange, pas au blasphème. Tu as si peu de temps à vivre...

Je reprends ma route, droite sur ma selle, poussant sur mes esperons. J'entends la herse qui se lève.

Par le pont qui sépare le fort Saint-Georges de la tour de l'Horloge, nous pénétrons dans la résidence royale.

Devant le Grand Logis, au milieu de la cour, près d'un immense four à pain qui chauffe tout rouge, un page s'avance vers nous. Il s'incline, me tend la main, puis m'indique un tablier de pierre étroit, au-dessus d'un fossé profond. Il me conduit à une grande tour, qu'il appelle la tour du Couldray. C'est mon nouveau logis.

Le capitaine de Chinon m'accueille et met auprès de moi, pour me servir et me tenir compagnie, un jeune noble de quatorze à quinze ans, nommé Louis de Coutes. Il me fait visiter la tour et les deux chapelles, celle du roi, la chapelle Saint-Melaine ; et celle attenant à la tour du Couldray, dédiée à saint Martin.

Je fais signe à mon page de me laisser là, auprès du saint de la Gaule. J'ai affaire avec lui. Je vais le prier, le supplier. Lui aussi, il saura intercéder. Et fléchir le Dauphin en son cœur.

« Gentil Sire, mettez-moi en besogne »

La cloche sonne une heure tardive à la tour de l'Horloge qui domine l'enceinte de la forteresse quand le grand maistre de la maison du roi vient m'accueillir. Il m'accompagne jusqu'au logis royal, à deux pas de la tour du Couldray.

En haut d'un escalier tournant, la porte s'ouvre sur une cage en bois, un ostevent, qui protège des courants d'air. La reine m'attend. Là-bas, au fond de la chambre, dans un oratoire, près du lutrin pour lire les Heures. Elle m'invite à m'asseoir. Je reconnais la table à broder, c'est la même qu'au château de l'Isle. La reine se déplace comme une reine, lentement. Elle est coiffée d'un hennin à deux cornes tel que je n'en ai jamais vu, ni même imaginé. Elle regarde longuement mon visage et s'attarde sur mon accoutrement qui l'étonne. Je suis en noir, de la tête aux pieds, en habit d'homme : pourpoint noir, chausses noires. J'ôte mon chaperon et je m'incline, je plie le genou. Elle s'approche, me sourit, puis, avec douceur, me tend les bras :

– C'est moi qui vous ai fait venir ici, Jehanne. J'ai lu la lettre que le capitaine de Vaucouleurs a adressée au roi pour qu'il vous reçoive. Mon frère, le duc René d'Anjou, m'a parlé de vous avec faveur. Je sais que, là-bas, à Vaucouleurs, vous avez été exorcisée. Que vous n'êtes pas du Diable. Que vous êtes une bonne fille.

– Madame la Reine, pourquoi ne suis-je pas reçue par Monseigneur le Dauphin, votre époux ?

– Je préfère vous dire la vérité. Le grand conseil est divisé. Les conseillers diffèrent d'opinion sur votre personne. Le roi veut en savoir davantage.

– Que veut-il savoir de plus ? Ses gens et les prélats sont déjà venus par deux fois me questionner.

– La plupart de ces docteurs et sages soutiennent que mon royal époux s'humilierait à recevoir lui-même une bergerette. La cause du roi est tombée si bas ! L'estat du royaume est tellement pitoyable ! Il ne manquerait pas de mauvaises langues pour murmurer à Bourges : « Ah, voici que la France s'abandonne aux songeries d'une pastoure qui entend des voix et voici que le Dauphin remet son royaume à une pauvre petite devineresse ! »

– Mais je ne suis pas une devineresse...

– Non, je le sais. Vous vous êtes tirée avec honneur de vos épreuves. Mais les conseillers soutiennent que le roi serait bien imprudent d'ajouter foi à vos desseins. Votre surnom de « Pucelle » les inquiète.

– Mon surnom est mon estat. Et mon vœu pour la vie.

– Ils craignent qu'il n'y ait dans toutes ces choses quelque trufferie, quelque folie ou pis encore. Ils disent tant de choses... que vous n'avez pas l'âge que vous prétendez...

– J'ai dix-sept ans, Madame la Reine. Qu'ils aillent

interroger Monsieur le curé Minet, de la paroisse de Domremy. Je suis née aux Épiphanies de l'an 1412.

– C'est pourquoi le roi a envoyé là-bas des religieux. Ne soyez pas trop impatiente. Mettez-vous dans le temps des rois, qui n'est pas le temps des pastoures.

– Parlerez-vous au Dauphin avant ce soir ?

– Oui, je vais même lui parler de ce pas.

En sortant de la chambre royale, je regagne ma tour du Couldray. Quelques heures plus tard, le capitaine de Chinon, Jehan de Gaucourt, vient me prévenir que toute la ville ne parle que de la noyade du garde, le soudard qui a blasphémé ce matin sur mon passage.

– Que lui est-il arrivé ?

– Il est tombé dans l'eau, me répond le capitaine de Chinon. Il a coulé à pic dans la Vienne.

– Et que dit-on en ville de cet accident ?

– On dit que vous lisez les destins dans les yeux. Que vous lui auriez prédit ce matin ce qui est advenu ce soir. Qu'il allait mourir. Et moi, je vous prédis que le roi va vous recevoir.

– Comment le savez-vous ?

– Il ne peut plus faire autrement.

– Mais le grand conseil hésite encore, m'a-t-on rapporté…

– Le grand conseil prend le vent, comme toujours. Le vent qui vient d'en bas, de la rue. Or le vent a tourné. Le peuple de Chinon vous a pris en tendresse. Le roi le sait. Il va s'en servir.

Deux dames de la suite de la reine de Sicile – que l'on appelle ici la bonne mère –, la femme du capitaine de

Chinon et une comtesse que je ne connais pas font irruption dans mon logement. Elles viennent me visiter le corps intime pour s'assurer que je suis bien une fille. Je le jure devant Dieu. Mais cela ne leur suffit pas. On me déshabille. Ces curiosités me sont une humiliation. Je crie, je gémis. Elles feignent de ne pas entendre. Sans rien dire, elles s'en retournent rassurées.

Par la meurtrière de la tour, je vois que la nuit est tombée. C'est l'après-dînée, l'après-complies. La cloche carillonne. Elle est fameuse ici. Elle s'appelle sainte Javelle, c'est elle qui endort et réveille tous les Chinonais depuis toujours. Il est haute heure.

Mon page, Louis de Coutes, m'informe que le comte de Vendôme m'attend au pied de la tour. Je n'ai jamais vu un chevalier si richement paré : il porte une barrette verte, des chaussures écarlates et un pourpoint bordé d'or. Il me fait signe de la main, prise dans une grande manche constellée de perles – celles-là n'ont pas encore été vendues. La reine a tenu sa promesse. Elle aura parlé à son époux.

Le comte m'invite à monter les marches du grand degré. Dans ma tête, je répète les gestes auxquels je me suis préparée. Je m'exerce aux inclinations et révérences dues aux rois, comme si j'avais été nourrie à la cour. On ne doit pas me prendre en défaut.

L'escalier tourne à peine. Je vois soudain la porte à deux vantaux, qui s'ouvre toute grande. La salle d'honneur est éclairée par de nombreux flambeaux appendus sur les murs et par des porteurs de torches qui forment une haie, au mitan. Tout au fond, là-bas, une haute, une immense cheminée, ornée de fleurs de lys, me laisse penser que le trône n'est pas loin du feu. J'avance tout droit. Je ne regarde personne. Mais je sens sur moi, qui se posent, avides, des centaines de regards. Des seigneurs, pompeusement vêtus, cessent de converser sur mon passage, des chevaliers – peut-être trois cents –, des gens tout en rouge se pressent autour des fourrures des dames. Et fuse, partout, derrière moi, devant moi, sur les côtés :

– La voilà ! La voilà !

Moi qui suis couturière et qui connais tous les tissus et les toiles, je n'ai, de ma vie, jamais eu sous les yeux autant de dentelles, de laines brodées, d'étoffes de soie. Ah, si Hauviette voyait tout cela ! Sur mon passage, je devine que l'on se moque de moi sous les hennins. J'entends murmurer :

– Oh, c'est un homme !

– … Oui, un escuyer rasé à l'escuelle !

– … Tout en noir. Un corbeau avec des airs de mésange !

J'appelle à la rescousse le comte de Vendôme :

– Je ne vois pas Monseigneur le Dauphin. Pouvez-vous m'aider à aller vers lui ?

– Tenez, il est là…

Il me désigne un haut seigneur, avec un grand col, qui me sourit et feint d'être le roi.

– Bonsoir, Jehanne, je suis heureux de vous accueillir en mon palais.

– Mais vous n'êtes pas Monseigneur le Dauphin !

– Vous avez raison ! Mais c'est à vous de le trouver.

Un escuyer s'avance, avec des manières royales, un mantel de lys sur les épaules. Le comte me le montre du doigt :

– Tenez, le voici…

– Mais ce n'est pas le roi !

J'avance encore. Je cherche autour de moi. L'assistance se gaudit, elle me sent perdue. Soudain, sur le côté, j'aperçois, qui saille d'une chambre, le roi. À l'instant où je le vois, je regarde droit à lui, je m'arrête à longueur de lance.

J'ôte mon chaperon.

Je m'agenouille et lui baise les genoux.

– Dieu vous donne bonne vie, gentil Dauphin, Sire.

– Mais je ne suis pas le roi.

– Mais si, vous l'êtes.

– Non, le roi, le voilà.

Il me présente un haut seigneur, vêtu plus richement que lui. J'hésite un instant. C'est impossible. Je reviens en arrière. Je fixe le visage du Dauphin avec insistance. Il m'écoute à peine et regarde au-dessus de moi ses courtisans, ses seigneurs. On dirait qu'il les craint. Il agite les mains. Ses jambes paraissent maigres et tortes. Son regard fuit. Il demeure pâle, tremblant et semble si malheureux ! Il n'a pas de mine, comme disait ma mère. Il a des yeux petits, vairons et troubles. Je croyais qu'un roi était beau. Celui-ci est disgracieux, le chapeau enfoncé jusqu'aux sourcils et habillé d'un vieux pourpoint serré de la couleur d'un sac d'avoine. On dirait qu'il étouffe, dans sa huque noire.

– En mon Dieu, gentil prince, vous êtes le roi et non un autre.

– Et vous, qui êtes-vous ?

– J'ai nom Jehanne la Pucelle. Cessez de vous jouer de moi. Passez outre.

– Pourquoi êtes-vous venue jusqu'à moi ? Que me voulez-vous, Jehanne ?

– J'ai reçu recommandation de me rendre auprès de vous. Je me suis mise en chemin de par le Roi du Ciel, pour cette Cause.

– De quelle Cause parlez-vous ?

– Très illustre Seigneur, je suis envoyée de par Messire Dieu pour donner secours à votre royaume et à vous-même.

– À moi-même ? Et que devrais-je entreprendre par vous ?

– Par moi, le Roi du Ciel vous mande que vous serez son lieutenant à lui, qui est le vrai roi de France.

– Et vous, Jehanne la Pucelle, de quel secours serez-vous pour le royaume ?

– Il sera des plus éclatants. Si vous me baillez des gens, je ferai lever le siège de la cité d'Orléans. Et je vous mènerai sacrer à Reims.

– Dieu le veut-il ainsi ?

– Oui, c'est son plaisir que les Anglais s'en aillent chez eux. Et s'ils ne s'en vont pas, il leur en mescherra et leur arrivera grand malheur.

J'ai appris, chez moi, à observer les mines des gens de pays, pas les princes en leur maintien. Je sens que le Dauphin est nerveux, contrarié, une hirondelle sous l'orage. Que lui dire pour sa sérénité ?

– Gentil Sire, je vous en supplie, mettez-moi en besogne. Je connais votre secret.

– Quel secret ?

– Le secret du roi.

Alors le bienveillant Dauphin éloigne de la main jusqu'au fond de la salle ceux qui nous entourent. Il me fait seoir sur un coussiège en pierre à l'encoignure d'une fenêtre. Il tire sur notre conversation un lourd rideau de velours.

– J'attends vos révélations, mon enfant.

« Plus il y aura ici de sang royal, mieux en sera-t-il pour sauver le royaume »

QUAND L'AUDIENCE ROYALE est suspendue, le Dauphin me confie à un homme de sa maison, dénommé Guillaume Bellier, dont la femme veillera sur moi chaque nuit à la tour du Couldray.

Il est tard, très tard. Pourtant, avant d'aller dormir, je souhaite faire halte quelques instants dans l'oratoire de Saint-Martin, pour y remercier à genoux Messire Dieu de l'accueil que m'a fait le roi.

Car cette audience me laisse entrevoir de grandes espérances. Je ne trouve pas le sommeil. Pendant toute la nuit, j'écoute la meute royale qui aboie à la tour des Chiens, juste à côté de ma chambre fortifiée. Impatience sans doute à la veille d'une chasse au chevreuil.

Je suis comme captive à rançon, dans cette grosse tour ronde, sinistre. Est-ce pour me protéger des guerriers indélicats ou des seigneurs trop curieux que l'on a voulu me tenir là sous bonne garde ? On me surveille nuit et jour. On aurait pu me donner le gîte au logis de la cour ou me laisser au Grand Carroi, dans la ville. Ici, la lumière ne vient à moi qu'à travers deux profondes meurtrières.

Le maistre du palais m'affranchit sur les tourments que cette tour a connus ; ils renforcent mes soupçons : c'est là qu'ont été enfermés les dignitaires de l'ordre du Temple, après leur capture sur l'instruction du roi Philippe IV. D'ailleurs, je retrouve, sur les murs, au-dessus de ma planche de lit, les dessins qu'ils ont gravés au couteau dans la pierre de tuffeau : une croix entourée des instruments de la Passion, encerclée par des implorations.

Là même où je séjourne, a dormi jadis le grand maistre Jacques de Molay. Il a tracé de sa propre main, sur un mur de chaux, un cerf poursuivi par des chiens. Et il a signé de cette légende : « À Dieu, je demande pardon. » Un peu plus tard, il lancera, me raconte-t-on, de son bûcher en feu, une malédiction contre le roi Philippe le Bel et tous ses descendants. Cette malédiction pèserait-elle encore sur le royaume ? Peut-être m'a-t-on mise là pour que ma seule présence interrompe cette chaîne maudite qui hante le jeune roi Charles.

Dès le lendemain matin, on vient me rechercher pour un nouvel entretien avec le Dauphin, dans la chambre royale. Il m'invite à m'approcher de la grande fenêtre, en face du jeu de paume :

– Je voulais vous voir, Jehanne. Seyez-vous sur ce cous-siège. Il faut que nous parlions encore.

– Monseigneur le Dauphin, qu'attendez-vous de moi que je ne vous ai dit hier ?

– J'attends des signes. Qui viendraient contrebattre les méfiances des princes et des gens de guerre de ma maison. Ils craignent…

– Ils n'ont rien à craindre. Au contraire. Je les conduirai à la victoire.

– Ils en doutent. Hier soir, après votre départ, ils ont tardé auprès de moi et m'ont dit qu'ils n'étaient point d'avis que l'on se commît à une jeune fille, principalement aux affaires de la guerre, vu les grands périls qui accompagnent ordinairement les assauts. Et ils ont souligné aussi que jamais les gens d'armes n'accepteraient d'être commandés par une Pucelle.

– Mais vous, Monseigneur le Dauphin, que croyez-vous ?

– Je ne sais que penser. J'observe avec étonnement les mystères qui vous entourent.

– Ce ne sont pas des mystères. Ce sont mes Voix. Mes paroles ne doivent pas vous surprendre.

– Ce sont les faits qui les accompagnent qui me surprennent.

– Quels faits ?

– Comment avez-vous pu prédire à Messire Robert de Baudricourt ce qui est advenu, le jour même, à la bataille de Rouvray ? Et comment êtes-vous arrivée à Chinon par une route si périlleuse sans empêchement ?

– Mais ceux qui m'ont interrogée, vos canonistes, vos légistes et votre confesseur, que vous ont-ils dit ?

– Que vous avez répondu sagement. Selon leurs conclusions, tous les docteurs étaient même d'opinion que votre faict et votre dict semblaient inspirés par miracle de Dieu.

Je vois bien que le Dauphin hésite encore à me confier un mandat de chef de guerre. Il consulte autour de lui ses capitaines.

Un beau matin, alors que je me promène dans la cour de ma prison royale et que je respire les bonnes odeurs du pain des fours de la tour de l'Échauguette, le Dauphin me rejoint derrière le château du milieu. Il a à peine le temps de m'entretenir de ses doutes vespéraux que mon page Louis de Coutes vient lui annoncer l'arrivée soudaine d'un prince du sang qui demande à me voir. Le roi le fait venir à nous immédiatement. Je lui dis ma curiosité sur ce nouvel arrivant, un noble chevalier, d'au moins six pieds de haut, coiffé d'un splendide cimier :

– C'est mon cousin, le duc d'Alençon, me glisse le Dauphin.

Le chevalier me salue, le heaume sous le bras gauche ; j'ose lui répondre comme si cette cour était mon domaine :

– Soyez le très bien venu. Plus il y aura ici de sang royal de France, mieux en sera-t-il pour sauver le royaume.

Le duc sourit. Et se tourne vers moi :

– Je chassais aux cailles, dans les environs de Saint-Florent-lès-Saumur. Soudain, un de mes courriers est venu m'annoncer qu'une jeune fille était arrivée ici, à Chinon. Qu'elle promettait de bouter les Anglais. Cette jeune fille qui se dit envoyée de Dieu, c'est vous ?

– Oui, et ce n'est pas un simple dire. Car je le suis vraiment.

– C'est donc vous, celle que l'on appelle Jehanne la Pucelle ?

– C'est bien moi.

Alors le duc m'interroge sur mes origines puis me conte l'histoire de sa famille : son arrière-grand-père est tombé à

Crécy; son père fut tué glorieusement; lui-même a épousé la fille du duc d'Orléans et a combattu il y a cinq ans à la triste bataille de Verneuil. Fait prisonnier par les Anglais, il sort à peine de captivité. Les Godons l'ont libéré contre une énorme rançon. Je l'écoute… Il a une vilaine voix rauque, mais il est fin de visage et jeune de manière. Quand il me dit descendre du cinquième fils de Saint Louis, je n'ose plus soutenir son regard. Il est le rejeton d'un preux dont il tire grande fierté :

– À la bataille d'Azincourt, mon père pénétra dans les rangs des Anglais jusqu'au monarque lui-même, renversa le duc d'York, l'occit de ses mains et tomba à son tour percé de coups.

Je pense en moi-même : « Ah, si je l'avais à mes côtés ! »

Je plante mon regard dans ses yeux :

– Cher duc, accepteriez-vous de combattre aux ordres d'une Pucelle, si elle recevait mandat du Ciel et de son lieutenant, le roi de France ?

– Je suis venu pour cela… Je voudrais tellement…

Le Dauphin l'interrompt :

– Croyez-vous que les gens d'armes obéiraient à cette jeune pastoure ?

– Oui, je le crois. Sire, pour sauver la France, vous le savez bien, il n'y a plus qu'un miracle. Et le miracle, c'est peut-être cette jeune fille.

Le lendemain de ma rencontre avec le duc d'Alençon, je me rends à la messe du roi dans la chapelle castrale. Puis le Dauphin me conduit au jeu de paume, avec le jeune duc et le sire de La Trémouille, le grand chambellan. Il fait disposer sur un rang tous les autres seigneurs. Je soumets au gentil Dauphin plusieurs demandes. Dont l'une me tient à cœur :

– Je voudrais que vous fissiez don de votre royaume au Roi du Ciel. Le Roi du Ciel fera ensuite pour vous ce qu'il a fait pour vos pères. Il vous protégera comme son vassal. Vous tiendrez votre royaume en commande.

Le Dauphin réfléchit, hésite, regarde autour de lui. Il finit par y consentir.

Aussitôt acte de donation est dressé et lecture en est faite, entre les quatre murs de la chapelle royale.

À cet instant, je m'adresse au roi avec solennité :

– Voilà le plus preux chevalier de son royaume. Il n'a plus rien. Il a tout donné au Roi du Ciel.

Reprenant la parole après un bref silence, je lui signifie que le Seigneur lui délègue à nouveau le royaume que le Dauphin vient de lui offrir.

Un nouvel acte symbolique est dressé, constatant cette investiture éternelle. Le Dauphin sourit. Je n'en reviens pas de mes audaces.

Le jeune duc pleure de joie. Le sire de La Trémouille semble plus réservé. Il s'agace de ce va-et-vient entre Ciel et terre qui préfigure pourtant la cérémonie du sacre. Messire le curé de Domremy m'avait appris que le roi de France est « l'oint du Seigneur ». Il tient son royaume non de la nature mais d'une délégation céleste, à la manière du roi David. Le Roi du Ciel est son suzerain.

Au cours du même entretien, je demande au Dauphin de pardonner à tous ceux qui l'auront combattu et lui auront causé de la peine.

– Après la victoire, il vous faudra trouver la force de

vous humilier vous-même pour que tous ceux qui viendraient à vous, pauvres ou riches, amis ou ennemis, et vous demanderaient merci, soient reçus par vous en grâce.

L'entretien se prolonge jusqu'au soir. À l'après-dînée, le Dauphin nous propose une promenade à cheval, à moi et au jeune duc, du côté de la prée Saint-Mexme. J'ai appris, à Domremy, à tenir sans les jambes sur un cheval de labour ou de meunerie et à monter à cru.

À leur invitation, je cours une lance devant eux. Avant même que l'on ne m'ait priée, je pique des deux, la lance en arrêt. Le duc d'Alençon est si charmé de ma bonne grâce à courir et à manier la lance qu'il me fait don de son coursier.

Soudain il m'annonce, devant le roi :

– Je n'aurais jamais imaginé qu'une bergère fût si bonne escuyère. Vous montez comme un homme d'armes. À partir de ce soir, Jehanne, je suis prêt à faire serment de vous suivre partout où vous voudrez me mener. Je me range à votre commandement.

Mon cœur déborde de reconnaissance. Ce prince ressemble au vitrail de Saint Louis, dans l'église de Greux. Il a les mêmes yeux, un nez d'aigle royal. Je ne sais comment lui parler, je n'ai guère appris les convenances, je suis sans manières. Alors je m'adresse à lui avec mon cœur et, comme il est beau et qu'il est duc, j'ose :

– Oh oui ! Beau Duc…

– C'est moi le « Beau Duc » ?

– Oui, c'est vous !

– Alors, le Beau Duc attend votre semonce, Jehanne la Pucelle.

Il rit noblement d'une lèvre haute, puis veut me présenter à ses proches.

– Jehanne, me dit l'épouse, je crains beaucoup pour mon mari. Il a fallu dépenser tant d'argent pour sa rançon que je le prierais bien volontiers de rester au logis, alors que lui ne pense qu'à vous suivre en guerre.

– Madame, soyez sans crainte. Je vous le rendrai sain et sauf et en meilleur estat qu'il n'est aujourd'hui.

Si, au fil des jours, je me prends d'affection pour le Beau Duc, c'est qu'il est un Orléans, de cette famille que l'on m'a appris à aimer quand j'étais petite. Et puis il a cru en moi quand tous les autres doutaient encore ; je l'aime aussi parce que les Anglais lui ont fait tort et qu'il a bonne envie de les combattre. Je l'aime encore parce qu'il a de l'agrément et de l'élégance. Il a les attaches fines et ressemble aux chevaliers d'enluminure des franciscains de Neufchâtel.

« *Je suis venue vous dire des choses si secrètes que seuls Dieu et vous puissent les savoir* »

LE TEMPS EST LONG. Je m'ennuie dans cette tour où mon âme fait carême ; même si mon page me distrait. Sorti d'une vieille famille d'épée, il est si jeune et déjà si habile à entendre les choses graves ! Mais, par moments, il redevient un enfant espiègle. Il grimace comme un lapin et me raconte qu'il a vu hier soir un merle blanc dans la cour. Les yeux pers et le chef inondé de blondeur, il a déjà bonne taille mais encore le rire de gorge de l'enfance. Il s'attache à moi et me prie de l'appeler par son surnom, Minguet. Il veille sur ma personne avec le plus grand soin.

Parfois des personnages de grand estat viennent me visiter. Minguet les accompagne jusqu'à moi. Il a de la méfiance et de l'instinct. Il monte la garde avec un bâton à serpents.

Un sentiment me hante. Un soir, je le confie à Minguet : je ne durerai qu'un an. Guère plus. Il faut penser à œuvrer pendant cette année. Or, je suis là depuis déjà deux semaines. Le Dauphin n'a pas l'air pressé. À force de prendre conseil, il ne décide rien. Il semble dolent et muable. Son humeur ne le tient jamais longtemps dans le même estat. C'est selon la dernière parole entendue.

Alors que le grand conseil entretient les hésitations royales, je vais prier quand sonne matine dans la chapelle Saint-Martin, ou parfois à l'église paroissiale Saint-Maurice. Puis je m'exerce à courir la lance et vais aux étuves, dans le cœur de la ville. Souventes fois, je rencontre des femmes de Chinon qui m'apportent leurs médailles à bénir :

– Pouvez-vous les toucher ? me demandent-elles.

– Touchez-les vous-mêmes. Car cela sera aussi profitable pour votre salut par votre toucher que par le mien.

Toute la ville attend que le Dauphin prenne une résolution.

Le soir, seule, recluse, je pleure comme une enfant. Ma grande sœur Catherine me manque. Je me console à l'idée qu'elle est au Ciel auprès de sa patronne, Madame sainte Catherine. Et mes larmes m'emportent vers ma mère et même mon père, sans doute fâchés contre moi. Et vers mes frères qui doivent me chercher partout. Puis vers Domremy, ma douce souvenance. Les cloches, l'Angélus, le jardin, le pommier. Mes groseilliers, mes bouquets de pâquerettes d'eau, les reposoirs de la Fête-Dieu. Je pense au chagrin de ma famille. Ils n'ont pas pu comprendre. Ils ne savent rien. Pour eux, j'ai disparu. J'ai déshonoré notre nom. J'ai fui. Peut-être même pensent-ils que j'ai cédé à une aventure charnelle avec un escuyer qui aurait entrepris de me séduire. Auront-ils seulement lu la lettre que j'ai dictée pour eux avant de partir, et confiée à Laxart ? Je leur demande pardon.

Je suis là à ne rien faire. J'avise le confesseur du Dauphin, Messire Gérard Machet, de mon impatience. Et surtout de celle de mon Conseil, qui est las des hésitations du Sire. Devrais-je repartir à Vaucouleurs ?

Dans la troisième semaine de mon séjour à Chinon, je demande à être entendue en la tour de Boissy. Il y a là quelques gens du roi : le duc d'Alençon, le seigneur de Trèves et le confesseur du Dauphin. Le ton change. Je regarde dans les yeux Charles le Septième. Et je prends à témoin ses proches, qui jurent de garder à jamais pour leur for ce qu'ils vont entendre :

– Sire, si je vous dis des choses si secrètes que seuls Dieu et vous puissent les savoir, croirez-vous alors que je suis envoyée de par Dieu ?

– Jehanne, quelles sont donc ces choses si secrètes ?

– Sire, n'avez-vous pas mémoire que la nuit de la Toussaint dernière, vous êtes entré seul en votre oratoire, au château de Loches ?

– Oui, je m'en souviens… Je priais.

– Et vous étiez agenouillé sur le prie-Dieu, la tête dans vos mains. Vous fîtes requête au Ciel, dans votre adversité…

– C'est juste. Je doute si souvent… J'ai demandé à Dieu…

– Dites plutôt supplié Dieu : « Seigneur, je vous en conjure, éclairez-moi : suis-je vraiment le fils de Charles VI, ou ne suis-je que Charles le Renié, un enfant de cette reine qui m'a dépouillé et proscrit ? Seigneur, suis-je le bastard de cette femme de Bavière qui trompa le roi si souvent ? Ou suis-je le vrai roi de France ? En ai-je le sang ?

Ai-je droit à ce que je suis ? Seigneur, si je suis l'authentique héritier de la maison de France et que le royaume me doive appartenir, je vous en supplie, qu'il vous plaise de m'envoyer un signe. »

– Oui, je me souviens d'avoir demandé cela.

– Vous avez aussi demandé, si vous n'étiez pas le vrai roi, à avoir la vie sauve et un refuge en Écosse ou en Espagne, ces deux royaumes qui sont, de toute ancienneté, frères d'armes et alliés des rois de France.

– Vous oubliez ma troisième requête !

– Non, je ne l'oublie pas. Votre troisième requête, la voici : vous priâtes Dieu, si les grandes adversités et tribulations que le pauvre peuple de France souffrait depuis si longtemps procédaient de votre péché et que vous en fussiez cause, que ce fût son plaisir d'en relever le peuple et que vous seul en fussiez puni et portassiez pénitence, soit par mort, soit par telle autre peine qu'il lui plairait.

– Mais alors, le signe…

– Le signe ? Le voilà. Je suis venue vous apporter la réponse du Ciel à vos requêtes : Dieu m'envoie vous dire que vous êtes le fils du roi par le sang, que vous êtes le vrai héritier du royaume de France, que vous êtes légitime. N'ayez plus aucun doute. Vous devez à présent vous hâter de recouvrer votre royaume, tout votre royaume.

Le roi semble fort esbahi. Car il n'y a personne d'autre qui puisse savoir ces choses secrètes que Dieu et lui. Il n'avait entretenu personne de ses doutes. Il éprouvait la plus cruelle des angoisses. Le voilà délivré. Je le vois soudain radieux, il tremble de joie.

À partir de cet instant, il m'écoute. Je lui annonce la

vision de ma blessure à venir mais aussi la levée du siège d'Orléans, s'il accepte de me bailler une compagnie d'hommes d'armes.

– Gentil Dauphin, croyez-moi. Si je suis envoyée de Dieu, c'est pour bouter les Anglais hors de toute la France. Mais aussi pour faire respecter les droits des descendants de Saint Louis. Pour que l'on vous rende les clefs de toutes les bonnes villes que les Anglais ont prises en France.

– Que souhaitez-vous que je fasse ?

– Que vous me laissiez écrire aux Anglais. Je leur dirai que je suis prête à faire la paix avec eux en levant le siège d'Orléans. S'ils refusent, je les obligerai, vaillants ou non vaillants, à se retirer de la France. Je leur donnerai avis qu'ils n'aient point en leur opinion qu'ils tiennent le royaume de France. Car le seul qui le tiendra, c'est le véritable héritier, quand il sera sacré à Reims. Et l'héritier, c'est vous, Sire.

Le regard du roi change. Ses attentions le retiennent vers moi. Il me prend en amitié. Mais il cède à nouveau à son caractère et balance encore.

Je viens au-devant de lui souvent. Nous nous parlons à cœur ouvert. Pendant le jour, il s'en remet aux seigneurs de son conseil et le soir, il grimpe à la tour de l'Horloge où il écoute ses bonnets pointus et astrologiens qui lisent dans le Ciel les heurs et malheurs du royaume. Il n'a pas la sûreté d'un prince. Il est doux mais ne se plaît que dans la compagnie de son confesseur et de son médecin. Je lui reproche son nonchaloir. Il m'invite à demeurer patiente et me comble de bienfaits.

Je vois passer, dans la cour, depuis les coursives de la

tour du Grand Portail, les cygnes rôtis, les porcelets et brochets qui remontent des cuisines. J'entends le cor qui sonne les repas de la tour. Le Dauphin, lui, mange seul. Il ne chasse même pas. Il joue un peu aux échecs, aux dés. On le dit bénin prince mais piètre soldat. Quand il marche, il se retourne à chaque pas, il tremble. Il craint que le plancher ne s'effondre sous son corps. Un souvenir de La Rochelle – m'a-t-on dit – où tout un étage s'était éventré sous ses pas. Il n'ose pas franchir à cheval un pont de bois. La guerre lui fait horreur. Je sens que je le fatigue avec mes assauts répétés. Il a un cœur de vieillard. Il porte toujours son pourpoint aux tons passés et son chaperon enfoncé jusqu'aux oreilles.

Il reste des nuits à chercher la lumière dans les étoiles. Il guette quelque chose dans le Ciel, si inquiet, si sombre, si hésitant et en même temps si roué ! Jamais il ne rit. Il n'écoute que sa belle-mère, la reine de Sicile, une femme de haute piété, une ardente Française. C'est par elle qu'il faut passer pour les messages délicats. On dit partout : « Elle sait parler au Dauphin. » Elle plaide en ma faveur. Le Dauphin délibère. Maintenant, il sait qu'il est vrai héritier et fils de roi.

« Conduisez-moi à Orléans. Là-bas interviendra le signe »

QUELQUE CHOSE SE PASSE D'INHABITUEL. Je ne sais rien des intentions royales. Mais si les échansons et panetiers suspendent leurs travaux, c'est que la cour va quitter Chinon.

Un matin, au soleil levant, mon page, Minguet, m'amène mon cheval harnaché. La litière du convoi royal s'est mise en route.

Quand nous franchissons la Vienne, que je crois être la Loire, j'incline à penser que l'on se dirige vers Orléans. Les aubépines sont en fleur. Le printemps pointe son nez.

Dans les vignes, on fait la taille, on pioche autour des ceps. Je rayonne, je galope, joyeuse comme une enfant de Sermaize, au milieu des escuyers. Je vais enfin découvrir la fameuse cité à délivrer.

À la première halte, je m'enquiers du chemin à parcourir :

– Combien de lieues reste-t-il à faire ? On approche de Tours ?

– Vous lui tournez le dos, me répond Gérard Machet, le confesseur du roi qui chemine à mes côtés.

– Nous n'allons pas à Orléans ?
– Non. Nous faisons route vers Poitiers.
– Mais pourquoi donc vers Poitiers ?
– Parce que le conseil royal a décidé de remettre votre affaire au parlement, transporté là-bas depuis le début de la guerre. Seuls les solennels docteurs peuvent apprécier avec sûreté vos desseins. Le conseil ne veut rien négliger de ce qui peut éclairer la conscience du roi dans une telle circonstance.
– Vous osez parler, au sujet de mes Voix, de circonstance !

Au lieu d'être à Orléans, me voici à Poitiers. On m'a trompée !

La cour gîte du côté de Saint-Georges-le-Baillargeaux et le lendemain, après vingt bonnes lieues, nous passons par Migné et atteignons la cité de Poitiers.
– C'est la ville où Charles Martel nous a libérés des Sarrasins, me glisse un escuyer.
– C'est surtout la ville-chef de sapience depuis quatorze ans, reprend le confesseur du roi.

Si donc on m'a conduite ici pour me présenter aux docteurs, c'est que l'on doute encore de ma parole. L'espoir de Chinon s'est évanoui. Le roi est retourné à ses hésitations.

On ne me loge pas avec la cour, mais près du palais, chez le maistre Jehan Rabateau, un avocat royal au parlement. La maison appartient à une famille Rozier, elle en a pris le nom, l'hostel de la Roze.

Le conseil royal veut me tenir là sous surveillance. On me baille en garde à la bonne femme du maistre de maison.

Je comprends vite que je suis à nouveau demi-captive.

Il y a un petit oratoire dans l'hostel. Je m'y rends après chaque repas. Mais je n'ai pas l'autorisation de sortir au-dehors.

On me laisse faire les cent pas dans une grande pièce froide, sombre. La lumière est sévère comme dans une salle des gardes. La femme de maistre Rabateau vient me prévenir :

– On va vous envoyer des commissaires. On va vous examiner.

Je vais être pressée, bousculée. Pour la deuxième fois. J'en appelle à sainte Catherine. Elle me rassure. Elle aussi a disputé avec les docteurs à Alexandrie et les a confondus.

En guettant les passants dans la rue, par les deux fenêtres de parchemin huilé de la maison de mes hôtes, je vois bientôt venir vers l'hostel de la Roze un concours de doctes robes et de maistres de grand estat. Quand tous ces évêques et érudits entrent dans la salle pour user ma patience, je me rencogne et vais seoir au bout du banc. Je fais la moue. Leurs costumes désignent l'objet de leur visite : ce sont des juges. Ils composent un tribunal de vaine pâture qui s'installe à domicile.

Ils prennent place, côte à côte, derrière une longue table noire, en face de moi. Ils sourient de ma crainte. Il y a des conseillers, des procureurs, des gens experts. Ils ont un mantel rouge fendu à un côté ; certains rajustent des bandelettes de fourrure blanche, cousues en échelons sur chaque épaule.

Il y a aussi des clercs avec des bures sombres et des maistres de la Sainte Écriture. Ils parlent une langue savante. Au milieu d'eux, il y a un archevêque. Il ressemble à celui de ma confirmation à Toul ; il est revêtu d'étoffes écarlates. Avec sa barrette devant lui. Je le reconnais. Je l'ai vu à Chinon. Il m'a parlé de saint Remi et de Domremy. C'est l'archevêque de Reims Regnault de Chartres, chancelier du royaume. Il ouvre un grand livre. Je lui demande ce qu'il me veut. C'est son voisin qui répond à sa place :

– Nous venons devers vous pour parler de ce que vous avez dit au roi.

– Je lui ai dit beaucoup de choses…

– Vous avez allégué que Dieu vous a envoyée vers lui…

– Ce n'était pas une allégation mais une révélation.

– Nous souhaitons vous montrer par de belles et douces raisons que cela n'est pas vrai.

Ces gens de dévotion, si sûrs de leur fait, vont-ils au moins écouter mes répliques ? Ils se parlent tous à voix basse, avec la bouche de travers. Cela me rappelle le procès de Toul sur mes prétendues fiançailles où les juges se penchaient ainsi. Pourquoi donc les juges se parlent-ils toujours à voix basse et ont-ils cette bouche de travers ? On ne me laisse pas m'expliquer. J'ai à peine le temps d'esquisser une réponse que déjà un autre commissaire m'entraîne ailleurs.

L'archevêque de Reims, qui bouge les lèvres comme un vairon hameçonné, pose sans cesse la même question :

– Pourquoi êtes-vous allée jusqu'à Chinon ? Le roi veut savoir exactement ce qui vous a poussée à venir vers lui.

– Il le sait très bien. Je le lui ai confié plutôt trente fois que dix.

– C'est à nous, les maistres de théologie, qu'il convient de le révéler aujourd'hui.

Ce haut prélat n'ajoute pas foi à ma mission. Je veux faire sacrer le roi ? Pauvre fille ! Reims est aux Anglais. L'archevêque lui-même a dû quitter la ville. Et s'exiler. Alors, comment une simple pucelle pourrait-elle seulement y entrer ? Il juge la chose impossible. L'archevêque du sacre ne croit plus que le sacre soit possible. Il a peur des Bourguignons. Mais à quoi croit-il encore ? À quoi croient donc les évêques quand ils veulent faire Église et ne croient plus aux miracles ? Leurs paroles me rappellent le conseil que me donnait Messire le curé Frontey de Domremy :

– Jehanne, méditez toujours l'exhortation de la jeune Catherine de Sienne : quand les évêques ont un courage d'enfant, il faut que les enfants aient un courage d'évêque.

Cependant les théologiens s'enquièrent de mes Voix. Ils veulent que je répète devant eux le récit des premières apparitions. Je leur raconte ce qui est arrivé :

– Il était midi. J'étais dans le jardin de mon père. Une Voix m'a parlé. Elle me signifia que Dieu avait grande pitié du peuple du royaume et qu'il fallait que je vinsse en France.

– Quelle fut votre conduite après avoir entendu ces paroles ?

– Je me suis mise à pleurer. Puis la Voix m'a invitée à aller à Vaucouleurs. Elle m'a révélé aussi que j'y trouverais un capitaine qui me conduirait sans danger en France et chez le roi. Elle ajouta que je n'avais rien à craindre de ce voyage et que je parviendrais sans empêchement jusqu'à lui. C'est ce qui s'est passé.

Alors, un maistre aux yeux mi-clos, qui se présente

lui-même comme Guillaume Aymeri, me décoche un trait de haute doctrine :

– Vous dites que la Voix vous a enseigné que Dieu veut délivrer le peuple de France de la calamité où il est : or, s'il veut en effet le délivrer, il peut le faire seul, de sa propre puissance, il n'a pas besoin de gens d'armes.

– Sans doute. Mais c'est la grandeur du Tout-Puissant d'en appeler aux hommes : les gens d'armes batailleront et Dieu donnera la victoire.

Un autre commissaire, un frère qui porte deux fois le même nom, Séguin de Séguin, un bien aigre homme à vrai dire, m'interroge à son tour. Il parle avec une lenteur pesante un français corrompu, le même qu'un escuyer du Limousin que j'ai connu à Chinon. Ses mots lui viennent comme des châtaignes dans le gosier ; il écume comme un vieux cheval :

– Quelle langue parlait la Voix dont vous avez été assistée ?

– Une meilleure langue que la vôtre.

Ma réponse fait rire le tribunal. Alors le frère Séguin lève un doigt vengeur, comme pour pointer mon commerce avec le Diable :

– Croyez-vous en Dieu ?

– Mieux que vous ! En tout cas, d'une manière plus simple ! Je n'ai pas votre instruction.

– Croyez-vous vraiment que Dieu vous ait choisie pour délivrer le peuple de France ? Nous pensons que Dieu ne veut point que l'on croie en vos paroles. Ou alors faites-nous connaître par un signe que c'est Dieu qui parle par vous. Nous ne pouvons conseiller au roi, sur votre simple assertion, de vous confier des gens d'armes pour que vous les mettiez en péril si vous ne dites pas autre chose sur ce qui vous a été révélé.

Tous les commissaires, autour de la table, hochent la tête pour acquiescer à cette pressante invitation. Au fil des interrogatoires, ils usent de plus grands ménagements à mon endroit. Ils paraissent résolus à ne rien croire et réclament un miracle opéré sur-le-champ.

Je les adjure de m'accorder leur confiance :

– Je ne suis pas venue à Poitiers pour faire des miracles qui vous seraient destinés. Conduisez-moi donc à Orléans. Là-bas interviendra le signe !

– Quel signe y montrerez-vous ? Est-ce le signe qui doit nous faire croire que vous êtes envoyée de Dieu ?

– Oui. Ce signe-là, c'est la délivrance d'Orléans. Que l'on me donne des gens d'armes en telle et si petite quantité que l'on voudra et j'irai là-bas.

– On dit que vous êtes une prophétesse. Pouvez-vous nous révéler quelles sont vos prophéties ?

– Je prédis que les Anglais seront desconfis, après avoir levé le siège qu'ils ont mis devant Orléans. Je prédis que le roi sera sacré à Reims. Que la ville de Paris sera rendue à son obéissance. Et que le duc d'Orléans reviendra de sa prison anglaise.

« Une illusion en semblance de femme, produite par l'art des démons »

CHAQUE MATIN, les entretiens recommencent. Et, chaque soir, les commissaires viennent s'enquérir, auprès de la famille de mes hôtes, de mes manières et des façons qui sont les miennes. On dépêche même auprès de moi des femmes de Poitiers qui rapportent mes moindres actions et mes paroles les plus indifférentes. On veut savoir ce que je mange, ce que je bois, si je suis oisive, débonnaire ou emportée. Par bonheur, l'épouse de maistre Jehan Rabateau, une dame de bien et d'honneur, me dispense de nombreuses attentions. Elle vient déposer, chaque matin, des bouquets de fleurs fraîchement coupées dans des timbales d'argent devant l'autel de la chapelle attenante à la maison.

C'est un curieux tribunal que cette cour de Poitiers, car les juges changent tous les jours. Je vois venir à moi, qui se présentent avec moult courtoisie, des puits de sapience et fontaines de clergie. Certains d'entre ces docteurs et professeurs se gaussent de ce qu'ils appellent mes « rêveries et fantaisies ». J'entends depuis ma fenêtre que d'aucuns rient en sortant dans la rue. Mais d'autres, quand ils s'en retournent, pleurent à chaudes larmes.

Il y a beaucoup de dames, damoiselles et bourgeoises qui viennent me visiter. J'essaie de leur répondre doucement, gracieusement. Entre autres choses, elles me demandent pourquoi je ne prends pas un habit de femme :

– Nos évêques nous enseignent que, d'après la Tradition, l'Antéchrist viendra quand la luxure et l'orgueil pousseront tous les jeunes gens, hommes et femmes, à se travestir dans leurs vêtements.

– Je dois servir le gentil Dauphin en armes et, pour cela, il faut que je prenne les habillements propices. Je serai bientôt entre les hommes. Si je suis en habit d'homme parmi eux, ils seront moins tentés de prendre en moi charnelles ou lubriques fantaisies. C'est Dieu même qui m'a commandé de prendre l'habit d'homme lorsque je devrai porter les armes réservées aux hommes. C'est le signe de ma mission.

– Cependant le Deutéronome enseigne qu'une femme ne peut se vêtir d'habits d'homme sans qu'elle devienne abominable aux yeux de Dieu. Et saint Paul rappelle que toute femme doit porter ses cheveux longs. Ne craignez-vous pas d'offenser Dieu ?

– Non. Ce qui est abominable à Dieu, ce n'est point le dehors, c'est le dedans. Je n'ai pas pris l'habit d'homme pour offenser la pudeur d'autrui, mais pour garder la mienne. Ne tournez pas à mal ce qui est fait pour le bien.

– Mais on ne connaît pas de sainte qui ait porté l'habit d'homme.

– Si. Sainte Marguerite a quitté sa maison en habit d'homme avec les cheveux coupés au bol. Et, pourtant, l'Église l'a déclarée sainte.

Dans les jours qui suivent, les commissaires du parlement reviennent. Plusieurs docteurs me demandent pourquoi j'appelle le roi « Dauphin » et non pas « Sire ».

– Il ne deviendra vraiment roi que lorsqu'il aura été sacré et couronné à Reims où j'entends le conduire. Car le curé de Domremy m'a assuré que c'est la cérémonie du sacre qui confère seule la royauté.

Je me lie d'amitié avec un officier du roi qui accompagne tous les visiteurs et les introduit auprès de moi. Il s'appelle Robert Thibault. Il est attaché à l'escuyerie du roi, loyal au Dauphin. Il me rapporte les conversations des examinateurs entre eux : « Ils sont esbahis par toutes vos réponses… »

Il arrive que les docteurs commis par le roi se parent de savantes citations, je les écoute paisiblement sans les entendre vraiment. Souventes fois, ils appellent à leur secours les auteurs sacrés pour prouver que l'on ne me doit pas croire. Lorsqu'ils ont fini, je me contente de répondre :

– Chers maistres, il y a plus à lire aux livres de Notre-Seigneur qu'aux vôtres. Messire Dieu a un livre où nul clerc n'a jamais lu, aussi bon clerc soit-il en cléricature !

Je sens que ma patience s'érode. Pourquoi tous ces interrogatoires continuent-ils sans fin ? On me fait répéter cent fois les mêmes réponses. On m'empêche aussi d'accomplir ce pour quoi j'ai été envoyée. De temps en temps, je reçois la visite de mes compagnons de Vaucouleurs, Jehan de Metz, Bertrand de Poulengy et Colet de Vienne. Ils m'ont rejointe à Poitiers.

Ils viennent m'annoncer une bonne nouvelle : enfin les frères mineurs qui avaient été dépêchés dans mon pays natal sont revenus de leur mission d'enquête sur ma renommée. Mes escuyers me laissent entendre que le rapport est avantageux.

J'apprends que le nouvel archevêque d'Embrun lui-même a été consulté. On me dit que c'est un grand maistre dans les choses de Dieu. La commission d'examen a souhaité savoir s'il convient à la majesté divine de se mêler des actions d'un simple particulier ou même de la conduite d'un royaume. Il a répondu par une parole de l'Écriture sainte : « C'est la Sagesse éternelle qui fait régner les rois ; c'est elle qui inspire aux législateurs leurs plus sages lois. » On lui a aussi demandé s'il ne sied point à Dieu de se servir plutôt des anges que des hommes pour opérer ses merveilles. Et il a répliqué qu'il est arrivé parfois que la Providence eût à employer des hommes comme Moïse, Samuel ou Élie pour accomplir les plus grands miracles. Enfin, les doctes ont souhaité savoir s'il agréait à la Providence de confier à des filles ce qui, dans la règle, doit être exécuté par les hommes. Et il a répondu que Dieu a révélé à des vierges des secrets qu'il avait cachés à des hommes de conséquence.

Toutes ces enquêtes ne suffisent pas encore à emporter l'opinion de Charles le Septième : on m'informe que le conseil veut me soumettre à une nouvelle épreuve pour s'assurer que la pureté de mes mœurs a toujours répondu à mes apparences.

On m'a déjà examinée à Chinon quand on ne savait pas si j'étais fille ou garçon et quand on pouvait craindre même que je ne fusse qu'une illusion en semblance de femme, produite par l'art des démons. Car il y a, paraît-il, des chevaliers qui se transforment en ours et des esprits qui parcourent cent lieues en une nuit et se changent en truies au petit matin.

L'évêque de Poitiers sent ma lassitude et me convainc que c'est là une question essentielle, celle de savoir s'il faut attribuer mes divinations à Dieu ou à Diable. Si elles étaient du Diable, je serais alors considérée comme une sorcière. Il insiste :

– Selon la théologie de l'Église, le Démon ne peut pactiser avec une vierge. Le sacrifice de la virginité est la première offrande qu'une fille qui se voue à la magie fait à l'esprit des ténèbres. Si donc vous êtes trouvée vierge, Jehanne, tout soupçon de sortilège sera aussitôt écarté.

On me traite comme une génisse de ferme dont on chercherait les malformations. C'est à la belle-mère du Dauphin, la reine de Sicile, qu'il revient de présider à cette nouvelle enquête. La reine Yolande avec les dames de Gaucourt et de Trèves et d'autres sages femmes sont chargées de m'examiner. Par elles, je suis encore visitée en les intimes parties de mon corps. Cette manière d'impudeur me brise l'âme. Je pleure.

Les dames s'excusent et relatent à l'envoyé du roi : « C'est une vraie et entière pucelle, en laquelle n'apparaît aucune trace de corruption ou de violence. » L'étonnement est grand. En ces temps troublés, il est plus rare de trouver une pucelle parmi les soldats qu'un cygne noir dans les douves. Il est donc avéré que je ne suis pas adonnée à la sorcellerie et que je n'ai pas conclu de pacte avec le Malin.

L'esprit des interrogatoires change. Il y a désormais de la prévenance, presque de la gêne, quand on me questionne.

Puis, un beau matin, vient le moment où un magistrat lit le procès-verbal. Son ton est grave. Je l'écoute de toute mon âme :

– En elle, vous ne trouverez point de mal, fors que bien, humilité, virginité, dévotion et simplesse. Ainsi le roi ne la doit pas empêcher d'aller à Orléans avec ses gens d'armes, mais la traiter honnêtement, en mettant sa foi en Dieu. Car la délaisser sans apparence de mal serait répugner au Saint-Esprit et se rendre indigne de l'aide de Dieu.

Je suis soulagée. Au-delà de toutes les fatigues. Pour l'instant, je n'ai encore rien accompli.

Je ne me suis distinguée par aucune action d'éclat. J'ai réussi à me faire accepter, et rien de plus. Je n'ai obéi qu'à la vertu de patience.

Je suis sans crédit. Je ne sais pas lire. Je n'entends rien à la science des docteurs. J'ai seulement tenté d'amener le Dauphin à risquer, sur ma parole, son dernier écu.

Je viens de lui arracher l'autorisation de vaincre. J'embrasse le chaton de mon anel. Jhesu, Maria, merci.

On va bientôt retourner à Chinon, le résultat des examens de Poitiers a décidé le roi à m'employer. Nous avons perdu trois semaines. Mais j'ai gagné ma première bataille. Contre les clercs et bacheliers qui doutent de moi, de ma mission et de mes Voix.

«Je suis parée. Je deviens un homme de guerre»

C'EST LA FIN DU CARÊME. Nous entrons dans la Semaine Sainte. Le dimanche des Rameaux – des Pâques fleuries, comme on dit à Domremy –, je processionne à Notre-Dame-la-Petite, un buis à la main, avec tous les bourgeois de Poitiers. On me guette, on me touche, parfois on m'embrasse. Depuis que le conseil royal m'a agréée, on ne me surveille plus comme une diablesse du sabbat mais on me salue comme une fille de France qui s'apprête à se mettre en besogne.

Aujourd'hui mardi saint, le vingt-deux mars, je sollicite maistre Erault et Pierre de Versailles pour qu'ils m'apportent de l'encre et du papier. Je leur demande une aide qui les surprend :

– Pouvez-vous écrire pour moi ?

– Non, il n'est pas d'usage que les examinateurs écrivent ainsi pour le compte d'autrui. Écrivez donc de votre main ce que vous ne voulez pas dire de votre voix.

– Mais ce n'est pas à vous que je veux adresser cette lettre.

– À qui donc ? Au roi Charles le Septième ? Vous le verrez tantôt.

– Non. C'est aux Anglais que je veux la destiner. Mais je ne sais pas écrire. Votre plume peut-elle entendre ce que je veux leur dire ?

Alors maistre Pierre de Versailles transcrit sous la dictée ma lettre aux Anglais :

« Vous, roi d'Angleterre, et vous, duc de Bêtefort qui vous dites régent de France, vous, comte de Suffoque, Glacidas et La Poule, je vous somme de par le Roi du Ciel que vous vous en alliez en Angleterre… ».

Les deux maistres se gaudissent de ma déformation des noms : « Ce n'est pas Bêtefort mais Bedford… Et ce n'est pas La Poule mais William Pole. » Ils refusent de sceller la lettre. Ils sont d'avis qu'il ne faut pas parler aux Anglais de ce ton. Ils ne savent pas que mes Voix me pressent : « Hardiment, va hardiment ! » Cette missive, je ne l'ai écrite ni par orgueil ni par présomption, mais par le commandement de Notre-Seigneur. La lettre ne sera pas envoyée.

C'est le mercredi saint que je quitte la cité de Poitiers. Au coin de la rue d'Estienne, la foule m'attend auprès de la borne-montoir. Quand je saute lestement en selle, elle m'applaudit.

Au jour du Jeudi Saint, je rejoins la compagnie du Dauphin. Selon la coutume des rois de France, il entre dans l'église Saint-Maurice, vêtu d'un sac de toile et entouré de princes du sang, il s'apprête à laver les pieds de treize pauvres.

Le Vendredi Saint coïncide, ce qui est rare, paraît-il, avec le vingt-cinq mars. Ce sont deux jours saints honorés à la même date. Dans le même vendredi, nous célébrons l'Annonciation de Notre-Dame et le temps du

Calvaire. Le Vendredi Saint est donc plus saint encore. On l'appelle le « Grand Vendredi ». Je demande alors à saint Gabriel : aurai-je moi aussi mon Golgotha ? Et les anges me répondent avec la même leçon d'audace : « *Audacter !* »

Enfin, au dimanche de Pâques, toute la ville se réveille dans la joie de la Résurrection. Alléluia !

Les varlets d'armes serrent les coffres, on prépare les équipages, on charge les chariots. La partance de Poitiers est fixée au lendemain, lundi de Pâques. Je me range dans la colonne. Le cortège se prépare à franchir les portes de la ville.

Dès que le Dauphin a su que l'on n'avait trouvé que bien en moi, il m'a donné un « estat » et m'a instituée « chef de guerre ». Avec son conseil, il a décidé que je serais envoyée au plus vite dedans la cité d'Orléans. Le Beau Duc Jehan s'est vu confier le soin de partir à Blois pour rassembler mon corps d'armée et organiser un convoi de munitions et de vivres à destination de la cité assiégée. Avant de partir, il m'a expliqué qu'il n'a pas encore payé toute sa rançon aux Anglais depuis sa mise en liberté en 1427. De par les lois de l'honneur, il lui est moralement interdit de porter les armes contre l'Angleterre ; mais il lui est loisible de s'employer d'autre manière au service de son pays. C'est ce qu'il va faire pour mon compte à Blois où il m'attend.

Le Dauphin a donné les ordres nécessaires afin que l'on me prépare une « maison », avec des armes et un équipage à la hauteur de mon rang de chef de guerre. Tous les frais seront couverts par le trésor royal.

À la tête des gens d'armes qui composent cette maison militaire, le Dauphin a choisi comme intendant, sur ma demande, l'escuyer Jehan d'Aulon. Il vient de son comté d'Armagnac. Je l'ai connu à Chinon. C'est un honnête guerrier, habile aux choses pratiques de la vie des garnisons. Surtout, c'est un homme d'écurie savant, qui m'entraîne à maîtriser ma monture, à me mettre en condition de chevaucher. J'ai tout à apprendre et je comprends vite qu'il y a loin d'une foulée à l'amble de cent lieues entre Vaucouleurs et Chinon quand on monte à cru, à un combat corps à corps au grand galop, comme à Azincourt ou Verneuil. Il faut savoir faire volter le coursier et le diriger depuis les reins.

Le Dauphin m'a baillé des gens pour ma compagnie qui doivent me mener sûrement. Les uns et les autres, gens de service et gens d'armes, sont placés sous les ordres du brave escuyer.

Jehan d'Aulon est entouré de deux pages, de jeunes nobles âgés d'environ quatorze ans : le cher Minguet, mon touchant gardien de la tour du Couldray que je retrouve avec joie, et un jeune Raymond qui ne semble avoir de nom que son prénom. Tous deux veillent sur moi comme si j'étais leur grande sœur.

J'obtiens du Dauphin que Bertrand de Poulengy et Jehan de Metz, mes deux escuyers de Vaucouleurs, fassent partie de ma maison militaire. Deux hérauts d'armes du nom d'Ambleville et Guïenne ainsi que quelques varlets complètent le personnel viril de mon équipée.

Ce sont onze personnes au rang de maistres qui rejoignent ma compagnie. Douze servants les accompagnent avec, chacun, un cheval de main. Quant à moi, le Dauphin a affecté quatre chevaux à mon usage particulier :

deux coursiers pour la bataille et deux trottiers pour la route. La reine de Sicile m'a confié, pour mon service personnel, une villageoise robuste et dévouée, une Bretonne du nom de Périnaïk. La nuit, c'est elle qui commande. Le jour, c'est un gouvernement d'hommes.

Je ne reste pas longtemps, après Pâques, à Chinon pour ce nouveau séjour à la tour du Couldray. Dès le début du mois d'avril, le Dauphin veut que je parte à Tours où je ferai fabriquer un harnois complet pour la sûreté de mon corps. Les armuriers tourangeaux sont, paraît-il, renommés pour leur habileté.

Un chef de guerre doit brandir son étendard. J'en ai fait broder un, avant mon départ de Poitiers. On y a peint un écu d'azur et une colombe blanche qui tient en son bec une banderole sur laquelle on peut lire : «De par le Roi du Ciel». Je quitte mon habit noir du premier voyage de Vaucouleurs, et laisse là mon gippon et mon chaperon.

Jehan d'Aulon m'apprend à porter une armure aussi aisément que si je n'eusse fait autre chose tout le temps de mes enfances. Les maistres de ma maison militaire s'en émerveillent.

Le trésorier des guerres me remet de fortes sommes pour faire face aux dépenses courantes. Me voici, peu à peu, pourvue de tout. Ce que désormais je possède, je le tiens de la libéralité de mon roi. Dès mon départ de Poitiers, le Dauphin m'a offert l'armure de tête en pied que j'ai réclamée auprès de lui.

Je suis parée. Je deviens un homme de guerre.

« *J'aime mon épée mais je préfère de loin mon étendard* »

C'EST CHEZ UNE ANCIENNE DAMOISELLE de la reine Marie d'Anjou que je suis reçue à Tours. Elle est la femme du sire Jehan du Puy, conseiller du roi, en sa cour des comptes, et de la reine de Sicile. Une famille loyale au Dauphin.

Ma maison militaire m'a suivie. Mon nouvel estat me met sur le pied des autres seigneurs.

Bientôt, mon escuyer Jehan d'Aulon me prévient qu'un moine est porteur d'un message urgent à mon intention. Il attend dans la rue pour me parler. Je le reçois chez la dame Héléonor La Paule. Il se présente à moi avec une grande humilité : c'est un jeune religieux des ermites de saint Augustin, frère Jehan Pasquerel. Il porte l'habit gris et des chausses trouées. Il est efflanqué, grêle d'apparence, et me rappelle le Christ de Bermont. Je le presse :

– Mon frère, je n'ai guère le temps… Quel est donc ce message qui ne peut attendre ?

– C'est un message de votre mère…

– De ma mère ? Comment est-ce possible ? Vous arrivez de Domremy ?

– Non, j'arrive du Puy... Le pèlerinage... Le jubilé solennel du vingt-cinq mars. J'y étais. Votre mère aussi. Ce sont vos deux escuyers de Vaucouleurs qui m'ont introduit auprès d'elle.

– Oh, mon Dieu ! Ma mère ! Elle a marché jusqu'au Puy ! Elle aura fait son jubilé pour sa petite Jehannette !

– Oui, pour attirer sur vous la protection de la Vierge, en cette année jubilaire qui donne une grâce particulière.

– Pourquoi cela ?

– Cette année, la fête de l'Annonciation tombe le même jour que le Vendredi Saint. Il est rare que la mort et la vie se confondent ainsi dans le calendrier liturgique.

– Oui, je le sais. Et le message de ma mère, c'est donc cette grâce particulière ?

– Non. Elle a reçu votre lettre de Vaucouleurs où vous auriez demandé pardon d'être partie sans adieu ni congé. Et le message, c'est qu'elle vous a pardonnée. Ainsi que votre père.

– Oh, merci, mon Dieu !

J'embrasse mon anel, le cadeau de ma communion.

J'assaille le frère Pasquerel de mille questions sur ma mère :

– Quand est-elle repartie ?

– Hier soir.

– Alors, elle arrivera demain à Domremy...

– Non, pas à Domremy...

– Mais où donc s'en est-elle allée ?

– Elle vient vers vous, avec vos deux frères, Jeannot et Pierrelot.

Je tombe à genoux. Ma mère et mes frères viennent

vers moi ? C'est un miracle. Un cadeau du Ciel. Ô Jhesu ! Maria ! Mon anel de famille attire sur moi tant de bienfaits. Merci… merci…

Le frère Pasquerel récite un *Salve Regina*. Je le regarde comme un envoyé d'en haut. Il a le visage des moines de pierre, aux porches des églises lorraines. Il est revenu ici dans son pays. Il tenait en son couvent de Tours l'emploi de lecteur. Il a des yeux profonds d'outremonts. Quand il vous observe, il regarde toujours un peu au-dessus, un peu au-delà. Il voit plus loin. En quelques jours, il va devenir mon chapelain de guerre. Il ne me quittera plus.

Quelques heures plus tard, mon page, Louis de Coutes, le fameux Minguet, me conduit chez le plus réputé des maistres armuriers de la ville, Colas de Montbazon. Celui-ci entreprend de fabriquer une armure de guerre à ma taille qui coûtera cent livres tournois. J'apprends le langage des soldats.

Plusieurs jours de suite, je me rends chez lui. J'essaie une cuirasse légère, une armure de plates, de plaques de fer, un gambison plutôt qu'une jaque de mailles pour supporter mon colletin et ma cuirasse. Sur ma tête, je porte un armet puis une salade, un mézail mobile car je n'ai guère le désir de cacher mon visage à l'ennemi. Le plus difficile est d'ajuster et de tenir ensemble les braconnières, les gardereins, les cuissards et les genouillères. L'armurier se trompe dans la taille des solerets pour mes pieds et des gantelets pour mes mains. Ils ne sont pas aux bonnes mesures et me blessent après quelques heures. J'essaie plusieurs fois un plastron bombé et des tassettes pour ressentir le moins de gêne possible dans mes mouvements. Elles me couvrent les hanches mais sont faites pour la taille d'un homme.

Ce harnois me semble trop lourd. Ma poitrine n'y respire pas aisément. Je veille aussi à l'armure de mon cheval. Jehan d'Aulon me commande une selle à pommeau bardée de fers, avec un troussequin qui se relève pour assurer la force de la charge en cas de choc. Je suis désormais un homme de guerre.

Madame Yolande, la reine de Sicile, qui m'a prise en amitié, m'a fait confectionner une huque en drap de soie que j'enfile sur ma cuirasse. Elle est ouverte sur les côtés, ornée des armes de France, toute papillonnante de lambrequins.

Le Dauphin a proposé de m'offrir une épée mais je la refuse. Je n'en veux pas d'autre que celle conservée dans l'église de Fierbois. Pour entrer en possession de ce glaive, j'écris aux chapelains de l'église Sainte-Catherine. Je leur envoie un chevaucheur quérir l'arme qui repose enterrée derrière le grand autel de l'église, près du gisant d'un chevalier. Ils me répondent qu'ils ne savent pas où chercher. Le chevaucheur les a pourtant suppliés de faire diligence pour la retrouver.

Finalement, ils iront derrière le grand autel et, en une vieille arche qui était restée fermée depuis vingt ans, ils la découvriront. Cette arche était sous terre, l'épée mangée de rouille. Ce sont mes Voix qui m'ont instruite de son existence. Le maistre armurier de Tours à qui je la confie la remet en bon estat.

Les prêtres de Fierbois me feront don d'un fourreau de velours vermeil et les habitants de Tours d'un fourreau de drap d'or tout parsemé de fleurs de lys. Je les réserve pour les jours de victoire. Et j'en fais exécuter un troisième, de cuir solide, qui pendra au flanc de mon coursier.

Je laisserai à Tours, dans la maison de mes hôtes, ma première épée, celle qui me fut remise par le capitaine de Vaucouleurs.

Le frère Pasquerel m'affirme que l'épée de Fierbois gisant sous terre derrière l'autel fut déposée là, jadis, par Charles Martel. Il la laissa en action de grâces dans cette modeste chapelle, au retour de sa campagne de Poitiers en 732. Avec cette arme de renom qui arrêta les Sarrasins et que je tiens pour fortunée, je suis sûre de donner bonnes buffes et bons torchons.

Je ne sais comment remercier l'armurier écossais de mon harnois. Il se nomme James Power. Il a reçu du roi vingt-cinq livres tournois pour son œuvre. Un peu plus tard, lorsqu'il mariera sa fille, Héliote, je ferai bailler à la fiancée, le jour de la bénédiction nuptiale, une somme de cent écus pour la vestir, avec un septier de froment et quatre jalayes de vin blanc de la Touraine.

Je décide d'abandonner mon étendard de Poitiers et d'en faire broder un plus long par un ancien sergent de la garde écossaise de la cité de Tours. Il sera de toile blanche de boucassin, frangé de soie et semé de lys. Sur l'endroit, je fais inscrire en lettres d'or les noms de *Jhesus* et *Maria*. Ce sera mon signe de ralliement. Au plus près de la hampe, l'image de Notre-Seigneur trône en juge sur les nuées du Ciel. De chaque côté, un ange présente une fleur de lys que Dieu bénit. C'est une représentation de l'Apocalypse que j'avais vue sur le missel enluminé de Messire le curé de

Domremy. Sur le revers figure l'Écu de France porté par deux anges.

À l'étendard, je veux joindre un pennon, c'est-à-dire un petit drapeau qui aura pour sujet peint l'Annonciation : devant la Vierge Marie, l'ange tiendra un lys à la main qu'il lui présentera. Les escuyers eux-mêmes feront faire, un peu plus tard, des panonceaux pareils au mien, brodés de satin blanc et de fleurs de lys.

Je veille sur mon épée de preux. Mais je veux avoir toujours à la main mon étendard. J'aime mon épée mais je préfère de loin mon étendard. Je le fais bénir par mon chapelain, le frère Pasquerel, dans la chapelle des Augustins.

Le convoi est fin prêt pour le départ. Je chevauche à l'avant de toute ma compagnie.

Dès l'aube nous quittons la ville de Tours pour rejoindre Blois et nous rapprocher ainsi d'Orléans. Sur un jeune trottier plein de sang, je porte haut mon emblème. Il flotte au vent. L'air est vif. Je lève la tête. Les lys dansent sur les franges de soie. Il me semble que jamais le Ciel n'a gratifié ces campagnes d'un si beau printemps. La victoire sera belle.

« Nous serons une armée, pas une crapaudaille ! »

Lorsque je reviens au palais de Chinon pour aller prendre congé du roi, j'y reçois un accueil chaleureux. Pour me faire honneur, il charge le sire de Loré, le sire de Rais et quelques autres seigneurs de me tenir compagnie jusqu'à la ville de Blois. Il ordonne que tout ce que je requerrai me soit baillé. Et, au moment où nous passons la herse de la tour de l'Horloge, il commande d'un ton ferme aux capitaines qu'ils m'obéissent à moi comme à lui.

Nous cheminons jusqu'à la cité de Blois. Aux seigneurs désignés pour m'accompagner se sont joints le chancelier, Regnault de Chartres, l'archevêque de Reims, qui paraît avoir renouvelé ses humeurs à mon égard, et le chevalier de Gaucourt, gouverneur d'Orléans.

Pendant la chevauchée, l'archevêque, d'ordinaire si secret et parcimonieux, s'abandonne et se confie : les Godons qu'il appelle « ceux du Léopard et de la Croix Rouge » ont fait beaucoup souffrir sa famille. Son père est mort massacré par les bouchers de Paris ; lui-même fut fait prisonnier par les Cabochiens. Et en 1415, trois de ses frères restèrent dans les boues sanglantes d'Azincourt. Il observe le maigre les mercredis et déjeune à l'eau tous les vendredis. Sa double qualité de chancelier de France et d'archevêque du sacre peut, seule, m'ouvrir les deux routes, celle d'Orléans et celle de Reims. Je le prie instamment de m'aider mais n'obtiens guère d'autre réponse qu'un hochement de tête poli. Il est loyal au Dauphin, mais nul ne sait ce qu'il pense vraiment. Il pateline sur tout; même en traversant un buisson d'épines, il a toujours le sourire exagéré des gens importants dans les choses graves.

Arrivée dans la ville de Blois, il me faut attendre deux ou trois jours pour être en plus grande compagnie de gens de guerre. Ce n'est pas que je réclame un important nombre d'hommes d'armes. Il me suffirait de quelques-uns qui fussent vaillants.

Lorsqu'il a été question d'organiser un convoi de vivres, les capitaines ont exposé au Dauphin combien il serait difficile de le mener à destination, à cause des bastilles disposées autour de la citadelle d'Orléans par les Anglais. À quoi il faut ajouter l'occupation de toutes les villes par les Godons au-dessus et au-dessous de la Loire. J'ai combattu ces représentations. On doit à tout prix venir en aide aux assiégés. Je frappe le pavé de mon bâton qui me sert de juron. J'insiste et répète à mes seigneurs :

– Par mon Martin, je leur ferai mener des vivres !

Mes instances triomphent de toutes ces timidités. Charles le Septième donne des ordres pour que le convoi se forme. J'en suis moult soulagée. J'apprends que le duc d'Alençon, ainsi que ma chère reine de Sicile, le maréchal de Saincte-Sévère et l'amiral de Culant s'emploient activement à tous ces préparatifs ici même, à Blois où ils sont déjà à pied d'œuvre.

Chaque jour, il arrive, pour le recrutement de l'armée de secours, grande compagnie de nobles et de communs. C'est là l'effet des nouvelles qui, depuis mon séjour à Chinon et à Poitiers, se sont répandues dans les provinces demeurées fidèles. Les cœurs renaissent à la confiance. De partout, on accourt. On veut combattre sous mon étendard.

Il y a encore beaucoup d'obstacles à surmonter pour le convoi de ravitaillement. Les vivres manquent autant que l'argent. Chacun fait des sacrifices. La reine de Sicile n'a pas hésité à engager sa précieuse vaisselle.

Les capitaines préparent armes et équipages. Il faut s'occuper du harnachement des destriers, rassembler plusieurs centaines de vaches, de moutons et pourceaux, destinés aux citadins d'Orléans. Les charrettes chargées de barriques, de tonneaux à poudre, les chariots de plomb et de soufre sont acheminés vers la ville. Les chefs de lance rassemblent plusieurs centaines de voitures à farine et de sacs à charbon. Il est difficile d'ordrer les vachers qui n'ont pas le goût de l'obéissance, et même les palefreniers qui étrillent et bouchonnent les chevaux en blasphémant. Partout, dans la ville, les gens de trait fabriquent des flèches et des fûts de viretons aboutés de pointes de fer, empannés de parchemin.

Je retrouve le Beau Duc en jaque de cuir. Avec une targette au bras, il s'exerce à l'épée contre un escuyer. Le fer sonne sur le fer. Dans une cour pavée, tout autour de lui, ses varlets d'armes, assis par terre, nettoient au sable fin leurs boucliers. Un armurier d'au moins six pieds de haut, tout habillé de cuir et bras nus, affûte sur une énorme meule des tranchants d'épée. Partout, les râteliers se remplissent.

Le Ciel m'apporte une grande joie avec l'arrivée de mes frères, de ma mère, et à ma grande surprise, de mon cousin germain, Nicolas de Vouthon, religieux de l'abbaye de Cheminon, bien connu de toute la famille Darc. Ils veilleront sur moi à l'approche du danger.

Mais il ne suffit pas que tous les soldoyers soient pourvus en armes et qu'ils apprennent la discipline. Ce qui compte n'est pas leur équipement ou leur vêtement mais leur ardeur, leur sens de l'honneur et leur fidélité. On me dit qu'il est audacieux, avec tant de gens différents, de former une armée : il y a ceux qui, comme moi, ont quitté leur village, leurs prairies et leurs moissons, qui n'ont que leurs bras pour se battre, et puis il y a les autres, ces vieux aguerris, abrutis par la vie licencieuse des camps. Il va falloir leur expliquer à tous que la première précaution à prendre, c'est de se mettre en la grâce de Dieu.

Je vais leur mander d'observer les commandements de Notre-Seigneur, de s'abstenir des reniements et des jurements, de nettoyer leur âme par une grande confession pour se mettre en bon estat. J'ai rassemblé toute une confrérie de prêtres de bonne volonté. C'est à eux de les entendre et les absoudre. Les religieux processionneront sous une bannière que je fais exécuter avec l'image de Notre-Seigneur crucifié et celle de deux anges tenant chacun un lys à la main. C'est le frère Pasquerel qui bénira la bannière des clercs. Et c'est sous cette bannière que l'on chantera des hymnes et des antiennes en l'honneur de la bienheureuse Vierge Marie.

Je distingue dans les rangs de mes hommes d'armes et de trait un murmure qui enfle sur mon passage. Les ricanements se propagent, comme ce fut le cas à Chinon puis à Poitiers, où les capitaines du roi n'ont fait de mes promesses et prophéties de victoire que dérision et moquerie.

L'épreuve de vérité qui m'attend va être plus périlleuse que l'examen de la commission de Poitiers. C'est la revue des capitaines. Au milieu d'une immense prairie où la troupe elle-même se prépare à côté des chariots, ils m'attendent. J'ai la gorge sèche. Je donne à mon cheval une caresse douce sur l'encolure, on va nous juger tous les deux. Au premier coup d'œil, on saura s'il sait porter la Pucelle sans être tenté de botter et si la Pucelle sait tenir son cheval et trouver les mots du commandement.

Je m'avance vers les seigneurs et capitaines disposés en arc de cercle. Ils sont impeccables, immobiles. Peut-être sous leur visière s'amusent-ils en me voyant venir vers eux. Je me tiens droite dans mon armure blanche. À ma demande, c'est le duc d'Alençon qui fait le maistre de cérémonie. Quand il entend son nom, chaque cavalier avance de quelques pas et me salue de sa lance-étendard qui s'abaisse lentement. D'une voix puissante, le Beau Duc appelle et présente les guerriers :

– Le seigneur Raoul de Gaucourt, gouverneur de la citadelle d'Orléans !

Je vois une lourde armure qui se détache, une lance-étendard qui ploie doucement ; deux pas en avant, le chevalier me salue, puis deux pas en arrière, il reprend son rang.

– Le seigneur Poton de Xaintrailles !
– Le seigneur de Culant, amiral de France !
– Le maréchal de Saincte-Sévère !
– Le seigneur Gilles de Rais !
– Le seigneur Étienne de Vignolles !

Chaque masse de fer ressemble à la précédente mais le dernier capitaine n'a pas le même accoutrement que les autres, son mantelet sonne comme un troupeau d'agnelets. Visiblement il a cousu son pourpoint de multiples clochettes. C'est le seul qui relève sa visière. Il tient à se présenter lui-même :

– Étienne de Vignolles..., dit La Hire.

Mon page Louis me tend mon étendard. Je tourne sur moi-même en le levant très haut puis je l'abaisse lentement jusqu'à terre en saluant de la pointe cette ronde d'armures.

Les chevaux piaffent, les cavaliers aussi. Jamais je ne me suis sentie aussi seule. Pendant des mois, j'ai espéré avoir une armée, maintenant qu'elle est devant moi, je vais devoir la tenir. Je me racle la gorge pour éclaircir ma voix, la rendre forte, assurée :

« Écoutez-moi, messieurs les capitaines !

J'ai l'honneur de vous commander. C'est notre roi qui m'a donné mon estat de chef de guerre.

Je vous ordonne de m'obéir en votre cœur.

Nous allons faire route vers Orléans pour lever le siège de la citadelle.

Nous ferons entrer dans la ville, par l'une des portes, les subsistances pour les enfants, les femmes et les vieillards qui meurent de faim.

Nous allons délivrer Orléans !

Puis nous irons ensemble tenir compagnie au Dauphin.

Oui, nous irons ensemble conduire le Dauphin à son sacre.

Je vous mande de me jurer fidélité en inclinant votre lance.

J'abaisse la mienne en signe de soumission à Celui qui d'en haut commande toutes les victoires.

Je jure de bouter les Anglais hors du royaume de France.

Regardez mon étendard, fixez le visage de Celui qui va sauver le royaume. Il vous regardera combattre. Il vous regardera au repos comme à la bataille. Car il voit clair en vous.

Je ne veux pas dans mon armée de crocheteurs ni de folles femmes.

Choisissez vos hommes !

Je vous ai moi-même choisis pour les instruire. Et j'ai mandé des moines qui vous confesseront.

Je vous ordonne de punir ceux de vos hommes qui n'attendent que de pouvoir dépouiller les premiers morts, je vous ordonne de renvoyer chez eux les vendangeurs de bourses et les échauffés qui ont la bouche pleine d'injures.

Nous serons une armée, pas une crapaudaille !

Nous partirons demain matin à l'aube pour Orléans.

Messieurs les capitaines, rompez les rangs ! »

Je vois la troupe qui s'avance derrière ces hauts cimiers. Tout un tas de gens de fortune qui guerroient et volent à l'aventure. Le Beau Duc m'a parlé de cette bande de sans-souci, qui sont de toutes les batailles et ne pensent qu'à la roberie et la pillerie. Il faut que cette armée soit nouvelle, qu'elle change de figure. Je ne veux pas de ces vieux brigands armagnacs qui mènent, à travers champs ou dans les ruelles des villes, l'existence la plus dissolue, la vie la moins édifiante. Le rapt, le meurtre et l'incendie leur coûtent peu. Le blasphème leur blasonne le cœur. Ils n'ont pas de mœurs. Et leurs chefs, hélas, trop souvent, leur ressemblent. Le seigneur de Rais est, m'a-t-on dit, un vrai bougre. Celui-là ne risque pas de s'en prendre à ma virginité. Il dit qu'il n'aime pas «les cœurs de femelles». Tous ces chefs trouvent le désordre naturel. Le Beau Duc m'a dit qu'hier soir le fameux La Hire déclarait au campement :

– Le soldat trouve sur-le-champ sa récompense et je dirai demain à la Pucelle que si Dieu le Père se faisait gens d'armes, il prendrait corps de pillard !

«Depuis mille ans en France,
il n'y eut si grand vacarme»

LORSQUE JE RÉUNIS À L'AUBE la maison militaire et la compagnie de mes capitaines, je vois à nouveau ce La Hire qui sort des rangs et vient vers moi en boitant, recouvert d'une curieuse huque à deux couleurs, toujours la même constellée de clochettes. Il a traîné naguère par chez nous. J'ai entendu mon père et mes cousins de Sermaize évoquer son nom et celui de ses écorcheurs. Je lui parle à voix basse :

– Je te connais, seigneur Étienne de Vignolles. Tu es venu mettre le feu en Lorraine et en Barrois. Je n'ai jamais trop bien su si tu étais bourguignon ou armagnac.

– Comment pouvez-vous m'injurier ainsi ? Je suis un capitaine fidèle à la famille des rois de France.

– Mais tu portes tes rapines à ta ceinture avec toutes ces clochettes de bouffon. Tu les as prises sur les bêtes à cornes que tu as tuées chez moi ou fait enlever du côté de Greux et Maxey.

– Comment le savez-vous ?

– Je le sais parce que c'est moi qui attachais les clarines au cou des moutons et des vaches à Domremy et ce sont celles de ton pourpoint.

– Sacredieu !

– Tais-toi, brigand. Ne jure pas ! Mets-toi à genoux !

Que se passe-t-il à cet instant dans son cœur ? Il met le genou à terre, j'incline mon étendard sur son épaule en murmurant :

– Le Ciel t'adoube, La Hire. Dis aux hommes d'armes qui sont ici que tu as décidé d'obéir à ses lois.

Il se relève et s'adresse à toute l'assemblée des soldats d'une voix rude et sauvage, sans doute cassée par des années de hurlements de batailleur. Il s'avance en claudiquant, cherchant à étouffer de ses deux mains le tintement des clochettes :

– À tous les capitaines, je demande d'accomplir ce que Jehanne la Pucelle nous commandera de faire.

Je le supplie de ne plus jurer que par mon bâton et de débarrasser sa conscience. Quelques instants plus tard, il ira se confesser auprès du frère Jehan Pasquerel, entraînant derrière lui son ami Xaintrailles et tous les autres.

Le moment est arrivé d'adresser au chef de l'armée anglaise une sommation en règle. Le frère Pasquerel m'a rappelé les exigences d'un ancien livre des Hébreux – le Deutéronome dont il fut question à Poitiers : « Quand vous vous approcherez d'une ville pour l'attaquer, offrez-lui d'abord la paix. » Si le sang coule, les Anglais ne pourront s'en prendre qu'à eux-mêmes. Ma lettre du vingt-deux mars ne leur est jamais arrivée puisque les commissaires de Poitiers avaient refusé de la sceller et de l'acheminer.

J'en dicte une nouvelle à mon chapelain. Un peu plus

tard, mon escuyer Jehan d'Aulon la lit à voix haute devant mes capitaines et ma cohorte de moines, réunis à cet effet.

Ce n'est pas du français de clerc solennel. C'est le cri de mon cœur. Je veux que l'on y sente vibrer ma parole. Dans un silence de cathédrale, ils écoutent ma sommation :

«Jhesu ! Maria !

Vous, roi d'Angleterre,

Et vous, duc de Bêtefort, qui vous dites régent de France,

Vous, Guillaume La Poule,

Vous, sire Glacidas qui vous dites lieutenant du duc de Bêtefort,

Faites raison au Roi du Ciel.

Rendez-nous le duc d'Orléans, votre prisonnier, ainsi que les clefs de toutes les bonnes villes que vous avez prises en France.

La Pucelle ose vous réclamer tout le sang royal.

Oui, je suis venue ici de par Dieu, pour bouter hors de France tous ceux qui voudront faire dommage au royaume des Lys.

Et ne mettez pas en votre opinion que vous tiendrez jamais de par le Fils de sainte Marie le royaume de France.

Celui qui le tiendra, c'est Charles, le vrai héritier.

Car le Roi du Ciel le veut ainsi.

Et cela lui a été révélé par moi, la Pucelle.

Si vous ne voulez croire les nouvelles de Dieu et de la Pucelle, en quelque lieu que nous vous trouverons, nous frapperons dedans à horions, et nous lancerons un tel cri de guerre, que depuis mille ans en France, il n'y eut si grand vacarme.

La Pucelle ne vous veut pas détruire, au cas où vous lui faites raison.

Mais, si vous ne la croyez, les Français en sa compagnie feront le plus beau fait d'armes qui fût jamais vu en chrétienté.

Faites-moi envoyer votre réponse si vous voulez quitter la cité d'Orléans. Si vous ne faites ainsi, alors, qu'il vous souvienne bientôt de vos grands dommages ! »

J'envoie mon héraut, Guïenne, porter ce message au grand camp de Saint-Laurent-des-Orgerils, situé sur la rive droite de la Loire, au couchant d'Orléans. J'apprends que les Anglais le retiennent prisonnier, en violation du droit des gens. Selon une rumeur, bientôt il sera même brûlé vif. J'accélère les préparatifs. Pour aller réclamer mon héraut aux Godons.

L'esprit de la ville de Blois est à la guerre. Les habitants descendent sur les chaussées, ils veulent assister au départ de l'armée. Je demande à mon escuyer Jehan d'Aulon de recouper ma chevelure à l'escuelle, pour que l'on voie mes oreilles et ma nuque. Je veux être semblable à mes hommes.

Je m'avance vers la sortie de la cité. L'angoisse qui me serre le cœur n'est plus la même. Je ne crains plus de risquer ma vie. Mais j'ai peur de prendre celle des autres, de faire couler le sang. J'ignore tout de la guerre. J'embrasse ma mère, puis mes deux frères, Pierrelot et Jeannot. Ils m'encouragent de leur affection. Mon Conseil céleste m'avertit en secret que je serai blessée d'un vireton d'arbalestre au-dessus du sein, au pied d'Orléans.

De toutes les ruelles de la ville, les enfants, les femmes et les marchands accourent pour toucher mon armure de la main, caresser mon destrier ou baiser mon étendard. Je chevauche à l'avant. Le vent se prend dans ma huque de soie et fait voler les franges. Juste devant moi, la confrérie des prêtres et des moines entonne des cantiques. Gilles de Rais et le Beau Duc se tiennent à mes côtés. Derrière mon cheval, avec leurs bassinets, les premiers hommes de l'avant-garde piétinent, splendides ; c'est une foison de becs de passereaux.

Hier soir, le vingt-sept avril, sur mon instruction, les prêtres, qui secondent mon zèle auprès des hommes d'armes, se sont rassemblés autour de la bannière, escortée par le clergé. C'est l'archevêque de Reims qui l'a bénie. Ils ont chanté d'un seul cœur le *Veni Creator*.

Je sors par la grande porte de Blois. Les gens de ma maison me font signe de progresser plus lentement car la longue file des guerriers peine à suivre. Mon armée s'est engagée sur la rive droite de la Loire, du côté de la Beauce, dans la direction d'Orléans, comme je l'avais demandé. C'est l'enseigne du clergé qui ouvre la marche. Puis viennent les troupes. Et, derrière les troupes, le convoi de secours. Il compte quatre cents têtes de gros bétail et soixante voitures chargées de vivres.

De la main droite, je tiens très haut mon étendard pour qu'on le voie de loin à l'arrière. De ma main gauche, je guide le mors de mon coursier que j'encourage aussi de mes longs esperons à molettes rayonnantes. Évidemment tous mes soldoyers me regardent. Je veux paraître digne de commander à tous ces braves. Mon armure neuve, brillante, blanche comme un lys qui serait de fer, renvoie les premiers reflets du soleil.

Bientôt, le vent se lève, le vent de Loire. Mon cheval se dresse avec vigueur. Mon étendard de toile blanche claque dans le souffle du matin. Je me retourne vers ma troupe. Une forêt de lances et d'enseignes de chevaliers qui flottent comme des pétales aux couleurs vives talonne le convoi des chariots regorgeant de blé et d'avoine.

J'ai passé l'épreuve de la revue des capitaines. Mais celle qui m'attend est d'une tout autre ampleur. Je n'ai jamais appris l'art de ranger une armée en bataille. C'est d'instinct que je vais devoir mettre mes gens en ordonnance.

Il me faut être la plus diligente et toujours la première, à pied comme à cheval, montrer à mes capitaines et gens d'armes tout l'entendement que j'ai des choses de la guerre, comme si la guerre était mon estat depuis longtemps.

Je me prépare à éteindre en moi la petite villageoise à quenouille qui caressait ses brebis, l'enfant des prairies de Meuse. Hors du fait de guerre, je m'efforcerai de rester simple, comme une jeune fille. Mais au fait de la guerre, je dois être rude et fort habile à porter la lance, à disposer l'artillerie, à rassembler mon armée, à ne jamais rien laisser paraître de mes doutes. Il me faudra déployer dans la bataille les hardiesses d'un capitaine qui aurait été exercé par une pratique de vingt ou trente années.

Je ne sais rien de l'artillerie. J'apprendrai tout : à deviner les faiblesses des remparts, à voir ce que les autres ne voient pas, à percevoir ce que les soldats n'entendent pas. Le chef de guerre doit être le meilleur à la guerre, le Beau Duc me l'a dit. Il ne sera pas possible à homme quelconque d'avoir meilleure posture dans le fait de la guerre. Il faudra apprendre vite.

Car il y a loin de l'aiguille à la couleuvrine, de la filandière au chef de guerre. Il y a plus loin encore du jardin de mon père aux levées de terre des redoutes anglaises.

« On ne peut pas perdre plus gaiement un royaume ! »

J'IRAI LÀ où sont Talbot et les Anglais. On ne me fera pas musarder et tourner autour des murailles. Je veux déloger le chef des Godons dans sa bastille, dès notre arrivée, qu'il fasse jour ou nuit.

Il serait bien utile que l'on mette plus d'entrain dans la marche. Hélas, la colonne est lourde, sans discipline. Les bêtes n'avancent pas et la troupe s'aligne sur leur pas. Cette route de Beauce est mauvaise aux chariots. Chaque secousse me fait mal à la poitrine. Je ne suis pas encore habituée à mon armure ; à chaque respiration, elle me blesse. Il faudrait desserrer les courroies. Les garde-bras enfourmillent mes coudes, je ne peux plus tirer sur mes rênes.

Nous chevauchons, esperon contre esperon, avec le maréchal de Saincte-Sévère et l'amiral de France ; les chefs de guerre nous suivent, puis les gens d'armes qui escortent les charrettes de vivres et les fourgons de munitions.

À l'arrière, les varlets se dissipent, ils n'entendent pas le *Veni Creator*, sans cesse repris par l'avant-garde des prêtres en surplis.

Sur les deux côtés de la route, je contemple, qui s'incline, comme une garde fleurie, une voûte de lilas et d'aubépines. C'est le printemps. La nature salue les beaux jours qui nous font cortège. Nous traversons le jardin de la France. Une haie d'honneur. Il suffirait de tendre la main pour cueillir des bouquets. Mais que diraient les capitaines si, un seul instant, je m'arrêtais ? Ces lys des vallées, ces buissons de roses sauvages n'existent pas sur les bords de ma Meuse. Et ce parfum, je ne l'avais jamais respiré.

Je ferme les yeux et je reprends l'hymne sacré – « Viens, Esprit Créateur, remplis-nous de Ta grâce et de Ton souffle » – au milieu de ce reposoir, qui est un cadeau du Ciel. J'aime tellement les fleurs ! Nous allons attaquer les Anglais à la saison des roses.

Je souris. Lourde en mon armure, je suis si légère en mon cœur…

Il est déjà tard. La nuit va tomber. Le convoi fait halte au plus profond d'un grand bois où nous allons réparer nos fatigues. Je panse moi-même mon cheval après l'avoir conduit au ruisseau pour lui donner à boire.

Je ne sais pas ce qu'est une armée en campagne. Alors j'observe autour de moi. Mon escuyer Jehan d'Aulon enseigne au petit Minguet comment bourrer les paillasses de fougères et d'ajoncs. Les chevaux sont à l'attache et les armes accotées en rond autour des troncs d'arbres juste bûcheronnés.

Les capitaines et gens de guerre déposent sur les potences leurs armures.

Mon autre page, Raymond, vient chercher mon harnois. Je refuse de le lui donner. Je ne veux pas le quitter. Je préfère avoir le corps meurtri. Je dormirai avec mon plastron, enveloppée d'une houppelande.

Un peu à l'écart, dans une clairière, La Hire n'a pas perdu de temps. Il est déjà assis sur une rondelle de châtaignier. Il tisonne un feu de bois. Il a planté une broche et découpe sa viande. Un vieux soldat, avec de vieilles habitudes. Il me fait signe. Je viens m'asseoir auprès de lui. Les autres seigneurs et capitaines ainsi que mon chapelain ne tardent pas à nous rejoindre.

J'aimerais savoir combien de lieues il nous reste à parcourir. J'interroge le maréchal de Saincte-Sévère. Il connaît le chemin qui va de Blois à Orléans.

– Avons-nous espoir d'atteindre la citadelle dès demain soir ?

– Sans doute, répond le maréchal, si nous partons au soleil levant. Mais pourquoi donc êtes-vous si pressée, Jehanne ?

– Il ne faut pas faire attendre les habitants de la citadelle.

– Oh, vous savez, ils n'attendent plus rien, Jehanne.

– Plus rien ?

– Plus rien des hommes !

Soudain, le gouverneur de Gaucourt se redresse. Il a le bras en écharpe – un accident de cheval qui lui a dénoué le coude. Il appuie le propos désabusé du maréchal.

– Les bourgeois d'Orléans se trouvent pressés en telle nécessité par les assiégeants qu'ils ne savent plus à qui recourir pour avoir remède, sinon à Dieu.

– Alors, ils vont bien nous accueillir…

– Vous, peut-être. Mais pas nous.

– Quand bien même vous venez les soulager et les libérer ?

– Ils ne croient plus en nous depuis la Journée des Harengs.

– À cause de la honte de cette détrousse ? Il est vrai qu'à dix contre un pour les Français, la victoire n'aurait pas dû échapper à notre armée.

– Ce n'est pas cette male aventure qui a contrarié les habitants d'Orléans. C'est ce qui s'est passé après la défaite : le comte de Clermont a retiré les troupes royales. Et les gens de guerre sont partis, abandonnant la ville à son triste sort.

Le maréchal de Saincte-Sévère sursaute, furieux ; il tonne, foudroie :

– Pardon, Gaucourt, je ne peux pas vous laisser dire que tous les hommes d'armes sont partis. Moi, je suis resté avec le Bastard d'Orléans.

– Ce n'était pas une critique…

– Juste un trait de venin, s'insurge à son tour La Hire, qui lâche sa broche. Nous avons quitté la ville, l'amiral de Culant et tous les autres, parce que l'évêque d'Orléans a abandonné sa cathédrale et que le chancelier de France, Monseigneur de Chartres, nous a demandé de revenir à Chinon. Je suis un soldat. Je fais ce qu'un soldat a l'habitude de faire. J'obéis.

– Il n'empêche, reprend le gouverneur, que les Orléanais, vous voyant partir, perdirent l'espoir et la confiance.

J'ose reprendre le gouverneur car il me semble que l'espoir devrait revenir avec l'armée de secours :

– Pourquoi auraient-ils encore aujourd'hui du ressentiment, puisque les hommes d'armes retournent vers eux ?

– Parce qu'ils sont désespérés d'avoir tout tenté et tout perdu. Jusqu'à cette fameuse ambassade qui a échoué…

– Quelle fameuse ambassade ?

– Celle de Xaintrailles.

Poton de Xaintrailles, qui a entendu le propos, voyant qu'il est question de lui, se lève à son tour. Il raconte :

– Quand les citadins d'Orléans se sentirent ainsi délaissés et qu'ils virent le siège des Anglais se renforcer de jour en jour, ils m'envoyèrent vers le duc de Bourgogne pour obtenir auprès de lui quelque abstinence de guerre avec les Anglais.

– N'était-ce pas un comportement douteux ?

– Pas du tout, Jehanne ! Le seigneur de la ville est le duc Charles… Il est naturel que nous nous adressions à son cousin, le duc de Bourgogne, pour que, eu égard aux liens de famille, il veuille bien intervenir en notre faveur.

– Et le duc de Bourgogne vous a reçu ?

– Oui, il y a dix jours. Puis il est allé voir le régent Bedford, que vous appelez « Bêtefort », pour lui remontrer la pitié du duc d'Orléans.

– Le régent a accepté de l'entendre ?

– Pas vraiment. Il a ri au nez du duc de Bourgogne quand ce dernier lui a proposé que la place lui fût donnée en garde comme place neutre. Le régent anglais s'est esclaffé : « Je serais fâché d'avoir battu les buissons pour que d'autres eussent les oisillons ! »

– Au moins, les Bourguignons ont quitté le siège d'Orléans…

– Mais les Anglais, eux, sont restés. Ils fortifient toutes les bastilles. Et chaque jour les assaillants, pour se moquer des habitants, crient, depuis leurs forts, par gausserie : « À nos beaux Harengs ! », avant de déverser une bordée de flèches par-dessus les remparts.

Tard dans la nuit, les seigneurs et capitaines discutent encore entre eux. J'entends des murmures d'amertume, des voix mordantes :

– Vous savez sur quoi on se dispute à la cour ? Non pas sur la guerre à faire mais sur le parti à prendre : il y a ceux qui veulent que le Dauphin se retire en Dauphiné et ceux qui l'encouragent à traverser les Pyrénées pour demander asile à la cour de Castille.

– Que voulez-vous ? Il y a eu trop de défaites : Azincourt, Verneuil, les Harengs…

– Et pas assez de résolution chez les Français.

– À commencer par la famille royale.

– Pauvre famille royale ! Le roi fol a aliéné le couvercle d'or de la châsse de Saint Louis pour subvenir aux frais de la guerre. Tout un symbole ! Depuis trop longtemps, on laisse les Anglais nous ronger dessus comme chenilles sur un arbre.

– La plus grosse des chenilles qui nous grignote, c'est cette reine mère dénaturée qui s'est fait payer le mot honteux « soi-disant Dauphin » mille écus d'or par mois. À ce prix, elle a renié son fils et livré sa fille.

La Hire et Xaintrailles entreprennent de raconter à voix basse leur dînée, quand ils sont venus demander des livres tournois au roi. Pour toute chère, le Dauphin Charles ne put leur offrir qu'une queue de mouton. Alors La Hire ajoute un mot de méchante ironie :

– Il avait des manches reprises sur son vieux pourpoint.

Et j'ai vu le cordonnier lui retirer du pied une bottine qu'il venait de chausser parce que le roi ne pouvait pas lui payer les deux comptant. En sorte que le roi de France, tout sourire, en fut réduit à rechausser ses vieux houseaux.

Je les entends étouffer leurs rires quand La Hire conclut :

– Le roi ne manque pas de bonne humeur… On ne peut pas perdre plus gaiement un royaume !

Le sommeil m'emporte, il me sauve d'entendre la suite de toutes les âpretés qui remontent du fond de la nuit. Ces vieux soldats ont perdu leurs candeurs, les épreuves leur ont mis de la couenne sur le cœur.

Quand l'aube se lève, les trompettes et buccins sonnent le réveil ; j'ai grand mal à me mettre debout. Mon corps est embarrassé. Je crois bien que j'ai les membres rompus. Mes jambières et mes cuirasses ont meurtri ma chair.

Déjà, les chariots grincent, il faut se préparer à partir.

J'exhorte les vilaines langues de la veillée d'armes à se confesser pour laver leurs ténébreux aveux et chevaucher en estat de grâce. Je reçois, au milieu d'eux, le corps du Christ.

Le frère Pasquerel a revêtu son étole. Je vois, de dos, un capitaine gascon qui tombe à genoux ; d'une voix de soudard mal dégrisé, il répond à son confesseur :

– En fait de péchés, j'ai tout fait. J'ai commis tout ce que gens de guerre ont coutume de faire.

Sur quoi le chapelain lui baille l'absolution et le bénit de la main. Il n'ira pas plus loin dans sa quête aux aveux.

Je regarde ce colosse qui se redresse, il joint ses mains gantelées de mailles. Même quand il prie, il croise du fer.

Soudain, à voix haute, la tête au ciel, lentement, il récite, qui vient du fond de son cœur, une prière bien à lui :

– Mon Dieu, je te prie de faire aujourd'hui pour La Hire autant que tu voudrais que La Hire fît pour toi, si La Hire était Dieu et que tu fusses La Hire…

« Je crains que vous n'ayez mis le sort de la ville à la merci du vent »

LENTEMENT, depuis les hauteurs d'un coteau où la vue s'étend jusqu'à une boucle de la rivière, je vois se détacher, au loin, les clochers d'Orléans. C'est un frisson de joie et d'émotion. Dans ces champs de violettes où nous chevauchons, reposent sous les pas de nos chevaux tant de souvenirs glorieux, de héros ensevelis…

Et voilà que surgit sous mes yeux la fidèle cité.

La Hire, qui marche à mes côtés, me désigne les deux tours Saint-Paul et Saint-Pierre-Empont ; ce sont les deux points hauts où veillent les sentinelles du guet de la ville.

Puis apparaissent les grosses bastilles anglaises. Les Godons ont entouré la ville de redoutes qui en interdisent l'entrée. Les portes sont inaccessibles. Pour pénétrer dans la cité, il va falloir combattre. Et vite. Avant la famine. C'est-à-dire avant que les habitants n'en soient réduits, comme à Rouen naguère, à manger les chevaux, puis les chats et les rats.

Je me tourne vers La Hire :

– Conduisez-moi là où sont Talbot et les Anglais.

– Jehanne… Je ne peux pas…

– Vous me l'aviez promis.

– Oui, mais je dois obéir aux ordres. Et, de toute façon, c'est impossible. Talbot n'est pas de ce côté de la Loire.

– Comment donc ? Il est sur la rive droite au couchant, nous y sommes aussi...

– Eh bien non, nous sommes sur la rive gauche, au midi.

– Mais nous avons pourtant suivi le chemin de la Beauce, n'est-ce pas ?

– Non, nous sommes passés par la Sologne.

– Mais alors, on m'a abusée ! C'est une trufferie ! J'ai vraiment cru que je traversais la Beauce... Vous m'avez jouée comme une enfant !

– C'étaient les ordres. Il ne me revient pas d'expliquer pourquoi l'on a choisi cette route.

La Hire se désole de m'avoir peinée. Il baisse la tête. Il couvre ses chefs, mais à regret.

Nous glissons maintenant entre de grands tas d'herbes hautes. Les vents sont violents. L'eau est partout. Les bêtes s'arrêtent pour boire auprès des oseraies et des bouleaux.

Au milieu de ces isles à peine distinctes, je ne cache pas mon accablement. Les capitaines m'ont prise pour une fillette à qui l'on raconte des fables. On m'a trahie de sang-froid sans craindre ni ma sapience de la guerre – et pour cause – ni mon courroux.

J'attends de pied ferme le lieutenant général. Je vais lui dire son fait. Car je suis bien dolente et irritée d'être là, sur cette rive, séparée de la ville par les eaux et les sables de la Loire.

Tout à coup, parmi les roseaux, une barque à rames

vient aborder. Un homme à simple jaque à plaques, coiffé d'un chapeau de mailles, en descend. Il a le regard ardent, haut, les traits forts. C'est lui. Je n'ai pas de doute.

– C'est vous, Dunois, Monseigneur le Bastard d'Orléans ?

– Oui, c'est moi. Et je me réjouis de votre arrivée.

– Est-ce vous qui avez conseillé de me faire venir par la Sologne et non par la Beauce où étaient Talbot et les Anglais ?

– Oui. Nous avons pensé agir sagement et sûrement. Il ne nous semblait pas possible que les hommes d'armes, chargés de mener le corps de secours, puissent résister aux Anglais de la France occupée, au nord de la Loire, et que les vivres soient convoyés du côté de la Beauce. C'est pourquoi nous avons donné ce conseil.

– Je n'ai que faire de votre conseil. Le mien est plus sage que le vôtre et je vous apporte meilleur secours qu'il ne vînt jamais pour cette cité.

Dunois, qui ne comprend pas de quel Conseil je veux parler, cherche le regard de La Hire qui fuit pour éviter le mien. Il tente malgré tout de me convaincre :

– La sauveté du corps de secours commande de passer par la porte orientale de la ville, la porte de Bourgogne. C'est la moins bien gardée par les Godons. La prudence impose de ne pas escarmoucher là où les Anglais sont les plus forts, du côté des portes qui se trouvent au septentrion et à l'occident. Votre sûreté aussi en dépend.

– Ma sûreté ? Je ne suis pas venue à Orléans pour ma sûreté mais pour libérer la ville. Je veux attaquer dès ce soir Talbot et les Anglais.

Le Bastard se rebiffe. Il devient cinglant et persifle :

– Peut-être ignorez-vous qu'on se bat mal quand on est embarrassé de chariots et de vaches.

– Et vous, peut-être ignorez-vous que les vaches et les pourceaux ne savent pas nager. Il faudra pourtant traverser la Loire pour les faire entrer dedans la citadelle.

– Oui, et le seul endroit où on peut traverser la rivière, ce n'est pas en aval où les eaux sont contrôlées par les bastilles anglaises sur la Loire, mais en amont, plus haut, là où la voie est plus accessible, du côté des isles de Chécy.

– Pourquoi ne pas passer par le pont des Tourelles ?

– Ah Jehanne ! Le pont des Tourelles est aux mains des Anglais. Leur bastille, construite dans le couvent des Augustins flanqué par le guet de Saint-Jean-le-Blanc, en interdit l'accès. En plus, il y a trois arches détruites.

– Et comment allez-vous transporter le convoi de secours, les chariots, les moutons ?

– Sur des barques et des chalands qui arriveront ici, au port du Bouschet.

– D'où viendront ces bateaux ?

– De la ville. Il faudra qu'ils remontent le courant, de l'aval vers l'amont.

– Et pourquoi ne sont-ils pas encore là ?

– À cause du vent. Il faut attendre qu'il tourne.

– Ils ne peuvent pas remonter le courant ?

– Si, mais avec de grandes voiles. Donc avec un vent favorable, qui justement permettrait d'aller contre le cours du flot.

– Pardonnez-moi, Monseigneur le Bastard, je n'ai pas votre sapience dans le fait de la guerre. Mais je crains que vous n'ayez mis le sort de la ville d'Orléans à la merci du vent. C'est donc cela, la sagesse ? N'était-il pas plus prudent de traverser la Loire à Blois, puis de longer la rive droite et de faire rentrer le convoi en la terre ferme, par l'une des portes occidentales ?

– Jehanne, nous n'avons pas de chance. D'ordinaire le vent dominant est toujours favorable. Il a changé à Vêpres. C'est très rare qu'il contrarie nos voiles.

– Eh bien, Monseigneur le Bastard, dites à vos nautoniers que, sur la direction du vent, mon Conseil délibère. Qu'ils embarquent. Surveillez donc la cime des bouleaux et la danse des roseaux. Le Roi du Ciel d'où vient le souffle du vent vous tirera bientôt de votre embarras.

Je m'éloigne un instant pour prier sainte Catherine. L'armée restera au port du Bouschet, tandis que les chariots et le bétail continueront leur chemin sur la berge jusque vers l'isle aux Bourdons, à une lieue en amont, devant Chécy, une paroisse sise entre Orléans et Jargeau, le long de rives peu élevées. De nombreuses isles boisées divisent le lit de la rivière en plusieurs bras faciles à franchir et se succèdent comme des abris naturels aux traits des Godons, sous les murs de la citadelle. Les chalands peuvent – m'explique-t-on – louvoyer entre les méandres de ces isles et remonter inaperçus jusqu'à Chécy pour y effectuer leur chargement.

Quelques minutes plus tard, l'improbable se produit, mon Conseil m'a entendue. Une crue se déclare, les eaux commencent à monter, la rivière coule à plein chantier, le vent tourne et devient si favorable qu'une seule nef peut mener deux ou trois chalands, ce qui ne s'est jamais vu. C'est un miracle. Les bateaux tendent leurs voiles, remontent la Loire et se rangent le long de la rive, au point où attend le convoi.

Le Bastard vient alors me supplier de consentir à entrer moi aussi, au même jour, jusque dans la cité :

– Les Orléanais, insiste-t-il, croiraient ne rien avoir gagné s'ils recevaient le convoi de vivres sans la Pucelle. Ce leur serait un grand confort s'il vous plaisait de venir.

« Comme si Dieu même descendait dans la cité en peine »

APRÈS M'AVOIR INVITÉE À LA PATIENCE, le Bastard s'en est retourné à Orléans, sur sa barque, à la rame.

Quelques heures plus tard, un chevalier de l'ordre de Rhodes, Nicolas de Giresme, me porte un message de bon augure :

– On a déployé la toile. Les sentines remontent la rivière, sous une brise d'arrière, puissante, inespérée. Elles sont passées sans encombre devant la bastille Saint-Loup, en amont de la ville.

Lentement, tous les bateaux viennent à la rive, près de l'isle aux Bœufs, prendre leur chargement. Ils n'ont plus qu'à descendre le courant. Ils glissent entre les oseraies des isles boisées. Ils accosteront sous les fossés de la citadelle, à côté des isles aux Toiles, à la Tourneuve. Les barques disparaissent derrière les herbes hautes mais on entend, s'éloignant, un concert de meuglements et beuglements.

C'est à mon tour de traverser la Loire, pour atteindre la paroisse de Chécy. J'y resterai le temps que les vivres soient entrés dedans la ville, ainsi que les chars et les bêtes.

Bientôt, le Bastard m'explique que l'armée, ayant

accompli sa besogne, retourne à Blois pour charger le reste des provisions et des munitions.

– On n'a pas tout emporté en une fois, me révèle Dunois. Et puis, nous n'allons pas jeter un pont de bateaux pour faire traverser la Loire aux gens de guerre. Toutes les nefs sont retenues pour embarquer les subsistances. Il n'en reste pas pour les hommes.

– Je refuse de me séparer de mes hommes d'armes. Je les ai réconciliés avec Dieu. Je ne suis pas sûre d'en retrouver d'aussi contrits avec de nouvelles troupes.

– Mais vos soldats s'en reviendront, je vous le promets. Il n'y a qu'un seul pont libre pour franchir les eaux de Loire et ce pont, il faut aller le chercher à Blois. Ils repartent pour revenir avec un nouveau convoi.

– Et cette fois-ci, ils passeront par la Beauce ?

– Oui, Jehanne.

– Comme c'est curieux ! Ce qui était imprudent avec moi devient sage sans moi. Et puis, il y a le pont de Beaugency, qui est plus proche.

– Il est aux mains des Anglais, Jehanne. Mais si tel est votre souhait d'accompagner vos hommes d'armes, vous pouvez revenir en arrière avec le corps de secours.

– Ah ! Que non ! À aucun prix je ne retournerai à Blois. Et si je dois attaquer les bastilles seule avec mon étendard, je le ferai dès demain. Grâce au concours de mon Conseil.

– En ce cas, les capitaines iront à Blois. Et vous resterez à Orléans. Puis le nouveau convoi reviendra par le côté de la Beauce.

– Pour se retrouver face à face avec Talbot et les Anglais ! Que de temps perdu…

C'est alors que le seigneur de Rais et le sire de Loré interviennent :

– Jehanne, ne refusez pas aux Orléanais d'entrer en leur ville dans les heures qui viennent. Allez-y sûrement. Nous vous promettons de retourner bien brief vers vous.

Je crains que l'on me veuille encore tromper. Et que tous les chefs de guerre ne cherchent là qu'un prétexte pour se retirer.

Je mande à mon aumônier, le frère Pasquerel, de retourner à Blois, bannière en tête, avec mes hommes d'armes. Je crois en la promesse d'un prêtre comme lui, une fois parti, de ne pas abandonner l'entreprise et de revenir avec un nouveau convoi. Il saura parler au Dauphin si nécessaire. Car le chancelier de France, Regnault de Chartres, continue là-bas à se défier de moi. Il ne semble pas pressé que je recouvre le royaume par chevalerie.

Dunois m'accueille à son bord. Je serre entre mes mains mon étendard. Je remonte la rivière jusqu'à l'isle aux Bourdons, où se trouve un atterrissement séparé par de minces filets d'eau. Je retrouve avec joie mon intendant, Jehan d'Aulon, mes frères, mon page Minguet. Deux cents lances m'attendent un peu plus loin, avec La Hire. Paré de fraîche fidélité, il se découvre et s'écrie en me voyant :

– Par mon bâton, voici la Pucelle d'Orléans ! Celle qui fait tourner les vents aux souffles de l'Esprit !

Pendant quelques heures, nous recevons l'hospitalité au château de Reuilly, chez Guy de Cailly. Il faut attendre que les chariots, remplis de provisions de bouche, de poudres et d'habillements de guerre soient déchargés et acheminés vers l'une des portes de la ville.

On entend une musique de bombardes, du côté d'une lointaine bastille, la plus orientale sur la rive nord, la bastille Saint-Loup. La garnison d'Orléans, pour distraire les Anglais et couvrir le passage du convoi, a résolu d'escarmoucher contre eux.

Pendant toute la journée, le manoir de Reuilly est assiégé par une foule de bourgeois orléanais qui, n'y pouvant plus tenir, sont venus, au péril de leur vie, à ma rencontre.

Ayant désormais accepté d'entrer dans la ville, je voudrais m'en approcher plus vite. Mais les capitaines veulent que l'on attende la tombée de la nuit, de peur qu'il n'y ait de trop grands désordres. Ils redoutent le tumulte du peuple.

Au soleil couchant, je vois arriver le Bastard, entouré de nombreux chevaliers, escuyers et hommes d'armes. Ils paraissent fort joyeux et viennent à moi pour me faire grande révérence.

Vers sept heures du soir, nous partons de Chécy et nous nous dirigeons par voie de terre vers la sortie orientale de la ville assiégée.

Après une courte marche, dans la brume vespérale, se découpe la porte de Bourgogne, fermée, avec ses archers aux remparts. L'un de nos escuyers, qui a pris le grand trot, crie à voix forte :

– Ouvrez ! La voilà ! La voilà !

Le porche, immense, grince et lentement s'entrebâille. Dunois me fait signe d'entrer la première. Je devine, depuis le battant entrouvert, qui s'étire et se perd dans la nuit constellée, une longue procession de torches d'hommes et de pots à feu de reposoir. Et j'entends la rumeur qui monte sur le pavé. Je traverse une voûte de chandelles et de cris d'allégresse, une haie de louanges et d'acclamations.

Nous n'avons rencontré aucun Anglais qui mette empêchement à notre cortège.

Huit heures du soir sonnent. Je m'avance, dans la rue de l'Ormerie-Sauveur, ainsi armée de toutes pièces, montée sur mon cheval blanc. Je fais porter devant moi mon étendard. À ma gauche marche le Bastard d'Orléans, richement vêtu d'une cotte armoriée, princière, celle de la famille d'Orléans.

Après nous, viennent plusieurs autres nobles et vaillants seigneurs, escuyers, capitaines et gens de guerre, et aussi des bourgeois de la cité qui ont voulu nous escorter. C'est une ruée. On se précipite vers moi. Les cris de joie fusent de toutes parts. Beaucoup de dames bourgeoises tombent à genoux, comme si Dieu même descendait dans la cité en peine. Elles tendent à bout de bras leurs nourrissons. On m'envoie à pleines fenêtres des baisers et des saluts. Même si les bastilles anglaises enserrent encore la ville, tous les habitants se sentent réconfortés et comme désassiégés. Ils me regardent affectueusement, tant hommes, femmes que petits enfants.

J'éprouve quelque difficulté à garder les estriers. Sans cesse, il faut s'arrêter. Il n'est pas facile de se frayer un chemin. On veut nous faire passer dans toutes les rues tortueuses d'où s'élèvent des cantiques et suppliques. On me presse. On me touche. Mille mains caressent ma monture qui s'en effraie. Il y a un tel désordre que l'un des porteurs de torches, qui s'est trop approché de mon étendard, y a mis le feu au pennon. Je frappe mon cheval des esperons pour le tourner gentement et éteindre les flammes naissantes.

Toute la ville m'accompagne sur la chaussée fleurie, avec réjouissance. Mes yeux me brûlent. Je suis si lasse ! Je veux aller à la cathédrale Sainte-Croix, rendre d'humbles actions de grâces à Dieu. On m'y suit en foule, comme si j'étais un ange en armure.

Aux acclamations de la foule, j'essaie de répondre par des paroles de douceur. J'exhorte le peuple à espérer en la divine Providence afin d'échapper aux fureurs de ses ennemis.

Par un très grand honneur, on me conduit en l'hostel de l'Annonciade qui appartient à Jacques Boucher, le trésorier du duc d'Orléans.

C'est l'un des notables de la cité. Je suis reçue avec une chaleur ardente. Je sollicite mon page pour qu'il m'aide à me désarmer. Depuis ce matin, j'ai chevauché toute cuirassée, sans mettre pied à terre, boire ni manger. On me fait appareiller à souper honorablement. Mais je désire seulement que l'on mette un doigt de vin dans une tasse d'argent, où je répands une moitié d'eau et trempe cinq à six tranchées de pain.

Puis je vais me coucher dans la chambre qui m'a été préparée, auprès de la femme et de la fille du trésorier qui veillent sur moi. Elles m'expliquent que nous avons traversé toute la ville par la rue de Bourgogne et que nous sommes près de la porte Regnard, à l'occident de la cité. Charlotte, la fillette de neuf ans, au prénom charmant, me glisse que, demain matin, au soleil levant, depuis les fenêtres du logis, je pourrai apercevoir tout le siège des Anglais.

Je remercie le Ciel et m'endors d'un sommeil profond.

Dès l'aube, j'irai sur les remparts pour délivrer aux Godons une ultime sommation. La nuit qui vient sera leur dernière nuit tranquille.

« Les gens de petit estat me supplient de les mettre en besogne »

Au petit matin, sans doute aiguillonnés par leurs étonnements, les enfants de mes hôtes envahissent la Chambre de Parement où j'ai dormi. Madeleine, Antoine et Charlotte veulent devenir mes pages dans ce grand hostel qui est leur demeure.

La dame Boucher, qui, comme moi, se prénomme Jehanne, multiplie les attentions et les sourires. Son époux s'en agace. Cet homme soucieux me semble tout en gravité d'humeur et de renfrogne, rare de paroles. Avec des mots qui tranchent comme un rasoir, il me fait aveu de ses craintes :

– Depuis que j'occupe cette fonction de commis à l'office de trésorier général des finances de Monseigneur le duc d'Orléans, je n'ai jamais connu une telle détresse. La ville crie famine. Le cercle de fer se resserre. Notre famille, qui puise dans ses réserves, court à la ruine.

Il me confie que, chaque jour ou presque, il fait des dons de blé, d'avoine et de vin ; bien souvent, il avance de ses propres deniers pour les achats de poudre et d'armes.

Pourtant le logis, qui se trouve au couchant de la ville,

adossé à la porte Regnard, dans une rue d'orfèvres et d'officiers de justice, me semble bien garni de vaisselle d'argent et de tapisseries historiées.

C'est dans la grande salle du bas que je retrouve, encore mal réveillés, mes deux frères et mes compagnons de Vaucouleurs, Bertrand et Jehan, qui ont passé la nuit au second étage. Ma mère me manque. Elle est repartie à Domremy.

Les clartés de l'aube ne me suffisent pas, je veux y ajouter les clartés de l'âme : la messe et la communion. Les enfants de Jacques Boucher me conduisent, avec mon page Minguet et mon intendant Jehan d'Aulon, à travers les chemins tortueux de la ville. Nous quittons la rue des Talmeliers, pour aller en la paroisse de Saint-Paul. Nous croisons, dans de sombres venelles, des tanneurs, des poissonniers et quelques bourgeois fins comme l'ambre, qui s'arrêtent sur mon passage. Entre la rue de la Foulerie et de la Chèvre-qui-danse, nous buttons sur un attroupement de toutes sortes de gens de petit estat. Ils sont là pour moi. Et me supplient de les mettre en besogne :

– Nous voulons nous battre.

– Il faut attendre le retour de la chevalerie de Blois.

– Non, nous n'attendrons pas puisque vous êtes là.

– Mais ce n'est pas moi qui commande.

– Si. Depuis hier soir. Pour nous, il n'y a plus ni lieutenant du roi, ni gouverneur, ni seigneurs, ni chefs de guerre. Il n'y a désormais qu'un seul capitaine, c'est vous, la Pucelle !

Quand j'entre dans l'église Saint-Paul, je me hâte de venir déposer au pied de la croix, près de l'autel, les intentions qui m'ont été ainsi confiées dans la rue. Tous les accablements de cette ville meurtrie, désespérée, je les mets en la garde de mon Seigneur.

Dans les traits du Christ en croix, je retrouve le Jésus de Notre-Dame-de-Bermont : sur son corps en souffrance, se reflètent toutes les affres de la torture et de l'agonie. Cette croix de déploration vespérale, ce Christ du Vendredi Saint, convient à ce temps d'ombres et de désolation.

Après la messe, le trésorier du duc d'Orléans me conduit jusqu'à la porte Regnard, sur les remparts. Je veux m'adresser aux Anglais.

– C'est la porte la plus exposée aux attaques des Godons, me confie-t-il. Ici la garde des murs fortifiés appartient aux bourgeois. Et c'est ma famille qui a charge de tenir en estat la défense de tous ces remparts à l'occident de la ville.

Puis maistre Boucher m'indique le chemin vers les autres portes, à travers une foule qui crie ses noëls. Du dernier étage de la muraille d'enceinte, entre les poternes, nous prenons une vue large et profonde sur tout le pays orléanais. Je jette un coup d'œil autour de nous : derrière moi, des toits d'ardoises à perte de vue, c'est la ville assiégée ; devant nous, à moins de deux cents toises, un chapelet de fortifications, celles des assiégeants. Je ne comprends rien à cet alignement de pieux. Il y a partout des levées de terre, des fagots, avec des archers à croix rouge qui montent la garde.

Maistre Boucher désigne à mon regard le paysage hostile des redoutes dressées face à nous :

– Regardez, Jehanne. De ce côté de la Loire, c'est la France occupée ; de l'autre côté, c'est la France libre, celle du roi de Bourges. Le rêve des Anglais est de réunir les deux pour relier un jour, du nord au sud, la Normandie à la Guyenne. Orléans commande la Loire. C'est le point de passage, l'ultime rempart. Et le dernier obstacle, là-bas, la grande bastille, sur l'autre rive, c'est la bastille du Champ-Saint-Pryvé. Vous n'êtes pas passée loin hier. Au milieu de la Loire, sur l'isle plantée de saules, les Anglais ont installé le boulevard de l'isle Charlemagne. C'est de là qu'ils entravent toute la navigation. Et c'est pourquoi le Bastard d'Orléans a fait embarquer les vivres plus haut vers l'amont, pour échapper à la surveillance des archers de cette bastille.

– Quels sont donc ces ouvrages devant nous ?

– Ce sont les bastilles de Londres et de la Croix-Buissée.

– Qui les a appelées ainsi ?

– Londres, ce sont les Anglais, pour rappeler leur présence et la capture du duc d'Orléans, prisonnier à la tour de Londres ; la Croix-Buissée, ce sont les prêtres d'Orléans parce que c'est un lieu ancien et symbolique. Quand j'étais petit, on y élevait chaque année une croix de bouleau et, le jour des Pâques fleuries, les paroissiens y cheminaient en procession pour orner ce calvaire de buis bénit. C'est de là que vient le nom de Croix-Buissée.

– Et quel est ce camp de retranchement, là-bas, au-dessus de la Loire ?

– C'est la bastille de Saint-Laurent-des-Orgerils, la plus importante : c'est là que logent les chefs des Godons.

– C'est donc là qu'est Talbot ?

– Oui, et c'est de là qu'il commande toutes les défenses ennemies.

Au sommet d'une tour flotte la bannière écartelée de France et d'Angleterre, en signifiance des deux royaumes conjoints, avec trois léopards sur champ de gueule et trois fleurs de lys d'or sur champ d'azur. Quelle honte !

Je suis du regard l'alignement des pieux entre toutes les bastilles occidentales, au-dessus du fossé. Il ne reste que peu de terre libre.

Maistre Boucher s'arrête un instant. Avec tristesse, il reprend :

– Tout autour de la ville, il y avait les plus beaux faubourgs du royaume : les couvents des Jacobins, des Cordeliers, les églises Saint-Aignan, Saint-Michel, quelques moustiers anciens. Tout a été brûlé et démoli par les procureurs échevins de la ville pour éviter que les Anglais n'y prennent appui.

– La ville est cernée de toutes parts ?

– Oui. Les Anglais l'ont entourée de bastilles protégées de pieux et de tranchées sur tous les chemins passants. La cité est enclose, tant du côté de la Beauce que de la Sologne, de treize places fortifiées, aussi bien boulevards que bastilles, à un jet d'arbalestre les unes des autres. Tous ces ouvrages avancés, entourés de saignées profondes, paraissent imprenables.

– Je les prendrai dès demain. Grâce à mon Conseil.

«Ils ne croient pas à la force d'âme»

LE TRÉSORIER m'accompagne jusqu'à l'hostel où le lieutenant général de la guerre a réuni les capitaines en conseil.

La Hire porte déjà le harnois en fer battu. Les autres sont habillés d'un simple pourpoint. Personne ne m'attend. La réunion touche à sa fin. Le Bastard me salue à peine. Malgré tout, son visage moult couturé m'inspire le respect que l'on doit à un intrépide guerrier autant qu'à un prince du sang.

À peine assise, je prends la parole :

– Monseigneur le Bastard, j'arrive d'une reconnaissance sur les remparts avec votre trésorier général. J'ai fait le tour de la ville. J'ai revu, de là-haut, les chemins où nous avons chevauché avec le corps de secours hier. Nous avions des forces douze fois supérieures à celles de Glacidas, qui commande le pont ; nous sommes passés prudemment au midi de la ville, au large des Tourelles, près de la bastille Saint-Jean. Qui donc nous empêchait, au lieu de retourner à Blois, d'enlever ces deux bastilles et de délivrer Orléans en quelques heures ? Pourquoi tant de prudence ? Qui ne risque rien n'a rien…

– Jehanne, je vous le répète : nous ne prendrons l'offensive qu'après l'arrivée des nouvelles troupes. Nous pourrons alors sans témérité aller de l'avant et obtenir franc succès. Pour l'instant, nous manquons d'arbalestriers.

– Prenez garde, Monseigneur, j'ai entendu ce matin, en me rendant à l'office, les murmures du peuple dans les rues. Les gens d'ici ne comprennent pas pourquoi nous tardons. Je suis d'avis qu'il ne faut pas attendre davantage. Profitons plutôt de l'ardeur des Orléanais pour donner l'assaut aux bastilles anglaises. Ne laissons pas retomber la ferveur.

Le seul à m'approuver, au bout de la table, qui tape du doigt sur son bassinet, c'est La Hire. Il m'encourage du regard puis de la voix :

– La Pucelle a raison : nous ne gagnerons cette guerre que si les assiégeants deviennent des assiégés et si les assaillis se muent en assaillants.

Comme il parle juste, mon grand pécheur…

Les autres ne croient qu'à la force du nombre, à la puissance des couleuvrines. Ils ne croient pas à la force d'âme.

Nous, nous voulons rencontrer les Anglais. Les autres capitaines souhaitent les éviter. Ou ne les affronter que sous le couvert de murs solides. Le gouverneur d'Orléans tente une justification savante, que j'ai peine à entendre. Il déclare, solennel :

– Il n'est plus question de sortir de la ville et de combattre les Anglais en rase campagne.

– Et pourquoi donc ? Nous sommes venus pour cela !

– Sur ce terrain-là, les Anglais seront toujours plus forts

que nous. L'armée du roi d'Angleterre n'est qu'anglaise, soudée de par sa langue, elle obéit à ses chefs. La nôtre n'a pas de discipline. Elle est un corps informe constitué de mercenaires de toutes nations, écossaises, lombardes, espagnoles ; et puis il y a tous ces chefs de bande aventureux…

La Hire, qui s'est reconnu, interrompt le gouverneur :

– Heureusement que vous les avez, ces chefs de bande aventureux !

– Pardon, La Hire, si je vous ai blessé, reprend le sire de Gaucourt. Je voulais dire que la clef de la ville est ailleurs. Pourquoi perdons-nous toutes les batailles depuis Crécy et Azincourt ? Parce que nous choisissons mal notre terrain : les Anglais sont meilleurs que nous dans la plaine. Pour la raison que leurs archers, armés de l'arc long, peuvent tirer des flèches à une distance deux fois supérieure à la nôtre. En revanche, nous prenons le dessus dès que nous combattons sur les remparts, aux meurtrières. Parce que nos arbalestriers jettent des carreaux courts et trapus d'une force et d'une précision redoutables. La proportion habituelle dans les armées anglaises est de trois archers pour un homme d'armes. Nous, c'est l'inverse, nous avons beaucoup plus d'hommes d'armes que d'archers.

La Hire interrompt à nouveau le gouverneur :

– En quoi donc la guerre d'Orléans doit-elle nous redonner l'avantage ?

– Eh bien, l'armée qui reviendra de Blois comprendra beaucoup d'arbalestriers à traits. C'est une arme peu pratique en rase campagne, mais qui rend d'excellents services lors des sièges. Cette fois nous choisissons notre terrain. Pas celui des Godons.

Sans trop comprendre, je me range de bonne grâce à l'avis des hommes aguerris : on n'aura donc recours à la force qu'après le retour des troupes de Blois.

Le Bastard ne veut ni malentendu ni retard. Il m'annonce qu'il partira demain matin, avec mon intendant Jehan d'Aulon, presser, à Blois, le départ des secours. Ce guerrier est droit et honnête. Il a lu, dans mes yeux, mon impatience. Certes, il me regarde encore comme une pastoure, une pastoure à cheval, une fillette ingénue de dix-sept ans. Mais cet homme croit aux forces de l'esprit. La saute du vent l'a ébranlé. Il voit bien que le ton, dans la ville, n'est plus le même depuis mon arrivée et que le peuple peu à peu reprend confiance. Il le dit avec le sourire, en s'adressant au gouverneur :

– Cher Gaucourt, votre leçon d'art militaire est exacte, conforme à notre expérience de la défaite. Mais les choses ont peut-être changé. Depuis hier soir. Jusqu'à présent, deux cents Anglais auraient pu mettre en fuite plus de mille hommes de l'armée du roi. Mais, maintenant, sans doute, le vent a tourné : derrière l'étendard de la Pucelle, quatre ou cinq cents hommes d'armes oseront peut-être braver toutes les forces anglaises.

« Le rempart de cette ville est désormais le rempart du royaume »

EN CE DIMANCHE du premier jour de mai, j'assiste à une courte messe basse en l'église Sainte-Croix. Et je salue Jehan d'Aulon, mon intendant. Il va quitter la citadelle avec le Bastard et plusieurs capitaines. L'escorte se met en route vers Blois, comme annoncé la veille, pour hâter le retour de l'armée, partie deux jours plus tôt.

Je revêts mes armes et sors de la ville à cheval par la porte Regnard, avec La Hire et une compagnie d'hommes d'armes.

Je veux détourner les Anglais d'un coup de force contre Dunois. Nous sortons hors, aux champs, pour empêcher les ennemis tapis dans leurs bastilles de porter dommage au convoi juste parti. Je me place entre les remparts et les campements des Godons, près du retranchement Saint-Laurent, afin de tenir les archers anglais en échec et donner au lieutenant général d'Orléans et à ses compagnons le temps de se faufiler entre la bastille Saint-Laurent et celle de Londres.

Surprise. On ne verra pas un seul Anglais. Aucun des

gens de guerre de leur ost n'ose sortir des cantonnements où ils séjournent.

Le seigneur Dunois et le sire d'Aulon, côte à côte, chevauchent sur la route de Blois. Ils s'éloignent avec leurs gens et vont leur chemin sans que le moindre trait ne les effleure.

Je ne me retire qu'après les avoir perdus de vue, quand il n'y a plus rien à craindre pour eux. C'est ma première action de guerre, la protection d'un convoi de soldats. J'ai assuré leur sûreté et celle du frère du duc d'Orléans, sans même tirer l'épée. Les ennemis sont restés comme des taupes dans leurs levées dc terre. Comme s'ils avaient eu peur. Merci mon Dieu !

Je m'en retourne en la cité, escortée de quelques chevaliers et escuyers. Quand je passe près du poste de la Croix-Morin, je requiers encore les Anglais de s'en aller. Je ne veux pas que le sang coule. Je m'approche tout près d'eux et leur adresse de vive voix la même sommation qu'au pont des Tourelles :

– De par Dieu, retournez en Angleterre. Vous n'êtes pas ici chez vous !

Ils me répondent en crachant des infamies :

– Bienvenue à la fille de joie du soi-disant Dauphin !

– Rengainez vos traits injurieux… Je suis Jehanne la Pucelle. Je viens vous dire que si vous demeurez en ces logettes, je vous ferai courroucer.

Ils ne m'écoutent pas. Ils hurlent des jurons. Ils répondent à mes appels par des grossièretés, comme les guerriers des Tourelles. Je les regarde avec pitié. Et je sanglote. Sans répondre à leurs outrages. Je pleure sur leurs offenses, déshonorantes, comme des flèches empoisonnées qui me transpercent le cœur. Je pleure sur les âmes ténébreuses et sur les effusions de sang à venir.

La Hire me console d'un sourire et me montre du doigt le bastard de Granville qui s'égosille, en brandissant un drapeau anglais :

– Eh quoi, s'écrie ce dernier à mon adresse, depuis quand faut-il que nous nous rendions à une femme ?

– Depuis quand la France devrait-elle se donner aux Français reniés ? réplique La Hire.

Pendant le reste de la journée, je parcours à cheval les principales rues de la cité. Quel réconfort ! Comme le vendredi soir, les habitants se pressent en foule sur mon passage. Toute la ville est dehors. Ce dimanche est jour de joie dans les cœurs. Les bras se tendent, petits et grands. On me demande un mot, un geste, un regard; de partout monte le même cri :

– Le peuple ne se peut saouler de vous voir. Jehanne, vous êtes notre ultime espoir. Dites-nous que vous allez nous sauver !

– Oui, vous serez sauvés. Par Messire Dieu, qui m'a envoyée pour secourir votre bonne ville.

La ferveur ne tiédit pas. Je suis reçue par tous, seigneurs et gens du commun, avec les mêmes allégeances que si j'avais été Monsieur saint Aignan, le patron de la ville, soudain redescendu dans ce diocèse dont il fut l'évêque.

Quand je reviens en l'hostel de la famille Boucher, toute la foule me suit d'un pas pressé et menace de rompre l'huis du logis.

Depuis ma fenêtre, tout là-haut, d'une voix forte, je les engage encore :

– Espérez en Dieu. Ayez confiance en lui, et il vous délivrera des Anglais. Allez donc finir votre dimanche à complies.

Un varlet de la ville, Jacques Leprestre, vient m'offrir, au nom des échevins, quelques pintes de vin, comme c'est l'usage ancien envers les personnes de haut rang qui visitent la cité. Mais je refuse les présents. Je veux garder sobriété et humilité. La faveur publique me commande de ne captiver ceux qui m'approchent que par mes vertus. Il me faut fuir les hommages, repousser les vanités. Car les honneurs ne sont que fausse monnaie de l'honneur.

Après tant de jours consumés dans le deuil et les larmes, je comprends que, pour les fidèles Orléanais, c'est une grande consolation de converser avec moi. J'essaie de mettre un peu de douceur sur leurs plaies béantes.

Ce soir-là, pour la première fois, le sire de Gaucourt, bailli de la cité, fend l'armure et se confie à moi. Il me raconte ses souffrances, les tourments endurés : il s'est battu contre les Turcs, puis il a été, pendant treize ans, prisonnier des Anglais. Il en reste encore meurtri :

– Toutes nos familles ont vécu les mêmes affres. Nos aïeux sont morts à Crécy, nos pères à Azincourt, nos frères à Verneuil et Rouvray. Nous sommes des gens de guerre qui n'ont connu qu'abattements et arrachements. Ici, dans cette cité, les gens du commun comme les chevaliers n'ont d'autre métier que la guerre. Dans toutes les maisons, on besogne pour préparer les batailles ou on travaille pour payer les rançons.

En chevauchant dans les rues, j'ai vu qu'ici toute la ville s'adonne à l'ouvrage de la guerre. Les jeunes charpentiers ne vont plus sur les toits, ils préparent des barreaux pour les longues échelles des douves. Les charrons ont délaissé leurs charrettes, ils montent de grands boucliers d'assaut en peau de bœuf. Les boulangers écrasent dans leurs fours du charbon de bois mélangé avec grand soin à du salpêtre. Les tailleurs de pierre ne sculptent plus de chapiteaux, ils polissent des boulets qu'ils arrondissent à la meule. Les forgerons tisonnent des carreaux d'arbalestre.

Tous les artisans que je rencontre dans les rues se sont transformés en armuriers de fortune. Même les enfants : je les vois passer, dans la rue de Bourgogne, portant jusqu'aux poternes des grappins ou des bois de flèche.

Ces femmes, là-bas, des lavandières chargées de linge, chantent leur dernière bataille, près d'un petit lavoir :

Saleberry, prince d'orgueil,
Par un de nos boulets fut occis,
Devant Orléans perdit l'œil
Et à ce jour finit sa vie.

Lors du choc de l'automne, ce sont ces mêmes femmes qui sauvèrent la citadelle : elles apportaient des cendres vives, des graisses fondues de leurs marmites, des eaux bouillantes et de la chaux. Et elles jetaient les seaux sur les assiégeants au châtelet. Certaines d'entre elles en vinrent à repousser avec des lances les Anglais, aux entrées des boulevards. Toutes ces lingères enseignent à leurs enfants le prix de la liberté d'un peuple.

Partout, sur les remparts, de jeunes escholiers préparent les bouches à feu qui ont été fondues dans la ville. Ils veulent ressembler à ce célèbre ouvrier, du nom de Duisy, qui a inventé de nouvelles poudres et qui me présente son canon surnommé « Rifflard », puis ses bombardes qui lancent d'énormes boulets de pierre à cinq cents toises au moins, « jusqu'à l'isle Charlemagne ».

Un peu plus tard, un jeune canonnier vient se jeter dans mes bras. Il m'embrasse comme si j'étais sa mère. Il est sorti de mon pays, des Marches de Lorraine. Il connaît Domremy. Il s'appelle Jehan de Montéclère. Mais ici, on le nomme Maistre Jehan. C'est, paraît-il, « le meilleur maistre qui fût jamais dans ce métier ». Il dort avec sa couleuvrine.

Orléans est devenue un arsenal de fortune. Dans cette cité aux mille ardeurs, on remplace toutes les pièces manquantes. Les Anglais ont détruit les moulins à bateaux qui ravitaillaient, depuis la Loire, la cité en farine. Aussitôt les habitants ont fabriqué, à l'abri des remparts, onze moulins à chevaux.

L'amiral de Culant me montre des chargements qui viennent des provinces encore fidèles :

– La France entière ouvre son cœur au sort de cette cité. Angers, Tours, Bourges n'ont jamais cessé de nous envoyer des vivres, ceux-là mêmes que vous avez convoyés jusqu'à Chécy. Les chariots de salpêtre, de soufre et d'acier, que vous avez acheminés jusqu'ici, venaient de l'Auvergne, du Languedoc, de Poitiers, de La Rochelle.

– Pourquoi tous ces témoignages de sollicitude ?

– Chacun a compris que le rempart de cette ville est désormais le rempart du royaume. Toutes les provinces regardent vers nous. Si Orléans tombe, c'est la France entière qui s'abîme avec elle. Orléans est une ville ducale, une ville du royaume. Mais aujourd'hui, elle est devenue plus que cela : tant qu'elle résiste, elle est la France.

Car si Orléans se rend, les Anglais pourront, depuis Calais, descendre jusqu'en Guyenne sans sortir de leur domaine. Alors ils ne traverseraient plus que des terres à eux, des terres anglaises.

« Vos injures iront bientôt se perdre dans l'eau comme vos crachats »

LE CONSEIL S'AGACE de mes paroles trop ardentes. Les chefs voudraient que je revienne à mes moutons. « Pauvre petite pastoure égarée parmi les léopards ! » Quand sonne l'Angélus de midi, les hommes d'armes regagnent leurs râteliers.

Il a été solennellement appointé que l'on n'ira pas ce samedi à l'assaut des bastilles. Il me faut rentrer dans le rang. Le roi avait demandé aux chefs de guerre de suivre mes exhortations. Hélas, ils n'entendent rien à ma mission : ce jour, comme hier, tout mon désir est de marcher sans tarder vers Talbot.

Mais tous les capitaines obéissent au lieutenant général, sauf un : La Hire, qui cède à la colère. Il porte bien son nom, « la ire », et montre sa mauvaiseté de caractère. Il se dit mon varlet d'âme et partage mes impatiences devant ce grand concours de hautes prudences seigneuriales. Lui aussi voudrait attaquer. Sans cesse, il répète avec fierté la maxime combattante du jeune chevalier Le Jolis : « Assaut de lévrier, défense de sanglier, retraite de loup. » Il incline à une guerre de coups de main et n'écoute que son instinct d'escarmoucheur.

Lorsqu'il quitte la réunion du conseil, il a déjà pris sa résolution. Avec son ami, le chevalier Guyon du Puy du Fou, et une poignée d'escuyers, il tente une sortie par la porte de Paris, attaque le poste de garde des Godons, puis l'ost de la grande bastille de Saint-Paterne, à deux traits d'arc de la ville. Il déloge les archers à léopards, puis envoie ses hommes chercher pailles et fagots pour bouter le feu à la redoute. Les Anglais, d'abord pris par surprise, se ressaisissent, chargent les assaillants et, finalement, les repoussent avec force couleuvrines.

Piteuse retraite du petit corps d'armée. À son retour, La Hire essuie une sévère réprimande du gouverneur d'Orléans qui raille ainsi sa fougue gasconne : « Harnois de taureau, cerveau de moineau. »

Je n'ai toujours aucune nouvelle de Guïenne, mon héraut d'armes, que j'avais dépêché auprès de Talbot pour lui porter ma lettre de Blois en date du vingt-deux mars. Je veux le réclamer au seigneur anglais qui le retient prisonnier. Ce pauvre messager était parti à cheval selon les lois de la guerre. Son tabard blasonné aux armes de la France le rendait intouchable, selon les usages.

Je dicte à maistre Boucher une nouvelle lettre en ma langue maternelle avec des paroles simples : « Messire, Notre-Seigneur vous mande que vous vous en alliez en votre pays. Sinon un grand assaut vous forcera à vous éloigner. »

J'adjure le chef anglais, en quelques mots, de me remettre mon envoyé qu'il garde captif contre les lois de chevalerie. Puis j'envoie mon autre héraut, Ambleville, à la bastille Saint-Laurent, porter ma nouvelle sommation.

Quelques jours plus tard, je vois, qui revient à pied, le pauvre Ambleville. Il semble bouleversé. Je le presse de questions :

– Où est Guïenne ?

– En prison, à la bastille Saint-Laurent.

– Vous avez vu le chef anglais Talbot ?

– Oui, bien sûr. Et je lui ai remis votre lettre…

– Comment vous a-t-il semblé ?

– Courroucé à merveille, tenant à moquerie tout ce que vous lui avez écrit.

– Et quel sort réserve-t-il à notre cher Guïenne ?

– Il m'a dit qu'il serait brûlé et que, d'ailleurs, il a déjà fait préparer l'attache pour l'ardoir au feu. Et, sur vous, il a prononcé vilaines paroles.

– Qu'a-t-il dit ?

– Que vous êtes… une ribaulde. Et que si les Anglais vous tenaient, ils vous feraient aussi ardoir au feu sur un bûcher de fagots. Il a ajouté qu'une sorcière, même déguisée en chevalier, n'a pas droit aux hérauts d'armes. Que le messager d'une abuseresse est un hérétique, et qu'il doit être condamné au feu comme complice.

Les Anglais, comme les chefs français, pensent pardevers eux que je ne suis pas un chef de compagnie légitime mais une bergerette égarée sur un champ de bataille.

Je mande à Ambleville de repartir là-bas.

– Va chercher Guïenne. Et dis à Talbot que, s'il arme, j'armerai aussi. S'il se trouve en place devant la ville et s'il peut me capturer, alors, qu'il me fasse ardoir au feu. Mais si je le desconfis, qu'il fasse lever le siège et qu'il s'en retourne dans son pays.

Le Bastard, qui m'a rejointe, m'écoute avec un brin d'apitoiement. Il juge ma réponse chevaleresque mais naïve. L'honneur lui commande de m'aider : je suis là de par le roi. Alors il charge Ambleville de mettre en garde les Godons et, sur un autre ton, de leur inspirer la crainte :

– S'ils font mourir le héraut Guïenne ou s'ils le maltraitent, j'userai de représailles et ferai subir le même sort à leurs hérauts et à leurs captifs. Dites-le-leur sur-le-champ.

Quelques jours après, les chefs de l'ost anglais libèrent mon héraut et me le renvoient.

Je décide alors de me porter moi-même sur le pont d'Orléans, à proximité de la bastille des Tourelles.

Je sais que la citadelle est la porte qui commande la Loire et l'outre-Loire. Mais je veux comprendre pourquoi la bastille des Tourelles est la clef de cette porte.

Le gouverneur me conduit jusqu'au boulevard de la Belle-Croix, au milieu du célèbre pont. Nous traversons le châtelet, je compte dix-neuf arches entre la citadelle et la rive gauche ; plusieurs ont été brisées du côté de la ville pour créer un fossé supplémentaire. Le pont est bordé de maisons. Le sire de Gaucourt me désigne les fortifications et les ouvrages :

– Juste en face de vous, Jehanne, c'est le fort des Tourelles avec ses deux hautes tours jumelles. Il semble hors d'atteinte, si l'on cherche à l'assaillir depuis la Sologne, car il est protégé par un boulevard sur la rive ; et le cloître des Augustins, transformé en bastille, est occupé par les armées de Glacidas.

– Le fameux Glacidas de ma lettre de Poitiers ?

– Oui. Il est moult renommé en faits d'armes, de haut

courage, mais plein de tyrannie et d'orgueil. C'est lui qui garde les Tourelles. Il a remplacé le comte de Saleberry qui est mort à ce créneau.

– Les capitaines m'ont rapporté que ce comte anglais connut une fin tragique « par divin jugement ». Pourquoi dit-on cela dans la ville ?

– Parce que ledit comte a failli et qu'il a été puni. Quand il est venu devant la cité, il est entré là-bas en la tour où étaient logés ses gens. Il est monté au second étage et s'est mis à la fenêtre qui est en face de vous. Glacidas l'a invité à passer la tête : « Monseigneur, regardez cette ville. Elle est à vous. » Alors qu'il était à cette fenêtre, vint soudainement de la cité, à volant, le boulet d'un veuglaire qui le blessa mortellement à la tête, en lui dépouillant les joues et lui emportant le visage.

– En quoi y lisez-vous une revanche du Ciel ?

– Parce que le boulet qui est venu le frapper a puni un manquement aux usages de chevalerie qui interdisent de s'attaquer à une cité dont le seigneur est captif. Or, comme vous le savez, Jehanne, le duc d'Orléans a été fait prisonnier à la bataille d'Azincourt. Il réside à la tour de Londres, où il compose des poèmes pour distraire son ennui. Il est enfermé là-bas depuis quatorze ans. S'en prendre à des terres que leur seigneur ne peut défendre, c'est trahir le serment féodal : ceux-là manquent à l'honneur, qui prennent les domaines d'un seigneur dont ils tiennent le corps. Ensuite, avec ses six mille têtes armées, Saleberry est allé piller le sanctuaire de Notre-Dame-de-Cléry. Il y a tout dérobé : les vases sacrés, les statuettes, les reliquaires et jusqu'aux cloches de l'église. Attaquer Orléans contrariait les lois de l'honneur. Piller Notre-Dame-de-Cléry violait les lois de Dieu. Un sacrilège. Il aurait mieux fait de méditer le vieux dicton : « Il n'y a homme d'armes à Cléry qui osât rien voler ici qu'il n'en fût incontinent puni. »

Je pense à part moi que les Anglais ne respectent décidément rien qui tienne : ni l'honneur chevaleresque d'un duc captif, ni les richesses spirituelles d'un sanctuaire, ni l'intégrité d'un héraut d'armes. Ils se mettent hors de toute chrétienté.

Nous escaladons un important boulevard de terre et de hauts fagots. La Belle-Croix est à portée de voix des Tourelles. Il n'est pas rare – m'a-t-on dit – que l'on s'interpelle d'un parti à l'autre. Alors je monte sur une barrière de pieux et crie aux Anglais :

– Rendez-vous, de par Dieu, et vos vies seront sauves !

– Vachière, répondent-ils, retourne chez toi garder les bêtes. Si nous te tenons, nous te ferons brûler, avec toute cette légion de diables, cette bande de maquereaux mécréants qui entretiennent leur soi-disant pucelle !

– Vos injures iront bientôt se perdre dans l'eau comme vos crachats. Quant à vous, Glacidas, prenez garde, car vos amis anglais n'auront pas encore abandonné ce pays que vous aurez déjà quitté ce monde.

«Il faut vivre du Ciel, mais les pieds sur terre»

J'APPRENDS À CONNAÎTRE les humeurs et les langages de la guerre. À Domremy, pour nous les enfants, une bombarde, c'était un instrument à vent. Une serpentine ou une couleuvrine, un petit reptile qui passe sous les portes. Un crapaudeau, c'était un enfant de crapaud.

À Orléans, ces mots désignent de grosses bêtes qu'il ne faut pas approcher, des canons à poudre, des crapauds qui mordent, des serpentines qui piquent. Jehan le couleuvrinier m'a enseigné toute la soirée «les prouesses de ces engins qui transpercent les cuirasses de pierre». Il a vanté auprès de moi les mérites des hommes de poudre, supérieurs selon lui aux hommes de trait.

– Avec un seul canonnier, Jehanne, vous ferez plus de dégâts qu'avec cent arbalestriers. Mais il faut savoir où, quand, comment frapper. C'est le coup d'œil des artilliers.

Je n'ai jamais rien su des sciences qui règlent les batailles. Mais je me dois à présent d'en connaître les rudiments. En espérant que mes Voix feront le reste. Elles m'ont ainsi conseillé :

– Jehanne, il faut vivre du Ciel, mais les pieds sur terre.

Puisque je dois attendre le retour du Bastard, je vais consacrer mon temps à apprendre les arts de la guerre de siège. Au pays de mon père, j'ai appris à guetter du coin de l'œil, à deviner les buissons, à voir à travers.

En ce lundi matin du deuxième jour de mai, je me décide à sortir de la citadelle, à cheval, pour aller visiter les ouvrages de l'ost anglais. L'amiral de Culant me fait escorte dans cette reconnaissance. Je parcours attentivement la ligne formée par les bastilles et les redoutes.

La main en visière, j'épie sur la bordure droite de la rivière, du couchant au levant, le camp Saint-Laurent, les bastilles Londres, Rouen et Paris. Tous ces ouvrages forment une ligne continue grâce à un fossé profond qui les relie entre eux. Tout à l'orient, la bastille Saint-Loup semble, selon l'amiral, la plus fragile car elle est isolée, éloignée des remparts. On doit pouvoir la prendre par surprise.

Au milieu de la rivière, le boulevard de Charlemagne est soutenu sur la rive sud par la bastille du Champ-Saint-Pryvé. Sur cette même rive, le fort des Tourelles et le couvent des Augustins sont gardés par la levée de Saint-Jean-le-Blanc, un peu plus à l'orient. Combien d'Anglais ces campements abritent-ils ? Personne ne peut me le dire. Comme s'en amuse La Hire, il faudra enfumer le terrier pour savoir combien de petites bêtes à peau de léopard y sont enfouies.

Je longe et j'observe tous les fossés creusés par les Godons. J'apprends à connaître d'un seul coup d'œil les chemins, la hauteur des palissades, la disposition des levées de fagots. Jehan le Lorrain m'indique en chaque lieu tous les points faibles du harnois des cantonnements ennemis. Il faut que la bombarde touche juste, que la serpentine pique au cœur.

Au retour de cette chevauchée, qui est une leçon de guerre, je me rends en l'église Sainte-Croix, pour y entendre les Vêpres. La sombre cathédrale ne reçoit de lumière que par les alignements des cierges de requeste aux saints patrons de la ville, Monsieur saint Euverte et Monsieur saint Aignan. Là-haut, ils intercèdent pour les pauvres pécheurs de la cité.

Le mardi trois mai, jour de supplication, on célèbre à Orléans l'Invention de la Sainte Croix. Je me glisse à pied au milieu du cortège de la procession solennelle dans les rues de la ville, avec les principaux capitaines, les procurateurs et les paroissiens.

Je rencontre sous le porche le chantre de la cathédrale qui, venant vers moi, chancelle. On me le présente comme un docteur de grande prud'homie. Il s'appelle Messire Jehan Mascon. Le visage ravagé d'angoisse, il m'interroge à voix basse, essoufflé :

– Êtes-vous vraiment venue pour lever le siège ?

– En nom Dieu, oui, je suis venue pour cela.

– Pourtant, les Anglais sont si bien fortifiés et si vaillants que ce sera grande affaire de les mettre dehors !

– Il n'est rien d'impossible à Dieu.

Le chantre lève les bras au Ciel, il me remercie de ces paroles pourtant toutes simples. Puis, à pas lents, il rejoint le chœur en chantant un *Te Deum*. Un frère carme mande alors au peuple de Dieu de prier sur les reliques de la Vraie Croix. La victoire est entrée dans les cœurs.

À la fin de l'office, on me glisse deux bonnes nouvelles : d'abord, le Bastard est en route depuis ce matin avec son renfort d'hommes. Et puis, de nouvelles garnisons de Gien ainsi que des gens de pied du Gastinais viennent vers nous.

Sur la chaussée, les paroissiens, tout à leurs frayeurs, m'interrogent :

– Croyez-vous vraiment que Dieu aura pitié de nous ?

– Oui, j'en suis certaine. Car vous êtes de bons Français. Les Anglais ont la personne de votre duc. Ils n'auront point sa ville.

Je n'ai plus un instant de tranquillité. Sans cesse, on me dérobe à mon repos, on m'appelle ; on vient me visiter dans mon logis. De notables personnes aux gorges serrées m'accablent de leurs peurs ; puis elles me remercient de donner cœur à tous :

– Jusqu'à votre entrée dans notre cité, nous avons souffert les plus dures turbations. Aujourd'hui, vous nous apportez les plus joyeuses consolations...

Je raccompagne chaque visiteur jusqu'à l'huis en le réconfortant :

– Ayez confiance. Tout viendra à bonne fin. Je prends sur moi vos soucis.

Bientôt les guetteurs lancent des cris de joie, ils aperçoivent, du haut de leur tour, une forêt de lances et d'armures. On vient m'annoncer que toute une armée s'avance du côté de l'occident et se dirige vers la ville par le chemin qui sépare les bastilles de Londres et de Saint-Laurent.

À cette nouvelle, j'enfourche mon cheval et quitte la ville, accompagnée de La Hire, de plusieurs autres escuyers et d'une troupe de cinq cents combattants.

Nous nous mettons aux champs jusqu'à une lieue de la citadelle, afin de protéger l'arrivée du corps de secours. Je dois passer sous le feu des deux bastilles. Je m'attends à une attaque sérieuse de l'ennemi quand il me verra. Je distingue déjà le convoi qui s'approche, précédé d'une escorte, bannière en tête. On entend l'écho des cantiques. Je devine la silhouette de frère Pasquerel, mon aumônier. C'est lui qui porte la bannière. Comme je le lui avais demandé, il a accompagné les hommes d'armes d'Orléans à Blois et a marché avec eux quand ils s'en sont retournés.

Le Bastard chevauche aux côtés du maréchal de Rais, du maréchal de Saincte-Sévère, de plusieurs autres chevaliers et escuyers, avec beaucoup de gens de guerre portant guisarmes et maillets de plomb. Ils apportent avec eux les vivres tant espérés.

Je veux, par ma présence, secourir les Français s'ils sont escarmouchés sur leur passage. Mais les ennemis ne bougent pas. Malgré l'appât d'un riche butin, ils n'osent pas paraître dans la plaine. Ils voient pourtant que s'avance, entre leurs redoutes, l'armée française, précédée des prêtres de Blois et de mon chapelain, qui progresse en bon ordre, d'un pas solennel vers la porte Regnard. Ils distinguent les visages des chefs, ils entendent les chants des prêtres. Cependant ils restent immobiles, comme frappés d'une stupeur invincible. On dirait qu'une puissance invisible, plus qu'humaine, les enchaîne à leurs retranchements et s'emploie à leurs engourdissements.

Dunois et tous ses gens entrent dans la cité sans la moindre échauffourée. Le corps de renfort est venu par la Beauce sans empêchement. Nous introduisons les vivres et les munitions sous les yeux des Anglais. C'est une chose merveilleuse à regarder. Les Godons voient pourtant que les gens du roi font maigre figure vis-à-vis d'eux. Ils les épient mais restent impassibles. Ils ne songent à assaillir ni les clercs ni les hommes d'armes.

L'armée est reçue avec chaleur, au cœur de la ville en liesse. Dans les ruelles étroites, descendent des plus hauts pignons les acclamations d'un peuple livré à tous les transports d'espérance.

Je retourne à ma demeure où je retrouve le chevalier d'Aulon revenu avec le corps de secours. Ensemble, nous prenons une collation vers dix heures du matin. Je mange un simple morceau de pain avec un peu de lait lardé pour soutenir mes forces. À l'après-dînée, Dunois me rend visite. L'esprit embarrassé, il me confie ses tourments :

– Je viens d'apprendre par des gens de bien que le redoutable capitaine Fastechat doit venir sous peu porter secours à l'ost des Anglais et aussi les avitailler.

Je sens qu'il ne me révèle pas tout ce qu'il sait :

– Monseigneur le Bastard, vous ne me racontez, à chaque fois, que la moitié des choses. Je vois, à votre air et à votre accent, que vous me cachez l'autre moitié. Si ce Fastechat doit venir, je veux le savoir la première. J'ai obéi aux ordres pendant votre absence. Je ne me suis livrée à aucune attaque. Dites-moi toujours la vérité, sinon je n'obéirai plus qu'à moi-même.

Dunois s'étant retiré, le chevalier d'Aulon, exténué, me dit à quel point il est las et travaillé par le voyage.

Épuisée moi-même par l'expédition de la matinée, je m'étends sur une paillasse pour prendre un peu de repos.

Demain, c'est l'Ascension. L'assaut est donc pour après-demain, vendredi.

En cet instant, je voudrais redevenir une enfant, retourner à Domremy, que ma mère me serre dans ses bras. Et en même temps, cette approche de la guerre exalte mon âme ; je sais que, le moment venu, mes Voix me porteront à l'avant. Alors je n'aurai plus peur.

« Ils vont la voir à l'œuvre, la petite vachière ! »

TOUT À COUP, j'entends des cris lointains. Je me lève en sursaut et interpelle mon escuyer ensommeillé dans une chambre voisine :

– En nom Dieu, n'entendez-vous pas le bruit des armes ? Et nos gens qui appellent ? Ils sont en train de besogner au loin. Pourquoi personne ne m'a éveillée ?

Une fois de plus, on ne m'a rien dit. Quelqu'un a décidé sans moi. Mes Voix m'enjoignent d'aller sans tarder contre les Anglais, mais je ne sais pas si je dois galoper vers le levant, aux bastilles, ou vers Fastechat qui doit les avitailler au couchant. Où sont donc ceux qui me doivent armer ? J'ai le cœur contrarié car je sais que le sang de nos gens est en train de couler.

– Mes armes ! Apportez-moi mes armes !

Le chevalier d'Aulon fait diligence pour me présenter mon harnois. Je dévale l'escalier pour aller trouver mon page, Louis, qui est en train de s'ébattre en vaines paroles à l'huis avec la maistresse de maison, Jehanne Boucher.

Tout est tranquille dans le quartier. On n'a aucune

nouvelle de ce qui se déroule au-dehors de la ville endormie. Je réprimande le petit Louis :

– Vos oreilles sont si paresseuses ? Vous ne savez donc rien de ce qui se passe, hors les murs ?

– Non, Jehanne, pas vraiment… Vous dormiez si bien ! Je ne voulais pas vous éveiller.

– Ah, malheureux garçon ! Le sang de la France qui se répand là-bas n'est-il pas plus important que mon sommeil ?

Je lui ordonne de seller mon cheval et de le tenir au licol au plus près de la porte. Pendant que mon escuyer se hâte de m'armer, on entend, dans le lointain, un fracas et des hurlements, puis des appels à l'aide. Les ennemis portent sans doute de grands dommages aux Français.

Je saute sur ma selle. Mais quelques instants plus tard, je fais volter mon cheval. Dans la précipitation, j'ai oublié mon étendard dans ma chambre. J'ordonne au petit Louis de l'aller chercher. Je n'ai pas la patience d'attendre qu'il redescende et lui crie d'ouvrir la fenêtre. Il obéit. Il me le jette bas. Je l'attrape au vol.

Aussitôt, piquant vivement mon coursier des esperons, je pars à la hâte vers les remparts du levant, tenant d'une main serrée mon étendard. Je presse tellement mon destrier qu'un foyer d'étincelles jaillit du pavé sous ses pas.

Je me lance vers la grand'rue, sans trop savoir où me mène ce chemin. Mon page et mon escuyer peinent à me suivre. Ils ne me rejoindront qu'auprès de la porte de Bourgogne.

Soudain mon cheval ralentit l'allure, se cabre puis s'arrête. Une foule de Français, mis en déroute par l'ennemi, entrent en tumulte dans la ville et encombrent la chaussée. Je devine que, sans prévenir quiconque, quelques chefs sont sortis d'Orléans à l'aube avec moult gens de trait et du commun et qu'ils sont allés assaillir la bastille Saint-Loup.

Après un premier assaut infructueux, ils se sont emparés de la redoute qui couvre la bastille. Mais la fortune n'a pas tardé à les abandonner. Beaucoup d'entre eux ont pris la fuite. Il y a un grand nombre de blessés que l'on a brancardés dans la ville. Cette vue m'afflige beaucoup. Je m'approche de l'un d'eux qui a les bras arrachés. Jamais je ne verrai sang de Français que les cheveux ne se lèvent sur ma tête.

Je donne des esperons et pousse mon cheval en avant, avec d'Aulon et les chefs de guerre qui viennent de me rejoindre pour porter assistance aux assaillants imprudents. Je me fraie un passage au milieu des fuyards et vais droit sur la bastille, l'étendard déployé.

À ma vue, les Français poussent un grand cri, ils tournent visage vers moi et appellent mon soutien. Sur ces entrefaites, le Bastard arrive avec un renfort de gens d'armes. Il y a au moins mille combattants. Les Godons se défendent très vaillamment trois heures durant. On me regarde. On attend mes commandements. Aurai-je le bon instinct ? Il faut que je sorte de moi-même.

J'ai entendu hier soir que l'on m'appelait « la petite vachière ». Ils vont la voir à l'œuvre, « la petite vachière » ! Ils vont l'entendre donner du souffle ! En avant ! J'exhorte, je hurle, j'adjure. On m'obéit. Un sentiment inconnu s'invite soudain et m'envahit, me transporte hors de moi-même, me pousse au mot juste et au juste galop. Je deviens un vrai chef de guerre.

Je sonne l'assaut. Je passe entre les traits d'arbalestre et les plombées de couleuvrine, debout au bord du fossé. Les combattants franchissent les palissades. Puis ils pénètrent dans la bastille, se ruent sur les Anglais. Ils y font si bon ouvrage que les survivants s'offrent comme prisonniers. La tour de l'église résiste encore. Je l'escalade moi-même.

Soudain, la cloche du beffroi retentit deux fois pour avertir les Français que les renforts anglais arrivent par le nord et s'avancent à grande puissance au secours de la forteresse assiégée.

Le maréchal de Saincte-Sévère, des gens de guerre et des citoyens saillent hors de la ville et se mettent aux champs en belle ordonnance, entre la redoute assaillie et les autres fortifications anglaises. Les défenseurs délaissent alors leur entreprise, s'enfuient et abandonnent leurs compagnons sur place.

C'est la débandade pour les Anglais. Vers l'heure des Vêpres, la bastille est emportée de vive force. Les Godons qui refusent de se rendre sont passés au fil de l'épée.

Plusieurs centaines d'Anglais ont pris leurs jambes à leur cou. Quelques-uns se sont réfugiés dans le clocher de l'église. Ils savent qu'ils ne peuvent plus résister. Je vois sortir une nuée de bures et de chasubles. Je demande que l'on épargne les vêtements sacrés. Je défends que l'on fasse du mal à ces clercs. Ils ont le capuchon de leur froc rabattu sur le visage. Mais soudain je les reconnais à leurs voix, ils chantent faux. Ce ne sont que prêtres d'apparence qui ont cru trouver, dans ce costume de circonstance, un déguisement de salut. Ce sont des Godons.

Avant de quitter le champ de bataille, mon regard

s'attarde sur le grand nombre d'Anglais qui couvrent la terre de leurs cadavres ; saisie d'une vive douleur, je m'afflige en songeant qu'ils sont morts sans contrition ni absolution. Je demande au frère Pasquerel d'entendre tous les guerriers qui ont pris part à cette action afin qu'ils rendent grâces à Dieu pour la victoire qu'ils viennent d'obtenir. Je les vois là-bas qui rasent la forteresse et réduisent en cendres tout ce qui peut être consumé par les flammes, au très grand déplaisir des Anglais.

Quand les seigneurs rentrent dedans la ville, toutes les cloches des églises carillonnent. Ce ne sont partout que des hymnes et dévotes oraisons.

Depuis leurs bastilles, les Anglais peuvent sans doute ouïr ces grâces et louanges. Je forme le vœu qu'ils en soient fort abaissés de puissance et de vaillance.

Je reprends alors le chemin de ma demeure. La famille Boucher m'attend. Un œuf et un poireau bouilli me suffiront. Les yeux me brûlent. Je salue le frère Pasquerel :

– Que tous les capitaines se tiennent prêts pour un grand coup à l'aube. C'est moi qui mènerai l'assaut.

– Jehanne, vous n'y pensez pas. Demain, c'est fête chômée, le cinquième jour de mai, l'Ascension. Il ne serait pas chrétien de porter les armes.

Mon Dieu, j'avais oublié l'Ascension. Où suis-je donc ? Où ai-je la tête ? Je suis devenue un homme de guerre. J'ai l'esprit de bataille. Cette journée a été celle de ma première mêlée, de ma première charge, de mon premier fait de guerre.

C'est aussi la première fois que j'ai traversé un champ d'honneur poissé de sang, avec ses morts et ses blessés gisant dans les dernières fumées. Même si je mouche la lampe et ferme les yeux pour ne plus rien voir, leurs cris me reviennent, ils me fixent du regard, ces hommes mutilés qui râlent et supplient qu'on les achève.

Je ne supporte pas de voir couler le sang humain. Je ne suis qu'une bergère qui a pris l'habit de guerre. Cotte d'homme, cœur de fille. Oh oui, je préfère mon étendard à mon épée, je le serre contre moi, comme jadis ma houlette. J'essaie de m'endormir. Il y a trop de bruit dehors. Partout, j'entends que l'on trinque à la victoire.

La Hire avait raison. Les assiégeants sont devenus les assiégés. C'est la premièrc fois depuis longtemps que les assaillis ont pris une résolution d'assaillants.

Dans la ville, la joie est immense, ce ne sont que transports. Personne ne s'attendait à cette victoire que nul ne commandait vraiment. À en croire le gouverneur luimême, c'est le premier avantage que les Français remportent sur l'ennemi après six mois de temps perdu.

« Tous ces capitaines ont l'esprit tortueux comme des lacets de Loire »

QUAND C'EST FÊTE CHÔMÉE, on ne doit ni labourer ni guerroyer. Mais est-ce péché que d'écrire ce jour-là aux Anglais, quand ce n'est pas pour guerroyer mais pour chercher la paix ? Je voudrais tant que l'effusion de sang s'arrête là, au pied de la bastille Saint-Loup. En cette fête de l'Ascension, je rêve encore que les Anglais s'en retournent chez eux !

J'emprunte à maistre Boucher ses plumes, sa brosse à essuyer les becs, et je les baille au frère Pasquerel pour qu'il rédige ma nouvelle mise en demeure :

– « À vous, hommes d'Angleterre, vous n'avez aucun droit en ce royaume… Car le Roi du Ciel mande par moi que vous rentriez en votre pays. C'est la troisième et dernière fois que je vous avertis dans la charité. Dorénavant, je ne vous écrirai plus. » Veuillez signer « Jehanne la Pucelle », et mettez au-dessus, Jhesus-Maria. Car c'est en leur nom que j'écris cette lettre.

À cette ultime sommation en règle, je veux ajouter un mot :

– Je vous aurais bien envoyé mes sommations d'une

façon plus honnête mais vous avez pris la fâcheuse habitude de garder mes hérauts et de les mettre au fer. Alors je n'ai pas le choix.

Le frère me tend la plume. J'appose deux croix au pied du message.

Il semble tout esbaudi :

– Pourquoi signez-vous de deux croix ?

– Parce que je ne sais pas écrire. Je sais simplement dessiner une croix.

– Pourquoi en avez-vous tracé deux ? Une seule suffirait…

– Cher frère Pasquerel, je vais vous révéler un secret de guerre qui n'est qu'à moi : quand je ne signerai que d'une seule croix, cela voudra dire qu'il ne faut pas croire ce qui est écrit, que ma main aura agi sous la contrainte ou parce que je sais que ma lettre sera interceptée. Si je marque deux croix, c'est pour dire à mes gens d'armes : « Cette lettre est faite pour être crue. »

Après avoir reçu la communion, je porte moi-même mon message destiné au quartier des Anglais. Je fais attacher ma lettre avec un fil sur la tige d'une flèche par l'un des archers qui se trouve là sur le rempart, en face du camp de Saint-Jean, et je m'écrie à l'adresse du chef ennemi :

– Lisez, ce sont des nouvelles !

La flèche vibre et se plante sur un mantelet anglais. Une main sort du bois et la dégage prestement.

J'entends en écho, depuis les logettes ennemies, les mugissements des assiégeants qui ouvrent la lettre :

– Ce sont des nouvelles de la putain des Armagnacs !

Puis, après lecture, pleuvent des injures que je n'oserai

jamais répéter. Le plus souvent d'ailleurs, je ne les comprends pas mais je les ressens vivement au plus profond de moi comme des souillures. Je penche la tête au-dessus du vide et me répands en sanglots. En face de moi, sur la redoute, on en rit à gorge déployée et, derrière moi, sur les remparts, on s'en désole. On crie vengeance.

C'est alors que le seigneur Ambroise de Loré vient à ma rencontre. Le lieutenant général l'a envoyé me quérir. Je découvre ainsi qu'en ce jour de l'Ascension, les chefs de l'armée se sont réunis dans l'hostel du chancelier de France pour tenir un grand conseil où se retrouvent Dunois, les maréchaux de Saincte-Sévère et de Rais, le chevalier de Gaucourt, le seigneur de Xaintrailles ainsi que La Hire et un gentilhomme écossais, sire Kennedy.

On ne m'a ni avertie ni invitée. On cherche à me tenir éloignée ; depuis hier, on craint mes séductions sur le peuple. Il y a de la gêne à me voir prendre trop de place. Un peu plus tard, Jehan d'Aulon me rapporte ce qui se dit depuis ce matin chez les escuyers et les varlets d'armes, dans la garnison de la ville :

– Il semble qu'elle se mêle de ce qui ne la regarde pas. Une inspiration divine ne donne pas à entendre les choses de la guerre. Et même si son étendard assure notre fortune, elle ne peut être qu'un porte-drapeau. La guerre est affaire de gentilshommes. Une villageoise, même revêtue d'un mantel d'armes, ne fera jamais un capitaine.

Voilà ce que l'on répand dans la cité malgré la victoire d'hier soir. J'en suis peinée au plus profond de mon âme. Cette vie est dure, trop injuste ! Je viens le dire au Bastard. Je le trouve en son hostel, endimanché d'un paletot d'étoffe brochée, avec une magnifique brigandine de guerre. Il me dévoile les résolutions du conseil :

– Nous allons tenter demain un assaut sur la grande bastille occupée par les chefs des troupes assiégeantes.

– Monseigneur, pourquoi avoir encore négligé de m'associer à votre délibération ? Sans doute ne me découvrez-vous qu'une partie de ce qui a été décidé. Vous m'en voyez très peinée. Dites-moi donc tout ce que vous avez conclu et appointé…

Le Bastard d'Orléans m'avoue alors :

– Jehanne, ne vous perdez pas en plaintes. C'est vrai, on ne vous a pas tout dit en une fois. Mais ce ne sont que vos premiers pas à la guerre…

Sur mon insistance, le lieutenant général me révélera, dans les heures qui suivront, le dessein d'une fausse attaque sur la rive droite pour mieux dégarnir la rive gauche afin d'enlever les bastilles ainsi désertées par leurs défenseurs et devenir enfin maistres du pont. Un plan trop compliqué et hasardeux.

Je décide en moi-même de suivre ma propre résolution, tout à fait contraire à celle que les seigneurs viennent de décider.

Dès le soir, je fais grande diligence pour que tout soit prêt et annoncé au plus petit matin. Tous ces capitaines ont l'esprit tortueux comme des lacets de Loire.

Je suis une paysanne. Une fille de la terre, familière des feintes campagnardes et malices de nature. J'ai appris à connaître les venelles, les musses, les trouées et goulets. Je sais d'instinct par où il faut passer, où il faut guéer, se faufiler, où le pied est sûr et la terre ferme. Je veux une guerre plus simple que cela : pour soulager la ville et se donner du temps, il faut pouvoir y faire entrer des convois de vivres. Je l'entends tous les jours de la bouche du trésorier, mon hôte. Or, au nord de la Loire, le passage est trop difficile – je l'ai finalement compris – car nous sommes en Beauce et la Beauce est occupée.

Mais, au midi de la Loire, il y a la Sologne et le Berry, c'est la France libre. Nous devons prendre les bastilles du midi qui ferment la citadelle aux convois des Français fidèles. Si nous réussissons à nous emparer de ces bastilles, la route de France sera de nouveau ouverte, les chemins du Berry, de l'Auvergne et de tout le midi pourront être rétablis.

Au soir de l'Ascension, je fais un dernier tour de la ville. Je vois des hommes qui s'affairent, ils font boire les chevaux au bassin, chargent des boulets de pierre sur des traîneaux de bois, entassent des rouleaux de corde et des échelles sur des chariots. Ils se préparent. La confiance se lit sur leurs visages. Ces gens simples au grand cœur sont loin de l'esprit des chefs de guerre.

Demain matin, je passerai la rivière deux heures avant matines, avec les troupes de La Hire et du seigneur Dunois. Si les chefs suivent leurs troupes, tant mieux…

En souriant aux mariniers qui apprêtent les nefs, je raille le Bastard :

– Jusqu'ici, c'est vous qui m'avez menée en bateau. Demain matin, ce sera mon tour. Ceux qui ne seront pas avec moi iront à la nage !

Vers l'heure de tierce, les troupes sortent de la ville par la porte de Bourgogne. Il n'y a rien à craindre désormais du côté de la bastille Saint-Loup. Elle n'est plus qu'un amas de cendres.

Ce sont bientôt quatre mille combattants qui, en bonne ordonnance, s'embarquent au pied de la tour Neuve, à l'angle des remparts. Puis nous abordons à une motte, au milieu de la Loire. Il ne reste qu'un bras de rivière à traverser.

Les nautoniers fabriquent un pont de fortune avec un assemblement de nefs qu'ils disposent côte à côte. C'est la bousculade.

Quelques chevaux tombent à l'eau. Plusieurs chariots aussi, chargés d'échelles, de béliers, de veuglaires et de crocs.

Je serre contre moi mon étendard et je chevauche en armure blanche, casquée du bassinet, visière haute. C'est mon premier commandement. Il y a, derrière moi, le maréchal de Rais, le maréchal de Saincte-Sévère, le sire de Gaucourt, La Hire, nombre de chevaliers et d'escuyers. Il y a aussi foison de bourgeois de la commune, qui ont quitté la citadelle au petit matin pour se battre avec des arcs et des épées de leur fabrication.

Quand nous passons sur l'autre rive, la bastille de Saint-Jean-le-Blanc, que nous voulions assaillir, brûle comme fétu de paille. Le travail est déjà fait. C'est l'un des ouvrages anglais qui protègent le pont du côté de la Sologne. Nous sommes venus pour l'attaquer. Des dizaines d'archers anglais, suffoqués par les fumées noires des poudres enflammées, s'échappent en hurlant de l'enceinte de cette forteresse. Ils s'enfuient vers la bastille des Augustins, traînant des chars d'artillerie et quelques chargements de traits. C'est Glacidas lui-même, vient-on me dire, qui a allumé le feu. Quand il nous a vus franchir la Loire, il a pris la précaution de faire désemparer et incendier la bastille.

Tous les fuyards se retirent dans la redoute des Augustins, juste en avant de celle des Tourelles.

Je crie que chacun aille en besogne. Je conçois secrètement le dessein de reprendre, dès aujourd'hui, les Tourelles, la bastille du bout du pont.

Mais il faut d'abord donner l'assaut à l'ouvrage de palissades des Augustins, qui en est le rempart protecteur. Je fais signe au cor, qui sonne un court motif. Les pavois avancent. Dressée sur mes estriers, j'ordonne d'une voix forte :

– Suivez mon étendard ! Avancez au plus près du fossé ! Et jetez les grappins ! Aux lances ! Aux épées !

« Ce sont moult beaux faits d'armes de part et d'autre »

JE VIENS PLANTER MON ÉTENDARD au bord du fossé de la redoute des Augustins. L'armée avance. Les cimiers tressautent. Les Anglais, à l'intérieur de la bastille, ne bougent pas. Ils restent abrutis derrière les grands pieux qui entourent le monastère transformé en forteresse. Sans doute sont-ils très nombreux à l'intérieur.

Le soir approchant, les seigneurs français, estimant qu'il sera impossible d'emporter la bastille, prennent la résolution de se retirer en l'isle au droit de Saint-Aignan.

– Contentons-nous, pour aujourd'hui, de Saint-Jean-le-Blanc, proclament-ils pour justifier leur dérobade.

Ils donnent l'ordre de regagner les bateaux afin de retourner sur l'autre rive de la Loire. Je suis contrariée. On croirait, à les voir si embarrassés de leur victoire, qu'ils veulent laisser du répit à l'ennemi.

Je ne peux me résoudre à quitter le champ de bataille sans avoir combattu. Après la chute de Saint-Loup, avant-hier soir, une deuxième bastille vient de tomber. Je rêve d'une troisième conquête, dès aujourd'hui.

Une fois de plus, les capitaines, eux, suivent leur pente

de caractère et ordonnent aux gens de guerre de faire retour vers la cité.

Soudain, s'élève un cri immense :

– Les Anglais ! Les Anglais ! Ils arrivent sur nous !

On se retourne. Des centaines de Godons jaillissent de leurs retranchements, par surprise.

Les Français, saisis de frayeur, se précipitent vers la rivière. Avec La Hire, nous traversons le bras de la Loire et gagnons la petite isle, pour protéger la retraite. Je tente de retenir les fuyards. Mais l'effroi est si grand qu'en m'efforçant de les rallier, je suis entraînée malgré moi dans le courant.

Les Anglais s'avancent à deux traits d'arc, lancent des flèches et carreaux si dru que nos gens de guerre ne peuvent tenir sous cette terrifiante volée. Dans un grand désordre, ils s'enfuient vers la rive. Certains d'entre eux se jettent à l'eau avec leurs armures. Ils coulent à pic.

Les Anglais lèvent grand huis sur les Français. Et ils viennent, avec verdeur, charger mes gens. L'armée du roi se trouve alors en grand péril. Quand les Godons m'aperçoivent, ils crient après moi et vocifèrent d'infâmes jurements.

Je ne supporte pas ces outrages. Je m'élance dans l'eau, tirant mon cheval par la bride, et repasse la rivière ; La Hire, qui a aperçu mon mouvement, se précipite à ma suite. Parvenus sur l'autre bord, en Sologne, nous retrouvons nos coursiers. Je m'écrie :

– Au nom de Dieu, faites demi-tour ! À l'assaut ! Hardiment !

Je marche sur les Anglais. Ils ne cessent de m'insulter.

Mes hommes couchent leurs lances, nous poussons droit à l'ennemi, nous frappons de toutes nos forces. Je galope de la bastille à la berge et de la berge à la bastille. J'appelle la chevalerie. Je contrains les croix de Saint-Georges à battre en retraite. Épouvantés, très vite ils prennent la fuite, laide et honteuse. Enfin, Monseigneur le Bastard me rejoint. Je plante de nouveau mon étendard sur le bord du fossé des Augustins.

Alors chacun tourne visage et me suit au combat. Les Anglais refluent en désordre jusque dans les bastilles et laissent la terre jonchée de leurs morts.

Le trompette sonne l'assaut de la bastille des Augustins. Le corps-à-corps devient général. Les varlets d'armes recouvrent leur vaillance. Ceux qui se sont retirés en l'isle ne demandent même pas de chalands pour venir à l'assaut, je les aperçois là-bas qui passent à gué tout armés, marchant jusqu'aux aisselles dans l'eau.

D'Aulon, que j'ai placé à la garde du pont flottant pour surveiller le seul chemin de la retraite, relance à l'avant les plus timides parmi les gens de la ville. C'est à qui fera la meilleure besogne.

Je retrouve, dans la mêlée, mon canonnier lorrain, maistre Jehan. Sa couleuvrine remplit son office. Elle fait mordre la poussière à un géant anglais, pourtant lourdement armé et bien en point.

Le combat devient sanglant, surtout le long des palissades de la bastille. Je vois l'un de mes hommes qui, juste devant moi, implore mon secours. Il a été frappé d'une flêche, le fer lui a traversé la bouche et sort d'un demi-pied derrière le cou. Il hurle, lève le bras, s'affaisse. Chose inouïe, il se déferre lui-même. Quelques instants après, je le vois reprendre sa place, avant de s'effondrer à nouveau.

J'entends d'Aulon héler un vaillant homme d'armes qui court vers la levée de terre :

– Alonzo ! Alonzo ! Prends garde !

Mais le son de trompette qui appelle les Français au combat retentit plus puissamment dans le cœur du guerrier – un homme du pays d'Espagne – que la prudente exhortation d'Aulon. Il s'élance vers le palis. Il fait signe. Une foule de guerriers s'y précipitent et assaillent de toutes parts la bastille, âprement et à grande diligence.

Je suis blessée au pied par l'une des chausse-trapes dont les Anglais ont semé la terre autour de la forteresse. Ils se défendent avec courage. Ce sont moult beaux faits d'armes de part et d'autre. J'ai la jambe qui enfle. Je serre les dents.

Vers l'heure des Vêpres, la couleuvrine de maistre Jehan opère une brèche. La bastille est prise d'assaut. Elle va tomber. Elle tombe. La plupart de ses défenseurs sont passés au fil de l'épée. Les Godons qui peuvent encore s'échapper se sauvent dans les Tourelles, par l'arrière du mur de pierres des Augustins.

On découvre, dans la forteresse conquise, un grand nombre de prisonniers, souvent des pâtres et des pauvres laboureurs capturés aux campagnes voisines, où les Anglais de Glacidas exerçaient toutes sortes de violences et d'enlèvements. La bastille renferme une foison de vivres, des blés de Sologne, des avoines du Berry. Les Français se jettent dessus ; je ne veux pas de ce pillage. Pour arrêter les déroberies, j'ordonne que l'on mette le feu à la bastille.

Tout ce que renfermait encore la forteresse est, en peu d'instants, consumé.

Le soir même, nous mettons le siège devant les Tourelles et les redoutes d'entour. Je désire rester en ligne malgré les ombres qui descendent. Je ne veux pas quitter le champ de bataille.

Les capitaines m'engagent à retourner dedans la ville, me faire soigner le pied. Car, selon eux, il est trop tard pour un dernier assaut. Le soleil baisse à l'horizon. Il ennuicte déjà.

Je fais des difficultés pour rentrer :

– Laisserons-nous là, toute la nuit, nos gens en péril ?

Je finis par céder à leurs prières et repasse la rivière, avec mon page Minguet, qui ne m'a pas quittée. Quand j'arrive au logis de maistre Boucher, toute la famille m'attend. Je suis affamée et épuisée, la jambe droite en feu. Je n'ai rien mangé de la journée. J'avale quelques fruits et des figues.

Comme j'ai fini de souper, un noble chevalier vient me parler. Il m'annonce que les chefs de guerre de l'armée du roi ont tenu conseil et ont pris des résolutions. Je l'admoneste :

– Encore un conseil qui s'est réuni sans que j'y sois invitée ! Dites-leur que je me moque de leurs résolutions. Qui sont toujours d'attendre. Et de surseoir à l'offensive.

– Mais non, Jehanne. Vous voyez bien que les chefs de guerre vous ont accompagnée dans cette magnifique charge.

– Non, pas accompagnée. Juste suivie. C'est plutôt le peuple qui m'a accompagnée, à l'aube.

«Je me suis mise à aimer les carreaux qui sifflent»

Je demande à voir le Bastard. En pleine nuit, il me rejoint. Il porte encore sa brigandine brodée. Je l'interroge vigoureusement :

– Alors, Monseigneur, pendant que je besogne, vous tenez conseil ?

– Oui, il le fallait, après une victoire aussi inattendue. Avec si peu de monde en comparaison des forces anglaises, il faut s'interroger…

– Pendant que certains s'interrogent, d'autres bataillent.

– Nous avions résolu…

– De ne rien faire…

– Oui, pour l'instant. Car la bastille des Tourelles est imprenable en l'estat. La ville est maintenant pleine de vivres ; le conseil pense que nous devons garder la cité pendant quelques jours et attendre un nouveau secours du roi.

– Et que direz-vous à tous ces combattants qui, ce matin, m'attendaient pour sortir de la citadelle et se préparent, pour demain, à assaillir le pont ?

– Le conseil ne juge pas opportun que, dès demain, les troupes sortent de la ville.

– Mais elles sont déjà hors de la ville, vous le savez très bien. Quand je suis rentrée ce soir, j'ai croisé les boulangers qui allaient cuire du pain pour les bourgeois en veillée d'armes sur les berges de la rivière, en face des Tourelles. Ceux qui dormiront cette nuit sur les sables de la Loire et dans les roseaux sont les plus vaillants d'entre nous.

Le Bastard feint d'ignorer qu'à l'instant où nous parlons, par centaines, les habitants de la cité traversent la rivière sur de petits bateaux de planches plates et portent à manger aux gens de guerre tenant le siège, devant le château des Tourelles, sous la lune. Ce sont surtout des gens de trait et la majorité de la commune, des guerriers d'occasion, qui sont restés au Portereau, sur la rive. Je mets fin à notre conversation en lui confiant ma résolution :

– Par mon Martin, dans quelques heures, je ferai flotter mon étendard sur les tours de la bastille du pont. Demain, au lever du soleil, je sortirai par la rivière. Et au couchant, je rentrerai par le pont.

– Jehanne, il est à redouter que, s'ils trouvent la place d'Orléans déserte, quand nous l'aurons dégarnie de ses défenseurs, les Anglais entrent dans la ville par une porte à l'occident. Voilà ce que craint le conseil.

– Le conseil ! Le conseil ! Monseigneur, écoutez-moi. Vous êtes allé en votre conseil. Et moi, je suis allée au mien. Le conseil de vos seigneurs se consumera, comme les bastilles anglaises. Mais le Conseil de Monseigneur du Ciel s'accomplira.

Le Bastard reste là, confus, sur le pas de la porte. Il ne sait plus que dire. C'est un gentilhomme ponctuel en ses charités et délicatesses, il baisse les yeux et fait demi-tour.

Je me retourne alors vers mon chapelain, qui est resté auprès de moi.

– Frère Jehan, levez-vous dès la pointe du jour, et de meilleure heure encore qu'aujourd'hui. Tenez-vous toujours auprès de moi, car j'aurai, dans cette journée, beaucoup à faire. À une certaine heure, il sortira du sang de mon corps au-dessus du sein. Je serai blessée devant la bastille du bout du pont.

Je voudrais me reposer. Je suis rendue. Selon l'usage, quelques femmes partagent ma couche. Je me méfie des hommes, plus alertes la nuit que le jour. Environnée d'un grand nombre de témoins, sans cesse diffamée par les Godons, je ne veux pas que la méchanceté des hommes vienne calomnier mon sommeil.

La nuit est fiévreuse. Je ne parviens pas à m'endormir. Je suis déjà à l'assaut des Tourelles. En haut d'une échelle. Mon page vient me chercher. Il y a du bruit au loin. Je cours à la fenêtre. Je ne discerne pas l'endroit d'où s'élèvent les flammes d'un fort bientôt réduit en cendres. Ce ne peut être ni les Augustins, ni Saint-Jean-le-Blanc.

Toute cette nuit, je suis en grand doute que les Anglais ne frappent sur mes gens allongés dans les fougères et sur les rivages de Loire, devant les Tourelles. Aux lueurs, je vois des chalands ramener une garnison vers Saint-Laurent. Ce sont les archers du fort de Saint-Pryvé, sur la rive gauche; ils sont sortis pendant la nuit, ont mis le feu à l'ouvrage et ont traversé la Loire pour se réfugier dedans la bastille de Saint-Laurent. Encore une fortification en moins.

Je compte avec mes doigts. De toutes les forteresses anglaises, élevées au midi de la porte, il ne reste plus que les Tourelles à conquérir. Ce sera pour demain matin. C'est une grosse affaire.

Je ne trouve pas le sommeil. Je refais la bataille de ce jour. J'anticipe déjà celle du lendemain. Mon pied, gonflé, noirci, me brûle encore. Mon corps grelotte. Je resserre sur moi mon mantel de grosse laine. J'aime tellement son odeur quand j'y enfouis mon visage. La lune me ramène à Domremy, à mes jeunes années, si tendres. Je ne suis plus la bergerette qui tondait les moutons, au bord des eaux douces de la Meuse. Je m'aperçois que j'ai changé. Ce n'est pas que je trouve à la guerre de l'agrément mais je me suis mise à aimer les eaux torrentueuses, les tourbillons, les vacarmes, les cris, les carreaux qui sifflent, les fracas du canon Rifflard. Je piétine les fleurs à la bataille. Je ne les vois même plus sous le sabot trop pressé de mon cheval.

J'aime mon armure. Mais je me dis qu'il y a peut-être péché à éprouver ainsi au combat une telle exaltation. Et je me demande pourquoi, sur le champ des massacres, les guerriers morts, défigurés, qui entrent dans la paix du Roi du Ciel, ont de tels visages de terreur. Que voient-ils au juste ? Pourquoi le Ciel, en sa bienvenue, ne leur accorde-t-il pas un dernier sourire ?

Il est si difficile d'avoir l'esprit en guerre et l'âme en paix.

« La mort vole sur la redoute et éclabousse la plaine de feu »

À LA POINTE DU JOUR, mon aumônier célèbre le saint sacrifice de la messe. Je reçois avec dévotion le précieux corps du Christ.

À l'instant où je vais sortir de la maison de mes hôtes, un homme y apporte une alose qu'il vient de pêcher dans la Loire. Maistre Boucher m'invite à demeurer un moment :

– Jehanne, vous n'avez pris aucune nourriture ce matin. Mangeons cette alose ensemble avant que vous ne partiez. Elle a été pêchée sous le pont des Tourelles.

– Gardez-la pour le souper. Ce soir, quand je reviendrai, je repasserai par-dessus le pont après avoir pris les Tourelles. Je ramènerai, avec moi, quelques Godons qui ont peut-être vu pêcher cette alose. Ils en mangeront leur part...

Cette promesse ne fait guère sourire le trésorier, mon hôte. Il la juge comme une outrance, un enfantillage : le passage sur le pont est impraticable puisque plusieurs arches ont été rompues. Les vieux habitants d'Orléans qui connaissent bien les lieux ne s'y trompent pas.

L'hostel de Jacques Boucher est assailli par les bourgeois.

Ils ont tout juste appris que les capitaines veulent différer l'assaut des Tourelles. Alors, désespérés, ils m'appellent à grands cris, viennent me chercher, pour secourir les citadins abandonnés par les seigneurs.

Depuis plusieurs jours, le peuple s'irrite des lenteurs que les gens du roi mettent à les délivrer. Ils me devinent de leur côté, du côté de leurs impatiences.

Cependant, je tente de justifier, par loyauté, la prudence des capitaines dans le fait de la guerre qui tient à leur crainte d'une attaque surprise si la ville paraît aux Anglais trop dégarnie ; j'ajoute, dans un esprit de concorde :

– Il y a toujours des raisons à la prudence des hommes de guerre...

– Non, aucune ! rétorque un échevin excédé. Les capitaines sont moins pressés que nous d'en finir. Parce que les hommes de guerre vivent de la guerre et que les bourgeois en meurent. Cela fait une grande différence. Vous seule, Jehanne, pouvez nous apporter la délivrance.

– En mon Dieu, je le ferai dès aujourd'hui. Revenez me voir ce soir. Retournez chez vous. Laissez-moi passer.

Je me fraie un chemin pour monter à cheval et, vers la foule qui m'acclame, je me tourne un instant :

– Soyez sans inquiétude. Je ne céderai pas. Je n'irai pas cette nuit en la ville par un autre chemin que par le pont.

Je fais sonner les trompettes. La porte de Bourgogne est gardée par le gouverneur de Gaucourt en personne. Il a reçu des ordres. Il refuse de retirer la poutre et de nous laisser sortir. L'indignation est générale. C'est un grand tumulte. La foule menace de s'en prendre à sa vie. La poutre saute. La porte s'ouvre. Le peuple sort à grands flots de la ville. Le soleil se lève. Nous allons avoir une belle journée.

Nous franchissons à nouveau la Loire, comme hier. Une grande partie des troupes restées à la garde de la ville accourt sur mes traces, ainsi qu'un grouillement de citoyens d'Orléans. Nous traînons un chargement de lourds engins : des fascines, des martinets, des cognées, des échelles, des tonneaux de poudre.

C'est une masse énorme d'assaillants qui se rassemblent, derrière moi, sur la berge face au pont. Il est difficile d'obtenir une belle ordonnance, tant il y a de combattants et de chefs. Les chevaliers ne valent pas grand-chose contre des murailles de terre et des collines de fagots. Et les bourgeois ne connaissent rien à l'art de franchir un fossé. Une foule de curieux s'amasse, c'est une gêne pour le passage des rares gens d'armes qui escarmouchent et tentent l'escalade.

Les chevaliers retiennent leurs montures. Les routiers retiennent leurs hommes. Je suis la seule à me donner tout entière.

La forteresse semble imprenable, puissamment édifiée, garnie d'une artillerie nombreuse. Elle abrite la fleur des meilleurs gens de guerre de l'Angleterre. La bastille repose sur les arches mêmes du pont. Mais devant elle, à même la terre ferme, se déploie un ouvrage de bois sur une levée de glaise, avec de larges fossés du côté de la berge et une profonde tranchée dans laquelle pénètrent les eaux de la Loire. Il faudra d'abord nous rendre maistres de cette redoute.

Quand je regarde les hautes meurtrières des Tourelles,

je comprends que l'on nous attend de pied ferme avec assurance. Derrière chaque hourd, à chaque ouverture, on aperçoit une paire d'yeux ou une salade enfoncée, avec une flèche engagée sur une corde d'arc.

L'heure de l'assaut approche.

On range les troupes en bataille. On sonne la charge. En un seul bond, la redoute est assaillie de toutes parts.

Hélas, le passage de la rivière, le débarquement des nouvelles troupes et la tenue d'un conseil trop bavard sur les berges sablonneuses ont fait perdre un temps précieux. Il est déjà dix heures du matin. Les Anglais sont bien réveillés.

Sitôt l'engagement devient général. Servies de part et d'autre d'une égale ardeur, les deux artilleries font retentir au loin un fracas épouvantable. Partout roulent d'épais nuages de fumées, l'éclair suit l'éclair, la foudre appelle la foudre, la mort vole sur la redoute et éclabousse la plaine de feu. On croirait entendre Dieu tonner. Les artilliers en ont le sang aux oreilles. Nos chevaliers s'élancent dans la rivière, gravissent les retranchements et combattent main à main avec les guerriers ennemis. Vingt fois les Français s'approchent de la douve et vingt fois ils sont repoussés.

Je vois, auprès de moi, briller à tous les périls le Bastard avec son pennon vert et cramoisi, ainsi que le maréchal de Rais avec son cimier maniéré, noir et blanc, qui flotte au vent.

Plus loin, La Hire et Poton de Xaintrailles font merveille. Il y a moult glorieux assauts, durant lesquels s'enchaînent de beaux faits d'armes, tant en assaillant qu'en défendant. Les archers à croix de Saint-Georges restent impassibles dans leurs cottes de cuir. Ils attendent la prochaine vague.

Les Français échellent et attaquent de front au plus haut des fortifications. Ils se font rebouter maintes fois, trébuchant du haut en bas ; les haches volent, comme les guisarmes. Les fossés se remplissent de cadavres. Les peaux de bœufs tendues sur les planches des pavois ne résistent pas au feu. Des centaines de bras lancent les grappins au-dessus de pieux appointés et tendent brusquement chaînes et cordes.

Les arcs longs en bois d'if ripostent avec des tirs d'une précision redoutable. Chaque meurtrière de la haute tour siffle la mort.

Les escuyers sautent dans les fossés de la redoute et, sous le feu des canons ou les traits d'arbalestre, cherchent à gravir l'escarpement pentu. Mais, lorsqu'ils touchent au sommet, ils trouvent l'ennemi armé de lances et de maillets de plomb. Et les échelles, écartées par des fourches longues, basculent dans les fossés. Les assauts, toujours repoussés, toujours recommencent. Le destin hésite. Il faut tenir. Le sort de la bataille se jouera sur le dernier quart d'heure.

L'attaque se prolonge ainsi en vain pendant de longs moments incertains. J'aperçois ce pauvre Richard de Guontaut, un héros des journées d'Azincourt, qui s'effondre. Il vient d'être frappé au visage d'un trait qui lui ressort derrière la nuque. Il se confesse au frère Pasquerel qui le prend dans ses bras.

Il est une heure après midi. La lassitude et le découragement commencent à se faire sentir. J'entends, autour de moi, les essoufflements.

Je me dépense sur la rive, animant les uns à tenir ferme,

ramenant les autres au combat. Je fais retentir, au milieu des rugissements, le nom du Dieu des armées :

– L'heure approche où les Anglais seront desconfis ! Et toutes choses viendront à bonne fin.

Mais je vois bien que mes hommes faiblissent et doutent. Leurs traits sont moins précis. Ils attendent un geste fort. Je n'écoute plus que mon courage.

Je m'approche de la berge…

« Ce n'est pas du sang qui coule, c'est de la gloire ! »

JE SAUTE DANS LE FOSSÉ. Je roule tout au fond et m'empare d'une échelle qui a glissé sur la rive. Je la redresse avec vigueur et l'applique contre la haute palissade de la redoute.

Soudain, arrivée au dernier barreau, un trait lancé par l'ennemi siffle et vient me frapper au-dessus du sein, entre le cou et l'épaule. Je tombe à la renverse et manque de perdre connaissance. Aussitôt investie par une troupe d'Anglais, enhardis par ma chute, je me relève à demi et repousse l'ennemi à coups d'épée. Quelques chevaliers se portent à mon secours. Je chancelle, ils me soutiennent. J'entends le maréchal de Rais qui hurle d'angoisse :

– Jehanne, Jehanne ! Ne nous abandonnez pas !

Il pousse furieusement son cheval. Je suis vaincue par la douleur et retombe en défaillance. On m'emporte à demi morte. On m'éloigne du champ de bataille. On me désarme, on m'étend sur l'herbe.

Le Bastard et d'autres chefs de guerre accourent. Autour de moi s'élève un immense tumulte. Le maréchal de Rais se penche sur moi et agrandit avec son poignard l'échancrure de ma chemise pour dégager la plaie béante. Mon page court chercher le sac aux pansements sur un chariot de secours. On me prodigue un soin hâtif. Mon chapelain et un capitaine murmurent l'un à l'autre que ma blessure est profonde, que le trait est un méchant vireton. Il ressort derrière mon cou de près d'un demi-pied. Quand je m'en aperçois, je m'en effraie. Je vais mourir. Je ne peux retenir mes larmes. Mais j'exhorte tous mes soldats à essuyer les leurs :

– Laissez-moi là. Retournez au combat. De là-haut, je continuerai à vous aider !

Je retrouve assez de courage pour arracher moi-même le trait de ma blessure, comme je l'ai vu faire par de valeureux chevaliers qui ont osé se déflécher tout seuls. Le sang coule en grande abondance et paraît difficile à arrêter. Le Bastard s'efforce de consoler mes pauvres guerriers qui semblent éperdus de tristesse ; il lève son épée vers le Ciel :

– Ce n'est pas du sang qui coule, c'est de la gloire !

Le frère Pasquerel et mon page Minguet se tiennent accroupis près de moi. Selon la coutume des gens de guerre, quelques escuyers s'approchent et commencent à marmotter des patenôtres sur mon épaule. D'autres veulent charmer la blessure. C'est un vieil usage de conjurer la plaie. J'ai vu cela à Greux pour les piqûres de serpent. Les pater de sang ont, dit-on, la vertu d'arrêter les hémorragies. Mon aumônier étend les bras pour s'y opposer. J'entends un paysan qui a déjà commencé sa prière de vieux diable. Il marmonne des mots en latin.

Avec le peu de voix qui me reste au gosier, je m'écrie :

– J'aime mieux mourir que de commettre une diablerie !

Un barbier applique alors sur ma plaie une compresse de lard et d'huile d'olive. Je prie la foule de s'écarter un peu. Je me confesse à mon chapelain entre râles et gémissements. Peut-être le Ciel a-t-il choisi de venir me chercher sur le bord de ce fossé ? *Fiat !* Que Votre volonté soit faite !

Je n'ignorais pas que je devais être blessée ici. Je l'ai prédit au gentil Dauphin à Chinon. Je l'ai annoncé hier soir aux gens d'Orléans et confié à mon aumônier. Bien sûr, je le savais. Et pourtant, à présent, j'ai peur, peur de mourir.

Les Anglais, ayant aperçu que le vireton a pénétré dans ma chair et voyant que je ne me relève pas, crient de joie. Ils s'égosillent alentour :

– Quand on peut tirer le sang d'une sorcière, alors tout son pouvoir s'évanouit !

Jehan d'Aulon me confie à l'oreille que ma blessure a répandu la stupeur et la désolation parmi nos troupes. J'étais leur dernier espoir. Les chefs de guerre, témoins de ces attristements, inclinent à reporter l'assaut à un autre jour.

Je voudrais les rassurer mais n'y parviens pas : le peu de succès des attaques qui durent depuis dix heures ce matin, le grand nombre d'hommes déjà perdus, et maintenant, cette blessure, tout semble présager que l'on n'emportera pas la forteresse.

Et puis, peu à peu, je reprends mes esprits, même si j'ai le cou enflammé. La nuit approche, l'octave des Vêpres va commencer. Le Bastard veut que les troupes se replient dans la ville et que l'on y rapporte l'artillerie. Les trompettes obéissent à son ordre et sonnent la retraite. Les hommes abandonnent le pied de la redoute. Nos soldats se retirent. J'en suis affligée.

Mes vertiges s'éloignent. J'appelle le Bastard et le prie de ne pas renoncer si près du but. Je me relève et m'adresse à tous les chefs de guerre, d'une voix étouffée, hachée par la douleur :

– Vous entrerez bien brief dedans la ville. Je vous demande de me croire… Ma blessure n'est rien… Quand vous verrez flotter mon étendard au flanc de la bastille, reprenez vos armes ! Bientôt la forteresse sera nôtre… En attendant, faites comme moi : reposez-vous, buvez et mangez pour reprendre un peu de vigueur.

Je m'appuie sur mon étendard. C'est la hampe qui tient mon corps étourdi. Je veux que les troupes me voient à nouveau en selle. Je demande que l'on m'aide à remonter à cheval. Trois escuyers me portent sur mon coursier. Je n'ai pas assez de fermeté dans les jambes pour me redresser. On m'emmène un peu plus loin dans une vigne, à l'écart de la foule et des cris, pour récupérer des forces. J'y demeure un quart d'heure en prière. L'homme d'armes auquel j'ai confié mon étendard reste debout, là-bas, devant la redoute. De l'endroit où je me suis retirée, je le vois qui le brandit et lui fais signe d'aller droit devant lui. Je m'adresse à un gentilhomme qui m'a suivie :

– Quand la queue de mon étendard touchera la palissade de la redoute, je veux que l'on donne le signal de l'assaut.

Un moment après, le gentilhomme s'écrie :

– Jehanne, la queue touche à la palissade !

– Alors, attaquez le pont !

Je reviens au galop. Chaque mouvement de selle est comme un coup de couteau dans l'épaule. Je n'ai plus ni heaume ni armure, juste un haubergeon en mailles de fer. Je me tiens raide, le coude serré contre ma poitrine, pris en écharpe, et lance mon cheval vers le bout du pont, en criant :

– À l'assaut ! À l'assaut !

Les Français, enfiévrés de me voir à nouveau pousser les esperons, se risquent à une nouvelle escalade de la redoute. Je crie encore et encore :

– Tout est vôtre !

Et les hommes reprennent en chœur :

– Tout est nôtre !

C'est un choc fier et merveilleux. Les Anglais jettent toutes leurs ardeurs pour sauver le pont. Ils tirent tant de traits que leurs munitions s'épuisent. Ils vont manquer de bâtons, de pierres et de lances. Car leurs derniers boulets, chassés par une charge trop faible, tombent court comme des pierres jetées à la main. C'est le moment d'approcher les échelles.

Les Français frappent à l'étourdie. Les corps-à-corps se déplacent maintenant dans les eaux du fossé. Seigneurs et bourgeois, gens d'armes et gens du commun grimpent vivement et par centaines aux enceintes de pieux. On dirait une compagnie d'oisillons qui s'abattent sur une haie. Déjà les palissades sont à demi renversées.

Peu à peu, les Anglais, épuisés d'armes et de forces, se voient attaqués en avant mais aussi en arrière. Heureuse surprise : nos guerriers restés à la garde d'Orléans, qui ont assisté à ce nouvel assaut de la redoute, se jettent dans la bataille, s'associant de tout cœur à la gloire de leurs compagnons d'armes. Ils déferrent la porte du midi fermée depuis si longtemps, puis se précipitent sur le pont. Ils s'élancent, suivis d'une foule de gens du peuple, jusqu'au boulevard de la Belle-Croix, élevé sur l'isle qui sépare le pont en deux parties.

Mais ils font halte devant un obstacle insurmontable : plusieurs arches ont été rompues entre la redoute de la Belle-Croix et la forteresse des Tourelles.

Quelques instants plus tard, je vois sortir de la citadelle plusieurs dizaines d'hommes en tablier qui traînent à force de bras, de la ville à la redoute, de longues solives. Ils établissent à la hâte un pont volant d'une pile à l'autre. Cependant aucune des solives n'atteint la distance entre les arches. Qu'importe ! Ils prennent la plus longue et je vois les charpentiers, en gilet de cuir, qui y ajoutent, avec des chevilles de fortune, des pièces de bois.

Les deux bords sont maintenant joints. Un artisan est descendu au bas de la pile. Il pose, tant bien que mal, un fragile étai sous ce pont chancelant. Qui osera le premier tenter cette voie périlleuse ? C'est Nicolas de Giresme, commandeur de l'ordre des chevaliers de Rhodes, que j'ai rencontré chez mes hôtes. Je le reconnais à sa tunique rouge frappée d'une croix blanche de Saint-Jean-de-Jérusalem. Il est magnifique, il a le front ceint de son casque au panache flottant, le bras couvert d'un large bouclier où brille une croix éclatante.

Il s'élance. Il court sur la gouttière qui plie sous ses pas. Les javelots et carreaux fusent autour de lui. L'abîme des flots gronde au-dessous. Rien ne l'effraie, rien ne l'arrête. Tous les chevaliers le regardent. Quand il parvient jusqu'à la pile opposée, il touche d'une main rageuse et triomphante à la forteresse ennemie. Il brandit son épée étincelante. Une foule de chevaliers et de citadins suit alors sa glorieuse trace. Et c'est le choc ultime.

Les lances se croisent, les boucliers s'entrechoquent. Les Anglais reculent. L'ouvrage des Tourelles, à l'arrière de la forteresse et qui donne sur la ville, est emporté à l'instant même où la redoute qui se trouve au midi tombe en notre pouvoir. Les lavandières de la ville courent sur le pont. Elles portent des marmites et des escuelles pleines de charbons allumés, d'huiles et de graisses bouillantes.

Alors, les vertiges de la terreur s'emparent des assiégés. Du haut de la forteresse, ils jettent autour d'eux des regards effrayés. On entend retentir les trompettes et les clameurs de notre grande armée. L'épouvante s'empare même du chef anglais, Glacidas. Je monte sur la redoute du midi, face aux Tourelles, et, l'étendard à la main, je l'adjure d'une voix qui s'éteint :

– Glas'das, Glas'das, rends-toi au Roi du Ciel. Fais pénitence. Tu m'as appelée la putain des Armagnacs. Te voilà en grand péril. Et j'ai pitié de ton âme.

Mais il ne m'écoute pas, il ne veut pas m'entendre. Il cherche à gagner avec les siens le château. Or l'arche du pont qui sépare la redoute de la bastille a été, pendant le combat, frappée d'une bombarde commandée par le chevalier d'Aulon. Le pont de bois s'effondre dans un immense fracas, embrasé par un chaland d'étoupe et de poix, de fagots et de résine. Glacidas et tous les siens, qui courent sur le tablier, brûlent comme des torches vivantes et glissent à l'eau en poussant des hurlements d'effroi. Ils roulent dans le fleuve pêle-mêle, suivis par les éboulis. Accablés du poids de leurs armures, ils coulent, vite engloutis par les flots de la Loire.

Émue par cette vision horrible, je fonds en larmes. Je me désole en songeant au péril où doit à présent se trouver l'âme du cruel Glacidas. Je veille à ce que le corps de ce chef, malgré les injures infâmes dont il m'a accablée, soit retiré des eaux et rendu à ses compatriotes.

Nous avons fait tomber la redoute, mais il reste encore à conquérir la bastille. Je pousse mon cheval vers la tour de pierre au milieu des pieux arrachés, des sacs de terre et des fagots éventrés. Les pavois s'avancent, abritant les porteurs d'échelles qui marchent à couvert. La porte s'ouvre. Les Anglais s'enfuient par l'arrière. Tout ce que la bastille renferme de guerriers et de chefs périt par l'épée ou est enseveli dans les eaux. Il se fait grand carnage.

Le chemin est bientôt entièrement rétabli entre les Tourelles et la redoute de la Belle-Croix, au moyen d'un grand nombre de solives et de planches rapportées depuis la ville. Le moment du triomphe survient. La voie est libre.

Je l'avais prédit ce matin, avant de quitter la citadelle. Nous y sommes. Je vais pouvoir enfin revenir par la grande entrée, par le grand porche, par le pont des Tourelles. Le Bastard m'accompagne avec une chaleur nouvelle et respectueuse. La petite bergère a fait ses preuves. La ville entière, tapie derrière la porte, m'attendait. Des cris d'allégresse éclatent partout sur notre passage. Les Orléanais nous lancent des regards de reconnaissance. Ils exaltent la bravoure de leurs défenseurs et portent mon nom sur toutes les saillies. Les fleurs pleuvent. Et les acclamations.

Immense carillon dans la citadelle. Les cloches se

répondent en cascade. C'est celle de Saint-Pierre-Empont qui est la première à sonner. Puis toutes les églises font donner leur bourdon de noël. Le peuple se précipite en foule dans les paroisses en fête pour remercier Dieu et les deux saints protecteurs de la cité fidèle. Les ministres des autels font retentir les voûtes sacrées de ce cantique, repris jusque dans la rue : « *Te Deum laudamus... Ô Dieu, les cieux et la terre sont pleins de Ta gloire et de Ta majesté.* »

Tard dans la nuit, je rentre en la demeure de maistre Boucher. Jehan d'Aulon a envoyé chercher un homme de soins. Il me pose un nouvel appareil sur ma blessure. Je n'ai rien bu ni mangé de la journée. J'accepte quatre ou cinq tranches de pain trempées dans un peu de vin mêlé à beaucoup d'eau. Et, comme c'est fête, Madame Boucher me donne quelques mouillettes et un œuf à moitié cuit. Un délice.

« J'ai donné mon signe... »

UNE PARTIE DES TROUPES demeure sur pied pour garder les Tourelles ainsi conquises et surveiller les ouvrages à l'occident de la ville où les Anglais pourraient être tentés de venger leurs compagnons.

Je ne dors que quelques heures. Je suis réveillée par un bruit intense, en ce matin du dimanche et huitième jour de mai.

Je me lève, pressée de savoir d'où vient ce vacarme. Mon épaule est labourée par de douloureux élancements. Enfiler ma cuirasse est une torture. Je revêts un simple jaseran et une cotte de mailles très légère, et je sors hâtivement. Le soleil n'est pas encore levé.

Depuis la porte Regnard, j'observe une scène étonnante : guidés par quelques torches, les Anglais désemparent leurs dernières bastilles et se mettent en ordre de bataille. Ils se déploient devant la ville comme pour offrir le combat. Alors, avec plusieurs gens de guerre et foison de citoyens, nous sortons de la citadelle en grande puissance. Je range toute cette armée pour le choc à venir. Nous sommes tout près d'eux. Je vois, en face de nous, deux corps d'armée à croix de Saint-Georges, l'un du côté de l'occident et l'autre du côté du nord.

Leur nombre est considérable, les files s'étendent jusque sur les fossés de la ville.

Les capitaines français croient que ces Godons viennent nous assaillir. Ils se préparent à répondre.

Aussitôt je devine que si les Anglais ont quitté si vite leurs bastilles, ce n'est pas pour combattre, mais pour décamper. Je commande à mes hommes d'armes, pour l'honneur du saint dimanche, de ne pas attaquer les premiers :

– C'est la volonté de Dieu, s'ils veulent partir, que nous leur permettions de s'en aller. Ne cherchez pas à les retenir. Mais s'ils vous assaillent, défendez-vous hardiment.

J'ordonne alors que l'on apporte une table. Et je la fais préparer avec des ornements religieux ; toute l'armée française est présente. Et tous les citadins d'Orléans aussi. On célèbre l'Eucharistie devant cet autel élevé à la face du Ciel, au milieu des champs, entre la ville et les ennemis.

Les gens de guerre entendent le sermon dans un recueillement inhabituel. C'est une messe d'action de grâces, pour les grands secours que le Seigneur nous a baillés. Les Anglais, qui s'en vont, n'osent troubler cette pieuse cérémonie. Toute la ville est là, prosternée. Dans l'exultation et les louanges.

À la fin de l'office, je demande que l'on observe si les Anglais ont le visage tourné vers nous. On me répond que non, qu'ils regardent vers la cité de Meung-sur-Loire.

– Cela veut dire qu'ils s'en vont. Laissez-les partir.

Nous ne les poursuivrons pas outre, car c'est aujourd'hui dimanche.

Les troupes anglaises s'éloignent. Elles se retirent en belle ordonnance, enseignes déployées. J'aperçois Talbot. Il a renoncé à prendre cette ville d'Orléans qui était pour lui la clef à tout perdre ou tout gagner. Il s'en retourne, desconfi.

Beaucoup de mes soldats souffrent de ne pas avoir le loisir de le poursuivre et de le capturer. Je n'ai pas pu empêcher La Hire, le seigneur de Loré et quelques chefs trop ardents, avec une centaine de lances, de courir après le convoi de retraite, l'espace de deux à trois lieues, et de ramener du butin et des prisonniers. Certains autres chevaliers transportent de grosses bombardes et des arbalestres.

Nos anciens assiégeants s'en vont. Je ne veux pas que mes soldats les pourchassent. Il me suffit de les voir partir. Ils ont laissé leurs bastilles pleines de vivres et d'habillements de guerre, de poudres et de pavois.

Le peuple d'Orléans sort en foule de la ville et se répand dans les redoutes où chacun vient se servir. Puis toutes les fortifications des Godons sont renversées à terre, suivant la volonté des seigneurs et capitaines. Quant aux canons et bombardes, ils sont poussés à l'intérieur des murailles.

Avec les gens d'armes, je rentre à grande joie dedans Orléans. Je traverse la ville en l'exaltation de tout le clergé et du peuple.

Les ministres du Seigneur montent dans les tribunes sacrées et font, à cette occasion, des exhortations chrétiennes. Une procession solennelle de tous les prêtres de la cité parcourt les rues et les remparts de la ville en faisant retentir des cantiques de reconnaissance à la Miséricorde divine.

Le huit mai est le jour d'une des fêtes que l'Église célèbre en l'honneur de saint Michel. J'y vois une marque particulière de la protection dont le glorieux Archange n'a cessé de m'entourer, depuis sa première apparition à Domremy. Il m'a enseigné à être bonne et brave enfant, puis à être vaillante et habile guerrière. Je le remercie de toute mon âme. Tous les Orléanais offrent des prières de louanges à l'Archange des batailles.

Les habitants, transportés, crient sur mon passage :

– Vous êtes notre Providence !

À quoi je réponds :

– Ce n'est pas moi, c'est Dieu votre Providence, et c'est Lui qu'il faut remercier.

Ainsi s'accomplit ce que j'avais promis au peuple d'Orléans, à la veille de la fête de l'Ascension, à savoir que, cinq jours plus tard, il ne resterait pas un seul Anglais devant la place.

Ainsi se réalise la prédiction que j'avais adressée à Glacidas, qu'il ne serait pas, de son vivant, témoin du départ de ses compatriotes.

En ce jour s'accomplit enfin la promesse que j'ai faite au Dauphin et à la France entière, de lever le siège d'Orléans, car c'était la mission que j'avais reçue du Ciel.

Sept mois se sont écoulés depuis que le comte de Saleberry est venu, le douze octobre 1428, mettre le siège devant cette ville, devenue le dernier rempart du royaume.

Après la procession solennelle du surlendemain, au

dixième jour du mois de mai, le frère Baignart, l'un de mes confesseurs dominicains, prononce le sermon dans le cloître de l'église Sainte-Croix. Il prêche sur la Rédemption :

« Cette journée du huit mai restera dans l'histoire de la France comme une date de haut symbole. C'est le jour où les Anglais ont quitté notre bonne ville.

Mais c'est aussi le jour où l'Église célèbre l'apparition sur le mont Gargan de l'Archange saint Michel, protecteur de la France.

C'est encore le jour où la Rome chrétienne fut délivrée des Barbares… Trois jours auront suffi. Trois jours suffisent pour passer du Vendredi Saint au dimanche de Pâques, trois jours pour aller de la Déréliction à la Résurrection. Trois jours de guerre. Trois jours auront suffi pour sauver le trône et fouler aux pieds l'orgueil des léopards qui se sont armoriés de lys usurpés. La libération d'Orléans est une victoire rédemptrice… »

À la fin de l'office, Xaintrailles vient me glisser à l'oreille :

– Ce prêtre a bien parlé : pour tous les hommes d'armes, qui ont bonne mémoire, c'est un jour de liesse qui efface nos deuils.

– Les deuils de vos frères et sœurs, tombés lors du siège ?

– Bien sûr. Mais aussi ceux de nos pères. Orléans est la revanche d'Azincourt. Merci, Jehanne !

Nous avons arraché aux Anglais la cité d'Orléans dont ils se croyaient déjà maistres.

En les obligeant à lever le siège, j'ai donné mon signe.

Les prélats, docteurs et capitaines qui m'avaient interrogée à Poitiers sont obligés de reconnaître que j'ai accompli ce que j'avais annoncé, et tenu mes promesses.

En trois jours, la confiance a changé de camp. Depuis que je suis arrivée dans cette ville, on eût dit soudain que les Anglais étaient assiégés en leurs bastilles, et non plus qu'ils tenaient le siège d'Orléans. Certes, ils se sont défendus fermement, mais ils n'ont guère osé m'attaquer, comme ils assaillaient les Français du temps de Saleberry. Je n'ai jamais aperçu Glacidas ailleurs que derrière un hourd de bois, il jappait comme un chien de ferme, au loin. Et je n'ai jamais vu Talbot autrement que de dos, quand il fit retraite dimanche dernier, à l'aube.

Mes Voix m'ont conduite à Orléans. La délivrance de la cité est un premier signe. Mais le plus important reste à venir : il faut maintenant conduire le gentil Dauphin à Reims, en plein cœur du pays bourguignon. Puisque Dieu le veult.

« Quand vous serez sacré, on verra de partout que vous êtes le vrai roi »

JE ME DISPOSE à quitter Orléans.

Les huitième et neuvième jours de mai, je demeure encore dans la ville délivrée. On y soigne mon épaule dolente.

Les bastilles et forteresses démolies jusqu'à terre sont prestement brûlées, afin que nulles gens de guerre ne s'y puissent plus jamais loger.

J'ai hâte de revoir le Dauphin. Il a écrit des courriers – me dit-on – à toutes les villes fidèles pour engager ses chers et bien-aimés sujets à rendre grâces à Dieu par de sincères oraisons, afin de recouvrer les passages de terre encore occupés par les ennemis. La chancellerie royale marque « la part merveilleuse que la Pucelle a prise à toutes ces choses ».

Les capitaines de la Beauce et du Gastinais retournent dans leurs villes et forteresses. Messire Florent d'Illiers gagne sa capitainerie de Châteaudun. Messire de Gaucourt me fait savoir que l'on n'a plus de quoi soldayer ici une armée en campagne.

Le dixième jour de mai, après les discours d'adieu et les

flots de larmes, je prends congé des habitants d'Orléans. Tous pleurent de joie, humblement, en s'offrant, eux et leurs biens, à ma volonté. Je les remercie chaleureusement.

En grand arroi, je sors de la citadelle par le pont des Tourelles. J'emporte les beaux habits bordés d'orties et un coffre léger, cerclé de fer, donnés par la ville. Je laisse aux enfants, en partant, comme en témoignage de gratitude, mon chapeau de satin bleu bordé d'or que je portais dans les rues quand je n'étais pas recouverte de mon armure. Je suis maintenant vêtue comme un gentilhomme, avec une houppelande en drap d'or. L'air est pur et frais. C'est la paix, les cœurs respirent enfin.

Chevauchée d'allégresse. C'est un vrai printemps. Une floraison de hardiesses cavalières devant moi. Le seigneur de Rais m'accompagne. Il porte un haut cimier à tête de cygne et une cotte de brocart vermeil. Plusieurs autres chevaliers caparaçonnés, escuyers et gens de guerre nous suivent. Je m'en vais vers le gentil Dauphin lui porter les nouvelles de la noble besogne de la cité ducale. Le soir même, j'arrive de franc estrier à Blois où je passe deux jours. De Blois, je me rends à Tours. Je marche à la rencontre du roi parti de Chinon le treize mai pour me rejoindre.

Arrivée devant le Dauphin, j'arrête mon cheval. Je découvre ma tête et m'incline profondément. Je le sens troublé, ses mains tremblent. Il m'aide aussitôt à me redresser. Il ôte lui-même son chaperon puis m'entoure de ses bras. Émouvante retrouvaille. Il me fait signe d'entrer à ses côtés sous les acclamations de la ville entière.

Il y demeure dix jours pendant lesquels il me fait grande chère, puis m'invite au château de Loches.

Il m'y reçoit à grand honneur. Les courtisans forment une voûte d'hommages. Partout, ce ne sont qu'éloges et compliments, éclaboussements de sourires.

Je n'ai qu'une pensée, c'est de décider le Dauphin à accomplir le saint voyage, de prendre au plus tôt la route de Reims. Car la guerre n'est pas finie et, même si les Godons ont tourné bride au matin du dimanche huit mai, on ne sait guère où ils sont repartis ; ils ne rêvent que de revanche. Tant que le jeune prince ne sera pas sacré aux yeux du peuple de France, il ne sera pas le roi. En revanche, à l'heure même où la cérémonie du sacre sera accomplie, le coup porté à la cause anglaise et bourguignonne sera mortel.

Je sais que la durée de ma mission est bornée à un temps court et je m'avise que l'on en a déjà beaucoup perdu.

Hélas, c'est en vain, le dimanche même de la Pentecôte, que je supplie le roi :

– Gentil Dauphin, il est temps que vous vous mettiez en chemin pour aller recevoir la sainte et royale onction.

– Jehanne, il y aurait imprudence à le faire dès aujourd'hui. Nos ennemis sont encore trop puissants.

– Gentil Sire, je veux vous mener à Reims. Là-bas, vous serez sacré. Alors, on verra de partout que vous êtes le vrai roi.

– Laissez-moi encore un peu de temps…

– Non, Sire ! Car je ne durerai guère plus d'un an. Il me faut donc bien employer le temps qui me reste.

Le Dauphin m'entend à peine, il n'écoute que ses

conseillers, La Trémouille, le grand chambellan, et Regnault de Chartres qui est pourtant l'archevêque de Reims mais s'avère peu pressé d'y retourner. Sans cesse, le Dauphin retombe dans ses premières indécisions. Il ne semble pas croire en sa fortune. Sans moi, il tient chaque jour de nouveaux conseils. Il laisse le temps s'écouler. On dirait parfois qu'il conspire pour ses ennemis et qu'un mauvais génie le pousse à détruire l'ouvrage de la Providence.

Je souffre tous ces retards avec la plus vive anxiété. Chaque heure inutilement perdue me paraît funeste. Je m'opiniâtre. Bêtefort est sans doute en train de mendier les secours de l'Angleterre. Dans quelques jours, les Godons auront repris leurs forces. Alors, il sera trop tard.

Un beau matin, n'y tenant plus, je viens heurter l'huis de la chambre royale. Lorsque je suis introduite, je vois, dans un petit retrait clos de boiseries sculptées, le Dauphin. Sa veste courte de drap découvre ses jambes tortes, de plus en plus déformées. Il a piètre allure. Il converse avec ses familiers : l'évêque de Castres portant camail du soir, son confesseur, Messire d'Harcourt, le seigneur de Trêves qui somnole en son très grand âge. Je m'avance humblement et m'agenouille devant le roi :

– Noble Dauphin, ne tenez plus si longs conseils mais venez au plus tôt à Reims pour recevoir votre digne couronne.

Alors, l'évêque de Castres, sans attendre la réponse du Dauphin, se fait pressant :

– Est-ce votre Conseil qui vous a inspiré ce que vous venez de dire ?

– Oui. C'est bien lui.

– Ne voulez-vous pas nous révéler ici, en présence du roi, la manière dont votre Conseil vous parle ?

Je rougis à cette proposition.

– Je conçois ce que vous voulez savoir et je vous le dirai volontiers. Quand je ne suis pas crue des choses que je dis de par Dieu, je me retire à part et j'entends alors une Voix qui me dit : « Va, Fille de Dieu ! Va ! » Et quand j'entends cette Voix, j'éprouve grande joie. C'est pourquoi je suis devant vous.

Lors d'un autre conseil, plusieurs princes du sang renouvellent leur avis que le roi ne doit pas encore entreprendre le voyage de Reims. Je me heurte au Beau Duc qui, devant le roi, tente de me convaincre :

– Jehanne, il faut commencer par la reconquête de la Normandie.

– Mais cette reconquête nous détournerait de la route du sacre et permettrait aux Bourguignons de renforcer leur présence dans la France occupée.

– La Normandie, qui abrite aujourd'hui beaucoup de chagrineux, est à la portée des forces du roi. Tandis que pour se rendre à Reims, il faut traverser la Bourgogne, une partie de la Champagne, s'éloigner du cœur de la puissance royale, s'isoler de tout appui et de tout secours.

– Beau Duc, dites plutôt que votre pensée vient se loger là où gîte votre mal du pays. Vous voulez gagner la Normandie afin de respirer plus tôt l'air des terres de votre apanage. Vous ne semblez pas comprendre que le régent Bêtefort, instruit aussi bien que nous de l'estat des choses, portera d'abord toutes ses forces justement sur la Normandie.

En fait, les princes du sang ne veulent pas voir que le succès des combats que j'ai menés dépend en partie de leur témérité même. Ils ne devinent pas que la cérémonie du sacre de Charles le Septième, au milieu de la puissance anglaise et bourguignonne, produirait forte impression sur tous les esprits. On s'arrête aux maximes d'une simple politique quand il s'agit de confondre tous les calculs de la politique ordinaire.

Entre les capitaines qui me soutiennent pour aller de ce pas à Reims et ceux qui inclinent vers le duc d'Alençon pour aller reconquérir la Normandie, aucun des deux partis ne gagne la résolution du Dauphin. Il écoute plutôt Dunois qui lui porte les dernières nouvelles :

– Les Anglais, qui ont quitté Orléans, se sont repliés sur la Loire. Talbot occupe Meung, et Suffoque est à Jargeau. Il ne serait pas sage d'aller à Reims en laissant les Anglais dans notre dos, sur la Loire. Chassons-les d'abord des places qu'ils occupent encore sur la rivière, en amont et en aval d'Orléans.

Mon avis ne compte guère. La décision royale ne tarde pas : la prochaine campagne sera sur la Loire.

La nouvelle de la délivrance d'Orléans s'est répandue de proche en proche. Elle attire l'attention de toutes les provinces restées françaises. Et foison de chevaliers encore en estat de porter les armes viennent vers nous.

La reconnaissance du peuple pour mon action se traduit par des témoignages de plus en plus touchants. Des femmes vénérables par leur âge se prosternent devant moi malgré mes vigoureuses protestations. Beaucoup de personnes me prient de leur laisser voir mes pieds et mes mains. Elles disent n'être pas sûres qu'une sainte puisse être conformée comme une femme ordinaire. Sur mon passage, on touche mes vêtements, on baise même les sabots de mon cheval. Je m'afflige de ces hommages excessifs. Quelquefois, je me fâche, mais la crainte de peiner ces bonnes gens retient sur mes lèvres quelque parole trop dure.

Les préparatifs de la nouvelle expédition avancent rapidement. Les troupes arrivent de toutes parts. Je prie le roi de me laisser faire des prisonniers dans cette campagne à venir. J'espère en avoir assez, un jour, pour acquitter la rançon du duc Charles. Sur ces entrefaites, mon frère Jehan me rend visite. Nous éprouvons grande joie à nous revoir. Nous nous rappelons les souvenirs de Domremy : les arcs de noisetier, les épées de coudrier, le Dimanche des Fontaines, les alertes, la fuite à Neufchâtel, le Bois-Chenu, le château de l'Isle, les voyages au bout du monde, à Sermaize chez nos cousins…

Mais le temps est au départ des troupes. C'est le duc d'Alençon que le Dauphin choisit pour le commandement de l'armée. Il le nomme lieutenant général. Et lui mande « de se guider en tout et d'agir selon les conseils de la Pucelle ».

Par bonheur, le Beau Duc, en se ruinant, vient de payer sa rançon de deux cent mille saluts d'or aux Anglais. Il peut donc, sans forfaire à l'honneur, marcher contre eux et les combattre. Il n'a que vingt-quatre ans. Pour la première fois, il a coiffé son cimier à double fleur de lys et sa cotte rouge semée de papillons d'or. Il est éblouissant. Il a accouru vers moi dans l'enthousiasme et m'emmène, pour la Fête-Dieu, à l'abbaye de Saint-Florent, près de

Saumur, où il demeure. La duchesse Marie d'Armagnac, son épouse, me dit qu'elle éprouve les plus vives alarmes en le voyant prêt à s'éloigner. Mais à nouveau, je la rassure :

– Madame, ne craignez rien. Je vous le rendrai sauf.

« Si vous reculez, je repars chez moi garder mes brebis »

LE DEUX JUIN, en son palais de Chinon, le Dauphin m'accorde un témoignage public de reconnaissance. La solennité du ton n'échappe pas à la cour. Il me baille des armoiries avec les lys de France ainsi qu'une épée d'argent à la garde dorée. Je n'en userai jamais. Je ne suis pas venue chercher un titre ou un rang mais achever une œuvre. Hélas, c'est ce que l'on semble le moins disposé à m'accorder.

Le samedi quatre juin au matin, je chevauche vers Selles-sur-Cher, en Berry, où est fixé le rassemblement de l'armée, à égale distance de la Touraine et du Blésois. Mon écurie est au complet, renforcée de cinq coursiers achetés par l'argent du roi pour la bataille et sept trottiers pour la route. Le Dauphin m'a aussi fourni le personnel pour tenir en bride les montures haut le pied. Je brûle de faire enfin la guerre de plein champ, à terrain découvert.

Le lundi soir, je quitte Selles pour Romorantin. Armée tout en blanc, une hache à la main, je presse le pas vers mon grand coursier noir qui se démène fort à la porte de mon logis. Il ne souffre pas qu'on le monte. Alors je demande aux frères Laval et à mon page de le mener à la croix du bourg, devant l'église.

Là, sous le porche, je saute sur ma selle sans que le cheval se meuve. Il ne bouge plus. On dirait qu'il est lié de partout, les pattes entravées. À voix basse, tout en le caressant doucement, je me tourne vers l'huis de l'église et m'adresse aux prêtres et gens de paroisse :

– C'est le calvaire qui l'a calmé. Faites procession et prières à Dieu pour rendre grâces. Car c'est un bon présage.

Je galope avec mon page chargé de mon étendard ployé.

Le jeudi neuf juin, ma colonne fait sa jonction avec celle du Bastard pour entrer à nouveau dans la cité d'Orléans. La réception est toute en allégresse. On veut me garder dans la ville. Les procureurs m'offrent une robe et une huque de vert perdu avec une doublure de satin blanc et de sandal. Je suis ravie. Moi qui suis si finaude de beaux tissus ! On nous remet aussi une taille de trois mille livres pour l'armée et tous les blés qui restent en magasin.

Tous les chefs m'accompagnent : le maréchal de Saincte-Sévère, l'amiral de Culant, le grand maistre des arbalestriers, le capitaine de Châteaudun, le capitaine Tugdual de Kermoisen, dit « le Bourgeois », de la nation de Bretagne. C'est une vraie joie de se retrouver. Ils m'écoutent. J'ai pris l'ascendant. Moult soldats portent guisarmes, haches, arbalestres et maillets de plomb. Depuis le huit mai, l'esprit n'est plus le même. On regarde avec respect la petite vachière. Il n'y a plus de conseil sans que j'y sois conviée.

La ville d'Orléans nous a légué plusieurs pièces : le canon dit « Montargis » et surtout une bombarde appelée la « Bergère » en hommage à mon premier estat de pastoure. Mille deux cents lances au moins et trois mille gens des communs s'assemblent autour de moi.

Dès notre arrivée à Jargeau, mon armée s'empare des faubourgs par surprise. Le comte de Suffoque, à peine prévenu, jaillit de la place et vient lui-même à ma rencontre, à la tête de sa garnison.

Ma troupe reçoit le choc en pleine cuirasse. Les Anglais redoublent d'efforts, les Français se troublent, ils n'avancent plus. Le désordre s'insinue dans nos rangs. Crécy, Azincourt, Cravant et Verneuil reviennent en panique brûler la mémoire des capitaines en alarme. Il y a encore beaucoup de soldats qui ne se sont point désaccoutumés de craindre les Anglais. Leur premier mouvement les porte au retrait. J'appelle tous mes hommes d'armes à la hardiesse :

– Si vous reculez, je repars chez moi garder mes brebis !

Le moment est décisif. J'arrache mon étendard des mains de celui qui le porte. Je presse les flancs de mon coursier et m'élance au milieu de la mêlée. Ma voix, accoutumée à commander la victoire, retentit aux oreilles des cavaliers découragés. Je veux réveiller leurs ardeurs. Ils se pressent à mon côté. Ils marchent au combat mus par un nouveau courage. Le choc est terrible. En un instant, les Anglais, enfoncés de toutes parts, sont forcés de se replier dans la ville et d'abandonner les faubourgs.

La nuit sera calme. À la fête de saint Barnabé, le samedi onze juin, l'armée grossit de nombreux renforts. Ce sont maintenant presque neuf mille hommes qui sont réunis aux abords de Jargeau.

La ville d'Orléans continue à organiser le transport de son artillerie par la Loire et les chemins solognots : cinq chalands de couleuvrines, ainsi qu'une grosse bombarde que tirent vingt-quatre chevaux nous rejoignent. Nous dormons sur la rive gauche de la Loire, à quatre lieues en amont d'Orléans.

Jargeau est une ville fortifiée de remparts épais, de hautes tours et de larges fossés. Les Anglais, qui l'occupent depuis le mois d'octobre 1428, sont des archers d'élite redoutables.

Je mets en position la « Bergère », face à la principale tour. J'ai appris à disposer mon artillerie et, en peu d'heures, cette ville est fort battue de canons et d'arbalestres.

C'est le moment où je sauve la vie au duc d'Alençon. Alors qu'il considère attentivement les dehors de la place, je lui montre une machine placée sur les remparts qu'il n'a pas vue. Je le bouscule de la main et lui crie :

– Éloignez-vous de là !

– Pourquoi donc ?

– Regardez le canon là-bas. Le boulet est pour vous !

D'un bond, le duc se retire et, presque aussitôt, le coup part de la machine et vient frapper un pauvre gentilhomme d'Anjou nommé Monsieur du Lude, à la place même que le prince avait quittée. Le duc, tout à sa reconnaissance, me glissera un peu plus tard dans un sourire :

– Chère Jehanne, vous m'avez sauvé la vie. Je me promets, à l'avenir, de toujours vous en croire, quoi que vous disiez !

Tout à coup, une rumeur s'élève chez les capitaines et

court de rang en rang : le redoutable Fastechat arrive de Paris avec deux mille combattants. Grâce à mes maistres canonniers, le feu des assiégeants s'allume plus bruyant. Pendant toute la journée, il continue de part et d'autre. La nuit même ne désarme pas la rage des guerriers tout aussi acharnés à disputer la victoire au milieu des ténèbres. Vers la pointe du jour, la grande tour de la place succombe au troisième coup de la « Bergère ». Elle se renverse avec un bruit épouvantable et éclabousse le large fossé de débris ensanglantés.

Bientôt le soleil, qui monte à l'horizon, vient éclairer cette vision désolée et révéler aux hommes l'horreur de l'œuvre de la nuit. Les Anglais nourrissent encore l'espoir d'être secourus.

C'est le matin du troisième jour seulement que la garnison de la ville semble faiblir. Le comte de Suffoque demande une suspension d'armes. Nous refusons de donner aux Anglais les quinze jours qu'ils réclament. Tout ce que nous pouvons leur accorder, c'est de partir sur-le-champ. Je les somme de déposer les armes :

– Rendez la place au Roi du Ciel et au roi Charles. Autrement, il vous en mescherra. Les citadins qui partiront sur-le-champ en leurs robes et gippons du jour auront la vie sauve ; sinon, ils seront pris d'assaut.

Je ne souffre pas de délai. Dès neuf heures du matin, nos trompettes appellent de tous côtés les soldats au combat. Les hérauts parcourent les rangs des troupes en criant :

– À l'assaut ! À l'assaut !

Je couvre ma tête de ma chapeline et, dans un accent

plein d'audace, je fais signe au duc d'Alençon de me suivre :

– En avant, Beau Duc, à l'assaut !

– Non, Jehanne, il est encore trop tôt. Il faut d'abord les épuiser.

– N'ayez doute. L'heure est prête quand il plaît à Dieu.

– Mais, Jehanne, la prudence recommande…

– La prudence ? Auriez-vous peur, Beau Duc ? Auriez-vous oublié que j'ai promis à votre épouse de vous ramener sauf ? L'heure est bonne quand il plaît au Ciel. Il faut batailler quand Dieu le veut. Besognons, et Dieu s'emploiera à son tour.

Je cours à l'assaut. Le combat s'engage. Il y a foison de Français qui descendent dans les fossés, qu'ils comblent de fascines. Un grand nombre d'échelles sont plaquées contre les remparts de la ville. Maistre Jehan le Lorrain pointe sa couleuvrine et fait du bon travail de brèche.

Les assiégés repoussent les assiégeants à coups de lance et en les écrasant sous le poids d'énormes pierres qu'ils font pleuvoir sur eux.

La charge est terrible. Les douves sont emplies d'échelles brisées, de débris de murailles, d'armures ensanglantées et de cadavres. Les remparts sont couverts de morts et de mourants.

Au plus fort du combat, je descends dans le fossé, mon étendard à la main. Je cours sur la rive où les Anglais opposent la plus âpre défense. Je monte moi-même à l'échelle en invitant les Français à me suivre. La fureur ennemie est à son faîte. Les Anglais déversent une grêle de traits et de pierres. J'aperçois, au-dessus de ma tête, un immense Godon qui saisit de ses mains géantes un boulet lourd comme un charroi. Avec un cri de rage, il le jette sur moi. Mon étendard en est frappé et je suis atteinte à la tête. Mon casque résiste au choc. La pierre se brise en mille éclats. Mais la violence du coup est telle que je tombe agenouillée au pied du rempart. Sur les murs, un cri de triomphe, sous les murs, un cri d'épouvante accompagnent au même instant ma chute. Étourdie par cette attaque, je parviens tout de même à me relever.

Les Français entrent dans les brèches de la muraille ouvertes par maistre Jehan et la « Bergère ». Puis ils poursuivent les Anglais de rue en rue, de place en place, avec l'acharnement et la rage de la victoire.

Un jeune escuyer emprisonne le chef des Anglais, Suffoque. Les autres hauts seigneurs se rendent.

Hélas, mes hommes se livrent alors à une immense pillerie. Ils se disputent les prisonniers de renom en faits de guerre. Les soldats, profitant du désordre, tuent en masse ces captifs armoriés. Avec le duc d'Alençon, je fais embarquer le comte de Suffoque et les autres seigneurs anglais dans une grande nef qui les protège et les porte sans danger à Orléans.

Au soir même de ce triomphe, nous reprenons le chemin de la citadelle retrouvée. Nous y entrons pendant la nuit et y sommes reçus avec allégresse. On m'offre quatre tonneaux de vin. Je les distribue à mes capitaines ivres de leurs succès. Ils m'acclament. Je prends goût à la victoire. Mes épaules s'habituent à la charge du harnois, désormais presque aussi naturelle que l'était naguère mon pourpoint de Domremy. Orléans m'a transformée. En moi, la pastoure s'éloigne ; l'épée est devenue comme une nouvelle houlette. Les intonations de mon âme s'accordent à mon estat : bergère de condition, d'inclination guerrière. Je capte, dans le regard de mes soldats, un sentiment inattendu : ils me croient invincible.

« Je suis devenue l'ange héraldique du royaume »

POUR ME SIGNIFIER leur reconnaissance, les conseillers du duc Charles ont passé commande auprès d'un jeune marchand drapier, Jehan Luillier, d'une huque verte et d'une robe de fine brucelle vermeille bordée d'orties.

– C'est plus qu'un présent, me disent-ils, c'est un symbole.

Ils m'expliquent que les orties sont la devise du duc d'Orléans et le vert, ses couleurs. Ce vert a affadi sa claire nuance première ; il s'est décoloré avec l'infortune de la maison, en passant du vert éclatant au vert pâle, le vert du deuil et du malheur.

Les clercs m'appellent, dans les paroisses de la cité ducale, « l'ange héraldique du royaume ».

Je porte de bon cœur la livrée d'Orléans – cette huque de vert perdu et cette robe bordée d'orties – en souvenance du glorieux poète captif. Pauvre prince à qui les Anglais ont fait grand déplaisir ! Il est pourtant si débonnaire et pitoyable. Il endure sa vie mais ne la vit plus. Car, depuis quatorze ans, les poèmes qu'il adresse à sa ville racontent qu'« il mûrit comme un fruit d'hiver sur la paille de sa prison, en l'isle brumeuse » de l'Angleterre.

De par mes Voix, le bon duc d'Orléans est à ma charge. Je le ferai délivrer un jour. Les Godons me le rendront contre un prisonnier d'importance que j'aurai capturé. Portant désormais ses couleurs, je suis son héraut d'armes.

Heureux présage, le Dauphin se rapproche du champ de la guerre et s'en vient à Sully-sur-Loire. Il est, paraît-il, tout joyeux des nouvelles qu'il reçoit de Jargeau. Il en rend grâces à Dieu et mande à tous gens de guerre de venir se joindre à notre compagnie.

Avec le duc d'Alençon, nous préparons notre partance pour Meung-sur-Loire. Depuis la prise de Jargeau, la rivière est libre en amont. Pour que la ville d'Orléans soit en pleine sûreté, il faut encore dégager la rivière en aval, où les Anglais tiennent toujours Meung, Beaugency et La Charité.

Le mardi, quatorzième jour de juin, à l'heure des Vêpres, l'armée part à grande chevalerie à travers champs. Nous passons par la Sologne.

J'emmène foison de vivres, une artillerie nombreuse et un lourd charroi. Il n'y a que cinq lieues de marche.

Le soir même, nous arrivons en amont de la ville devant le pont de Meung, défendu, à chaque bout, par deux châtelets. Les gens du roi forcent aisément le passage.

Le pont est pris de plein assaut. L'armée repasse sur la Loire et continue sa route. Nous nous arrêtons après deux lieues de marche, car nous apercevons au loin une vieille citadelle, assise sur le versant d'une colline et ceinte de vignes. Elle penche vers une vallée d'herbes et dresse, face à nous, sa tour carrée à la mine fière. C'est Beaugency.

Nous arrivons sous les murailles depuis la Beauce, à l'orient des remparts ; notre compagnie s'empare avec facilité de la nouvelle place que les Anglais ont abandonnée. Ils se sont retirés dans l'enceinte du château. Le duc d'Alençon fait apprêter les bombardes et établir des corps de garde de part et d'autre de l'enceinte pour empêcher toute sortie à l'insu des assiégeants.

Soudain, nous voyons approcher deux seigneurs qui disent venir de Bretagne ; ils nous adressent une curieuse supplique :

– Le connétable demande logis aux capitaines du siège.

– Quel connétable ?

– Vous savez qu'il n'y en a qu'un : Arthur de Bretagne, sire de Richemont, connétable de France.

Les seigneurs bretons nous annoncent que le connétable accourt, depuis Amboise, avec un corps d'armée de six cents gens d'armes et quatre cents hommes de trait. Il vient « se battre aux côtés de la Pucelle ». Sa venue plonge les capitaines dans l'embarras. Car le roi a donné ordre au duc d'Alençon de ne pas le recevoir en sa société. Le Beau Duc me prend à part :

– Si le connétable est accueilli en ces lieux, je ne pourrai y demeurer plus longtemps.

Je ressens la nécessité d'éviter que les intrigues de la cour ne se transportent au siège de Beaugency. Je ne sais rien des rivalités anciennes entre le sire de La Trémouille et le sire de Richemont. On m'a seulement avisée que le premier a demandé au roi de ne jamais favoriser le retour en grâce du second, devenu un connétable sans commandement.

Cette jalousie de haute seigneurie, qui a voyagé jusqu'à Beaugency, sème la discorde parmi mes capitaines et menace de contrarier l'heureux cours de notre fortune d'armes. Le roi cède tout, me glisse-t-on, à son nouveau conseiller, Georges de La Trémouille, qu'ici on appelle, à cause de son embonpoint, le « Gros Georges ». Je n'ai pas d'entendement pour peser les torts réciproques du ministre et du connétable.

Mes capitaines jugent sévèrement la venue du sire de Bretagne : il court à la victoire pour en partager les fruits. Le Bastard dit même qu'il vient mettre obstacle au développement d'une renommée qui menace d'effacer toutes les autres – et surtout la sienne.

La Hire est plus brutal :

– Jehanne, méfiez-vous de lui. Il va toujours du côté où fume l'escuelle. Et ne manque jamais d'occire plus tard celui qui fait chauffer la soupe.

Le danger anglais est là ; une vive alerte agite le camp. Les hérauts crient : « À l'arme ! » Il faut que le Beau Duc demeure ici. Le connétable aussi, malgré l'ordre du roi que je n'appliquerai pas. Je m'arrangerai, à notre retour, de cette grave querelle entre le Dauphin et Monseigneur de Richemont. En cet instant, il ne faut plus penser qu'à s'aider les uns les autres. Aucun renfort n'est de trop.

Je réussis à convaincre le Beau Duc : il reste. Avec Monseigneur le Bastard et les sires de Laval, je vais au-devant du connétable pour l'accueillir.

Je vois s'approcher un petit homme noir, lippu, rechigné, balafré ; il descend de son cheval en épaulant un escuyer qui fait l'escabeau. Je viens lui rendre hommage comme j'ai coutume de faire aux grands de la terre et du Ciel. En secouant sa cotte d'hermine frappée d'un lion d'or, il se plaint qu'elle soit empoussiérée par la route. Pour se donner de la taille, il hoche du menton. Il me toise :

– Alors, c'est vous, Jehanne la Pucelle ?

– Oui, c'est moi, Monseigneur le connétable.

– On m'a dit que vous vouliez me combattre. Et ainsi renvoyer en sa maison le premier guerrier du royaume.

– Ce n'est pas dans ma résolution mais je suis loyale au roi de France et à ses mandements.

– Et au Roi du Ciel, dit-on aussi de partout ?

– Oui, Monseigneur, au Roi du Ciel dont le roi de France est le lieutenant sur cette terre.

– Je ne sais d'où vous venez. Si vous êtes de par Dieu, je ne vous crains de rien. Car Dieu connaît mon bon vouloir. Il sait que mes intentions sont de Le servir. Et si vous êtes de par le Diable, je vous crains moins encore. Car je ne donnerai jamais au Diable puissance sur moi.

– Je ne suis pas du Diable. Et même si vous n'êtes pas venu de par moi ni de par le roi, je suis bien aise de votre arrivée. Et je vous mande de rester à Beaugency. Mais sachez que c'est ici le duc d'Alençon qui commande. Pour votre première nuit avec nous, vous ferez le guet sur le pont.

Le connétable accepte cette mission de sergent d'armes. Jamais un si beau guet ne fut en France. Les Anglais sont comme transis. On sent que le destin ne balance pas longtemps.

La forteresse va tomber. Le bailli d'Évreux me prie d'entrer en pourparlers avec lui. Au soleil levant, les cinq cents soldoyers de la garnison ennemie se retirent, avec leurs chevaux et leurs harnois, sous l'engagement de passer dix jours sans prendre part à aucun fait de guerre. Les étendards de Saint-Georges s'évanouissent dans les blés de la Beauce.

Beaugency, le pont et le château sont entre les mains des gens du roi.

Le comte de Suffoque, notre glorieux prisonnier, s'abandonne au désespoir. Affublé de son collier de l'ordre de la Jarretière, il avoue au Beau Duc :

– Si, pendant une semaine encore, la fortune tournait mauvaise sur nous, tout ce que le feu roi Henri avait conquis à grand labeur serait en voie de perdition.

Nous allons le prendre au mot. La semaine sera belle.

«Meilleurs à la chasse aux Godons qu'à la pêche aux harengs...»

J'AI VAINCU TALBOT pour la seconde fois. Mais aujourd'hui le chef de guerre qui vient vers moi, depuis Paris, avec cinq mille combattants, est réputé d'une autre trempe. C'est le vainqueur de la bataille des Harengs, sir John Fastechat. Il va relever les courages des Anglais esbahis, accablés par tant de revers, devenus craintifs face aux Français envigourés.

Après une courte chevauchée, les éclaireurs ont vu flotter ce matin, à une lieue de Patay, les étendards et les pennons à l'emblème de Monseigneur Saint-Georges qui marchent sur nous, en belle ordonnance.

Je décide alors de gravir une colline d'où je pourrai observer l'ennemi.

La Hire, parti en reconnaissance, s'en revient :

– Les Anglais arrivent. Ils sont en ordre de bataille, prêts à nous cueillir comme trèfles de plein champ.

– Frappez-les hardiment, ils prendront la fuite.

– C'est un piège, Jehanne ! s'écrie Monseigneur le Bastard. Ils veulent refaire le coup de Crécy et Rouvray. Ils excellent en rase campagne. Il ne faut pas leur offrir la bataille.

Tous les esprits sont encore encombrés des terribles souvenirs d'Azincourt, de Cravant et de Verneuil où les Anglais ont attiré les gens du roi sur leur terrain et les ont desconfis.

On voit, au loin, les Godons qui mettent pied à terre. Leurs archers plantent leur coutumière ceinture de pieux, la pointe aiguisée et inclinée vers le poitrail des chevaux pour les empaler.

Le Beau Duc, le connétable et Monseigneur le Bastard me regardent. Je les exhorte en souriant :

– Eh bien, capitaines, ayez tous de bons esperons !

Stupéfaction. Ils croient que je parle là des esperons de Rouvray, des esperons de la retraite du comte de Clermont qui a fait demi-tour piteusement.

Le Beau Duc ne cache pas sa surprise :

– Que voulez-vous dire, Jehanne ? Que nous devrons tourner les talons et nous enfuir ?

– Que nenni ! Au contraire ! Vous irez sur eux quand ils s'enfuiront. Vous devrez donner de vos esperons pour les pourchasser.

Le soleil est bas. Il va faire nuit. Les capitaines hésitent à livrer une bataille rangée dès ce soir. Il est sans doute trop tard.

– Il vaut mieux attendre demain pour aller les voir de plus près.

Quand le jour se lève, après une courte nuit, je lance à mes hommes d'armes :

– Chers amis, aujourd'hui, jour du dix-huit juin, c'est la fête de saint Hubert. Ce sera jour de chasse.

La Hire rit à gorge déployée, il désigne à moquerie les

pauvres capitaines qui étaient présents à la détrousse de Rouvray :

– Il faut espérer que nous serons meilleurs à la chasse aux Godons qu'à la pêche aux harengs.

J'ouvre grands les yeux. Je cherche au loin. Depuis notre colline, nous ne voyons rien venir. On guette les Anglais. On ne les trouve pas. Ils ont déguerpi avant l'aube, sans laisser, derrière eux, ni canons, ni munitions, ni vivres. Je voudrais savoir pourquoi ils sont partis alors qu'ils étaient en ordre de bataille, prêts à donner la charge.

L'armée française se met aussitôt à leur poursuite, même s'il est difficile de chevaucher par la terre de Beauce, inculte, roncière et toute en prospérités de broussailles.

Depuis ma butte, je peux contempler la plaine qui s'étend à perte de vue. Je crie aux chevaucheurs au loin :

– En nom Dieu, même s'ils étaient pendus aux nuées, sur cette plaine, nous irions encore les décrocher. Mon Conseil m'a dit cette nuit que le Dauphin aura aujourd'hui plus grande victoire qu'il eût de longtemps.

Mais déjà la colère me vient aux lèvres, j'apprends que l'on m'a reléguée à l'arrière-garde, avec le sire de Rais. Je veux aller à l'avant, on m'en empêche. Ce sont le maréchal de Saincte-Sévère et le Bastard, montés sur fleur de coursiers, qui forment l'avant-garde. La Hire, connaissant bien le pays, commande le principal corps d'armée avec les lances du Beau Duc et du connétable de France.

Il faut se hâter, pour dissuader les Anglais de gagner des places fortes, ou de se remparer de leurs fameux pals aigus qui, disposés en ligne, ont embroché, tant de fois, la pauvre cavalerie française et ont fait perdre tant de batailles à notre orgueilleuse chevalerie.

Notre avant-garde a reçu l'ordre d'aller escarmoucher devant les Anglais pour leur interdire de se retraire en quelques murailles de pieux sur leur chemin.

Ils sont introuvables. Après cinq lieues de chevauchée, c'est un cerf qui va nous sauver. La bête, effrayée de notre approche, se lève devant nous, au milieu des taillis, sortant d'un petit bois. Elle prend sa course droit devant elle. S'élève alors une grande clameur. L'arrière-garde des Godons pousse un cri outré en voyant l'animal qui dévale une pente boisée et se précipite dans le corps de bataille anglais.

Ce cerf royal, à lui seul, aura fait mieux que tous nos éclaireurs. Il nous aura menés droit à l'ennemi.

Il est deux heures après midi. C'est l'heure de besogne. Les Français fondent sur les Anglais comme une trombe et les mettent en pièces.

Talbot tente d'aligner ses hommes pour barrer le passage à nos troupes. Il a mis pied à terre et rangé cinq cents archers derrière les haies d'un chemin étroit dans lequel La Hire s'engage, car il n'y a pas d'autre route.

Les capitaines du corps de bataille anglais n'auront pas le temps de se fortifier de leurs ceintures piquantes. Les cavaliers français culbutent les archers de Talbot. La majorité de l'armée anglaise, qui tente de se mettre en ordre, ne peut soutenir le choc. En peu de temps, le sol est jonché de cadavres.

Je vois, au loin, coiffé d'un immense cimier rouge, un chevalier léopard qui brandit un étendard immaculé. Il tourne le dos et prend la fuite. C'est le sire de Fastechat. Ses combattants cherchent, à pleine course, à sauver leur vie. Le héros anglais de Rouvray tourne bride et bat en retraite ! Nous entrons dans l'Angleterre éperdue comme dans un troupeau de moutons en panique. C'est l'affolement. Les derniers Godons, cavaliers et archers, ont le choix entre se rendre ou mourir.

J'apprends que Talbot, qui s'est remis en selle sans chausser ses esperons, est tombé lui-même au pouvoir des gens de Xaintrailles. Celui-ci revient, triomphal, avec une tête de maure sur son cimier. Valeureux soldat ! Il a le nez cabossé, la lèvre déchirée et la mâchoire en créneau, mais son sourire fait oublier ses joues ensanglantées.

Du côté des Anglais, c'est la déroute. Nos hérauts d'armes comptent les morts chez eux : les Godons ont plus de deux mille hommes tués, gens de petit estat, amenés de leur pays pour mourir en France. Les prisonniers sont au nombre de quatre à cinq cents. Parmi eux, le chef de l'armée, le sire de Talbot, ainsi que d'autres chevaliers et seigneurs de renom.

À ma voix, les capitaines français se rassemblent. Je leur mande de rendre grâces à notre Père céleste, qui nous a donné bonne fortune. Puis je m'occupe de procurer secours et assistance aux mourants des deux camps.

J'interdis que l'on achève les blessés. Juste à côté de moi, je vois des détrousseurs s'approcher des cadavres. Je leur promets l'enfer. Un peu plus loin, un varlet français, qui a enchaîné plusieurs captifs, s'acharne sur un estropié anglais à l'agonie ; il le frappe à mort :

– Tu vas crever, sale bête ! Hein, tu vas crever !

Le blessé râle à mes pieds. C'est une infamie. Je me précipite sur le varlet qui se déshonore et je le menace de l'occire. Je prends l'Anglais dans mes bras et fais appeler un confesseur. Le mourant verse sur moi tout son sang qu'il vomit de sa bouche éclatée. Ses boyaux lui sortent du ventre. Il a la tête écrasée sous sa salade enfoncée. Je soulage avec un pauvre linge ce qui lui reste de visage et lui prodigue quelques consolations. Je récite la prière des agonisants pour qu'il soit accueilli là-haut dans la miséricorde. Il expire dans mes bras.

Je pleure, sur ce champ de cadavres, en croisant des yeux fixes, horrifiés, et fais creuser de grandes fosses pour qu'ils soient ensépulturés avec respect. Je pleure sur les repentirs, si nécessaires, et sur cette plaine aux moissons saccagées.

Après avoir passé la nuit au village de Patay, je rends visite à Talbot, mon trésor de guerre, que j'espère échanger un jour contre le duc d'Orléans. Sa petite taille me surprend. Je l'imaginais plus grand. Il porte, en façon de cuirasse, une longue brigandine de velours noir tout usée, couverte d'un vieux drap d'or rouge. Il paraît devant le duc d'Alençon et le connétable de Richemont. Sans attendre d'être interrogé, il hasarde une question sur son sort :

– Où allez-vous m'emmener ?

– À Orléans, naturellement ! Nous allons vous ramener dans notre ville, libre ! Vous nous aiderez à y trouver une des geôles que vous y avez naguère aménagées pour les Français captifs. Vous aurez le temps d'écrire au duc d'Orléans à la chandelle. On lui enverra votre prose.

– Je suivrai mes vainqueurs. Je vous obéirai.

– Vous ne pensiez pas ce matin, reprend le Beau Duc, que, ce soir, vous auriez perdu votre liberté ?

– Non, mais un soldat, chaque matin, offre sa vie. Ainsi va la fortune de la guerre.

Réponse chevaleresque. Xaintrailles le fait conduire à Beaugency avec tous les égards dus au courage malheureux.

De Patay, nous nous rendons à Orléans. Je rentre, pour la troisième fois victorieuse, dedans la ville. Les citadins attendent le roi. Ils se sont mis en grande dépense pour le recevoir dignement, ornant les maisons et tendant les rues de tapisseries.

Notre retour est un triomphe, c'est la première bataille rangée que, depuis huit ans, les Français ont gagnée sur l'Angleterre du régent Bêtefort. La gloire du comte de Saleberry aura fini dans les prairies de boutons d'or de Patay.

Ce sont des volées qui sonnent à tous les clochers, sur l'air du Carillon de Vendôme que j'avais déjà entendu chez mon oncle, le curé de Sermaize, quand le royaume semblait perdu. Dans la rue, les enfants chantent en chœur :

Mes amis, que reste-t-il
À ce Dauphin si gentil ?
Orléans, Beaugency,
Notre-Dame-de-Cléry,
Vendôme, Vendôme !
Les ennemis ont tout pris,
Ne lui laissant par mépris
Qu'Orléans, Beaugency, Notre-Dame-de-Cléry,
Vendôme, Vendôme !

La Hire, qui a quitté son haubergeon, s'approche :

– Quelle belle journée ! Voir tous ces Godons enfin de dos ! Il a fallu de bons estriers pour les suivre.

– La chasse a été heureuse…

– Les Français sont meilleurs à la chasse… qu'à la pêche.

Le Bastard, en gilet de toile, ajoute plus sérieusement :

– Voilà près d'un siècle que les Français n'avaient jamais gagné bataille en plate campagne.

– Nous avons vengé Rouvray !

– Et pas seulement Rouvray. La victoire de Patay, c'est la revanche d'Azincourt. Et c'est grâce à vous, Jehanne.

– Non, Monseigneur… Pas grâce à ma personne mais plutôt à la faveur céleste.

Après Orléans, nous avons gagné Jargeau, Meung, Beaugency, Patay. En huit jours seulement. La Loire est libre. La France attend le sacre. Le Dauphin va-t-il enfin m'écouter ?

« Le Dauphin recevra plus de force d'une seule goutte d'Huile que de dix mille lances »

Les transports de joie au château de Sully, où séjourne la cour, font danser les porte-chandelles. Dans une salle de haute résonance, tapissée de licornes, le Dauphin, devant tous les seigneurs du grand conseil, adossé à une cathèdre sculptée de lys, me complimente. Il prend à témoin les capitaines :

– Si toutes ces places – Jargeau, Meung, Beaugency – furent réduites en si peu de temps, c'est grâce à Jehanne la Pucelle. Sur le fait de guerre et la disposition des armées, elle s'est conduite, à ce que l'on me dit, comme un capitaine qui guerroie depuis vingt ans.

Les hommes d'armes renchérissent. Le Dauphin me baille alors la parole. Je m'incline avec respect mais je ne suis pas là pour les lauriers. Je veux finir d'accomplir mon grand œuvre. Bientôt se noue un échange d'âpretés :

– Gentil Dauphin, je suis revenue hier soir d'Orléans où les draperies pendaient aux fenêtres. Nombreux étaient les citadins qui attendaient votre arrivée. Mais vous n'êtes pas venu. Ils vous auraient exprimé leur vif souhait d'un échange de prisonniers. Nous avons capturé de nombreux

Godons de grand estat. Je sais que Xaintrailles vous a présenté le brave Talbot ce matin et qu'il vous a demandé la permission de le renvoyer sans rançon…

– Je lui ai accordé volontiers l'autorisation de retirer les fers à ce guerrier loyal à ses ennemis.

– Mais vous auriez pu échanger cette libération contre la délivrance de votre cousin, le duc d'Orléans. Le grand conseil d'Angleterre n'aurait pas pu la refuser !

– Jehanne, ce qui est fait est fait. N'y revenons pas ! Avez-vous d'autres questions pour le conseil ?

– Oui, je voudrais vous parler du connétable de Richemont. Il attend à Beaugency ce qu'il vous plaira de décider à son sujet. Je lui ai promis de plaider sa cause. C'est pourquoi je m'empresse de vous remontrer le bon vouloir que le connétable a témoigné, quand il a rejoint notre compagnie. Il nous a amené de nobles seigneurs, de braves gens de guerre et de nombreux combattants. Il n'a demandé qu'à servir son roi.

Le Dauphin ne me laisse pas poursuivre. Il ne veut rien entendre, se tourne vers le sire de La Trémouille et interrompt ma supplique :

– Je veux bien accorder mon pardon au connétable pour ses offenses passées mais vous lui direz de s'en retourner chez lui, en sa maison de Parthenay. J'aimerais mieux n'être jamais couronné que de l'être en sa présence.

Je vois que le Dauphin, sous l'empire de son conseiller, le Gros Georges, qui nous accueille en sa demeure de Sully-sur-Loire, n'acceptera jamais d'effacer la trace ancienne de maltalent du connétable. Tous les seigneurs du conseil baissent la tête, aucun ne se risque à venir à mon secours. Le sire de La Trémouille les surveille d'un regard acéré comme la lame d'une épée. Alors la grande question me vient aux lèvres, la question qui est dans tous les esprits tenus à une plus grande prudence que moi :

– Noble Dauphin, puis-je vous rappeler respectueusement les résolutions que vous aviez arrêtées vous-même lorsque fut décidée la campagne de la Loire ?

– De quelles résolutions parlez-vous ?

– De ne plus attendre davantage pour marcher sur Reims. Maintenant que la Beauce est libre, il convient de se hâter.

– Il faut réfléchir avant de se mettre en chemin, n'est-ce pas, Dunois ?

Le Dauphin en appelle au lieutenant général qui est son plus honnête serviteur et aussi mon plus fidèle ami. Alors le Bastard d'Orléans, avec une certaine gêne, se lève et tente de justifier à mes yeux les résolutions, déjà prises, qui ne vont pas dans ce sens :

– Les seigneurs de sang royal et les autres capitaines ont exprimé le vœu que le roi aille en Normandie plutôt qu'à Reims pour chasser les Anglais jusqu'à la mer.

– Et pourquoi donc chevaucher en Normandie plutôt qu'en Champagne ?

– Parce que l'entreprise normande semble plus raisonnable. Nous sommes convenus d'aller à Rouen et de frapper au cœur de la puissance anglaise. Le voyage de Rouen est moins périlleux que le voyage de Reims.

– Mais vous savez qu'une fois le Dauphin couronné à Reims, la puissance de Rouen serait anéantie. Nos adversaires ne pourraient plus nuire au royaume. Nous devons d'abord aller à Reims. Puis nous irons sans peine à Rouen.

– Jehanne, il est plus facile de parcourir la Normandie que la Champagne où tout le pays à traverser est à la dévotion de l'Anglais. Il faudrait former autant de sièges que l'on rencontrerait de villes et de ponts.

– Monseigneur le Bastard, nous avons prouvé ensemble notre maîtrise dans l'art des sièges. Aucune des cités fortifiées ne doit nous faire peur.

– Chère Jehanne, nous aurions alors besoin d'un grand attirail de munitions et d'artillerie qu'il est impossible de traîner en ce voyage. En prenant la route de la Normandie, on éviterait une marche à travers près de cent lieues de pays ennemi. On serait assuré de rallier un grand nombre de partisans. L'occupation de Rouen et de la Normandie est d'une tout autre portée que celle de la Champagne. Car nous pourrons prendre les ports des Godons et leurs villes où parade le duc de Bêtefort.

– Alors vous renoncez au voyage de Reims ?

– Non, nous le remettons seulement. Il faut d'abord chasser l'Anglais et ensuite nous irons couronner Monseigneur le Dauphin. D'abord la libération, ensuite l'onction. C'est la prudence…

– Je crois exactement à la prudence contraire. D'abord l'onction, ensuite la libération.

J'observe avec attention Messire Regnault de Chartres, impassible, enseveli dans son haut bonnet de soie pourpre. C'est à lui qu'il appartiendrait de tenir la sainte Ampoule entre ses mains sacrées où brille l'anel épiscopal. Entre les deux routes, celle de son diocèse et celle de la Normandie, il a choisi. Il tente de me faire rebrousser chemin :

– Jehanne, mon enfant, vous devez comprendre que l'inspiration divine ne peut aller sans la sagesse humaine. Il ne serait pas avisé, sur la simple parole de la fille singulière que vous êtes, de former une entreprise contraire à toutes les règles de la prudence humaine.

– Mais la prudence humaine exprime par ma bouche le cri, l'appel le plus intime des pauvres clercs et du commun peuple de votre diocèse, Monseigneur. Je ne fais là qu'exprimer une vérité de bon sens : par son sacre, le Dauphin balaiera nos ennemis. Avec une victoire normande, il remportera beaucoup. Avec le couronnement de Reims, il gagnerait tout. Je prétends que Charles de Valois, le gentil Dauphin, recevra plus de force d'une seule goutte d'Huile que de dix mille lances. Pardon de vous le dire, Monseigneur l'archevêque de Reims, l'archevêque du sacre : écoutez vos ouailles ! Elles gardent l'ancienne mémoire d'une longue suite de rois chrétiens, oints dans la ville où la colombe a apporté le saint Chrême à Clovis. Prenez garde que les Anglais ne s'avisent d'y amener leur enfant roi pour qu'il y soit sacré avant notre voyage. Même s'il faut parcourir plus de cent lieues en pays rebelle, allons à Reims, je vous en conjure.

Le conseil baisse la tête. L'œil lourd, le Gros Georges veille, de plus en plus quinteux. Un silence d'ombres emplit la grande salle. L'archevêque serre les poings sur sa cape rouge, au-dessus de sa croix d'or. Le Dauphin le regarde puis lève la séance. La messe est dite. J'ai perdu la bataille.

«Aidez-nous à défendre la bonne querelle du royaume de France»

LE LENDEMAIN, le vingt et unième jour du mois de juin, le Dauphin m'emmène avec lui à Saint-Benoît-sur-Loire. Touché par mes larmes de tristesse, il m'assure que je me donne trop de peine pour lui :

– Jehanne, vous devriez songer à vous accorder un peu de repos.

– Noble Dauphin, ce n'est pas le moment de prendre du repos. Je ne m'y résoudrai pas tant que vous n'aurez pas reçu votre sacre.

– Chère Jehanne, mes conseillers m'avisent que des négociations valent mieux que des vaillantises d'armes. Ils pensent qu'une trêve…

– Une trêve ? Quelle trêve ? Et qui sont ces hommes de cour qui vantent l'idée d'une trêve quand l'ennemi paraît hors de souffle ?

– J'entends tant de choses si contraires. Je ne sais plus…

– Pourquoi doutez-vous ainsi, gentil Sire ? Je vous dis que vous serez couronné et que vous gagnerez votre royaume.

– Jehanne, nous avons encore un peu de temps.

– Non, nous n'en avons plus. Il faut partir demain.

– Nous n'avons pas d'argent pour soldayer l'armée.

– Les troupes ne veulent pas de soldes. Elles veulent des chefs avec le feu au cœur.

– Nous n'avons pas assez d'hommes.

– Ils viendront. Ils viennent déjà. De partout. Je ne crains pas le manque de monde. Beaucoup de gens nous suivront. Si c'est pour aller à Reims, il arrivera de toutes parts des hommes d'armes. On verra accourir les gentilshommes qui ne possèdent ni cheval ni armure. Ils se présenteront comme simples gens de pied ou coustilliers, montés sur des chevaux de campagne.

Les larmes continuent de couler sur mes joues. Le plus grand chagrin que j'éprouve, c'est d'avoir lieu de soupçonner que le Dauphin est comme tous les capitaines : il entend profiter de mes succès comme d'un porte-emblème. Hélas, au fond de lui, il ne semble pas convaincu du bien-fondé de ma mission. Il doute encore.

Mais c'est sans compter avec le duc d'Alençon et le Bastard d'Orléans qui ont entendu mes prières et vont finalement l'incliner à la décision de partir au saint voyage de Reims. Je remercie mes Voix. Ce sont elles qui ont retourné la cour, gagné le cœur du Dauphin, balayé les mauvais conseils, affirmé sa résolution.

La maison royale se rend à Gien. La jeune reine, Marie d'Anjou, vient rejoindre son époux.

Soudain, j'apprends que l'on fait valoir de fausses raisons pour retenir la reine à la tour de Gien. On dit qu'il serait imprudent d'exposer au péril d'une expédition hasardeuse celle qui deviendrait la régente du royaume si le roi venait à périr. Je le regrette amèrement.

Pauvre reine ! J'aime sa compagnie. Elle devine que je connais ses souffrances. Épouse disgraciée, elle entend, comme moi, les mauvais esprits et la vilaine rumeur selon laquelle le roi tempère les déplaisirs des amours de dette par les plaisirs des amours de grâce. Mais le roi est le roi. Ce n'est pas à moi d'entrer en son for intérieur et en ses disciplines charnelles. Je ne dois veiller qu'à ses résolutions guerrières. Il ne reste que quelques jours pour vider les râteliers et équiper les soldats.

Un beau matin de ce mois de juin si printanier, tout est prêt pour l'expédition. Je sais que la cité de Reims ainsi que les villes et forteresses de Picardie, Champagne, Auxerrois, Bourgogne et tout le pays d'entre la rivière de Loire et la mer océane sont occupés par les Anglais. Le roi, pourtant, s'est rangé à mon conseil.

L'armée est sur pied. Douze mille hommes, tous preux, hardis, vaillants et de grand courage, sont arrivés au rassemblement. La compagnie est belle. On va prendre la route de Neufchâtel, de Domremy ! On va aller vers chez moi ! Je ferme les yeux. Mon cœur bat…

Je me paye d'audace et dicte une lettre au duc de Bourgogne : il est pair de France. Je le convie donc au sacre. J'adresse aussi une invitation aux gentilshommes loyaux de la ville de Tournai :

« Je vous prie et vous requiers que vous soyez tous prêts à venir au sacre du gentil roi Charles à Reims où nous serons bientôt. Aidez-nous à défendre la bonne querelle du royaume de France ! »

Le vendredi, à la fin du mois de juin, je me dresse sur mes estriers et commande au Beau Duc :

– Faites sonner les cors. Il est temps d'aller vers le gentil roi Charles pour le mettre sur le chemin de son sacre à Reims.

Audit lieu de Gien, le payement des gens de guerre n'est que de trois francs par soldat.

Mais l'armée qui se forme croît tous les jours. Les seigneurs de Poitou et de Bretagne arrivent abondamment. Nombre d'entre eux, en petite compagnie, chevauchent un mauvais bidet. Ils sont équipés en archers et accomplissent, faute de mieux, le service des hommes de trait. Les gens de métier accourent, mais aussi les gens de terre car les sillons ne sont désormais cultivés que sur de rares lopins autour des forteresses. La plupart des champs ne sont plus que ronciers à l'abandon. Dans les villages, on ne tient ni foires ni marchés. La guerre a détruit tous les métiers. Elle est devenue l'unique ouvrage. Il n'y a presque plus de paysans ni d'artisans. Tous veulent devenir escuyers.

Ce sont finalement trente mille hommes qui arrivent à Gien, dont foison de gens des communes qui rêvent des trois francs du payement royal. Depuis que la marche en Champagne a été résolue et connue dans les campagnes, on accourt de partout.

Au petit matin, tous les hommes d'armes montent en selle, en la ville et aux champs. Ainsi s'ouvre à nous la route du sacre.

« Un coup de vigueur eût assuré une longue suite de succès »

IL VA FALLOIR ENJAMBER de nombreuses rivières et mettre le siège devant plusieurs cités hostiles, et d'abord Auxerre afin de passer l'Yonne. Je connais cette route, je l'ai parcourue dans l'autre sens, en plein hiver au mois de février, pour aller de Vaucouleurs à Chinon avec ma petite escorte mal assurée. Après Auxerre, ce sera l'inconnu. Nous devrons franchir la Seine à Troyes, qui est anglaise, puis la Marne à Châlons, qui est bourguignonne.

L'avant-garde est commandée par le maréchal de Saincte-Sévère. Je marche aux côtés du Dauphin avec les princes du sang royal et une nombreuse chevalerie que La Hire appelle la « grosse bataille ». À côté de moi, le sire de La Trémouille, qui conduit toute l'entreprise, me fait signe de garder bonne distance et de me tenir à un trait du Dauphin.

Le premier juillet, l'armée arrive devant la cité d'Auxerre, par un soleil brûlant qui contraste avec ma souvenance du Ciel pluvieux de mon voyage de février. Sur un mauvais cheval, j'étais entrée dans la ville, sous le déguisement d'un galopin d'écurie, pour aller chercher une messe à la cathédrale. Aujourd'hui, la citadelle m'apparaît plus brillante. Elle dresse ses fiertés, ses tours, ses flèches, ses clochers au penchant d'une colline, derrière de hautes murailles. Là-bas, à perte de vue, grimpent des coteaux de vignes hautes.

Nous comprenons que cette citadelle a fermé ses portes au légitime souverain de la France. Pourtant, le Dauphin avait mandé par ses hérauts aux douze jurés, aux baillis et aux capitaines de le recevoir. Le seigneur évêque, Messire Jehan de Corbie, qui passe pour favorable au Dauphin, nous fait connaître qu'un tel mandement, appuyé sur des lances, leur embarrasse le cœur.

La ville est au pouvoir du duc de Bourgogne. Avec plusieurs chefs de guerre, nous sommes d'avis qu'il faut donner l'assaut à la place. La position des Auxerrois est délicate : la cité est fort affectionnée aux partis anglais et bourguignons, elle célèbre tous les ans, avec une messe d'action de grâces, l'anniversaire de la victoire anglaise de Cravant, qui s'est déroulée en 1423. Mais les habitants de la ville cherchent aussi à échapper à l'assaut de notre armée car ce sont gens de commerce. Ils ne veulent déplaire à personne, ni au régent, ni au duc de Bourgogne, ni au Dauphin.

Les jurés de la ville proposent donc un accommodement. Ils nous écrivent ces quelques lignes :

« Nous vous prions et requérons de vouloir bien passer outre et nous vous demandons de conclure abstinence de guerre. »

La Hire exprime auprès de moi sa colère contre le Gros Georges qui confond toujours sa fortune avec celle du royaume : les bourgeois d'Auxerre lui auraient offert, sous main discrète, deux mille écus pour garantir le succès de leur entente.

Les citadins s'engagent « à faire au roi la même obéissance que feraient plus tard les habitants des villes de Troyes, Châlons et Reims ». Autant dire qu'ils se rangent du côté du vainqueur à venir : si le Dauphin doit triompher, on ne demande pas mieux que de l'aider ; mais si les autres villes résistent victorieusement, on lui coupera la retraite. Hélas, les seigneurs vont tout céder aux échevins de cette cité. Ils font le choix de négocier plutôt que d'assaillir. En accordant ainsi la neutralité à Auxerre, nous marquons, dès le premier pas, une grave faiblesse. Les autres villes le savent déjà. Elles pourront disputer pied à pied le terrain. Alors qu'un coup de vigueur eût assuré une longue suite de succès.

Le Gros Georges s'en vient nous confier qu'il ménage le duc de Bourgogne dans la noble intention de le détacher de son alliance anglaise :

– Nous ramènerons ce prince sous l'antique bannière des Lys. La faveur consentie par le roi à la ville d'Auxerre relève de la courtoisie mais surtout d'une belle habileté. Le siège d'une place aussi considérable aurait pu, hélas, en se prolongeant, donner aux autres villes le temps de rassembler leurs forces. Le succès de notre entreprise repose sur la célérité de son exécution.

Il n'y aura pas d'assaut. Le Dauphin accorde à la ville d'Auxerre l'abstinence de guerre.

Les Auxerrois nous remercient en nous livrant des viandes et des froments. La faim s'éloigne de la troupe. Les soldats sont contents. Le séjour devant Auxerre n'aura duré que trois jours. Nous chevauchons vers Saint-Florentin qui se soumet sans résistance, puis poursuivons notre route vers Troyes.

J'engage une minutieuse revue des troupes dans la plaine, entre Auxerre et Troyes. Le nombre de nos combattants va toujours croissant. De partout on vient à ma suite ; tous les hommes qui peuvent porter les armes se mettent en devoir de marcher dans nos pas.

C'est en arrivant à Saint-Phal, au quatrième jour du mois de juillet, que le Dauphin écrit aux habitants de la ville de Troyes. Il leur fait savoir qu'« il a entrepris d'aller à Reims pour y recevoir son couronnement et que son intention est de passer par la ville de Troyes. S'ils se disposent à le recevoir avec l'obéissance qu'ils lui doivent sans faire de difficultés à partir des choses passées, il leur promet de tout mettre en oubli et de les accueillir en sa bonne grâce ».

Le même jour, je dicte moi-même au frère Pasquerel une lettre aux Troyens :

« Jhesus † Maria !

Aux seigneurs bourgeois de la cité de Troyes,

Très chers et bons amis, Jehanne la Pucelle vous fait savoir de par le Roi du Ciel, son droiturier et souverain Seigneur, que vous devez faire vraie obéissance au roi de France qui sera bientôt à Reims et à Paris. Vous qui êtes de loyaux Français, venez au-devant du roi Charles. Ne craignez rien pour vos biens. Je vous certifie sur vos vies que nous entrerons avec l'aide de Dieu en toutes les villes qui reviennent au saint royaume et nous y établirons une paix ferme. »

Ce même jour, de Brignon-l'Archevêque où il a pris logis, le Dauphin fait porter dès le matin, par ses hérauts, aux membres du conseil de la ville de Troyes, la lettre close et scellée de ses armes.

Quant à ma missive, elle sera portée au même moment. J'apprendrai plus tard que les bourgeois de la ville l'ont jetée au feu sans même y faire de réponse. Ils la lurent en conseil mais s'esclaffèrent :

– Il n'y a, à cette lettre, ni rime ni raison. Nous certifions que cette folle, pleine du Diable, n'est qu'une coquarde !

Quand je fais halte avec une partie de l'armée devant le château fort de Saint-Phal, j'aperçois un cordelier qui court vers moi et jette des gerbes d'eau bénite devant lui. En regardant ce frère se signer à chaque pas, je devine qu'il me désigne comme une horrible chose en manière de femme, il conjure un fantôme formé par l'esprit du mal. J'ai connu cette épreuve de l'eau bénite à Vaucouleurs avec Messire Jehan Fournier et le capitaine de Baudricourt. Je l'invite à s'avancer :

– Approchez hardiment, je ne m'envolerai pas comme un ange du Démon !

Un peu plus tard, il remet le goupillon au seau et reconnaît qu'il n'y a point de Diable en moi. Je lui demande de croire en ma mission. Il se présente comme un disciple du frère Vincent Férier. Comme lui, il prédit l'avènement prochain de l'Antéchrist. Puis il me raconte en secret l'humeur des citadins de Troyes :

– Ils ne savent à quel saint se vouer. Troyes est marchande. C'est une ville de drapiers. Comprenez que tous ces commerçants ont juré, il y a neuf ans, le traité qui assure à la Maison de Lancastre la couronne de France. Ils se trouvent à la merci des Bourguignons et des Anglais. Pour tenir les foires où ils portent leurs draps, il leur faut vivre en paix avec leurs voisins de Bourgogne et les quais des ports de Seine. Ils ont les sentiments de leur fortune. Les ouvriers tisseurs, corroyeurs, nombreux le long des ruisseaux qui traversent la cité, attendent de voir quel sera le sort de la ville. Si vous voulez qu'ils se tournent vers vous, il faudra rassurer tous les marchands. Ils demandent, au cas où le roi Charles deviendrait leur maistre, qu'il leur garantisse l'entière liberté de leur commerce. Je les inclinerai, par mes prières, à ouvrir les portes à l'armée du roi.

«Je les vois exténués, pâles de besoin»

NOUS ENTRONS au pays de mon père. Il nous parlait si souvent de sa Champagne et des célèbres murailles de Troyes. En arrivant devant la cité fortifiée, le Dauphin a tenu à revêtir le mantel royal fleuri de lys d'or. Il arrête son cheval à mi-pente. Je l'observe. À son premier regard vers les hautes tours et le beffroi, toute la douleur du monde est apparue dans ses yeux. Je devine que remonte en lui le souvenir du sinistre traité signé ici il y a huit ans, où l'on jura sa ruine en l'appelant «le soi-disant Dauphin». Cette ville de Troyes est une blessure : ensemble, le roi dément, son père, et Isabeau de Bavière, la reine, sa mère, mais aussi le duc de Bourgogne et le roi d'Angleterre Henri V ont signé là le monstrueux accommodement qui l'a déshonoré.

Aujourd'hui cependant, les choses ont bien changé; la délivrance d'Orléans, les victoires de Jargeau, de Meung, de Beaugency et surtout de Patay viennent de réduire en cendres le sinistre accord.

Ses hérauts d'armes le précèdent, qui ont sommé les habitants de lui faire obéissance. Son habit royal le prépare à une entrée triomphale en grand appareil et qui sera pour lui une revanche. Une revanche sur le sort, sur son indigne mère, sur ses propres doutes.

Pourtant les habitants vivent encore sous le sceau de l'ancienne infamie, ils ont fermé leurs portes. Ils se préparent à tenir le siège. Six cents Anglais et Bourguignons sont même sortis à la rencontre de notre avant-garde qui cherchait à se loger autour de la place. Ils sont tombés, la lance baissée, sur les Français. Nos vaillants capitaines ont heureusement fait rentrer les ennemis à grande foule et bien hâtivement dans leurs murs.

À présent, l'armée du roi s'établit autour de la ville. Nous manquons d'artillerie pour battre la place. Nous nous bornons à en barrer les issues. Pendant cinq jours, les deux camps se défient. Les assiégés ne témoignent pas la moindre volonté de se soumettre.

Toutes les sommations qu'on leur envoie restent sans effet. Ils sont approvisionnés, alors que notre armée est réduite à une disette qui menace de nous forcer à rebrousser chemin. Cette famine est si grande que cinq à six mille hommes au moins, depuis plus de huit jours, campent sans manger de pain. Je les vois exténués, pâles de besoin, froisser entre leurs mains des épis de blé encore verts.

Le désespoir est près de s'emparer des troupes quand on découvre, un peu plus loin, de vastes champs couverts de fèves nouvelles. Ils offrent à l'armée une subsistance plus abondante et moins difficile à recueillir. Mais ces bonnes fèves ne sont qu'une ressource d'un jour et on commence à éprouver dans nos rangs les plus sérieuses inquiétudes.

Le sire de La Trémouille s'essuie de la manche le front toujours moite, il se lamente à plein gosier en haussant le ton, pour que je l'entende. À côté du grand chambellan, le chancelier de France, Regnault de Chartres, qui fait volter son anel, s'applique lui aussi à donner de la voix :

– Nous n'avons ni argent, ni vivres, ni bombardes, ni canons. Que faire ? Il faudra bien, malgré la Pucelle, que le Dauphin prenne dès ce soir quelque résolution de prudence…

Encore « la prudence »… Et pourquoi « dès ce soir » ? Je vois courir là-bas le duc d'Alençon. Où se rend-il donc, si pressé ? Il se retourne en s'excusant de ne pouvoir me parler. Je crie vers lui :

– Où allez-vous, Beau Duc ?

– Je vais au conseil.

– À quel conseil ?

– Au conseil royal qui se tient ce soir…

– Comment se peut-il qu'il y ait aujourd'hui un conseil royal ? On ne m'a rien dit…

On a repris les vieux usages. On ne m'a pas invitée. On se moque de ce que je peux penser. On ne reconnaît rien de ce que je fais. Le Dauphin doit pourtant avoir souvenance que je lui avais prédit la délivrance d'Orléans et que mes Voix m'avaient mandé de le conduire à Reims. On dirait que les seigneurs de son entourage, qui pèsent de toute leur faiblesse et l'inclinent à la crainte, ne sont liés à moi qu'autant qu'ils ont besoin de mon aide. Dès que la victoire est acquise, je les entends murmurer entre eux avec lâcheté :

Sans doute cette bergère serait-elle plus utile chez elle pour garder ses moutons…

Je décide de me rendre moi-même au conseil. Je heurte

très fort à l'huis où se trouvent réunis les princes de la maison du roi et les chefs de guerre. C'est le seigneur de Trèves qui m'accueille, Robert Le Masson, l'ancien chancelier de France. Il vient de demander au roi que l'on aille me requérir. Il me glisse à l'oreille qu'il est ainsi intervenu avec vigueur :

– Sire, vous avez entrepris cette campagne, sans vous dissimuler l'insuffisance de vos troupes et la pénurie de votre trésor. Vous l'avez fait uniquement sur les instances de Jehanne qui vous a assuré que c'était la volonté de Dieu de vous voir sacrer, comme vos prédécesseurs, les rois de France. C'est pourquoi j'exprime le vœu, avant que le conseil ne prenne toute résolution contraire, d'entendre la Pucelle et de lui demander ce qu'elle pense.

L'ancien chancelier me fait entrer dans la salle. Je m'avance vers le Dauphin. Je plie le genou, j'accomplis ma révérence. Il me fait signe de tendre une oreille attentive aux considérations de l'archevêque de Reims, Regnault de Chartres, qui résume les humeurs du conseil. Seul le roi est assis sur une chaire de pierre sculptée. Tous les conseillers restent debout ou installés sur des coffres.

Le chancelier de France, en robe rouge et surplis blanc, juste derrière le Dauphin, feint de ne pas s'adresser à moi. D'un ton grave et cérémonieux, il expose les raisons qui, selon lui, ne permettent pas de demeurer plus longtemps devant la ville de Troyes :

– Vous voyez bien que tout ce qui concourt à la fortune des armes nous fait défaut : les munitions, les vivres et les canons. Nous n'avons plus ni poudre ni pain. On ne peut donc songer à prendre la ville par la force. Que faut-il décider ? Passer outre et marcher sur Reims ? Ou bien s'en retourner sans aller plus avant ?

Alors, les membres du conseil s'expriment les uns après les autres. Ils sont divisés.

Le sire de La Trémouille souligne d'un geste solennel et le doigt tendu que la cité de Troyes est forte de fossés et de bonnes murailles, garnie de gens de guerre qui ont, selon toute apparence, volonté de résister au roi.

Chacun des assistants de haute seigneurie donne son opinion. L'archevêque de Reims se tourne vers moi :

– Jehanne, vous comprenez que le roi et son conseil sont en de grandes perplexités pour savoir ce qu'il convient de délibérer. Je vous requiers de faire connaître, à votre tour, votre opinion au conseil.

Je m'adresse au Dauphin, sans un regard pour l'archevêque :

– Serai-je crue de ce que je dirai ?

– Je ne sais, me répond le Dauphin. Si vous dites des choses qui paraissent raisonnables et profitables, on vous croira.

– Noble Dauphin, ordonnez à votre gent d'assiéger cette ville et ne tenez pas de plus long conseil. Car, au nom de Dieu, je vous le dis, avant trois jours, je vous introduirai dans la ville de Troyes. Par amour ou par puissance. Et la fausse Bourgogne en sera stupéfaite !

– Jehanne, reprend alors le chancelier, on attendrait volontiers plus longtemps que trois jours. Mais nous ne savons pas si ce que vous dites est vrai.

Piquée de ce doute, je l'admoneste :

– Monseigneur l'archevêque, ayez foi en le Roi du Ciel. Plus encore qu'en votre sagesse d'évêque.

Je me tourne vers le Dauphin :

– Noble Dauphin, vous serez, demain, maistre de la cité.

«L'humeur des villes change plus vite que ne passent les moissons de l'été»

IL FAUDRA UNE BONNE NUIT pour amener le conseil à mes résolutions. Le vieux Robert Le Masson, qui voudrait m'instruire en patience, m'affranchit ensuite sur l'entourage du Dauphin :

– C'est un concours de favoris et d'habiles accommodeurs. Les favoris ne vivent que de leur faveur. Ils cherchent chaque jour à l'entretenir. Et les habiles accommodeurs s'adonnent à leurs habiletés. Les uns et les autres plaisent au roi, car ils n'ont qu'un mot à la bouche : la prudence. Or vous, Jehanne, vous êtes dans l'imprudence. L'imprudence humaine qui est sans doute prudence divine. Les grandes œuvres sont toujours le fruit d'une imprudence. Vous êtes une femme de cœur qui parle à des hommes de cour. Ce sont des gens de rondeur. Ils ne veulent pas la percée mais l'accommodement. Ils aiment les trêves et les combinaisons, elles leur donnent de l'importance.

Que s'est-il passé dans la nuit ? Le lendemain matin, le Dauphin fait savoir sa résolution : l'armée demeurera à Troyes. Le siège est prolongé.

Je prends alors mon étendard, saute sur mon coursier,

rassemble les troupes, leur ordonne de se rapprocher de la ville et leur fais apporter leurs tentes au bord des douves.

Une foule d'hommes de pied me suit ; je leur commande de préparer des fascines pour combler les fossés. Ils obéissent avec empressement. Partout des archers et manœuvriers de tous estats se mettent à l'ouvrage pour apporter des fagots, des fenêtres, des tables et des chevrons, afin d'asseoir une petite bombarde que nous avons en réserve dans l'ost.

Je passe toute la nuit à disposer ces apprêts.

Cependant, la vue des préparatifs et l'activité qui règne dans le camp du Dauphin donnent l'alerte à la garnison de la ville.

À l'intérieur de la cité, bientôt, une consternation générale s'empare des habitants. Les familles, tremblantes, se réfugient en foule dans les églises et passent la nuit prosternées au pied des autels. Les Troyens du sinistre traité croient entendre la vengeance du Ciel tonner à leurs portes et faire vaciller l'enceinte. « Peuple infidèle, qu'as-tu fait de ton roi ? »

Il faudra que cette ville du parjure se repente, et que l'orgueil de ses remparts soit dispersé dans la poussière. C'est pourquoi j'ai voulu ce siège.

Le jour fatal, le jour terrible paraît enfin. C'est le neuvième de juillet. Je crie à l'assaut, fais sonner les trompettes. Alors je m'avance, mon étendard à la main, au bord des fossés comblés par les fascines.

La peur s'empare des Anglais et des Bourguignons, rangés en armes sur les chemins de ronde crénelés de la place. Leurs yeux se troublent.

De là où je suis, j'entends le peuple des rues, assemblé en tumulte, qui demande à capituler.

Nous voyons arriver à nous le bailli et plusieurs chefs de guerre. Ils font ouvrir les portes et marchent vers notre camp, frémissants et suppliants.

Le Dauphin Charles les accueille en sa bonté et consent à traiter avec eux : les gens de guerre devront quitter la ville.

Le sceau royal accorde des lettres d'abolition générale à tous les gens d'Église, bourgeois et habitants qui ont, en leur humilité, rendu pleine obéissance. Ces témoignages d'indulgence surpassent les espérances des Troyens et excitent, parmi eux, des transports d'allégresse.

La garnison se retire. Mais elle emmène à sa suite un convoi de captifs à rançon tombés en leur pouvoir. On me dit qu'ils doivent être considérés comme faisant partie de « leurs biens ».

Je ne peux abandonner ces infortunés à leur sort si malheureux. Je n'entends pas me résoudre à cette loi honteuse qui fait des vaincus la propriété des vainqueurs et les abaisse au rang d'un « bien » de famille.

Je me tiens devant la porte de la ville à l'instant où sort le cortège des prisonniers. J'aperçois les captifs chargés de fers et aux corps affligés. Les Godons ne les emmèneront pas ! Je lève les bras et ordonne à la garnison de marquer le pas. J'en appelle au Dauphin. Heureuse surprise : il m'informe qu'il accepte de payer leur rançon et mande aux Anglais et aux Bourguignons qu'on les délivre sur-le-champ.

Le lendemain étant le jour fixé pour l'entrée du Dauphin

dans la ville, je veux l'y devancer et ranger moi-même les gens de trait qui borderont à pied la haie d'honneur, depuis le grand porche de la cité jusqu'à la cathédrale. Le frère Richard m'accompagne pour m'introduire auprès des habitants qui me regardent avec curiosité, comme si j'étais une créature à demi légendaire.

Je m'en retourne chercher le Dauphin.

Ce dimanche dix juillet 1429, il chevauche, entre le duc d'Alençon et moi-même. Je tiens ma bannière à la main. Il a revêtu ses habits de velours et d'or, enrichis de pierreries. Toute la chevalerie et les princes du sang nous suivent, ainsi que les maréchaux et les chefs de guerre.

Arrivés à la cathédrale, nous y entendons la messe. Puis le Dauphin reçoit les serments accoutumés et établit ses capitaines et officiers en la cité. Troyes est redevenue citadelle royale.

Le lendemain, onze juillet, toute l'armée, en belle ordonnance, à un trait d'arc du Dauphin, traverse la ville au son des trompettes et parmi les acclamations générales des citadins. C'est une forêt de lances et de fanons de satin blanc qui nous fait escorte.

Quand nous passons à nouveau près de l'église Saint-Pierre, je remarque la mine défaite du Dauphin. Auprès du frère Jehan, je m'enquiers alors du motif de cette soudaine tristesse. Il me confie à voix basse :

– Jehanne, cette église lui rappelle des souvenirs de grande souffrance ; c'est dans la nef qu'ont été célébrées les fiançailles du roi Henri V d'Angleterre avec sa sœur, Catherine de France. C'est là aussi que Madame Isabeau, sa mère, a assisté aux fiançailles de sa fille. Au moment même où elle abandonnait le royaume des Lys à l'Angleterre et qu'était prononcée la déchéance du Dauphin Charles de Valois. On m'a même affirmé qu'elle osa porter ce jour-là une robe en damas de soie bleue et une houppelande de velours noir fourrée de mille ventres de menuvair. À la sortie de la cérémonie, en signe de fête, elle fit venir, sur le parvis, pour distraire le peuple, ses oiseaux chanteurs, ses pinsons, tarins et linottes. Et elle caressait son singe à collier de cuivre rouge en s'exerçant au rappel d'un chat-huant. Elle s'amusait…

Le Dauphin, en cet instant, pense à son pauvre père, le roi Charles VI, privé de sens et de mémoire, qui alla par les mêmes rues promener sa folie souriante et s'en remettre aux passants du déshonneur de son royaume.

Certes, c'est une joie d'avoir repris la ville. Mais quelle tristesse pour le Dauphin que ces images tenaces des sinistres années de son enfance !

Le jour de notre partance, les habitants de Troyes nous font fête. Le vin de Champagne coule sur les soldats. Ce ne sont qu'exultations et salutations affectueuses. Ainsi va l'humeur des villes, qui change plus vite que ne passent les moissons de l'été.

«Je ne crains pas les coups de lance. Je ne crains que les traîtres»

Au sortir de la cité de Troyes, l'armée royale retrouve la route champenoise et prend son logis dans le village de Lettrée, à cinq lieues de Châlons. Les paysages me rappellent nos voyages à Sermaize, les soirées chez les Vouthon où mon père nous vantait, à la lueur des veillées, le mérite des vignes de sa chère Champagne. La voie que nous suivons me rapproche de mon village d'enfance. Je respire à pleins poumons l'air de Domremy et de Seffonds, la paroisse de mon père.

J'apprends que le roi vient d'envoyer son héraut, Montjoie, aux habitants de Châlons pour leur demander de le recevoir et de lui rendre pleine obéissance.

Armée de toutes pièces, je chevauche avec l'avant-garde. Bientôt nous voyons cheminer lentement, au-devant du roi, le long cortège des habitants de Châlons. Précédés de leur évêque, ils viennent dire au Dauphin qu'ils acceptent ses lettres de rémission et qu'ils désirent revenir en son royaume. Nous entrons dans la ville sans recourir aux armes et prenons la résolution d'y passer la nuit.

Sur notre passage, pleuvent, depuis tous les colombages, les acclamations du peuple.

Et soudain, au détour d'une rue sombre, j'aperçois là-bas, qui se détachent de la foule, quelques hommes qui courent après mon cheval et m'appellent. Je les ai tout de suite reconnus. Par mon Martin, ce sont des voisins de mon cher Domremy.

Quelle surprise ! Je vois s'avancer vers moi, emporté par l'émotion, Gérardin d'Épinal, le seul laboureur qui fût, dans toute la paroisse, partisan des Bourguignons. Je me défiais de lui, je le menaçais de lui couper la tête et le voilà qui me rejoint, ici à Châlons. Et, un peu plus loin, je reconnais mon parrain, un autre laboureur, Jehan Morel, de Greux. Sans doute la renommée de mes victoires se sera-t-elle répandue jusque dans mon pays natal. Je les presse de questions :

– Comment êtes-vous venus jusqu'ici ?

– Le bruit est arrivé à Domremy que tu conduisais le roi à Reims. Alors nous avons formé le dessein de t'attendre à Châlons.

J'ai la gorge serrée. Mes yeux sont pleins d'étonnement. Les leurs sont pleins de tendresse. Ils rient et pleurent d'émotion. Ils sont en pauvre tenue mais si heureux de m'annoncer la grande nouvelle :

– Jehanne, ton père est en route !

– Mon père ? Mais pour aller où ?

– À Reims… Il est en route pour le sacre…

Jour d'allégresse ! Si mon père vient vers moi, c'est donc qu'il m'a pardonnée. J'attache mon cheval puis m'écarte un instant de mon chemin. Je m'attarde et demeure avec eux jusqu'à l'après-dînée. Soirée inattendue d'affectueuses retrouvailles :

– Ah, mon Gérardin ! Tu es toujours bourguignon de cœur ?

– Non, je ne le suis plus depuis que nous avons appris la délivrance d'Orléans.

– Serais-tu homme à courir après la victoire ?

– Non, je cours après la marraine de mon fils Nicolas. Il te réclame.

– Ah oui, mon cher filleul, mon petit Nicolas que j'ai porté sur les fonts baptismaux. Comment pousse-t-il ?

– Il forcit et dit que sa deuxième mère lui manque, sa marraine. Il attend ton retour à Domremy. Il serait fâché si tu n'étais pas là pour sa communion.

Pauvre Gérardin ! Il ne sait pas que je ne durerai pas un an ; mais quel bonheur de le revoir ! Je l'appelais toujours « mon compère ». Et j'appelais sa femme, Isabelette, « ma commère ».

Tout au long de la soirée, les souvenirs affluent et se bousculent. Je demande des nouvelles de tous les feux du village. J'évoque avec le parrain Morel notre fuite, ensemble, à Neufchâtel, avec ses bêtes qu'il m'avait confiées. Je leur parle de La Hire qui traînait ses houseaux de terreur dans le coin, à la même époque, et qui est devenu l'un de mes plus vaillants capitaines. Nous évoquons les illustres bagarres des enfants de Greux et de Maxey, et les fêtes du Beau Mai.

Puis Gérardin m'interroge sur ma vie d'aujourd'hui. Je lui raconte mes voyages et mes batailles, le départ de Vaucouleurs, l'entrevue de Chinon, l'examen de Poitiers, le triomphe de Patay, la méfiance des seigneurs, l'ardeur des capitaines, les remparts qui tombent, les Anglais qui se noient dans la douve, les insultes qui pleuvent sur moi, et partout les marches pénibles, les galops, les assauts, les victoires… Je leur révèle que j'ai retrouvé un couleuvrinier lorrain, maistre Jehan, qui fait merveille avec ses canons.

Gérardin me dit qu'il a tout le temps peur pour moi :

– On nous a affirmé que tu te battais avec ton étendard…

– Oui, c'est vrai. Je cours le planter, à chaque assaut, dans la muraille d'en face.

– Comme au château de l'Isle, avec ton arc en bois de saule pleureur ?

– Oui, Gérardin. Sauf que là, les arcs tirent de vraies flèches. Tiens, regarde ma blessure…

Gérardin frémit devant la plaie encore vive :

– C'est pure folie, Jehanne. Dans toutes ces batailles, tu n'as pas peur ?

– Non, jamais. C'est une chance que Dieu m'a donnée.

– Tu ne crains pas les coups de lance ?

– Non, Gérardin, je ne crains que les traîtres.

Mes pauvres amis ont l'air bien misérable. Ils veulent emporter avec eux un souvenir. Je fais don à Gérardin de ma huque rouge. Et au parrain Morel, dont le pourpoint est troué, je remets un gippon tout neuf. Je cherche à les retenir :

– Vous n'allez pas partir ainsi, à quelques lieues de la ville du couronnement ?

– Nos familles nous attendent à Domremy pour avoir de tes nouvelles.

– Mais vous leur en donnerez de meilleures après le sacre du Dauphin. C'est une question de jours.

Nous ne restons pas longtemps à Châlons. Le Dauphin a produit sur les habitants une si bonne impression qu'après lui avoir offert les clefs de leur cité, ils ont écrit une lettre aux citadins de Reims. Ils y louent fort la personne du roi : « Il est doux, gracieux, miséricors, de bel maintien et de haut entendement. »

Ainsi engagent-ils les habitants de Reims à aller sans crainte à sa rencontre.

En poursuivant sa chevauchée de Châlons à Reims, le Dauphin paraît de plus en plus soucieux. Son visage prend de la gravité à chaque lieue. Je ne comprends pas d'où vient cette inquiétude : les villes se sont ouvertes les unes après les autres et celle de Reims sera la plus facile à gagner, à ce que l'on nous dit. Je m'approche de lui :

– Pourquoi avez-vous l'air si sévère ? Les bourgeois vont venir au-devant de vous pour faire leur soumission.

– Mais, Jehanne, si jamais la ville de Reims résiste, nous n'avons ni artillerie ni machines de guerre.

– Pas plus à Reims qu'à Auxerre ou à Troyes, où nous sommes entrés sans coup férir.

– L'esprit de Reims est particulier. Vous ne connaissez pas Pierre Cauchon, l'évêque de Beauvais ?

– Nullement, mais qu'importe, gentil Dauphin ! Qu'a-t-il donc à voir avec le diocèse de Reims puisqu'il est l'évêque de Beauvais ?

– Eh bien, vers la fin du mois de mai dernier, ce prélat est venu au nom des Bourguignons et des Anglais. Il a présidé la procession de la Fête-Dieu, porté le saint Sacrement dans toutes les rues de la cité. Toute la ville le suivait et il a réchauffé les sentiments des Français reniés contre ma couronne.

– Gentil Dauphin, pourquoi doutez-vous toujours ? Allez hardiment, je vous le répète, et ne craignez rien. Je vous dis que vous ne trouverez personne dedans la ville de Reims pour vous nuire.

Je marche avec le corps de bataille près du Beau Duc. Parfois, je me porte à l'avant-garde où La Hire et Xaintrailles, mes chers lieutenants, me sourient. Ils ont confiance en moi et devinent que la cité de Reims va s'ouvrir à nous sans encombre.

Par une mesure de prudence – encore cette fameuse prudence des habiles et des favoris –, le roi s'arrête avec son armée à quelques lieues de la cité du sacre et loge dans un château appelé Sept-Saulx. C'est une châtellenie fortifiée qui dépend du domaine des archevêques rémois.

Nous apprenons que le seigneur de Châtillon, qui commande la ville au nom du roi anglais, hésite entre deux loyautés. Sa conscience balance entre les deux Couronnes. Ne sachant que penser, il imagine de rassembler les habitants et de les consulter sur ce qu'il doit faire : veulent-ils se défendre ? Les habitants tiennent conseil et quelques-uns d'entre eux, qui sont de bonne volonté pour le royaume, sont d'avis d'aller devers le roi.

En se présentant devant l'armée royale, ils déposent à nos pieds les clefs de la ville. Le Dauphin leur accorde toute abolition des torts dont ils ont pu se rendre coupables envers sa personne.

Nous sommes à quatre lieues de la cité du sacre. À

quatre lieues de mon grand œuvre. J'en frémis. Depuis ma plus tendre enfance, je dessine en mes rêves la cathédrale de Saint-Remi. Dans quelques heures, enfin je l'aurai devant les yeux. Et je verrai la sainte Ampoule. Mon cœur tremble. Mon Dieu, quel bonheur !

« La cérémonie qui vient n'est pas une bataille, c'est un mystère »

Dès le matin de ce samedi seizième jour de juillet, nous découvrons la ville depuis les hauteurs du moulin de la Housse. J'aperçois, derrière la ceinture des remparts, des dizaines de clochers et les taches vertes de grands jardins, surmontés de hêtres vénérables. Le chancelier de France, Regnault de Chartres, pénètre le premier dans la cité en qualité d'archevêque de Reims. Il va retrouver son siège épiscopal.

Vers le soir, le Dauphin, suivi de tout le corps de bataille, arrive devant la porte Dieu-Lumière. On abaisse les ponts et on lève les deux herses. Les confréries nous attendent, les épiciers, les drapiers, les merciers. Les chanoines forment une double haie d'honneur.

Nous entrons solennellement dans la ville. Toutes les maisons sont parées. Soieries, brocarts ou simples draps ont été déployés sous les fenêtres. On nous jette, depuis les combles, des corbeilles de fleurs. Les bourgeois crient mon nom sur le passage de l'armée. On me cherche des yeux au milieu de la chevalerie. Le roi sourit. Des jouvencelles nous offrent, dans des paniers d'osier, moult présents, du pain d'épice et des poires confites enveloppées de fines serviettes bleu azur. On nous fait boire un rouge clairet, un vin fauve, pelure d'oignon ou œil-de-perdrix, léger mais acide.

Le cortège chemine vers la cathédrale, étendards au vent, parmi les acclamations de tous les corps et jurandes.

Nous sommes un samedi et, selon l'usage ancestral, le sacre ne peut avoir lieu qu'un dimanche. Ce sera donc demain matin.

La nuit est employée à préparer les choses indispensables pour la cérémonie. Il faut faire grande diligence. Car l'on manque de tout et d'abord de la vesture royale nécessaire au sacre ; elle est au pouvoir des Anglais en l'abbaye de Saint-Denis, à quelques lieues de Paris. Qu'importe ! Nous trouverons d'autres habits chez les citadins de la ville.

L'archevêque s'assure, avec discrétion, auprès du curé de Saint-Remi, que la sainte Ampoule est encore à sa place. C'est un miracle que les Anglais et les Bourguignons n'aient pas songé à s'emparer de force de l'Huile précieuse. Sans doute auront-ils été surpris par la promptitude des événements ! La sainte Ampoule est là. Le sacre aura bien lieu demain dimanche.

Il faut dormir. Mais je n'ai pas sommeil. Mon cœur débordant de joie me commande de rester en éveil pour accompagner par mes prières le roi de France au palais du Tau, afin qu'il se dépouille de feu le Dauphin, qui va mourir en lui. Au terme de cette nuit, dans le soleil levant de ce bel été, je verrai enfin la colombe d'or et la petite aiguille qui viendra chercher l'Huile sacrée, celle-là même qui a oint le roi Clovis.

Demain soir, ma deuxième mission sera accomplie. Après la délivrance d'Orléans, le sacre du roi à Reims.

Tous les colombages ont été pavoisés dans la nuit par les citadins qui lancent, dès l'aube, des noëls sur le parvis. Bientôt ce sont des salves de bombardes et des sonneries de trompettes, puis des volées de cloches qui saluent l'arrivée du Dauphin. Je me tiens tout près de lui avec Jehan d'Aulon et Louis de Coutes qui porte mon étendard.

J'ai revêtu, sous ma huque immaculée qui me descend jusqu'aux talons, mon harnois blanc que mon escuyer a fait resplendir en le frottant de cendre. On y voit la trace des traits reçus et de plusieurs chocs. J'ai tenu à ne pas en changer. Je ne coifferai pas de bassinet mais un simple chaperon défraîchi. Le frère Pasquerel m'a engagée à ne pas porter mon casque :

– La cérémonie qui vient n'est pas une bataille, c'est un mystère qui dépose au fond des cœurs en paix un peu de la grandeur céleste. Le mystère des saintes Huiles. Il faut rendre les armes.

Je garde l'épée de Fierbois à ma ceinture. Les cloches sonnent. C'est l'heure.

Le Dauphin apparaît sur le parvis, dans un dépouillement extrême. Il n'est vêtu que de la chemise du sacre en toile de lin rouge aux fentes bordées de galons d'or, que les dames de la bourgeoisie de Reims ont confectionnée cette nuit. Le grand chambellan, qui marche à côté de lui, porte les trois vêtements sacerdotaux, tunique, dalmatique et mantel, ainsi que les souliers et les gants royaux.

Lorsque nous passons sous le porche pour entrer dans la cathédrale, le sourire de l'Ange revêt pour moi une signification particulière : c'est un sourire qui vient du Ciel. Le sourire d'un voisin d'éternité de mon Conseil. Et qui tient, dans sa main, la palme du martyre. Charles le Septième, dont l'ange de pierre croise le regard gris vert, pénètre sous les hautes croisées comme un Dauphin, héritier du royaume par la nature. Dans quelques heures, il en sortira comme un roi, héritier du royaume par l'onction.

À six heures du matin, les chanoines ont pris place dans les stalles du chœur clos. Les trompettes sonnent en telle manière qu'il semble que les voûtes de l'église se doivent fendre.

Dès l'aube, quatre cavaliers, vêtus d'un mantel noir et d'une houppelande blanche, se sont rendus à l'abbaye de Saint-Remi.

Tous les chevaliers les attendent sur le parvis. Je vois arriver le seigneur de Commercy qui a rejoint le Dauphin dans la nuit. Guillaume de Flavy amène trois cents chevaliers picards au liseré vert et blanc de Charles le Septième.

Les quatre seigneurs, solennellement députés par le roi, qui sont allés chercher le vase sacré, confié depuis un temps immémorial à la garde des religieux de l'abbaye de Saint-Remi, font halte sous le grand porche.

J'ai écouté l'archevêque de Reims leur adresser un ordre de mission. Il les a appelés les «Otages de la sainte Ampoule». Je les ai entendus s'engager sous serment à ne point perdre de vue la fameuse fiole de cristal et à veiller sur elle jusqu'au sacre.

La cathédrale s'est remplie aussi vite qu'un vol d'hirondelles. L'assistance se retourne vers l'entrée. L'immense voix des chœurs éclate soudain en une gerbe de voix étincelantes.

Mon regard ne peut se détacher des fonts baptismaux. Toute mon enfance me revient au cœur. Dès le plus jeune âge, j'ai connu le merveilleux récit des gestes du saint évêque Remi qui vint ici oindre le roi Clovis. Il portait le petit reliquaire. Je lève la tête vers les voûtes. Je ferme les yeux un instant. Le récit me revient, j'entends le battement d'ailes d'une colombe qui apporte l'Huile destinée au sacrement du premier roi chrétien. Messire Frontey, le curé de Domremy, nous disait toujours que notre paroisse avait pour vocable le nom même du patron des Rémois et que Domremy avait été, pendant les temps les plus anciens, un fief de l'abbaye de Saint-Remi de Reims.

En traversant la nef de cette cathédrale, je redeviens l'enfant que j'étais. Dès le porche, je suis au comble de mes espérances. Cette entrée est celle de la Terre promise et du Salut reconquis. Saint-Remi et Domremy ne font plus qu'un. Je pense à la lettre que je dicterai ce soir à l'adresse du duc de Bourgogne : « Tous ceux qui guerroient au saint royaume de France guerroient contre le Roi Jésus, Roi du Ciel et du monde, mon droiturier et souverain Seigneur. »

« Gentil Dauphin, désormais je vous appellerai Sire le roi »

On m'a laissée venir auprès du maistre-autel où brûle une forêt de cierges. Parmi les armures et les chasubles d'or, l'archevêque Regnault de Chartres, coiffé de sa mître, en surplis broché d'or, est allé jusqu'au Dauphin. Il lui a désigné son fauteuil, avant d'asperger l'assistance.

Soudain, le cortège de la sainte Ampoule entre dans la cathédrale. C'est une marche lente, solennelle, couverte par les basses trompes des orgues. Je ne vois que des aubes, puis l'abbé de Saint-Remi, revêtu d'une chape d'or, qui est descendu de sa haquenée blanche. Il s'avance avec la sainte Ampoule suspendue à son cou par une chaîne argentée, sous un dais de moire d'argent. Il est entouré des quatre seigneurs chargés de veiller sur la sainte relique.

Je vois passer devant moi une colombe d'or aux bec et pattes de corail, fixée sur un plat de vermeil orné de pierreries. L'abbé de Saint-Remi est doté d'un habit pontifical. Il porte un riche parement d'or.

L'archevêque reçoit dans ses mains le dépôt précieux et le pose sur le maistre-autel. Tous les princes, prélats, barons et chevaliers qui ont accompagné le Dauphin dans ce « saint véage », comme le nomme le frère Pasquerel, depuis Gien, Auxerre et Troyes, sont là, rassemblés dans cet auguste temple, plongés dans un grand recueillement.

Le Bastard d'Orléans m'a installée dans le chœur à côté du Dauphin, devant le frère Richard. Je tiens à la main mon étendard sacré ; il fut si souvent à la peine, c'est bien raison qu'il soit en ce jour à l'honneur.

Alors le roi d'armes de France vient se placer devant le maistre-autel. Il appelle par leurs noms les anciens pairs laïques : les ducs de Bourgogne, de Normandie et d'Aquitaine, les comtes de Flandre, de Toulouse et de Champagne.

– C'est une vieille tradition, me glisse Jehan d'Aulon à l'oreille.

Mais les pairs appelés ne comparaissent pas. On entend seulement, après que chacun de leur nom est prononcé, une ponctuation à voix basse : « absent » ou encore « fait défaut ».

Alors je vois s'avancer le Beau Duc qui représente le duc de Bourgogne, le comte de Clermont qui représente le duc de Normandie, le comte de Vendôme qui représente le duc d'Aquitaine. Le sire de La Trémouille s'approche à son tour, visiblement flatté de représenter le comte de Flandre. Le seigneur de Gaucourt me sourit en passant devant moi, pour aller rejoindre sa place où il représente le comte de Champagne.

Puis c'est au tour des pairs ecclésiastiques, en mître et en chape, d'être appelés par le roi d'armes. Là encore, il y a beaucoup d'absents.

À nouveau, le Dauphin se met à genoux. Juste en face de lui, l'archevêque lui adresse quelques paroles consacrées par l'ancienne coutume. Les mots prononcés sont pour moi trop savants : « privilèges canoniques, loi et justice dues ». Le Dauphin répond d'une voix à peine audible. Je comprends qu'il fait serment de protéger la sainte Église. Il promet, au nom de Jésus-Christ et du peuple chrétien, qu'il défendra la chrétienté de toutes rapines et iniquités, mais aussi qu'il commandera clé·mence et miséricorde.

Charles le Septième parle comme le successeur de Saint Louis. Je devine que c'est le même cérémonial, le même serment.

Puis vient le moment tant attendu. Je verse des larmes d'émotion. Le roi, à genoux devant l'autel, reçoit des mains de l'archevêque l'onction sainte.

Le prélat élève la sainte Ampoule, ses lèvres disent une longue prière. Un vieil évêque lui tend l'aiguille d'or. Il la plonge doucement dans l'Huile sainte. À chacune des onctions, je vois deux évêques qui s'approchent du Dauphin, écartent le col grand ouvert de sa chemise et en relèvent les manches. Le Dauphin ferme les yeux. Il reçoit l'onction sur le haut du front, puis sur la poitrine, enfin sur chaque épaule. Il tend les bras.

C'est alors que retentit le *Te Deum*. Les pairs de France forment un arc de cercle entourant le maistre-autel. Les chevaliers, tête nue, s'inclinent. Ce sont mes compagnons de combat. Ils sont majestueux.

Bientôt, le grand chambellan remet au Dauphin les habits de couleur hyacinthe qui ont été déposés sur l'autel.

Le roi apparaît soudain en mantel bleu fleurdelysé. Il porte des chausses blanches.

Le visage inondé de larmes, je tombe à genoux, mes deux mains glissent le long de la hampe de mon étendard.

Aussitôt s'élève une musique de longues trompes de guerre, de hautbois et de fifres. L'archevêque prend la couronne sur l'autel et la maintient au-dessus de la tête du roi. Les douze pairs, les bras tendus comme des arcs-boutants, y portent la main droite.

L'archevêque penché sur le roi murmure solennellement :

– Que Dieu te couronne de la couronne de gloire, de justice et d'honneur...

Il pose la couronne sur la tête royale. Puis Charles le Septième vient s'asseoir sur un trône surélevé dominant le jubé qui ferme le chœur. Le voilà sur sa montagne sainte, entre Ciel et terre.

Par trois fois, l'archevêque Regnault de Chartres acclame le nouveau roi puis s'écrie à l'adresse des pairs de France :

– *Vivat rex in aeternum !* Vive le roi à jamais !

Les autres pairs viennent à leur tour lui rendre hommage.

Je me glisse parmi eux. Je lâche mon étendard. Mon escuyer le rattrape derrière moi. Je me précipite aux genoux du Dauphin que j'embrasse.

– Maintenant qu'est accompli le plaisir de Dieu, je ne vous appellerai plus gentil Dauphin mais Sire le roi. Dieu voulait que je lève le siège d'Orléans et que je vous amène en cette cité de Reims recevoir votre sacre, en montrant que vous êtes le vrai roi et celui auquel le royaume de France doit appartenir.

Les pairs reprennent l'acclamation :

– *Vivat rex in aeternum !*

Enfin les portes de la cathédrale s'ouvrent. Le peuple s'y précipite au cri de « Noël ! Noël ! » et les trompettes entonnent un chant de gloire, les cloches carillonnent à toute volée, les colombes sont lâchées jusque dans le chœur. Et la foule crie. Elle s'engouffre dans la nef. Puis, en ce neuvième dimanche après la Pentecôte, c'est la messe du jour.

Après l'office, le roi, ceint de sa couronne et de son mantel royal fleuri de lys d'or, bleu comme le Ciel, parade dans les rues de la ville. Accompagné de tous les prélats et seigneurs de sa suite, il se rend au palais archiépiscopal où le festin royal a été préparé.

Il est deux heures de l'après-midi. Le Beau Duc et plusieurs autres grands seigneurs le servent pendant le repas.

Le festin déborde sur la ville, depuis le palais du Tau. On entend les clameurs, dans les rues, sur les bornes, devant toutes les portes. Il se dévore des poules, des lapins, des bœufs, par milliers. On vide des tonneaux du vignoble parfumé de Beaune offert par les jurés de la cité. Je vois à travers la fenêtre que l'on transporte, dans les rues du parvis, rempli de vin, un vieux cerf de bronze auquel le peuple vient boire comme à une fontaine. Je repense au cerf qui nous a sauvés à Patay… Le Beau Duc, qui me voit ébaubie, me rassure :

– C'est toujours ainsi. La fête du sacre est une journée de franche lippée et de commune frérie.

Mais la fête n'est pas finie pour moi. Cette journée d'étonnement me réserve encore une belle surprise et un bonheur intense. Devant l'hostellerie de l'Âne rayé, au milieu de la rue du parvis, j'aperçois mon cousin Durand Laxart. Il se précipite vers moi et me presse d'entrer dans le logis. Dans une courette ombragée, je vois debout, qui m'attend, mon père. Il pleure à chaudes larmes et crie vers moi, en me tendant les bras :

– Jehannette, Jehannette !

– Père, oh Père ! Vous êtes venu !

C'est en moi un ruissellement de joie. Je chancelle. Il suit du regard ma main qui s'agite :

– Tu as toujours ton anel ?

– Il n'a pas quitté mon doigt.

Il me tend une rose fanée :

– Tiens, Jehannette, ma petite fille. Elle vient de ton rosier des Trois Fontaines. J'ai pensé qu'elle te ferait plaisir. Je l'ai cueillie pour toi...

Je serre sur mon cœur la fleur du jardin de mon enfance. Je tombe à genoux aux pieds de mon père. Il veut me relever. Je lève la tête vers lui et le supplie :

– Pardon... Pardon, mon père. Je vous ai désobéi. Je suis partie de Domremy sans votre permission.

– Laisse cela, Jehannette, laisse cela derrière toi. C'est très ancien et nous avons bien reçu ta lettre, ta mère et moi.

– Oui, je sais. Elle m'a pardonnée. Mais vous, mon père ?

– Moi aussi, je t'ai pardonnée. Depuis longtemps. Ton départ nous a causé une grande peine. Nous n'avons pas compris, c'est vrai. Mais aujourd'hui je m'en veux de ne pas en avoir deviné la raison. C'est à toi de me pardonner.

– C'est pour me dire cela que vous êtes venu à Reims ?

– Oui. Et aussi pour te dire que tu nous manques et que toute la paroisse de Domremy t'attend. Je leur ai promis que tu reviendrais pour les vendanges.

– Je ferai mon possible mais je n'ai pas encore achevé ma mission.

Quand le roi apprend que mon père gîte à l'hostellerie de l'Âne rayé, il demande à le voir et le reçoit au palais du Tau avec mon cousin Durand Laxart. Il sait que notre village a été dépouillé par les gens de guerre. Il ordonne que les habitants de Greux et de Domremy soient désormais francs de toute taille et impôt.

Mon père et mon cousin demeureront quelques jours à Reims. Le moment de l'adieu est un déchirement. Mon père ne peut cacher ses larmes :

– Ma petite Jehannette ! Ma petite Jehannette ! Dis-moi que tu vas revenir. Sinon, ta mère et moi nous allons mourir de chagrin.

«Raccrocher mon harnois à la potence ou demeurer ici à guerroyer ?»

LE SOLEIL INONDE le parvis de la cathédrale. La journée sera belle. J'ai revêtu pour la route mon habit de cavalier noir, avec une jaque de toile légère. Il va faire chaud.

Je donne un dernier grain à mon coursier et pose ma joue sur sa robe blanche. Pendant un long moment, je caresse son poil lisse. Et je fredonne. Il aime que je chante quand je le bouchonne. Il me répond par un coup de dent mutin. J'ai une grande tendresse pour lui. Il le sent. Nous étions ensemble à Orléans, à Patay. Il a traversé la France avec moi. C'est un vrai guerrier, bourru mais sans malice. J'écoute ses fatigues. Il devine mes lassitudes. Il sait trouver le bon pas, lent ou relevé, et moi le bon mot. Je n'ai pas besoin de lui parler aux esperons, je le commande à la voix. Jamais il ne rechigne quand il est en besogne. Nous nous comprenons. Ce matin, il est tranquille. Je lui fais signe. Il faut partir.

Nous sortons de la ville de Reims le vingt juillet pour nous rendre à Saint-Marcoul-de-Corbeny, à sept lieues de la ville du sacre. Le frère Pasquerel m'avise que c'est pour respecter une ancienne coutume : les rois s'en vont là-bas toucher les écrouelles au lendemain de la cérémonie, au sanctuaire de Monseigneur saint Marcoul, qui guérissait les scrofules. Il était de race royale. Longtemps après sa mort, il fut désigné pour soigner les affligés qui portaient des marques au cou, ainsi que le fut saint Clair pour rendre la vue aux aveugles et saint Fort pour donner la vigueur aux enfants.

Le roi de France partage avec ce grand saint le pouvoir de guérir le « mal royal ». C'est l'Huile sacrée apportée du Ciel par une colombe qui donne au roi oint cette vertu agissante.

Charles le Septième entre dans le sanctuaire d'un pas lent et solennel. Il marche comme un roi, il prend son temps. Le silence s'attarde autour du tombeau de saint Marcoul.

Tous les malades attendent à la sortie de l'église, amassés près de la sacristie. Le roi s'approche, la manche relevée jusqu'à l'épaule. Il effleure du doigt les plaies. On entend un murmure continu :

– Dieu sauve le roi !

Et, devant chaque malade, une voix répond :

– Dieu vous guérisse !

J'offre à saint Marcoul mes revers de sentiments et les embarras de mon cœur. Suis-je à la fin de ma tâche ? Domremy me manque !

J'ai revu mon cousin Laxart et surtout mon père qui m'a donné de bonnes nouvelles de ma mère et de mes amies Hauviette et Mengette. Elles guettent mon retour. Je ne sais plus aujourd'hui ce que je dois faire : rentrer à la maison ? Raccrocher mon harnois à la potence ou demeurer ici à guerroyer ?

Je sens que l'humeur du roi est désormais tournée vers de nouvelles convoitises, soufflées par ses conseillers : la paix à tout prix, la paix secrète, la paix de Bourgogne. Autour de moi, on se méfie, on met la main en cornet. Je marche au milieu des messes basses. Quand je croise les « Bourguignons de la cour », ils ont le doigt sur la bouche, ils murmurent à l'oreille de Charles le Septième des conseils mystérieux. Je ne croise plus que pas furtifs et visages dérobés. On ne parle désormais devant moi qu'à voix éteinte. Je n'ai plus ma place ici.

Seule l'armée me soutient de sa confiance. Elle entend pousser son avantage.

D'ailleurs, à Corbeny même, le roi a reçu la soumission de la ville de Laon. Puis, le lendemain, dans une cité de la vallée de l'Aisne, à Vailly, celle des bourgeois de Soissons. Les unes après les autres, les brebis égarées rentrent au bercail. Comme le dit le Bastard devant chaque herse qui se lève :

– Les clefs des portes guerrières reconnaissent les mains qui les ont forgées.

Et pourtant, je me sens lasse, lointaine, toute à mes froissements. On doute de moi, encore et encore. Malgré Orléans, malgré Patay, malgré le sacre. Tous ces sourcils froncés, puissants, qui fuient mon regard, ont pourtant, sous leurs yeux, mes accomplissements. Faut-il croire que le fait brise l'élan quand il se réalise ? « Cela est de l'homme », me dit le frère Pasquerel. On abandonne celui qui triomphe en raison du succès même de ses entreprises.

Les hauts seigneurs savent que je ne veux pas d'une paix habile, d'une paix feinte, corrompue. Je désire une paix franche. Pas une paix de Bourgogne, mais une paix de France. Je doute que le duc Philippe le Bon daigne répondre à ma deuxième lettre. Pourtant, je le supplie :

« Que le roi de France et vous fassiez bonne paix ferme qui dure longtemps. Pardonnez-vous l'un à l'autre de bon cœur ainsi que doivent le faire loyaux Chrétiens. Et, s'il vous plaît de guerroyer, allez donc attaquer les Sarrasins. »

Cette lettre nourrit l'exaspération de l'archevêque de Reims, toujours sec comme une cosse de pois. Il finit par déverser ses aigreurs :

– Jehanne, vous n'en faites qu'à votre caprice. Que se passerait-il si tous les capitaines se mêlaient d'écrire sans mandat au duc de Bourgogne, sur tout ce qu'il leur vient à l'esprit ?

– Je ne suis pas un capitaine comme les autres. Je suis envoyée de par le Roi du Ciel.

– Lorsque vous requérez le duc de Bourgogne, est-ce en vertu d'un ordre précis du Roi du Ciel ?

– Oui… Enfin… Je ne sais plus.

– Comment pouvez-vous attendre une réponse à une lettre si désinvolte, dans laquelle vous soufflez au duc de Bourgogne l'idée de s'en aller voir les Sarrasins ? Il est un prince de très haute lignée, pas votre escuyer. Vous auriez pu mettre dans les mots un peu de déférence.

– Je n'entends rien à vos manières parleuses. J'écris comme je pense. Et je suis sûre que le duc me comprendra.

Le chancelier de France m'apprend alors que Monseigneur Philippe le Bon est arrivé à Paris dès le dix juillet et que, l'avant-veille du sacre de Reims, fut organisée une procession générale à saint Magloire avec les maistres de l'Université et les corps constitués, en souvenance du crime du pont de Montereau, où le duc Jehan sans Peur fut assassiné, il y a juste dix ans.

Le duc de Bourgogne a lui-même, dans l'église Notre-Dame, lu le récit de la mort de son père. Puis il a fait crier le crime de Montereau : tous les seigneurs et échevins ont renouvelé par acclamation leur serment de fidélité au traité de Troyes.

Sur les terres de France, le régent anglais Bêtefort promène son épouse Anne ; elle est la propre sœur du duc de Bourgogne. Anglais et Bourguignons, bras dessus bras dessous, sont ainsi en pleine parenté. La « paix de Bourgogne » sera une paix de beaux-frères, une fête de famille.

L'archevêque Regnault de Chartres s'agace de mes Voix et Conseil. Il me parle en appliquant la main sur sa croix pectorale, pour me signifier que lui aussi est de Dieu. Il me fait l'aveu que le roi a reçu, au lendemain même du sacre, les ambassadeurs du duc de Bourgogne. On me l'avait caché. Ils sont venus le saluer au nom de leur souverain et lui faire « des ouvertures de paix ». Il soupire, en levant les bras au Ciel :

– Nous espérons tous trouver bon traité avant qu'ils ne partent.

Je ne sais plus à quoi m'employer, la guerre s'éloigne. On n'a plus besoin de moi. Je suis devenue une gêne pour les accommodements de fausse paix. Je n'entends plus mes Voix. Le roi ne m'écoute guère. Les conseillers n'ont d'égards que pour les ambassadeurs de la Bourgogne. Ma famille me manque. Domremy revient sans cesse dans mes nuits sans sommeil.

Quand il me croise, le Gros Georges fronce le nez et me salue à peine. Même la reine de Sicile, Yolande d'Aragon, ne m'accorde plus d'attention. Maintenant qu'elle a établi un couloir entre ses domaines d'Anjou et ceux de son fils René en Barrois, elle ne prend plus souci de ma personne.

Le conseil du roi me tient à l'écart quand il examine, en la présence des chefs de guerre, quel parti il convient de choisir. On me dit que le roi hésite entre le retour à Gien et la marche sur Paris. Les conseillers sont d'avis qu'il faut retourner à Gien. Les chefs de guerre et les capitaines voudraient au contraire une marche en avant. Les premiers dépensent leur temps à flatter l'encolure des messagers de la fausse Bourgogne, entretenus comme de véritables souverains. Les seconds font patienter les soldats dans leurs quartiers.

– Nous avons le choix entre la force des armes et de solides arrangements, ne cesse de répéter le sire de La Trémouille, avec ses petits yeux de porcelet.

Selon moi, nous n'avons pas le choix. Il faut bouter les Anglais hors de France. Nous n'aurons la paix qu'au bout de la lance. Je veux remettre le roi en sa seigneurie et son royaume en son obéissance. Mais Charles le Septième incline à écouter le parti des Bourguignons de sa cour – le parti des prudents – plutôt que celui des capitaines que le Beau Duc appelle le « parti des ardents ».

L'ancien chancelier de France m'invite à la sagesse :

– Ne croyez pas, Jehanne, à la faiblesse du roi. Il entend tous les conseils. Mais il n'écoute que la voix royale de sa conscience troublée. Il veut à tout prix la réconciliation avec le duc de Bourgogne pour se laver d'un scrupule. Comprenez, Jehanne, il est poursuivi par la faute de Montereau. Il était là sur le pont quand les Armagnacs, ses hommes, ont assassiné Jehan sans Peur. Sa seule présence en a fait un complice aux yeux du fils du pauvre duc. Il est prêt à tout pour effacer ce crime qui le déshonore aux yeux de la Bourgogne. Il est prêt à vous abandonner ses capitaines à la guerre pourvu que ceux-là le laissent à sa réparation. Ainsi vont ensemble sa ruse et son scrupule : une pensée pour l'estoc et l'autre pour la trêve. Une main pour l'épée et l'autre pour le paraphe. Chacune des mains n'exprime qu'une moitié d'intention, mais les deux ensemble signent tout entière la volonté d'un pardon sincère, qui rachète et répare le crime. Pour refaire une seule France. Il est lieutenant du Ciel. Il rend des comptes, Jehanne. Là-haut… C'est un roi capétien qui veut conduire son peuple au salut dans l'Unité.

Mais l'unité peut-elle se faire sous le houseau bourguignon et la poulaine anglaise ? Il n'y a pas d'unité sans liberté.

Quelques jours plus tard, les ambassadeurs s'en retournent chez eux. La négociation en restera là. Avec les capitaines, je fais entendre raison au roi. Victoire inattendue, il décide d'entreprendre le voyage vers Paris, que je veux libérer.

L'armée royale se met en marche dans la direction de Soissons. Je chevauche à l'avant, toute armée de plein harnois, étendard déployé.

Certains soirs, il m'arrive de me désarmer quand je suis

trop meurtrie par les mailles de ma cotte. Alors, je porte estat et habits de chevalier, avec mes souliers lacés en dehors de mes pieds, mon pourpoint ouvert et un chapeau sur la tête. Quelquefois, je revêts, à côté du roi – ce qui le fait sourire –, de nobles habits de drap d'or et de soie bien fourrée. J'aime les batailles mais aussi les assauts de coquetterie. Guerrière, mais fille d'abord.

« Les trêves ne sont qu'engourdissements »

PLUSIEURS PLACES sur notre chemin se mettent en obéissance royale et redeviennent françaises.

Lorsque nous entrons dans Soissons, le roi est reçu à grande joie. Un chevaucheur nous apporte de bonnes nouvelles de Crécy-en-Brie, de Provins, de Coulommiers.

Le vingt-neuf juillet, nous arrivons devant Château-Thierry. La Hire se précipite vers moi sous un carillon de clochettes. Le roi l'a nommé bailli de Vermandois. Je suis si heureuse pour lui ! Sur mon passage, le bruit court, parmi la garnison, que l'on vient de capturer des papillons blancs dans mon étendard. Partout on m'appelle « l'Angélique ».

Le quatre août, nous apprenons que le duc de Bêtefort s'est mis en route du côté de Corbeil et Melun. Selon une intelligence qui s'est glissée dans les rues de Paris, il vient aux champs pour livrer bataille au roi de France. On nous dit même qu'il a reçu des secours d'Angleterre – un corps de quatre mille hommes – qui devaient être conduits en Bohême pour combattre les « hérétiques hussites ». Le duc de Bêtefort les met en besogne contre les Français chrétiens. Ainsi, des troupes anglaises vont venir nous affronter en portant en France les insignes du légat apostolique. Par dérision pour moi, ils promènent, me dit-on, un étendard blanc portant une quenouille et un fuseau sur un champ de bobines vides, avec la devise : « Or, vienne la Belle ! »

Au détour d'un chemin, entre deux citadelles, nous parvient une nouvelle qui réjouit les conseillers du roi, en ce cinq août de l'an de grâce 1429. Une trêve de quinze jours est conclue à l'expiration de laquelle le duc de Bourgogne a promis d'ouvrir les portes de Paris.

Je ne crois pas un instant à la bonne foi des Bourguignons. Je crains que cette promesse ne soit qu'un piège, plutôt qu'une avance franche, loyale. C'est à qui trompera l'autre, et, comme on disait à Domremy, c'est à qui réussira « à lui vendre son écurie malade ». Le duc de Bourgogne a su, bien évidemment, que nous chevauchions vers Paris. Il tente là, par cette vile habileté, de nous ralentir.

J'apprends d'ailleurs que les habitants de Reims prennent en souci ces ambassades. Depuis notre départ, ils ne se sentent plus protégés. Je dicte au frère Pasquerel une lettre où je les assure de mes attentions :

> « Mes chers et bons amis, loyaux Français de la cité de Reims,
>
> Je veux vous faire savoir de mes nouvelles. Je vous prie et requiers de ne pas douter du succès de la bonne cause que je soutiens pour le sang royal.
>
> Je vous promets de ne point vous abandonner tant que je vivrai.
>
> Il est vrai que le roi a fait une trêve de quinze jours avec le duc de Bourgogne. À l'issue de cette trêve, le

duc doit lui rendre la cité de Paris paisiblement. Pourtant, ne soyez pas étonnés si je n'entre pas bientôt dans cette ville. Ces trêves ne me plaisent pas. Et je ne suis pas sûre de les tenir. Si je dois les respecter, ce sera seulement pour conserver l'honneur du roi. Je maintiendrai ensemble son armée pour qu'elle soit toute prête, au bout des quinze jours, si les Bourguignons abusent le sang royal et refusent la paix.

Je vous requiers que vous fassiez bon guet et gardiez la bonne cité du roi.

Faites-moi savoir de vos nouvelles et s'il y a de mauvaises gens qui vous veulent grever. Au plus bref que je pourrai, je viendrai les déloger. À Dieu, je recommande qu'il ait garde de vous.

Écrit, ce vendredi cinquième jour d'août, auprès de Provins. »

Je veux une paix franche. Je tente chaque jour d'en convaincre le roi. Il ne faut pas accepter les trêves qui accordent au duc de Bourgogne le temps nécessaire pour fournir aux Anglais des hommes et des subsides. D'ailleurs, que fait-on pendant ces trêves ? On se désarme en un logis sur champs. Ce ne sont qu'engourdissements de corps et d'âme.

Je devine, dans le regard des seigneurs de la cour, une sourde indisposition. Ils se désolent de voir le roi m'écouter encore un peu et considérer ma parole. J'entends le Gros Georges qui grognonne :

– Comment le roi de France peut-il encore s'en rapporter aux vues de la Pucelle, si malement enflammée ?

La trêve est leur succès. L'arrangement est leur emploi. La guerre est ma pensée. On ne se comprend pas. Ils veulent que le roi renonce à poursuivre la campagne et qu'il reprenne la route de la Loire :

– À quoi bon, disent-ils, s'efforcer d'obtenir, par le sang répandu, cette ville de Paris que, dans quinze jours, Philippe le Bon doit nous livrer d'une main pacifique ?

Je n'ai pas assez de science pour contrebattre ces conseils et j'apprends que l'armée prend la route de Bray où elle doit traverser la Seine pour regagner ensuite Gien et la Loire. Elle fait demi-tour. Quelle mauvaise surprise ! Nous étions si près des portes de la capitale. Je partage ma tristesse avec le Beau Duc, le seigneur de Vendôme, les comtes de Clermont et de Laval, aussi courroucés que moi.

Cependant, la Providence vient à notre secours. Quand nous arrivons à Bray, nous découvrons qu'il n'y a plus de pont. Il faut revenir sur nos pas, nous regagnons Provins.

Le roi tient un nouveau conseil sur le parti à prendre dorénavant. En pleine forêt, près d'une ferme abandonnée, il trône sur une cosse de chêne, habillé de sa cotte bleue aux manches crevées, avec un court mantel de velours brodé aux lys pour tenir son rang de souverain. Les seigneurs sont assis comme des vachers, sur des mulons de paille ou des margelles d'abreuvoirs. Cette fois, le sentiment que j'exprime va prévaloir. L'armée se remet en marche vers Paris.

Le jeudi onze août, nous prenons gîte à Crespy-en-Valois. Les habitants accourent de toutes parts. Ils crient « Vive le Roi ! », « Vive Jehanne ! », « Gloire à la Pucelle ! ». Ils chantent le « *Te Deum laudamus* » et dévotes antiennes, versets et répons. Ils nous font merveilleuse fête. Les bourgeois présentent au roi deux barbeaux, six moutons et trois setiers de bon suret, alors même que la guerre les a ruinés.

Je ne peux plus avancer. Tous ces paysans en guenilles tendent leurs mains crevassées, ils m'entourent et s'accrochent à moi. Ils veulent baiser mon anel. En voyant leur dénuement, je me mets à pleurer des larmes de tendresse.

Je chevauche en compagnie du roi, entre l'archevêque de Reims et Monseigneur le Bastard. De partout, le peuple accourt. Nulle part, je n'ai vu des gens si réjouis de la venue du gentil roi…

Nous sommes au cœur du Valois et de la France. Souvent nous n'avons traversé que des pays de broussailles, de hautes épines et d'arbrisseaux. Beaucoup de ces paysans, depuis tant d'années, se cachent dans les bois, les rochers ou sous les fougères. Les guerriers qui sont passés par là leur ont tout pris, jusqu'à leur marmite. Alors, fixant sur nous leurs yeux étonnés, ils retrouvent un semblant de confiance et d'espoir. L'illustre Maison de France a encore pour eux visage de justice et de miséricorde.

En les regardant s'avancer dans leurs houseaux miséreux, seulement vêtus de leurs sourires, je soupire :

– Plût à Dieu que je fusse assez heureuse quand je finirai mes jours pour être inhumée en cette terre !

Le seigneur archevêque, qui m'a entendue mâchonner, me presse de sa curiosité :

– Avez-vous reçu de vos Voix quelque révélation sur votre fin prochaine ?

– Oui. Je ne durerai pas longtemps.

– Et en quel endroit avez-vous l'espoir de mourir ?

– Où il plaira à Dieu. Car, pas plus que vous, je ne sais le parage ni le jour.

Quelques lieues plus loin, j'ajoute, si fatiguée de tant de méfiances seigneuriales :

– Monseigneur l'archevêque, je voudrais que Dieu m'ordonne à présent de me retirer, laissant là mes armes !

– Pour vous en retourner chez vous, à Domremy ?

– Oui. Pour aller servir mon père et ma mère, en gardant nos brebis avec mes frères, comme naguère.

Si je parle ainsi, c'est parce que les retrouvailles de Reims avec mon père aimantent, à chaque pas, toutes mes tendresses qui s'envolent et reviennent vers ma paroisse d'enfance. Je n'ai encore que dix-sept ans. C'est un âge pour le jeu, pour les pâturages, pour les fêtes du Bois-Chenu, pour les chapeaux de fleurs. C'est un âge pour la danse, non pour la guerre.

Et pourtant, j'ai plus d'années que mon âge, j'ai mûri si vite ! Je connais l'hommerie. J'ai grandi dans mon cœur. Je sais mieux lire dans les eaux troubles et les yeux humides. J'ai appris par quels chemins de traverse semés de fleurs amères les hommes de serment finissent en parjure. Ma mère m'avait toujours dit : « Ah, l'Envie ! L'Envie ! Elle est notre ordinaire. »

De sombres pressentiments viennent bousculer mes pensées. Je vais être abandonnée. Je soupçonne ce seigneur archevêque qui marche à mes côtés, en sa cotte rouge de voyage maculée de boue, de mauvais vouloir à mon égard : il m'a employée, il s'est servi de moi mais il ne m'aime pas, je le sens. Il ne me consulte jamais. Il se moque de mes

« folles fantômeries » et de mes larmes de petite filandière qui pleure sa mère absente. La Hire, qui s'en méfie, dit de lui que « ses dévotions mîtrées lui ont mangé le cœur ».

Je vais aller voir le roi et je lui dirai que je veux partir cette nuit. Et rentrer chez moi.

Mais le Beau Duc me rattrape sur le chemin de cette résolution :

– Vous vous abusez en croyant que vous pourrez revivre la vie tranquille d'une fille de village. Vous n'y resterez pas un mois. Votre esprit vous rappellera vers nous. Vous laisserez là-bas vos fuseaux et vos chevrettes. Votre épée de Fierbois vous manquera. Et nous aussi peut-être.

Je lui souris. Il a sans doute raison. J'aime sa compagnie. Il trouve toujours la bonne parole. Oui, c'est en cette chevalerie que Dieu m'a appelée. Alors, je dois endurer et aller jusqu'au bout de ma mission.

« Un roi qui expie est un roi qui expire »

UN SOIR, au campement de Crespy-en-Valois, les varlets exultent en faisant tourner sous mes yeux quelque volaille embrochée que je soupçonne d'avoir été enlevée par violence. Je refuse d'en manger. Pourtant la faim me tenaille et je chavire au fumet des sarments. Mais les hommes d'armes qui pratiquent ainsi la roberie des vivres dans les villages sont indignes de l'armée du sacre. Et leurs chefs sont à mes yeux la honte de toutes les chevaleries.

Je préfère rester le ventre creux que de couvrir ces vilenies. Nous venons apporter la paix aux champs, pas la licence. Je suis native de cette campagne où, dès l'aube, on sue à grosses gouttes, où chacun prend sa peine. On y chasse les loups affamés. On s'y effraie du passage des routiers. Je suis pour toujours du côté des brebis.

Toute mon enfance proteste en moi. Je revois mon père buter sur la rocaille et écorcher ses mains aux manchons de la charrue. Et mon petit frère sangloter quand la terre se refuse et que les bêtes n'avancent plus. Le pain des larmes est sacré. On ne le vole pas. C'est avec ce pain-là que l'on fait les hosties consacrées. Mes scrupules ne sont pas du goût des seigneurs. Ceux-là inclinent à penser que le trouble, dans l'armée, vient plutôt de mes intransigeances que des pratiques ordinaires des soldats en campagne.

Je devine les doutes dans les yeux des conseillers et maintenant des chefs de guerre. Même le gouverneur d'Orléans, Raoul de Gaucourt, semble avoir épuisé sa reconnaissance. Aux oreilles complaisantes qui traînent çà et là, il glisse une louange empoisonnée :

– Les capitaines sont d'avis qu'elle est moult docte en armes et ils s'émerveillent de son industrie… mais hors de là, elle est toute naïveté et toute innocence. La guerre et l'innocence ne font pas bon ménage.

Bientôt, on s'interroge sur ma place dans le corps de bataille. Monseigneur l'archevêque brandit la lettre adressée au roi par le duc de Bêtefort. Il la lit à voix haute aux chefs de guerre rassemblés pour la circonstance :

« Charles, vous vous aidez, pour séduire le peuple ignorant, de gens superstitieux et réprouvés, comme cette femme en habit d'homme, désordonnée et diffamée, qui est de gouvernement dissolu et, selon la Sainte Écriture, abominable à Dieu… »

Le roi, les seigneurs, les chevaliers vont-ils résister longtemps à cette pluie de traits venimeux qui m'accable ? Même les Français fidèles qui me croient pourtant inspirée par les sagesses d'en-haut me jugent trop guerrière. Les Français reniés, eux, répètent à l'envi qu'un roi perd l'honneur à se mettre en la pareille compagnie d'une sorcière, « adonnée aux arts magiques ». Car les fleurs de lys ne peuvent être restaurées par une fille de Lucifer.

Mon innocence, qui incommode la cour et les capitaines

de France, est devenue, sous la plume anglaise, l'arme du Diable. Je suis, selon le régent des Godons, une créature surhumaine, terrible, épouvantable, une larve sortie de l'Enfer, devant qui les plus braves pâlissent.

En l'instant, ces traits qui me sifflent aux oreilles n'atteignent pas leur cible. Ce qui me protège, aux yeux des Français, c'est ma fortune à la guerre. J'annonce et je gagne. Je fais ce que je prédis. Mes accomplissements me servent de harnois contre le doute. Bien plus que mes piétés, ce sont mes hardiesses, mes victoires qui donnent aux hommes du parti armagnac la croyance que je porte chance. J'affermis leur courage. Je suis leur bannière, la petite flamme qui réchauffe les cœurs.

Mais je pressens qu'au soir du premier revers, je me retrouverai seule. Entourée, mais seule ! Cette lettre du régent, dont on parle au campement, je n'en ai entendu que des bribes. Le conseil la garde pour sa lecture jalouse. Je cherche à deviner pourquoi cette missive a occasionné, chez le roi, une humeur aussi inhabituelle, aussi soucieuse. La raison serait, me dit-on, qu'elle est injurieuse et toute d'arrogance. Le duc y traite le roi comme un bandit qui aurait « tortionnairement entrepris la couronne d'Henri VI, vrai et droiturier roi de France ».

Je me prends à penser, un peu plus tard, que ce n'est pas le ton dédaigneux de la lettre qui a fait le plus d'impression sur le roi. C'est le lieu même d'où elle a été envoyée, la ville où le régent gîte avec sa noblesse. Et cette ville, c'est Montereau. Elle frappe sur la plaie, la plaie de Montereau.

Le sire de La Trémouille finira par me lire le passage crucial qui évoque la paix souhaitée par le duc anglais :

« Nous ne voulons pas d'une paix parjurée, comme celle de Montereau, dont, par votre coulpe et votre consentement, s'ensuivit le terrible et détestable meurtre, commis contre loi et honneur de chevalerie, sur la personne de feu notre très cher et très aimé père, le duc Jehan de Bourgogne. »

Montereau ! Toujours Montereau ! Le crime sans cesse rappelé comme une tache d'infamie. L'Anglais sait ce qui fait trembler d'effroi le Dauphin, ce qui le dégrade au plus profond de sa conscience.

Le duc de Bêtefort écoute à chaque pas son épouse, la fille du duc de Bourgogne. Le souvenir de l'assassinat de son beau-père touche sa propre famille. Mais, comme le dit le Bastard, la mort de Jehan sans Peur a répondu à la mort de Louis d'Orléans. La journée de Montereau remonte à dix ans. Il n'est pas juste de porter le soupçon sur le Dauphin Charles de Valois qui n'était alors qu'un enfant. Il en a gardé un trouble de tout son corps et jusqu'à l'épouvante de passer sur n'importe quel pont.

Ce pauvre roi rongé par le scrupule ne sait comment se faire absoudre de ce qu'il n'a pas commis. Il cherche, par tous moyens, à obtenir le pardon bourguignon. Et, s'appliquant à conclure une bonne et droite paix, il vit sans cesse tourné à contrition et pénitence. Tous les Armagnacs de la cour, les fidèles de l'ancien « gentil Dauphin », deviennent suspects aux yeux des « prudents ».

Nous sommes pourtant chez nous, sur notre terre. Nous campons à deux lieues de Senlis, près de l'abbaye de Montepilloy fondée par un roi bien français, Philippe Auguste, en souvenir de la bataille de Bouvines. Et malgré tout, Charles le Septième rêve que les Français reniés lui reconnaissent le mérite d'être roi. C'est à ce moment-là qu'il sera à ses propres yeux le vrai souverain. Heureusement, il ne manque pas de prélats autour de lui pour le mettre en garde :

– Cessez de vous croire coupable. Un roi qui expie est un roi qui expire. Vous n'êtes pas roi par vos mérites ni même par la nature. Vous êtes le fils et successeur de Philippe Auguste, face au digne usurpateur Henri de Lancastre, qui se dit régent de France.

Le sceptre des lys n'appartient pas au premier téméraire qui ose s'en emparer. C'est un dépôt sacré, confié de père à Dauphin, selon un ordre immuable...

Mais quand il devrait tressaillir d'indignation en face d'injustes soupçons, le roi oint laisse presque sans réponse les accusations du chef des léopards qui le pourchasse et le désigne, à la face du monde, comme responsable de tous les maux, « continuation de guerre, pilleries, rançonnements et occisions de gens qui pourront advenir ».

Un soir, je vois arriver à bride abattue Ambroise de Loré et mon cher Poton de Xaintrailles qui reviennent d'une mission de reconnaissance en forêt. Ils ont aperçu l'armée anglaise, à l'heure des Vêpres ; elle traversait une rivière qui coule en un vallon où il ne peut passer à la fois que deux chevaux.

Nous nous préparons au choc et disposons les troupes en ordre de bataille.

Pendant toute la nuit, une nuée de torches s'agite, là-bas, en face de nous. Ce sont les Godons qui creusent des fossés et préparent les chariots : toujours la guerre d'Azincourt, avec les pieux pointus et les arcs tendus des archers, genou en terre.

Ils attendent les Français. Dans leurs retranchements. Pour les décider à se mettre en bataille, je saisis mon étendard et, me portant à l'avant-garde, je viens frapper jusqu'aux palissades des fossés. J'entends crier, depuis leurs abris :

– La sorcière ! La sorcière !

Mais l'ennemi qui hurle ne bouge pas. Je fais savoir aux Godons que, s'ils veulent saillir pour combattre, les Français se retireront à distance et leur laisseront le champ libre, afin qu'ils se mettent en leur ordonnance. Ils demeurent insensibles à ce défi.

Même Charles le Septième chevauche, à l'avant des corps de bataille. Auprès de lui, j'aperçois le Gros Georges, ventru sous l'armure. Il cherche à briller aux regards de son souverain. Il s'élance, frappe son cheval des esperons et prend soin d'escarmoucher au vent en tournant l'épée dans les airs, à bonne distance de l'ennemi. Son coursier élégant, hors de ses nerfs, d'un seul coup de rein, se débarrasse de sa charge. Lourdement, le chambellan pansu choit à terre, râle et écume dans la poussière, entouré d'Anglais qui le menacent. C'est tout juste s'il n'appelle pas sa mère.

Je refrène un sourire. Ce n'est pas chrétien. Sans mes hommes qui sont venus à temps à son secours, il trépassait sous les lances ennemies. Cette ébauche de prouesse aura dégoûté pour longtemps ce cavalier d'un jour. Hélas, il m'en voudra de l'avoir vu chuter de piteuse manière.

Nous restons toute la nuit à une demi-lieue des lignes anglaises. Au petit matin, l'ennemi semble s'éloigner. C'est à n'y rien comprendre. Les Godons ont laissé derrière eux leurs fameux hérissements de pals aigus, fichés en avant dans la terre. J'étais le seul chef de guerre à vouloir les attaquer. Mais il n'y aura pas eu de bataille.

Partout, la cause française avance. La peur prodigue plus d'accalmies que les accommodements. Les villes voisines de Paris viennent vers nous. On se presse au-devant du « gentil roi de France ». La Hire, le nouveau bailli, qui court sur une jambe, sonnant de toutes ses clochettes, s'écrie en levant une cruche de vin :

– Bientôt, il ne manquera plus, au trousseau de clefs du roi, que les clefs du Ciel.

– Pourvu qu'il n'y manque pas celles de Paris ! lui répond-on à la ronde.

Et voici que viennent devers nous, derrière le capitaine Guillaume de Flavy, les attournés de Compiègne. Ils apportent la réponse des bourgeois au héraut Montjoie que Charles le Septième leur a envoyé. La ville nous tend les bras. Elle nous livre le passage de la rivière d'Oise et nous ouvre le chemin de la Picardie et de la Normandie.

Nous y arrivons à la tombée du jour. Le roi entre par la porte de Pierrefonds ; armé de toutes pièces, il monte un coursier couvert jusqu'aux pieds de velours bleu d'azur. Je vais loger à l'hostel du Bœuf. Nous n'y demeurons pas longtemps. Car la ville de Beauvais nous attend, qui suit l'exemple de Compiègne. Les citadins se rassemblent pour accueillir les hérauts d'armes. Tous en grande joie, ils s'écrient :

– Vive Charles, roi de France !

Et, là comme ailleurs, ils font réjouissement et moult

fête. Ils nous racontent qu'ils ont laissé aller paisiblement ceux qui ne voulaient pas demeurer en notre obéissance, mais qu'ils ont traité leur évêque et comte avec moins de ménagement.

Indignés de son zèle pour les ennemis de la France, ils ont empoigné des balais de javelle pour le chasser de leur ville, la robe violette déchirée. Son nom me rappelle un vague souvenir de Reims, où il avait, m'a-t-on dit, processionné pour la France reniée avant notre arrivée. Je savais qu'il était fort enclin au parti anglais. Il s'appelle Pierre Cauchon. Un nom que l'on n'oublie pas.

« Je veux aller voir Paris de plus près »

LES CONQUÊTES SE SUCCÈDENT. Partout les ponts-levis s'abaissent. Les portes s'ouvrent. Le roi a recouvré en deux mois les terres que les Anglais avaient mis trois ans à soumettre.

J'apprends alors une nouvelle qui me bouleverse. Au moment même où se dessinent la victoire et la libération, le roi aurait envoyé Messires Regnault de Chartres, chancelier de France, et Christophe d'Harcourt, ainsi que les seigneurs de Gaucourt et de Dampierre, accompagnés du doyen du chapitre de Paris, auprès du duc de Bourgogne pour accommoder la paix. On nous dit même qu'il s'agit d'« un voyage de réconciliation et de réparation ». De réparation ! Le roi envoie une ambassade à l'envahisseur pour réparer sa faute. Et quelle faute ? D'être revenu chez lui, en sa seigneurie. Voilà que le vainqueur se met en chemin sur ses propres terres pour aller demander pardon au vaincu.

Le Bastard et le parti des « ardents » partagent ma colère :

– On tient pour maxime d'Estat, martèle le Beau Duc, que l'on ne doit traiter de la paix qu'en habit de deuil, après quelque grand désastre.

Aujourd'hui, c'est l'Anglais qui porte le deuil. Nous portons, nous, l'habit de noce, la noce des retrouvailles entre la Couronne et le peuple de France.

Pourtant, le roi, qui en revient toujours à Montereau, a chargé ses envoyés de montrer au duc de Bourgogne « que l'injure faite à son défunt père ne doit pas être imputée à Sa Majesté, vu son bas âge… ».

Les audiences de la paix se dérouleront au palais ducal, en grande cérémonie, à Arras. Quelques jours plus tard, nous apprenons que l'occupant anglais a nommé Philippe le Bon gouverneur de Paris, par lettres patentes du treize août.

Une légation du duc de Bourgogne s'invite en notre logis. Une trêve est conclue. Elle s'applique à tous les pays de la rive droite de la Seine. Mais si les armées du roi Charles le Septième attaquent la ville de Paris, le duc Philippe « pourra s'employer, lui et ses gens, à sa défense » jusqu'à Noël prochain. On a aussi promis de rendre la ville de Compiègne au duc de Bourgogne.

Me voilà trahie. Je ne comprends pas qu'à la veille de l'attaque de Paris, on reconnaisse aux Français reniés le droit de faire cause commune avec nos ennemis, les Anglais.

Je préfère mes imprudences à cette crédulité, mauvaise conseillère du roi :

– Nous voulons Paris, Jehanne, mais sans la force des armes, m'explique le sire de La Trémouille, qui se croit plus habile au parchemin qu'au harnois. Nous cherchons à complaire au duc pour fâcher l'Anglais et, finalement, les éloigner l'un de l'autre, les diviser même.

Alors que les bourgeois de toutes les villes se débourgognisent et viennent devers les conseillers de la cour solliciter rémission, lettres de grâce et mandements royaux, ces contremarches jettent le trouble parmi nos troupes.

L'assaut de Paris sera difficile. La Hire ne décolère pas devant toutes ces malheureuses ambassades :

– Et pourquoi ne pas mettre aux fers, pendant la trêve, maistre Jehan le couleuvrinier et tous nos artilliers ? Et envoyer nos tailleurs de flèches aux archers parisiens, pour leur prêter la main ?

Le sire de La Trémouille a glissé dans Paris des intelligences qui lui font croire à la sincérité bourguignonne. Moi, les Bourguignons, je les connais depuis mon enfance. Je sais bien qu'ils ne viennent jamais à composition que par la force, qui est une vertu, comme disait toujours Messire le curé de Domremy.

Le roi rêve que la ville-chef s'ouvre et se livre d'elle-même. Mais Paris n'est pas Crespy ou même Compiègne. Elle a le cœur bourguignon. Comment le duc pourrait-il offrir Paris au roi de France ?

Pourtant, de tous côtés, on vient vers nous. Le duc de Bar rejoint le roi à Senlis. Le damoiseau de La Marche vient solliciter l'honneur de combattre sous l'étendard des Lys. Le seigneur de Montmorency dépose à ses pieds l'hommage de son obéissance et renouvelle entre ses mains le serment de fidélité que ses aïeux avaient juré à ses ancêtres.

Puis un grand nombre de places ouvrent leurs portes aux hérauts d'armes du roi : Pont-Sainte-Maxence, Choisy, Chantilly. Dans beaucoup d'autres villes, les habitants sont prêts à le recevoir et ne désirent autre chose au monde que de lui faire pleine obéissance.

Mais le roi ne se résout pas à attaquer la ville de Paris. Il est tout à ses rêveries de paix avec les Français reniés. Il s'humilie au point de renoncer à considérer le duc de Bourgogne comme son vassal, il le dispense de tout hommage féodal et lui rend Compiègne, qui était devenue depuis peu le quartier général de l'armée royale.

Je découvre à cet instant que le frère du sire de La Trémouille, prénommé Jehan, est conseiller du duc de Bourgogne. Le Gros Georges a donc de la famille des deux côtés. Comme on dit en Meuse, toujours entre deux eaux, il surveille le bon courant.

Le mardi vingt-trois août, n'y tenant plus, je laisse le roi en ses tranquillités et conseils. Et j'appelle le duc d'Alençon :

– Mon Beau Duc, je vous demande de faire appareiller vos gens. Par mon Martin, je veux aller voir Paris de plus près que je ne l'ai vu depuis les hauteurs de Dammartin, il y a quelques jours.

Sans même obtenir le congé du roi, je pars avec mon armée à laquelle se rallie une partie des troupes du duc de Vendôme.

Le vingt-cinq août, jour de la saint Louis, je m'en vais prier le roi éternel. Nous enlevons dix-huit lieues de route et touchons aux portes du sanctuaire de Saint-Denis, dépositaire depuis tant de siècles des restes mortels de nos souverains. Anglaise depuis onze ans, la ville des tombes royales s'ouvre après Reims pour le roi Charles le Septième qui est resté à Senlis.

Je demande à voir le cœur du connétable Bertrand du Guesclin. Un chanoine me présente l'urne de bronze, cachée derrière l'autel d'une chapelle latérale. Je reste là un long moment en prière.

Le bourg de Saint-Denis est désert. Tous les habitants ont couru derrière les murailles de Paris, à quelques lieues. Une des intelligences que notre armée est parvenue à se ménager dans la capitale vient me raconter que l'effroi court les rues de la ville-chef. Personne n'ose sortir pour vendanger vignes ou verjus, le fameux raisin aigre des Parisiens, ni aller rien cueillir au Marais.

Il paraîtrait même qu'en la chambre de parlement, les maistres des requêtes, les procureurs, les échevins ont juré de lutter avec la garnison anglaise et bourguignonne, grosse de deux mille hommes. Les gens d'Église de Paris, séculiers et réguliers, chapitres et couvents, auraient aussi prêté serment.

Le prévôt, Messire Simon Morhier, qui a fait une terrible occision de Français le « jour des Harengs », selon le Bastard d'Orléans, tient ferme pour le Léopard. Il court de rue en rue et d'échoppe en échoppe pour rappeler aux bourgeois que l'essentiel du commerce de Paris se fait avec la Normandie et les pays de Flandre et non point avec ce qu'il appelle « le languissant royaume de Bourges ».

Derrière les murs de la cité, le soupçon se répand de tous côtés. On sait que l'échevinage tend volontiers l'oreille aux propositions du roi de France. C'est à qui trahira son voisin dans la ville occupée.

Pour gagner les uns et les autres à la cause royale, nous décidons de jeter dans la ville, par-dessus les remparts, des lettres au sceau du duc d'Alençon, dans lesquelles nous avons pris soin de saluer les magistrats par leur nom. Nous les sollicitons d'embrasser le parti de la France contre les étrangers.

J'adjure le Beau Duc d'aller à Senlis prier le roi de venir en personne ordonner l'assaut. Il devra s'y reprendre à deux fois pour le convaincre.

Enfin, le vingt-huit août, Charles le Septième accepte à grand regret de me rejoindre à Saint-Denis. Dès son arrivée, il entre dans la basilique pour rendre d'humbles actions de grâces à Dieu, à la Vierge, à saint Rustique et saint Éleuthère.

Je me tiens derrière lui, à genoux, dans cette nef où reposent les rois, ses ancêtres, autour du tombeau des glorieux martyrs. Le roi s'approche de l'autel et dépose de riches offrandes que les princes de sa maison ont coutume de présenter depuis un temps ancien aux immortels protecteurs du royaume des Lys.

Ces retrouvailles de famille me bouleversent. On me demande de tenir sur les fonts de baptême deux enfants nouveau-nés que leurs parents désirent placer sous mon patronage. À la sortie de la basilique, une foule de peuple se presse sur mon passage. De pieuses femmes attachent un grand prix à toucher mes mains et mon anel.

J'aperçois alors quelques escuyers entrepris par des filles folieuses. En me voyant, elles se retirent toutes, sauf une qui me toise. Je l'engage à faire retraite. Les hommes d'armes grommellent. Je perds patience. Le vice et la débauche m'inspirent une grande horreur.

Je ne peux réprimer mes transports d'indignation à

la vue de ces excès où des femmes sans honte s'abandonnent. J'avais pourtant interdit leur présence à l'armée mais elles sont revenues. L'ivresse des succès a peu à peu enhardi cette gent de mœurs corrompues, au point de contredire ouvertement mes plans. Hélas, l'exemple des chefs livrés au même désordre ne sert que trop à les encourager.

Je m'approche de la ribaulde, elle ne bouge pas. Elle me défie. Je la poursuis, la rattrape. Elle m'insulte. Alors je la frappe du plat de mon épée.

Tous les hommes d'armes m'ont suivie du regard. C'est la consternation. J'ai frappé si fort que la lame s'est brisée. Or, l'épée que je viens de rompre n'est pas un fer de hasard fourni par un sergent d'armes, décroché d'un râtelier. C'est celle que j'ai fait rechercher dans l'église de Sainte-Catherine-de-Fierbois. Elle m'a porté bonheur et m'a accordé mérite des plus belles conquêtes. Un peu plus tard, le roi m'adresse un vif reproche :

– Jehanne, pourquoi avez-vous frappé avec cette épée ? Vous auriez mieux fait de vous contenter d'un bâton…

Je donne l'épée à des ouvriers pour refondre la lame, mais ils ne peuvent rassembler les deux morceaux. La perte de cette arme me fait chavirer le cœur car elle m'est arrivée divinement. Le malheur survenu à l'épée de Madame sainte Catherine est un mauvais présage :

– L'épée miraculeuse a vécu ! gémit un capitaine. Le Roi du Ciel nous abandonne !

Après complies, le frère Pasquerel me confie ses sombres prémonitions :

– Quand j'ai vu la lame de Fierbois se briser sur le dos

d'une fille de mauvaise vie, j'ai su, Jehanne, que Paris serait difficile à prendre.

Sur cette terre où le Ciel envoie des signes à chacun d'entre nous, toute chose a un sens. Cet accident veut peut-être me faire entendre que la fortune de mes armes est finie et mon pouvoir éteint. J'éprouve une profonde douleur et un amer repentir de m'être laissée aller à ce mouvement d'emportement. Il est contraire à toute douceur et charité, même si l'épée brisée indique aussi que mes soldats, repris par leurs anciens démons, ne méritent sans doute plus d'autre victoire.

« *Si le roi avait seulement paru...* »

LORSQUE JE REVIENS VERS LES CAPITAINES, j'apprends que des officiers, chargés de la surveillance des quartiers de la ville, chacun en ses poternes, ont commencé à renforcer les remparts. Partout, aux bastides protégeant les portes de la ville, dans les guérites qui sont sur les créneaux, on affûte des canons et dépose des réserves de boulets de pierre sur les hauts des murs. Dehors et dedans la cité, des Bourguignons redressent les fossés. Pour la première fois, une citadelle fortifiée nous résiste vraiment.

Rien n'a pu dessiller les yeux de ce malheureux peuple victime des maldisances des Anglais et des Français reniés. Aucun mensonge ne coûte aux Godons pour maintenir cette ville dans l'erreur funeste qui la conduit à s'armer pour défendre ses chaînes.

Les Anglais, en réponse à une lettre de paix jetée par-dessus les murailles, osent publier que « Messire Charles de Valois entretient la secrète intention de faire niveler à la charrue la ville-chef, habitée d'un peuple très chrétien ». Il semble que toute la cité croit cette grossière menterie. Car nous n'avons ni charrues ni paires de bœufs.

Le frère Pasquerel m'éclaire sur les sentiments qui animent le cœur des Parisiens :

– Ils n'aiment pas les Anglais et les endurent à grand-peine. En revanche, ils admirent le duc Philippe. Ils l'apprécient comme un seigneur de bonne mine. Chaque jour, on leur rappelle que le petit roi de Bourges, de triste figure, est véhémentement soupçonné de félonie depuis Montereau. On apprend aux Parisiens à le mépriser.

Mais le frère Pasquerel ajoute une vérité désobligeante pour les nôtres :

– Les Armagnacs n'inspirent ici que l'épouvante et l'horreur. Partout où ils ont traîné leurs houseaux, depuis des années, tout autour de la ville et dans les campagnes, ils ont ravagé toutes les cultures aux alentours, tué les femmes et les enfants, violé les pucelles et les religieuses et pendu les hommes par les pouces.

Il est facile de deviner que la population ne nous attend pas.

Le temps vient pour moi d'aller reconnaître les fortifications de cette ville. Jusqu'à présent, je n'avais pas la moindre idée de la puissance des défenses de Paris.

Nous marchons vers le septentrion de la ville et grimpons sur la butte des Moulins. Alors j'aperçois une haute muraille crénelée, flanquée de tours carrées, avec d'immenses terrasses. De toutes parts accourent, sur les chemins de ronde, des hommes en armes. Le fossé me paraît large. Nous ne sommes plus à Beaugency ni même à Orléans. Les capitaines cherchent le défaut de la cuirasse de pierre pour l'assaut à venir. Nous attaquerons la ville par la porte Saint-Honoré, plus vulnérable que la porte

Saint-Martin, car celle-ci est protégée par deux ponts-levis et quatre tours d'angle.

Le Beau Duc me montre du doigt, à faible distance du porche, les grosses tours du Louvre adossées à l'antique rempart de Philippe Auguste. Nous prenons tout le temps nécessaire pour reconnaître ces immenses murailles qui donnent le vertige, rien qu'à les regarder. Chaque jour, les Français viennent escarmoucher pour observer la contenance des Parisiens et mesurer la résistance des autres portes.

Au matin du sept septembre, j'appelle en vain mon page, Louis de Coutes, pour qu'il m'aide à revêtir mon armure. Il a disparu dans la nuit. Ce départ inattendu me transperce le cœur. J'étais attachée à lui. Il était si jovial et accompagnait mes innocences d'un sourire toujours égal, que l'on fût à l'heur ou au malheur.

Après l'Angélus, les capitaines tentent une vaillance d'armes devant la ville. Ils feignent un assaut en s'approchant des murs. Ils espèrent ainsi, par commotion de peuple, grever et dommager la cité et ses habitants, plus que par puissance et force d'armes. Nous comptons sur des Français de cœur qui, dans la ville, se préparent à seconder nos efforts en tâchant de soulever les habitants contre les Anglais.

Au dernier moment, ma résolution se trouble, j'éprouve quelque hésitation à accéder au désir des chefs de guerre qui me prient instamment de les rejoindre. Je ne sais plus trop au juste quel est le commandement de mes Voix : demeurer à Saint-Denis ou suivre les seigneurs, qui me requièrent sous les remparts afin d'enflammer le courage des soldats, toujours remplis d'une confiance que rien ne semble pouvoir entamer.

Avec le Beau Duc, les comtes de Clermont et Vendôme, les maréchaux de Rais et de Saincte-Sévère et, bien sûr, avec La Hire et Poton de Xaintrailles, nous partons de Saint-Denis, suivis par un corps de troupe de douze mille hommes pour venir occuper le village de La Chapelle qui est à mi-chemin entre le cimetière aux rois et la ville-chef.

Le lendemain, qui est le huit septembre, on fête la Nativité de la Vierge. Je ne sais si c'est un jour pour donner l'assaut mais il n'y a pas de temps à perdre.

Les chefs de guerre redisent à nouveau que la porte Saint-Martin, la porte Saint-Denis et la porte Montmartre sont trop fortifiées pour qu'il y ait la moindre chance de pénétrer par là dans la place. Ils conduisent leurs troupes vers le côté du couchant et viennent, entre onze heures et midi, les ranger en bataille dans le vaste champ du Marché aux pourceaux.

Nous disposons notre artillerie sur plusieurs talus et commençons à faire tirer vigoureusement contre les murailles, depuis la montagne Saint-Roch ; elle forme une élévation importante, nous avons décidé d'y nicher les canons.

On nous rapporte que foison d'habitants de la ville ont déserté les maisons des remparts. Ils se seraient précipités dans les églises où des prêtres vendus au parti anglais les attendaient en chaire pour les exhorter à garder intacte leur haine du roi de France.

Beaucoup d'autres citadins accourent sur les remparts et viennent prêter secours aux Anglais et aux Bourguignons chargés de la défense de la place. Ils se montrent en foule, armés de toutes pièces, et plantent sur les créneaux et les tours de nombreux étendards de Saint-Georges. Ils font tournoyer, à l'entour des murs, une grande bannière frappée d'une large croix rouge.

On entend, au-dessus des hourds, les cris de notables chevaliers qui ont été envoyés par le duc de Bourgogne pour esperonner les courages. Notre armée s'est pourvue de foison de chariots, charrettes et chevaux, tous chargés de grosses bourrées, pour emplir les fossés de la citadelle.

Nos combattants commencent à assaillir, entre la porte Saint-Honoré et la porte Saint-Denis. L'attaque sera dure et longue. C'est merveille à ouïr la noise et le vacarme des couleuvrines que les canonniers du dedans jettent à ceux du dehors. Les paroles échangées par-dessus les murs sont toutes vilaines.

Soudain un seigneur dauphinois et ses gens boutent le feu à la barrière Saint-Honoré. Tous les pieux brûlent. Une méchante fumée se dégage qui aveugle nos arbalestriers. Malgré tout, les ardeurs françaises font céder les résistances. Les troupes anglaises ne peuvent que retraire et rentrer dedans Paris. Je combats moi-même, main à main, et j'arrache l'épée d'un guerrier du parti anglais.

Les ducs d'Alençon et de Bourbon s'embûchent derrière la montagne Saint-Roch qui est contre le Marché aux pourceaux. Ils veulent ainsi se garder des veuglaires et surtout guetter une sortie des Anglais par la porte Saint-Denis, pour courir sus aux Français reniés. Mais ils perdent là leur peine car les soldats de Paris n'osent saillir hors la ville.

Je suis moi aussi dans les fièvres et, voyant le couard maintien des Bourguignons et des Anglais, je délibère de les assaillir jusqu'aux pieds de leurs murs.

Deux heures après midi, je viens à grande puissance de gens d'armes. Plusieurs seigneurs, dont le maréchal de Rais, se mettent à pied par belle ordonnance. Leurs hommes portent de longues bourrées et traînent de lourds fagots. Puis ils descendent vers le premier fossé où il n'y a point d'eau mais qui en cache un second, plus profond, que l'on ne voyait pas. Le premier était à sec mais le second est rempli d'eau.

Je réclame des fascines et des fagots, mais nous en manquons cruellement. Je glisse dans le second fossé et plonge ma lance pour mesurer la profondeur de l'eau et de la boue. Puis je somme, en criant, les assiégés de se rendre :

– Rendez-vous ! Si vous ne jetez pas vos armes avant la nuit, nous entrerons dans la ville par force.

Les réponses ne tardent pas. Ce sont des injures. Je suis impuissante à traverser le deuxième fossé et à me porter au pied des murailles. Je reste debout sur la levée étroite qui sépare les deux douves et m'emploie, malgré une grêle de traits, à encourager les soldats français qui essaient de combler la deuxième douve.

Mon étendard est porté à côté de moi par un guerrier qui m'a toujours donné des preuves d'une rare fidélité. Les hurlements, les menaces, les insultes des assiégés ne font nulle impression sur nous. Je suis résignée à tout ce qu'il plaira à Dieu d'ordonner sur mon sort. Je crie encore et encore :

– Rendez la ville au roi de France !

Soudain, j'aperçois, en haut du rempart, un arbalestrier qui ajuste son trait et me crie à pleine poitrine :

– Viens par là, paillarde ! Viens par là... Regarde-moi...

Je ne baisserai pas les yeux sous l'insulte. Il décoche sa flèche qui vient droit sur moi et me traverse la cuisse. Je hurle de douleur et d'effroi...

Au même instant, un second trait vient transpercer le pied de l'homme qui porte mon étendard. Il relève sa visière, pour voir et arracher le vireton de son pied. Une nouvelle flèche lui est décochée qui lui saigne entre les deux yeux et le navre à mort.

Malgré ma blessure et l'heure avancée – le soleil est à son couchant –, je m'accroche au terrain. Mais je n'ai pas la force de rester debout. Une petite troupe, qui s'est allégée de ses armes, gagne sous ses pavois les bords fangeux de l'eau noirâtre. Puis elle s'avance parmi les roseaux pour me recueillir dans une carapace de cuir de bœuf. Je ne veux pas partir et presse les assaillants de tenter un suprême effort. J'exhorte mes soldats :

– Approchez-vous des murs et la ville sera nôtre !

La nuit survient, on ne voit plus rien. Je refuse de me retirer. Les ducs d'Alençon et de Bourbon m'envoient quérir. Ce n'est point à la retraite qu'en cet instant je songe. En les voyant, je leur crie :

– Ce n'est pas moi qu'il faut aller chercher, c'est le roi. Qu'il se fasse voir un seul instant et les bons Français qui sont dans Paris tenteront quelque chose cette nuit. Qu'il se montre seulement !

Mais le roi ne se montre pas. Je vois arriver le Beau Duc qui vient me chercher, avec le sire de Gaucourt. Je ne peux me résigner à quitter les remparts. Je leur répète :

– Par mon Martin, si le roi avait seulement paru, la place eût été prise.

« *Je me suis mise en orgueil* »

HÉLAS, LE FLOT DE SANG que je répands m'oblige à quitter la place. On m'allonge par terre sous un abri de feuillages, puis on me porte jusqu'à un fossé où je resterai jusqu'aux Vêpres. Je refuse de me retraire en aucune manière, malgré toutes les requêtes ; je ne peux me résoudre à ce premier revers essuyé par les armes de mon roi.

Je souffre, mais de bien d'autres blessures que le trait qui me traverse la cuisse, celles de l'ingratitude et celles de mes Voix absentes qui se taisent et du roi qui ne vient pas. Ces blessures rongent mon âme plus que la douleur du trait godon.

Cette nuit n'est pour moi que souffrance, honte et méchef.

J'entends maintenant dans mon camp les murmures et les reproches qui montent de partout. Chacun vient ajouter un peu de sel sur la plaie :

– La Pucelle nous avait pourtant dit…

– Avait-elle seulement imaginé la profondeur du fossé ? Elle ne l'avait même pas reconnu…

– Elle n'a pas vu non plus la hauteur des murs et des tours d'angle…

– Il n'y avait réellement aucune apparence de réussir à pénétrer dans la ville sans le concours des habitants…

– Drôle de chef de guerre…

Le cœur brisé, je retrouve, devant la basilique, le roi aux mains de ses conseillers, le sire de La Trémouille et l'archevêque Regnault de Chartres. Charles le Septième est occupé à faire célébrer des messes sur la tombe de son père, le roi Charles VI. Le sire de La Trémouille se tient le dos et la nuque, il marche avec difficulté depuis sa chute de cheval et prend des airs de héros.

J'apprends que, durant l'assaut de la ville-chef, au lieu de m'envoyer du secours, il n'a pas hésité à faire rappeler les gens d'armes à Saint-Denis ; sous prétexte d'épargner des effusions de sang « car il y avait trop grande occision ». Il est même allé supplier le roi de faire cesser le combat et de sonner la retraite. Maintenant que l'armée est retournée à Saint-Denis, je confie à Charles le Septième mon amertume :

– Sire et noble roi, si vous vous étiez montré, l'olivier de la paix à la main, la ville-chef eût tourné visage. Un seul mot, un seul de vos regards eussent effacé toutes les calomnies et méchantes paroles.

– Je voulais venir mais le sire de La Trémouille m'a fait entendre raison.

– Je l'avais compris. Mais si nous étions restés jusqu'au matin, les habitants auraient ouvert les portes de la ville comme à Auxerre, à Troyes et partout ailleurs.

– Ma fille, Paris n'est ni Auxerre ni Troyes. Paris est

bourguignonne en son cœur. Et c'est une grande cité fortifiée.

– Je ne peux renoncer à un nouvel assaut. Justement parce que Paris est Paris. Les Français ont laissé sur le champ de bataille des centaines d'échelles, des milliers de claies et plus de trois cents chariots. Je suis convaincue qu'une nouvelle charge finira par l'emporter.

Je me lève de bon matin. J'ai du mal à m'habiller. Je souffre de ma blessure. La chausse noire de mon habit est gonflée par un gros pansement à hauteur de la cuisse. Je marche en m'appuyant sur l'épaule du Beau Duc. Le frère Pasquerel tient mon casque près de mon cheval. Je passe entre les blessés étendus sur la paille, au milieu d'une ferme incendiée.

Je demande que l'on charge à nouveau des fagots. À chaque mouvement, mon haubergeon et ma braconnière me lacèrent. Ma seule joie est d'apercevoir, là-bas, La Hire qui sursaute en me voyant et fait tinter sa cape.

Je prie le Beau Duc de faire sonner les trompilles et de monter à cheval pour retourner devant Paris. Je répète alentour :

– Par mon Martin, jamais je ne partirai d'ici tant que je n'aurai pas la ville-chef.

Le Beau Duc et quelques-uns de mes capitaines semblent prêts à suivre mes desseins, mais d'autres sont d'un avis contraire. Nous nous mettons en marche pour la capitale. Lorsque nous approchons de la ville, le comte de Clermont et le duc de Bar accourent vers nous. Ils sont porteurs d'un ordre formel de Charles le Septième :

– Nous invitons la Pucelle à ne point aller plus avant et à retourner devers le roi à Saint-Denis où il réside.

La même invitation est faite au duc d'Alençon. La mort dans l'âme, nous nous soumettons à l'autorité royale. Il nous reste un dernier espoir, celui de passer la Seine sur un pont de bateaux que le Beau Duc a fait jeter à la hauteur de Saint-Denis. Nous pourrons ainsi changer de rive et attaquer la ville par les berges du midi.

Le samedi, nous rejoignons la rivière de Seine. Nouvelle déception ! Il n'y a plus de pont. J'interroge le comte de Clermont qui est resté là sans dormir :

– Que s'est-il passé ?

– Le pont a été rompu cette nuit.

– Qui est le malheureux capitaine qui a osé donner cet ordre criminel ?

– Ce n'est pas un capitaine.

– Détruire ce pont est une trahison. Qui donc l'a fait démolir ?

– Le roi !

– Mon Dieu ! Comment le roi a-t-il pu commander cela ?

– À cause de la trêve ! Paris est sous la protection du duc de Bourgogne…

Le Beau Duc enrage à côté de moi :

– Je suis sûr que les Bourguignons auront donné de l'argent au Gros Georges afin de demeurer en abstinence de guerre pour cet assaut.

En cet instant, je comprends que l'insuccès de notre attaque de la ville n'a pas eu d'autre cause que le souci de la parole engagée par Charles le Septième. Il a renoncé à toute opération militaire avant la campagne de Paris.

J'aperçois là-bas l'archevêque de Reims, tranquille et confit comme un vieux sacristain. Les retrouvailles avec lui vont être difficiles. Il dissimule mal, en me voyant, un brin de sourire : il me cache à peine qu'il ne voulait à aucun prix « que l'on tînt Paris des mains de la Pucelle ». Il prétend que le duc de Bourgogne va nous livrer bientôt la ville-chef.

Je renouvelle mes instances auprès du roi pour obtenir la permission d'aller finir mes jours dans l'obscurité et la retraite en pays de Meuse. Il multiplie les attentions pour tenter de me consoler et de me retenir.

Je le vois entrer à nouveau dans l'abbaye royale pour sacrifier à un ancien usage : il dépose sa couronne entre les mains de l'apôtre de France, gardien de sa personne et protecteur du royaume, Monseigneur saint Denis.

Puis il tient conseil. Pour une fois, je suis invitée. On y considère les divers partis à prendre et surtout celui du retour vers la Loire, à mon grand déplaisir.

Nous attendons quelques jours, avec l'espoir que les habitants de Paris puissent changer leurs dispositions à notre égard. Mais ce que l'on espérait encore ne se produit pas. Il n'y a plus d'argent pour entretenir l'armée. Le siège est abandonné.

Le treize septembre, à l'après-dînée, Charles le Septième quitte Saint-Denis et se met en route pour regagner la Loire.

Au bout de cinq jours, je guéris de ma blessure. Quelques heures avant mon départ, je vais déposer en action de grâces, dans la basilique, aux pieds de Notre-Dame, mon harnois complet, c'est-à-dire ma blanche armure et l'épée que j'ai conquise devant Paris. Je le fais par dévotion mais aussi parce que c'est la coutume des gens d'armes quand ils sont blessés. Je dépose lentement ma ceinture de buffle aux annelets d'or. Je regarde cette épée du mérite pour la dernière fois. Elle est de très bonne trempe, garnie au milieu de son pommeau de deux esmaux d'or, l'un de Notre-Dame, l'autre gravé d'un soleil.

Le roi veille à louer mon bon vouloir et le hardi courage que j'ai montré en voulant assaillir si forte cité. Hélas, ses éloges et ceux des chefs de guerre n'effacent rien, ni l'échec, ni les injures bourguignonnes, ni les ingratitudes. Ce qui m'attriste vraiment, ce sont les mots de nos soldats entendus sur mon chemin lorsque, affaiblie par la perte de mon sang, on m'a emportée mourante depuis les fossés de la porte Saint-Honoré. Je n'ai essuyé que ricanements et railleries sous l'armure.

Je rejoins le roi Charles à Senlis où il s'en est allé pour médiciner et guérir les navrés de son armée. Il paraît triste et dolent. Je marche en sa compagnie. Nous traversons Provins, puis Montargis. Enfin nous sommes de retour à Gien.

Je suis inconsolable. Je nourrissais une telle espérance de voir, sous mes yeux, le gentil roi Charles ouvrir les portes de sa capitale. Cent fois dans mes rêves, je l'ai vu y pénétrer d'un pas solennel, comme il était entré dans la ville du sacre.

J'apprends ainsi à connaître les ressorts de l'âme humaine. La ferveur que suscitait ma présence diminue. Il y a moins de vénération sur mon passage et je sais que mon nom n'inspire plus de frayeur aux Anglais. Je sais aussi que les conseillers, profitant de mes revers, ruminent leurs jalousies.

Ils ont laissé courir le bruit que j'aurais menti en promettant aux troupes qu'elles entreraient dans la ville parce que mes Voix l'auraient prédit. Je me suis laissé emporter. Je pensais, en m'emparant de Paris les armes à la main, que le couronnement de l'œuvre d'Orléans et de Reims se ferait le plus naturellement du monde. Mais ce ne fut pas le commandement de mes Voix. Et mes troupes n'avaient plus les élévations d'âme du siège d'Orléans. Dieu n'exhausse pas les soldats trop ordinaires.

Peut-être ai-je moi-même commis une grave faute d'avoir choisi, pour l'assaut, une fête chômée, la fête de la Nativité. Ce jour-là, on ne fait pas la guerre ! Peut-être ai-je surestimé mes forces, entraînée par le désir ardent que j'éprouvais de ravir aux Anglais un si beau gage et de rendre enfin Paris au royaume. Mais le roi ne le souhaitait pas vraiment. Il a jugé, me dit-on, qu'à son sacre dans la cathédrale de Reims, je m'étais approchée de trop près de la sainte Ampoule. Sans doute cherche-t-il à m'éloigner de lui.

J'ai échoué surtout parce que Dieu a permis que je me trompe. Je prie, je supplie, je veux comprendre. Sans doute a-t-il voulu m'ouvrir de la sorte une nouvelle voie, une voie de mécomptes et d'épreuves. Depuis Orléans et Reims, et surtout depuis les soumissions si rapides de Compiègne, Beauvais et Senlis, j'ai sans doute péché par excès de confiance en croyant que tout serait facile.

Je me suis mise en orgueil. Cet échec sonne comme

un rappel à l'ordre. Je ne suis pas venue auprès du roi pour briller mais pour souffrir. Je n'abandonnerai pas ce royaume et travaillerai à mes humilités. Le premier pas est toujours le plus difficile. Le premier pas vers la douloureuse voie que je dois suivre, outre mon vouloir.

« Est-ce péché de vouloir la paix au bout de la lance ? »

La vie à Gien se consume à feu doux. Elle incline aux prévenances discrètes et à l'ennui distingué. Je suis désœuvrée. Le roi Charles le Septième voudrait me garder à ses côtés. Comme un médaillon agrafé sur un mur. Il renonce à conquérir les places qui sont encore à ses ennemis.

L'armée du sacre est dissoute. Il n'y a plus de besogne pour les capitaines. Les journées se passent à regarder tomber les feuilles mortes.

Les soldats, tout à leurs paresses, n'hésitent plus à me gouailler. Les chefs me quittent. L'un des seuls à me consoler, mon fidèle Poton de Xaintrailles, m'invite en cette errance à de nouvelles sagesses :

– Que voulez-vous, Jehanne ? Vous et moi, nous ne sommes pas du conseil de cour, nous sommes du champ de guerre. Or, aujourd'hui, c'est le conseil de cour qui a repris les rênes et il ne veut plus des exploits du champ de guerre. Il est tout à son labeur de trêves et s'emploie à délivrer des sauf-conduits…

Pour me désennuyer, on me donne à coudre de petits

cuirs qui servent à encapuchonner les faucons. L'automne arrive à grands pas. Les arbres se dépouillent. Sans y prendre de plaisir, le roi passe son temps à la chasse. Il me couvre de ses attentions, me comble de présents et demande même que l'on m'habille d'une hongreline, avec un col bordé d'hermine. Il veut que je ressemble à une vraie dame de cour. Les chapelains m'apprennent à lire et à écrire.

Dans les premiers jours d'octobre, Charles le Septième quitte la ville de Gien pour s'en retourner dans sa cité de Bourges. Il y reprend la vie de nonchaloir qui est dans son fond d'humeur. Il a peur de tout, peur des ponts et des parquets, qui pourraient s'ouvrir sous ses pas. Et il reste muché, caché en ses châteaux, méchantes places et manières de chambrettes où il enfouit ses angoisses. Je dépose ma tristesse devant la reine Marie, l'épouse délaissée. Je fuis les fêtes et descends aux jardins royaux où je pleure sur les fleurs qui fanent.

Les nouvelles se suivent. Elles sont mauvaises : le Beau Duc s'en va. Je sais que je ne le reverrai jamais plus. Je voulais aller guerroyer avec lui en Normandie et dans le Maine. Avant son départ, il a présenté une requête à l'effet de me permettre de le suivre en cette campagne. Le roi a d'abord dit « oui » puis il a refusé.

Comme à l'accoutumée, Messire Regnault de Chartres, le sire de La Trémouille et le sire de Gaucourt qui, lors, gouvernent l'esprit du roi, moult muable, ne souffrent pas que « le duc d'Alençon et la Pucelle soient ensemble ». Ils ne veulent pas me laisser aller au champ de guerre.

En me quittant, un soir de brume, le Beau Duc essuie

une larme. Il a la gorge serrée et bredouille quelques mots qui me font frissonner :

– Ah, Jehanne ! Vous fûtes la joie de mon cœur.

Il tombe à genoux, se relève, s'éloigne, se retourne, revient vers moi. Puis lève le doigt au Ciel :

– À Dieu, Jehanne ! Adieu…

Il s'attarde encore ; il hésite. Et s'abandonne :

– Chaque soir, au campement, quand je vous voyais vous endormir, mon regard s'attardait sur vous, je me laissais bercer par votre souffle… Vous respiriez comme un ange. Vous êtes belle, Jehanne… Comme une fleur du Ciel, je vous aime tant…

– Adieu, Jehan. Adieu, Aigle royal…

Chaque matin, je rêve qu'il va revenir. Son départ a laissé un grand vide dans mon cœur. Mais sa voix y demeure encore.

Un peu plus tard, c'est au tour de La Hire de s'en aller. Il me laisse sa cape sonnante. Je l'embrasse. Il s'éloigne comme un veau abandonné dans la campagne. J'ai perdu mon varlet d'âme.

Les rumeurs de Loire qui arrivent à la cour sont toutes de la même eau. On raconte que le régent anglais est arrivé à Paris par la route de Saint-Germain. Il aurait envoyé un corps de troupe s'emparer de Saint-Denis, livrée à une sorte de pillage. La vengeance des Anglais n'a pas même respecté le sanctuaire aux cendres royales. Le duc de Bêtefort a laissé ruiner sous ses yeux le monument couvert d'argent du roi Philippe Auguste. Et les Godons ont dérobé la châsse d'or où reposaient les os sacrés de Saint Louis. Ils ont saccagé deux grandes images de saint

Pierre et saint Paul offertes jadis par le roi Pépin, ainsi que deux chandeliers d'or donnés par le roi Louis le Gros.

Et puis, on m'avoue que mes propres armes, suspendues devant la châsse de l'apôtre de la France, ont été décrochées. C'est un évêque, Louis de Luxembourg, le chancelier de France d'obéissance anglaise, qui a ordonné qu'on les enlevât.

Je demande autour de moi que l'on m'éclaire sur les entreprises des conseillers et de la cour. Cherchant à parler avec Monseigneur l'archevêque de Reims, j'apprends que ce dernier a quitté Bourges et qu'il est allé, à pleins champs, en la cité de Senlis, faire révérence et hommage sur son passage au régent Bêtefort. Il a déposé aux genoux de l'Anglais des paroles de salutation royale.

On me rapporte même que le comte de Clermont et le régent Bêtefort se sont embrassés l'un l'autre par manière de joyeuseté, ainsi qu'ont coutume de faire les parents du même sang. Le comte de Clermont serait, paraît-il, le beau-frère du régent et de la duchesse de Bêtefort. Dans toutes ces familles de haut cousinage, on se retrouve aussi vite que l'on se perd. C'est à n'y rien comprendre pour une paysanne comme moi. Dans nos campagnes, les haines sont plus rares mais plus tenaces.

Le chancelier de France a poursuivi sa route jusqu'à Paris où se sont retrouvés le duc de Bourgogne et le duc de Bêtefort. Là encore, ce furent grandes accolées et affectueuses réceptions.

À son retour, l'archevêque de Reims nous annonce

que le duc de Bourgogne a été nommé par l'Angleterre, le treize octobre, régent de France. Messire Regnault de Chartres ose se vanter auprès du roi :

– Sire, vos affaires suivent un heureux cours : les Anglais vont quitter Paris. Ils ont remis au duc de Bourgogne le gouvernement de la ville-chef.

Une paysanne n'entend rien aux accommodements des hautes Couronnes entre elles. Mais comment le roi de France peut-il croire un seul instant que le duc de Bourgogne se prépare à lui ouvrir les portes de Paris ? N'importe quel laboureur de Domremy s'épargnerait de telles candeurs. L'archevêque engage Charles le Septième à la patience. Il avance qu'il faudra encore un peu de temps selon ses intelligences qui logent en la ville :

– Le duc de Bourgogne doit tenir compte de la disposition des esprits dans la rue. Le moment n'est pas encore propice. La sagesse est d'attendre que la mauvaise impression produite par l'attaque infructueuse de la porte Saint-Honoré se soit un peu dissipée.

Mauvaise impression, attaque infructueuse. C'est moi qui suis visée. À entendre ces récits, il est clair que le rusé Philippe le Bon, avec ses airs de marchand de grains, s'applique à duper le roi de France. Le voilà maintenant nommé lieutenant général du roi Henri VI pour tout le royaume. À la cour, on a belle assurance, on chante, on danse ! J'ai vu, dans mon enfance, tellement de vieux coqs de haute lignée se faire manger par des renards sans naissance qui venaient leur tenir trompeuse compagnie !

Je vais visiter le roi pour lui dire mon dépit depuis

qu'il a congédié l'armée. Les capitaines s'en vont les uns après les autres. Ils ont compris. Ils répètent le mot du Beau Duc :

– C'est sous les murs de Paris que, par la faute des conseillers royaux, le commun vouloir de la Pucelle et de l'armée du roi s'est abîmé.

L'élan est brisé. Personne ne discerne plus où est le devoir. La lutte contre l'étranger, le bien du peuple, la paix, ne sont plus que paroles de cuivre. Depuis l'échec de Paris, on claironne encore mais on n'entreprend plus rien, les cœurs se sont racornis et chacun se pelotonne en sa barbacane.

À Bourges, les semaines se suivent et se ressemblent. Je passe mes journées en la compagnie de mon hôtesse, la dame Marguerite de Bouligny dont le mari, René, est conseiller aux Finances du roi. Cette généreuse famille m'accorde une attention de tous les instants. Je demande à Marguerite, chaque soir, de m'accompagner à matines.

Je reste là pendant des heures, agenouillée à l'entrée du chœur de la cathédrale. J'appelle mes Voix. Mais elles ne répondent plus.

Pourquoi donc mon épée de sainte Catherine s'est-elle brisée aux portes de Paris ? Devant mes soldats, la lame a volé en éclats et la poignée seule m'est restée dans la main. Présage de l'échec. Paris devait être perdue.

Mes soldats m'ont quittée, l'armée a été dispersée. Le Beau Duc est parti. C'est une quenouille d'oisiveté que l'on m'a mise entre les mains. Les clercs doutent de moi.

Alors, comme naguère à Notre-Dame-de-Bermont, je lève les yeux vers le crucifix haut pendu :

« Jésus, écoutez-moi.

Vous qui avez connu la souffrance et le désarroi, vous êtes descendu au fil de la Meuse vers une fille des champs pour mettre notre Beau Sire à sa bonne place.

Vous m'avez prêté de bien nobles serviteurs venus de votre demeure céleste.

Qui suis-je aux côtés de ces grandes âmes ?

Pourtant, vous m'avez choisie. Au jardin de mon père, vous m'avez appelée.

Et maintenant, qu'attendez-vous de moi ? Voulez-vous que je m'en retourne en ma terre de Lorraine où s'enchagrinent mes chers parents que j'aime tant ?

Quelle épreuve ! Je n'entends plus que des voix d'hommes.

Qui donc me dira où est la bonne résolution ?

Notre Messire roi veut conclure la paix avec les Bourguignons. Mais les Anglais, leurs amis, sont toujours dans la place !

Dites-moi, ô Christ de Bermont, quelle est votre volonté ?

Voulez-vous que j'aille au bout de la mission que vous m'avez confiée ?

Où voulez-vous que je me retire ?

La paix de Bourgogne est-elle la bonne paix ?

Le roi cherche le pardon du duc. Son remords est celui d'un chrétien et d'un roi.

Est-ce péché de vouloir la paix au bout de la lance ?

N'est-ce point lâcheté d'abandonner la lutte ?

Mes Voix ne répondent plus.

Je sais bien que je me suis mise en orgueil.

Que dois-je faire ? De quel parti de la paix dois-je être, celui du conseil ou celui des capitaines ?

Mais j'aime trop ma France, je ne peux pas me retirer.

Ayez pitié de moi, ô doux Jésus ! »

«Le doute m'envahit et mes Voix se taisent»

Le roi, qui devine mes attristements, me prodigue de beaux témoignages de sa reconnaissance. Je ne suis pas venue ici pour filer, ni même pour apprendre à lire. Il le sait. Il entreprend de me donner un estat de maison égal à celui d'un comte. Je m'en étonne. Mon escuyer, Jehan d'Aulon, m'en donne la raison :

– Jehanne, il vous faut un rang afin que vous ne tombiez point, aux yeux des hommes de guerre, dans le mépris qui est l'effet ordinaire de l'indigence.

On entretient, en ma compagnie, des varlets de main, de pied et de chambre.

Le roi veille à ce que je porte désormais de riches fourrures de martre. Il me fait bailler une huque de toile d'or, tailladée et ouverte de tous côtés. Mais je garde toujours les cheveux rondis, chaperon déchiqueté, gippon et chausses vermeils attachés à foison d'aiguillettes. Car je veux demeurer chef de guerre.

Ces douceurs de manière et d'élégance qui me sont imposées ne s'accordent guère avec mes résolutions. Je ne me sens pas à ma place, en ces palais, à boire dans des timbales d'argent, à croiser des têtes échauffées de bonne chère, à tirer dans les cendres au pique-feu, un à un, des marrons gourmands que l'on fait griller. Les marrons, chez moi, servaient de petites charges aux frondes de Pierrelot et Jacquemin. Je n'aurais jamais imaginé qu'on les mangeât, hors le têt à gorets.

Je dois faire effort pour ne point altérer mon caractère et accepter ces nouvelles assiduités de cour, en traversant la perfide épreuve des prospérités mondaines.

Bientôt, n'y tenant plus, je demande au conseil royal, assemblé à Mehun-sur-Yèvre, que l'on me confie un ouvrage de siège. Il est finalement résolu d'aller assaillir Saint-Pierre-le-Moutiers.

Le Gros Georges, qui tient pourtant ses succès de mes revers, accueille mon souhait avec faveur. Affectant de garder toujours, été comme hiver, pour soutenir son parler haut, ses doigts gantés et bagués, il nous éclaire sur cette ville située entre l'Allier et la Loire : elle se trouve à environ quatre lieues du confluent des deux rivières, dans un vallon cerné de montagnes, auprès d'un étang marécageux dont les vapeurs sont réputées malsaines. Je découvre un peu plus tard que le dessein secret du sire de La Trémouille est de me tenir loin de Paris et de me fournir de la besogne ailleurs qu'en Normandie, où se bat le Beau Duc.

Pour me faire honneur, Charles le Septième me baille le commandement de l'expédition. Mais j'aurai, à mes côtés, à titre de lieutenant, un homme qui me surveillera, le sire d'Albret, demi-frère du Gros Georges.

Je rassemble aussitôt à Bourges les troupes nécessaires. Suivant ce qui a été résolu, nous nous portons devant

Saint-Pierre-le-Moutiers et nous menons le siège. Quand le moment paraît favorable, j'ordonne l'assaut. Mais les assiégés nous repoussent. Il y a un grand nombre de gens d'armes dans la citadelle bien fortifiée.

Je cherche une musse trouée dans les remparts : les tours sont reliées entre elles par des murailles hautes et épaisses, dont les pieds plongent dans un vaste étang à l'orient et dans de larges fossés à l'occident. Il n'est pas étonnant que cette cité ait servi, dans les temps ordinaires, à protéger toute la contrée entre la Loire, l'Allier et le Bourbonnais.

Messire d'Albret m'engage à retraire, mais je ne lui cède pas et je reste sur la berge avec un petit nombre de soldats.

Cependant je m'inquiète du sort de mon escuyer, Jehan d'Aulon. Il a eu le talon navré par un méchant trait. Il marche vers moi avec ses potences et peut à peine se soutenir. Je me dresse sur mes arçons. La plupart des combattants se sont retirés. Jehan me demande pourquoi je demeure ainsi isolée. Je lui réponds en me décoiffant de ma salade :

– Cher Jehan, vous me croyez seule mais j'ai cinquante mille de mes gens avec moi, l'armée des anges. Et je ne me retirerai pas d'ici avant que la place ne soit prise. Faites apporter des fagots pour combler les fossés. Nous allons nous approcher des murailles.

Mon assistance invisible se réveille en moi, elle me porte à l'avant ! J'appelle de nouveau tous les assiégeants à l'attaque :

– Aux claies ! Aux fagots, tout le monde ! Dressons un pont sur les fossés !

Les hommes d'armes accourent. Le pont est établi

incontinent. Les échelles s'appliquent contre les remparts. Au bout de quelques heures, la ville cède. Elle est emportée. Les soldats se précipitent et veulent pénétrer de force dans l'église pour y dérober les ciboires et ostensoirs d'or et d'argent, et toutes les choses précieuses que les habitants y ont entassées, comme en un asile inviolable. J'accours et, avec une grande fermeté, je défends sévèrement à ces guerriers sans scrupule de ne toucher à rien.

Puis je leur délivre ma pensée secrète : je conduirai l'armée en France, nous retournerons à Paris. Mais sire d'Albret, qui veille à endormir mes hardiesses, me glisse qu'il serait à propos d'attaquer La Charité-sur-Loire et que c'est d'ailleurs un ordre de Charles le Septième. J'obéis.

Avant d'entreprendre le siège, je m'avise que la cour et les conseillers du roi me confient hélas une mission sans moyens. Je n'ai pas les secours dont j'ai besoin. Alors je fais appel à la générosité des villes fidèles.

Le sept novembre au matin, je dicte une lettre pour les habitants de Clermont et, le neuf novembre, pour ceux de Riom, afin qu'ils me viennent en aide.

On est au plus fort de l'hiver. Une boue glacée s'accroche à nos harnois. Les tentes de cuir laissent pénétrer le froid. La poudre a pris l'humidité. Les fourrages ont gelé. Nous sommes piètrement pourvus de traits et habillements de guerre. Je supplie alors les citadins, au nom du roi :

– Veuillez dès à présent envoyer pour le siège de La Charité, salpêtre, soufre et arbalestres fortes.

Pour écrire cette dernière missive, un clerc a encore guidé ma main. C'est la première fois que je signe une lettre moi-même. D'une main novice, peu exercée, je trace les jambages. Je la scelle moi-même d'un cachet de cire rouge et marque d'un doigt le revers en glissant un cheveu dans la cire. La réponse ne tarde pas. Les habitants de Clermont nous envoient deux quintaux de salpêtre, un charroi de soufre, trois caisses de traits. Ils y ont ajouté une attention pour ma personne en chargeant le convoi d'une épée, de deux dagues et d'une hache d'arme «pour la Pucelle».

Puis une compagnie d'une centaine d'hommes d'armes, dont deux joueurs de couleuvrine, arrive d'Orléans pour soutenir nos efforts.

J'appelle mes Voix. Elles ne viennent pas. Je ne m'en étonne guère car je ne suis pas ici par leur commandement mais par le conseil des gens de guerre et à la requête de mon roi. Si j'avais été libre d'agir à ma guise, je serais allée plutôt en France, devers Paris.

Quand le siège de La Charité commence, les habitants ont grande frayeur. Cette ville aussi est bien approvisionnée et fortifiée. Le chef de la garnison, un certain Perrinet Grasset, court sur les remparts en s'écriant :

– Allons donc ! N'ayons pas peur de la sorcière ! Car il n'est qu'une seule sorcellerie qui puisse nous vaincre, c'est notre lâcheté.

Ce Perrinet Grasset est un capitaine de fortune qui ne reconnaît d'autre supérieur que le duc de Bourgogne mais ne se gêne pas pour lui désobéir. Il n'en fait qu'à sa tête. Il traite avec arrogance les seigneurs du parti bourguignon, même les plus élevés ; je comprends pourquoi on m'a envoyée ici. C'est que le Perrinet Grasset s'est emparé un jour du Gros Georges et ne lui a rendu la liberté qu'au prix d'une forte rançon. Monseigneur se venge par ma personne. Je lui sers à régler ses comptes.

On dispose autour de la place les canons et les bombardes et on ouvre le siège avec une vigueur qui semble devoir garantir le plus heureux succès.

Pourtant, les semaines s'écoulent sans victoire décisive. Je livre inutilement plusieurs assauts meurtriers, où périt quelque vaillant baron du Dauphiné. Il me faudrait des troupes fraîches, des vivres, des munitions. Or tout cela manque et le roi n'envoie rien. Nous avons reçu treize cents écus d'or. Ce n'est pas assez pour nous tirer d'embarras.

Peu à peu, le découragement gagne mes troupes. Le Perrinet Grasset trouve moyen de répandre l'effroi parmi mes hommes par un grand bruit d'armes et de trompettes, un vacarme qu'il fait retentir dans les ténèbres. Mes chefs de guerre ne peuvent retenir leurs soldats épouvantés qui s'enfuient honteusement, laissant là bombardes et artillerie. Hélas, il me faut abandonner la place.

C'est mon second revers. Il réveille en moi la peine que m'a causée l'insuccès de la marche sur Paris. C'est comme une arme nouvelle donnée à tous les jaloux et dont ils vont se saisir contre moi. On va me réputer entêtée, prétentieuse et trop bien mise. On ne me verra plus que des défauts.

J'étais venue en France pour chasser les Anglais. Et voilà que l'on m'emploie contre les routiers et les soudards. J'étais venue pour faire la guerre. On m'assigne à des travaux de sergent de guet. Ma mission se trouble. Le doute m'envahit et mes Voix, toujours, se taisent.

« Le Léopard dort les yeux mi-clos »

L'HIVER EST RUDE. Et si long ! Il gèle à pierre fendre. On se blottit dans de petites pièces, tendues de tapisseries de velours et chauffées de grands feux. Chacun s'occupe à ne rien faire, ce que je n'ai jamais appris. Tout n'est plus que paroles basses et maldisance.

On me tient éloignée du roi. J'ai juste le droit de voir la reine. On me surveille. On écoute ce que je viens lui dire et ce qu'elle me confie. Entre deux bûches, on se moque : quand le comte d'Armagnac m'écrit pour savoir quel est le Pape légitime, puisqu'il y en a deux, je lui réponds que, n'étant pas au fait de la question, je le lui dirai plus tard, à Paris. J'entends alors derrière moi le grand chambellan qui se gausse :

– Voilà que la Pucelle entend se mêler de désigner le Pape, l'élu du Roi du Ciel !

Et, sous les licornes, il fait rire la cour, en rappelant sans cesse ma déconvenue à La Charité :

– Quand c'est l'hiver, les Voix de la Pucelle ne sortent pas dehors !

Chaque jour, on me tend des pièges. Je suis comme une

belette étourdie dont on suit la course dans une garenne de Meuse. Bientôt, je soupçonne le sire de La Trémouille de m'avoir envoyé une prophétesse pour me tourner en dérision.

Elle s'appelle Catherine, comme ma Voix. Elle vient à ma rencontre à Montfaucon-en-Berry. Cette fille me chante que, chaque nuit, vient la visiter une dame blanche vêtue de drap d'or, qui l'invite à aller par les bonnes villes, pour réclamer leurs trésors afin de payer mes hommes d'armes. Elle supplie le roi de lui bailler hérauts et trompettes pour faire crier ses exhortations publiques.

Je lui demande quel signe elle me peut donner sur la vérité de sa mission. Elle m'expose ses rêveries. Aussitôt, je l'invite à rentrer chez elle :

– Vous êtes mariée ?

– Oui. Et j'ai deux fils.

– Retournez rejoindre votre mari, prendre soin de votre foyer et nourrir vos enfants.

Ayant scrupule de ne pas m'en rapporter à mon seul jugement, je l'interroge encore :

– Cette dame blanche vous a-t-elle vraiment commandé de venir vers moi ?

– Oui. Pour vous aider. En mandant à tous les sujets du roi qui ont de l'argent ou de l'or, de vous le livrer.

– Quand voyez-vous cette apparition ?

– Dès que je m'endors.

– Alors, je coucherai à côté de vous, ces deux nuits, ainsi je la verrai moi-même.

La nuit suivante, je demeure yeux ouverts, à côté de la visionnaire. Personne ne paraît. Les heures s'écoulent.

Au petit matin, pour en avoir le cœur net, j'appelle mes Saintes, Madame Catherine et Madame Marguerite. Elles me signifient :

– Tout ce que dit cette Catherine de La Rochelle n'est que folie et menterie.

Je découvre que la fameuse dame blanche appelle à une paix négociée avec la Bourgogne et que la prophétesse a été introduite au palais par le sire de La Trémouille. Heureusement, le roi refusera de la mettre en œuvre. Elle quittera la cour dès le lendemain, mais ne me pardonnera pas de l'avoir démasquée. Elle répandra la rumeur que mes Conseils sont des esprits mauvais et que j'agis par l'assistance du Diable.

On m'invite à rejoindre la cour, à quatre lieues de Bourges, au château de Mehun-sur-Yèvre, une des résidences favorites de Charles le Septième. C'est dans ces murs, m'explique-t-on, que le jeune prince, à la mort de son père, a été proclamé roi de France. Quelle différence entre mes entrées triomphales dans les cités de Jargeau, de Patay, et le piteux accueil à Mehun, après l'échec de La Charité ! Personne pour m'attendre ou me saluer. J'y coule des jours mornes. Je traîne ma misère et ma solitude sur la longue galerie à mâchicoulis qui entoure le château. Chaque jour, je vais me promener, sous les remparts, au bord de la rivière, l'Yèvre, qui roule ses eaux paisibles et me rappelle le ruisseau des Trois Fontaines.

Ma désolation est grande. On n'ose pas trop me charger du revers de Paris. Mais on m'attribue celui de La Charité. Car là, c'est bien moi qui commandais en chef et dirigeais le siège. Même si j'ai réclamé du secours et que le chambellan ne m'a rien envoyé, ni farine, ni hommes, ni poudre. Quelle injustice !

Un beau matin, je vois partir l'un de mes derniers chevaliers fidèles, Poton de Xaintrailles, pour un pas d'armes de parade en grand appareil à Arras. C'est le duc de Bourgogne qui l'a appelé sur sa réputation de rompeur de lances, célèbre dans toute l'Europe.

À son retour, il me raconte la noce ducale, les tapisseries de haute-lice, les trompettes moult mélodieuses, la solennité chevaleresque, l'institution d'un nouvel ordre de chevalerie, la Toison d'or, et surtout la beauté de la nouvelle épouse du duc de Bourgogne, Isabeau, la fille du roi de Portugal. Toutes les cours renaissent à l'esprit de fête.

Nous quittons Mehun pour chevaucher vers le château du grand chambellan, à Sully-sur-Loire.

Le roi, qui me voit hors d'ouvrage, entend m'apporter quelque consolation. Pour cela, en son pouvoir, il m'anoblit. Je reçois les lettres frappées du sceau royal, avec émotion, non pas pour moi mais pour ma famille, puisque tous mes parents sont aussi anoblis. Je lis seule, en heurtant quelques mots, les témoignages d'affection royale :

« Charles, *ad perpetuam rei memoriam*,

Pour célébrer les grâces si nombreuses et si éclatantes dont la Majesté divine nous a comblés par le ministère glorieux de la Pucelle de Domremy, notre chère et aimée Jehanne d'Arc, et les grâces que nous espérons encore en recevoir, avec l'aide de la divine clémence.

Nous jugeons décent et opportun d'élever et

d'exalter, par de dignes témoignages d'honneur de notre majesté royale, la Pucelle et toute sa parenté, afin que la renommée de si excellentes grâces se conserve et s'accroisse. »

Je suis émue par de tels égards royaux. Mais le genre de vie que le roi me fait mener en la demeure du sire de La Trémouille me gâte le caractère. Ce repos forcé qui dure depuis quatre longs mois, de décembre à mars de l'an de grâce 1430, m'inspire dégoût et lassitude.

Je supplie le roi de me bailler des troupes. Je veux m'en aller. Je veux guerroyer. Je ne me laisserai pas gagner par les tromperies de cette fausse paix. Il y a des provinces à recouvrer, des ennemis à vaincre, des chevauchées à entreprendre. On ne peut se contenter d'envoyer des rompeurs de lances aux fêtes de Flandre, aux pas d'armes et aux mariages bourguignons. L'Anglais est là. Le Léopard dort, à notre porte, les yeux mi-clos. Ma seule réjouissance sera la réception solennelle que la ville d'Orléans organisera le dix-neuf janvier pour mes frères et moi-même, afin de me remercier d'avoir levé le siège, il y a presque un an. J'y retrouve avec joie maistre Jehan Rabateau, mon hôte de Poitiers, et tous les magistrats de la cité qui s'empressent et me célèbrent. On chante, on danse des caroles. On m'offre des repas princiers, avec des perdrix flambées et un faisan à l'apparence vivante.

Je n'ai pas quitté mes bords de Meuse pour être comblée d'honneurs et goûter des chapons farcis. Comment pourrais-je plus longtemps encore demeurer dans ce monde où on retient son âme sans jamais la donner ?

« Je suis devenue chef de soudoyers »

DE RETOUR À SULLY, on me prie de chapitrer les hérétiques de Bohême. Je leur écris une lettre.

Je ne connais pas ces disciples d'un certain Jan Hus. L'hérésie et le schisme me font horreur. J'aime la sainte Église. Ma vraie guerre n'est pas là-bas, en Bohême. Je veux entraîner les rois de France et d'Angleterre à la paix puis à la partance en Terre de promission pour combattre les Sarrasins. Ma vraie guerre est l'expédition de Jérusalem. Pour l'heure, nous en sommes loin.

Pourquoi donc le roi demeure-t-il ainsi en ses paresses ? Il se croit roi d'une seule rivière. Mais il est roi de toutes les rivières de France. Le sait-il ? Le lui dit-on ? Je l'ai toujours connu muable et déjà hésitant du temps de Chinon. Mais, depuis Reims, il paraît tout à fait absent.

– Ne croyez pas cela, me dit le chancelier Le Masson. Il cherche, depuis le sacre, à s'élever à la hauteur de sa Couronne. Il considère qu'il doit réconcilier ses peuples afin de les mener à la paix.

– Mais il y a les Anglais…

– Oui, justement. Il faudra sans doute beaucoup de

patience. Le temps est l'allié des rois. Le roi d'Angleterre est duc de Guyenne et de Normandie depuis si longtemps ! Les harengs de Rouen viennent nourrir les Parisiens qui font leur commerce de draps avec la Flandre, pendant que les vins bordelais voyagent à Londres. Tout cela est compliqué…

– Henri VI d'Angleterre ne peut gouverner la France. Il est anglais.

– Mais les Lancastre descendent de Philippe le Bel. À la cour de Londres, on parle la langue française. Et le duc Philippe de Bourgogne est un prince Valois autant que notre roi Charles.

Je finis par comprendre ce que l'on me reproche : d'attiser les brandons et de penser que tous ceux qui guerroient contre le saint royaume de France, guerroient contre le Roi du Ciel.

Depuis le cérémonieux festoiement d'Orléans et mon accueil triomphal par les habitants, le conseil du roi en vient à penser que j'entrave la paix, que je suis trop proche de la Maison des Orléans, « qui n'est pas le royaume de France ». Cela gêne la diplomatie royale.

Les Bourguignons en viennent à murmurer que Monseigneur saint Michel et Madame sainte Catherine que j'invoque sont d'abord les protecteurs des Armagnacs. Selon eux, le saint patron des Capétiens serait plutôt Monseigneur saint Denis.

Beaucoup de conseillers reprennent à leur compte les gausseries des Godons et m'appellent eux-mêmes désormais « la Pucelle des Armagnacs ». On m'associe à un petit groupe de princes qui ont trop d'ennemis aujourd'hui.

Le roi voudrait me détacher d'eux. C'est sans doute pourquoi il me couvre de bienfaits.

Il louvoie entre les clans, bourguignon et armagnac. Et il s'éloigne de ceux qui l'ont sauvé.

Je tente de convaincre la cour de voler au secours des villes sous la menace, Soissons, Compiègne et Reims. Il n'y a plus, autour de moi, qu'une poignée de capitaines à vouloir reprendre la guerre.

J'écris aux habitants de la ville du sacre qui sont en alerte, pour fortifier leur esprit de résistance. Je leur promets de revenir si par malheur ils étaient assiégés par les Anglais : «Je leur ferai chausser leurs esperons si hâtivement que ces Godons n'auront pas le temps d'y mettre leurs solerets.» Mon écriture n'est pas assurée mais ma signature est maintenant plus ferme; je m'applique à des jambages mieux déliés. Je suis si malheureuse de la manière que le roi et son conseil ont choisie pour le recouvrement du royaume.

Je ne m'accommode plus de leur défiance. Un beau soir, sans prévenir quiconque, je décide de partir. En pleine nuit je quitte le château de Sully, sans congé royal, accompagnée de mon frère Pierrelot et de mon escuyer Jehan d'Aulon. Dès le lendemain je réunis deux cents archers, arbalestriers et gens d'armes italiens à grande targe, conduits par un routier lombard, un certain Barthélemy Barreta. Ainsi, en une nuit, je suis devenue chef de soudoyers, chef de bande. Je vais courir la campagne. Comme les autres chefs.

Dans la semaine de Pâques, j'arrive sous les murs de Melun.

Et là, debout sur les fossés, à midi, j'entends enfin Madame sainte Catherine et Madame sainte Marguerite qui viennent m'entretenir :

– Jehanne, avant qu'il soit la Saint-Jean, vous serez prise.

– Je vous en supplie. Si je suis prise, que je meure tout aussitôt sans longue souffrance.

Alors mes Voix m'inclinent avec douceur à accepter l'épreuve :

– Jehanne, ne vous effrayez pas et prenez tout en gré. Dieu vous aidera.

– Je demande à Dieu la grâce de me faire mourir dès que je serai aux mains de l'ennemi et de m'épargner les tourments d'une longue captivité…

La Saint-Jean est le vingt-quatre juin, dans moins de soixante-dix jours. Sans cesse, je demande à quelle heure je serai capturée. Pas de réponse. Dans le doute, je ne fais plus rien sans m'en remettre aux délibérations de mes capitaines.

Dans les premiers jours de mai, nous chevauchons vers Lagny-sur-Marne. Dès mon arrivée, les habitants me conduisent à l'église de la paroisse. Toute une famille éplorée, prosternée devant l'image de Notre-Dame des Aidants, supplie, autour du corps inerte d'un enfant nouveau-né. On m'adjure de joindre mes prières à celles des parents. Je m'approche de l'enfant inanimé. La mère me confie qu'il ne donne plus signe de vie depuis trois jours. Il paraît noir comme ma cotte. À peine ai-je commencé à murmurer les premiers mots de ma prière qu'il semble s'agiter ; la couleur lui revient. Il bâille trois fois. On pense qu'il est revenu à la vie. Le père et la mère se relèvent. Le prêtre se hâte de le baptiser. Aussitôt après, il expire. Je n'ai rien fait d'autre que réciter mon chapelet. Mais, à la sortie de l'église, quand le cortège s'en va enterrer l'enfant, la rumeur court :

– Dieu a ressuscité l'enfant de Lagny, à la prière de la Pucelle.

Le peuple accourt. On vient toucher ma cotte. On veut me faire bénir des médailles. Je m'irrite de ces excès de dévotion, trop tournés vers ma propre personne.

Le temps m'est compté. J'accomplirai ma mission jusqu'au bout, en boutant les Anglais hors de France. Il faut reconquérir le nord du royaume. Si j'avais le temps, ma mission s'étendrait au combat contre l'Infidélité répandue sur toute la terre, celle des Sarrasins, celle des Bohêmes hérétiques, celle des grands impénitents, celle-là même qui sommeille en chacun de nos cœurs troublés.

Dans l'instant, je prie pour les indifférents et les distraits, fussent-ils couronnés. Je prie car je crois à l'intercession de la prière. C'est elle qui changera le monde. Dieu n'est pas extérieur, il n'est pas loin, il nous regarde, il nous écoute. Il a un cœur qui aime et qui saigne. Sans doute pleure-t-il avec nous sur nos propres lits d'épines... Je voudrais consacrer mes derniers jours à rendre grâces.

Pour l'heure, je fais la guerre. Et la guerre est cruelle. Elle est un cas de conscience de chaque instant.

Un matin, on m'annonce l'heureuse capture d'un gentilhomme ayant seigneurie au service du duc de Bourgogne, Messire Franquet d'Arras. Le bailli de Senlis, qui va le juger, veut le faire exécuter comme «meurtrier, larron et traître». On vient requérir mon conseil. Je propose plutôt de l'échanger contre un aubergiste parisien emprisonné, qui a mené complot en faveur du roi et que l'on appelle le seigneur de l'Ours, du nom de son enseigne renommée. Un soir, j'apprends que cet aubergiste de notre parti a été exécuté par la justice bourguignonne. Je suis dépitée et peinée par cette male mort.

Le juge de Franquet insiste alors auprès de moi :

– Ce Bourguignon Franquet est un grand voleur. Je vous demande de le livrer à la justice royale.

– Mais il a été pris à rançon, dis-je au juge. Il a le droit d'être racheté à beaux deniers comptants, comme c'est l'usage.

– Vous feriez ainsi grand tort à la justice.

Je cède aux instances du bailli :

– Puisque le seigneur de l'Ours, que je voulais libérer, a été exécuté, faites donc de ce Franquet ce que vous voulez.

Je livre le prisonnier. Le bailli est l'homme du roi, je lui obéis. L'accusé confesse ses crimes. Il aura la tête tranchée. À cette nouvelle, les Bourguignons font éclater leur indignation :

– Elle n'écoute que son bon plaisir !

On me rapporte que l'archevêque de Reims ne dit pas autre chose, à la cour du roi :

– Elle a pris orgueil de ses lauriers et de ses huques vermeilles. Et elle n'en fait plus qu'à sa guise. Elle court à sa perte…

Si les Anglais me tiennent un jour à leur merci, je devine maintenant que les hauts seigneurs n'y répondront que par un battement de cils.

«La défiance est venue gîter en mon cœur»

LE ROI ARRIVE. En ce vingt-trois avril 1430, à midi, on vient m'en avertir. Il a entrepris de visiter son royaume. On le dit fatigué par le voyage. Il n'a que huit ans. Il a débarqué à Calais. Il a reçu l'onction royale à l'abbaye de Westminster, au mois de novembre de l'année dernière. Il est arrivé en France le jour de la fête de Monseigneur saint Georges.

Ce roi de huit ans se dit le roi de France mais il n'est que le roi d'Angleterre. Le duc de Bêtefort ne se contente pas de l'onction de Westminster. Il se donne mission de le faire sacrer à Reims. Pour l'heure, le cortège royal chevauche vers la capitale de Normandie, entouré du cardinal de Winchester et du comte de Warwick. C'est maistre Pierre Cauchon, l'évêque de Beauvais, qui a été envoyé pour le quérir et le mener à Rouen.

On me rapporte que le vingt-huit avril, la nouvelle du débarquement du petit roi a répandu la liesse jusque dans les rues de Paris. La ville-chef s'est mise en actions de grâces ; un *Te Deum* solennel a été chanté à Notre-Dame, un *Te Deum* pour fêter l'occupant. Et remercier le Ciel de cette servitude !

Au même moment, j'apprends que le duc de Bourgogne songe à frapper un grand coup en prenant de force la place de Compiègne. Ses habitants ont refusé de se soumettre. Au début du mois de mai, le duc Philippe le Bon en personne a été vu avec sa troupe à Noyon. Il s'est approché. Il était entouré du comte de Suffoque et de Jehan de Luxembourg.

Lorsque l'on m'avise qu'il assiège Choisy-sur-Aisne, je décide de partir pour Compiègne où j'arrive dans la soirée du treize mai. Je vais loger chez le procureur du roi, à l'hostel du Bœuf, dans une maison hospitalière, ornée de magnifiques colombages. Le lendemain, les Attournés, qui gouvernent la ville, se rendent auprès de moi. Ils m'adressent leurs salutations et m'offrent trois pintes de vin de grand prix en forme de présent comme si la paix allait durer longtemps.

Soudain, j'apprends l'arrivée de l'archevêque de Reims, Regnault de Chartres. Pourquoi est-il venu à Compiègne au même moment que moi ? Est-ce pour m'aider ou pour me surveiller ? Je n'oublie pas qu'au mois d'août de l'année dernière, le grand chancelier de France et le sire de La Trémouille, qui venait d'être nommé capitaine de la ville par le roi lui-même, avaient tenté de convaincre les citadins de céder leur ville au duc de Bourgogne. Les habitants opposèrent à cette exhortation une résistance inaltérable. Très humbles sujets du roi, ils exprimèrent avec force, au grand chancelier qui essayait de les persuader, leur désir de servir de corps et de biens le roi de France. Les Attournés de la ville s'en allèrent, criant dans les rues, sous les yeux de l'archevêque impuissant :

– Nous sommes décidés à périr, nous et nos enfants, plutôt que d'être livrés à la Bourgogne.

Cette résolution fit plier Regnault de Chartres. Et le sire de La Trémouille se contenta du titre de capitaine de Compiègne.

Mais c'est Guillaume de Flavy qui en devint le capitaine de fait. Je connais ses qualités et ses faiblesses : il est rude et débauché mais c'est un bon soldat. Je ne sais ce qui, en lui, l'emportera, de sa fidélité au Gros Georges, qui est le capitaine en titre, ou de sa loyauté au royaume. Il lui suffirait d'écouter les habitants de Compiègne pour choisir la bonne voie.

Quand je franchis le porche de la ville, mon cheval ne peut plus avancer dans les rues, tant les habitants me retiennent sur mon passage. Ce ne sont partout que transports d'affection. J'abaisse, pour les saluer, mon étendard. Ils crient :

– Jehanne ! Jehanne ! Sauvez-nous !

Je leur souris. J'ai le cœur chaud de renouer ainsi avec les allégresses populaires. Pourtant je ne suis pas venue à Compiègne pour cueillir des brassées d'éloges, mais dans le dessein de préparer un corps de secours pour la cité de Choisy-sur-Aisne aujourd'hui menacée.

Quelques jours plus tard, nous chevauchons vers Soissons. L'eau coule partout dans les campagnes. Je comprends très vite que les batailles à venir seront des batailles de rivières. Celui qui contrôlera les ponts sur les trois rivières de l'Aisne, de l'Aronde et de l'Oise gagnera cette guerre ultime.

Gagner Soissons, c'est gagner l'Aisne. Mais on m'apprend

– terrible nouvelle – que le capitaine de cette cité, Guichard Bournel, s'est vendu à Jehan de Luxembourg en échange de quatre mille pièces d'or. Comment ce chef picard a-t-il pu nous trahir ? J'enrage, je trépigne. Jamais de ma vie je n'aurais pensé que je fusse capable de hurler ainsi. Toute ma troupe me regarde, esbahie. Je crie ma fureur sous les remparts de la ville, devant le pont-levis relevé :

– Si ce Guichard Bournel tombe entre mes mains, je le ferai trancher en quatre pièces !

Toutes ces forfaitures et ces lâchetés ont usé ma nature. Je sens quelque chose qui a changé dans mon caractère. Je suis pressée de tous côtés. L'indignation me monte aux lèvres très vite. Je n'ai plus de mansuétude. J'ai perdu la constance et la débonnaireté. La guerre est entrée en moi. La défiance est venue gîter en mon cœur à force d'être bernée, moquée, abandonnée. Je frappe d'estoc et de taille, je mets toutes mes humeurs à donner buffes et torchons.

Je suis comme une louve que l'on traque dans la forêt épaisse et sombre. Je marche dans la nuit pour regagner Compiègne. Les capitaines, les seigneurs, les chevaliers m'ont quittée.

Un beau matin, on vient me lire la lettre du roi. Enfin, il a ouvert les yeux sur la fameuse « paix de Bourgogne » ; il écrit avec la plume du repentir : « Notre adversaire nous a trop longtemps amusés par ses trêves, sans ombre de bonne foi, alors qu'il affirmait ne vouloir parvenir qu'au bien de la paix… Mais, maintenant, il montre clairement qu'il n'a eu aucune volonté de parvenir à la paix ; il n'a cessé de favoriser nos ennemis et a levé une armée pour nous faire la guerre, à nous, à nos pays et loyaux sujets. »

La ville de Choisy a capitulé le seize mai. Le duc de Bourgogne a transporté son camp à une lieue de Compiègne et y a commencé le siège. Nous n'avons plus le choix. Le vingt-deux mai, je dors à Crespy. Je n'ai autour de moi que trois ou quatre cents hommes, avec mes Italiens, mes Lombards, et ce capitaine Baretta qui porte un haut casque maniéré en bec de passereau, plus habile à la parade qu'au champ de guerre. C'est bien peu de monde pour traverser les batailles ennemies.

Le lendemain, au soleil levant, j'accomplis mon dessein. J'entre avant le jour, par la forêt, dans la ville de Compiègne en son midi. En passant sous la porte de Pierrefonds, je suis envahie de sombres pressentiments. Je me rends à l'église Saint-Jacques pour y communier et y faire mes dévotions. Il y a foule dans la nef, plusieurs centaines de femmes et d'enfants, des gens du commun.

À la vue de cette assistance désemparée, et sous le coup de l'émotion, je me mets à pleurer à chaudes larmes. Je monte derrière un pilier près de la sainte table. Je regarde ces bonnes gens, elles attendent une parole de réconfort. Alors, je prends dans mes bras une fillette et, d'une voix brisée, j'adjure tous les assistants :

– Priez, priez, mes chers amis ! Priez pour cette petite fille ! Et vous, chers enfants, regardez là-bas la Vierge Marie qui vous sourit, suppliez-la ! Il faut que je vous dise : on m'a vendue et trahie. Bientôt, je serai livrée à la mort. Je ne pourrai plus servir le roi, ni le royaume de France. Priez pour moi !

Puis je me tourne vers le frère Pasquerel, mon cher aumônier. Je lui donne mission de demeurer dedans la ville dès que j'en aurai sailli. Je lui demande aussi de dire et de faire dire des messes :

– Cher frère Jehan, vous m'avez suivie partout. Vous m'avez soutenue, confessée, encouragée. Et souvent vous m'avez parlé de la Communion des Saints, de ce lien invisible mais si fort entre ceux qui vivent et peinent ici-bas et ceux qui, sur nous, veillent de là-haut. Nous avons évoqué ensemble cette armée des anges qui nous garde par sa présence et nous élève en nous arrachant à nos tiédeurs. Tôt ou tard, je serai prise. Je voudrais bien, lorsque j'aurai quitté ce monde, que notre seigneur le roi fonde des chapelles où l'on fera des prières pour le salut de tous mes compagnons d'armes trépassés par amour du royaume.

Je ne veux pas attendre davantage. Rien n'est perdu. Compiègne est une ville cernée par les Anglais et les Bourguignons mais elle n'est pas encore une ville investie. L'ennemi se tient au-dehors, sur les coteaux. Cette place, qui fait frontière du pays de Picardie, est aujourd'hui clef de France et chambre royale. Si la clef venait à se perdre, la chambre serait aussitôt envahie. Alors, le roi anglais de huit ans serait oint à Reims… Et c'est en Écosse que Charles irait finir ses jours.

«Je n'ai rien à dire au chef des Français reniés»

GUILLAUME DE FLAVY m'invite à tenter une sortie dès aujourd'hui et à la conduire moi-même. Je veux d'abord reconnaître les remparts et la campagne alentour. Quand je suis arrivée, à l'heure secrète de l'aube, il faisait encore nuit, on ne pouvait rien lire dans les masses sombres.

Le capitaine de la ville me fait monter sur les puissantes murailles aux larges créneaux qui entourent la citadelle. Au midi de la ville, coule l'Oise. La rive est tranquille. Il me désigne au loin le fameux confluent de la puissante rivière avec ses deux bras, l'Aisne et l'Aronde.

C'est au nord que sont installés les logis de l'ennemi. Depuis le chemin de ronde, j'observe les larges douves, les ponts-levis et les fossés. Le capitaine me montre les trois campements, les tours de guet et les palissades que sont en train de dresser les hommes d'armes bourguignons.

Je veux attaquer l'ennemi à Margny, en face de la citadelle. Mais il nous faudra gravir le coteau. Guillaume de Flavy souligne le grand danger qu'il y aurait à s'éloigner de l'enceinte :

– Dès que vous serez dans le grand champ, il faudra prendre garde à vos deux flancs : sur le flanc droit là-bas, à Clairoix, campent Jehan de Luxembourg et ses guerriers picards ; sur le flanc gauche, à Venette, les Anglais ont pris leurs quartiers hier soir. Ne vous aventurez pas sur cette vaste prairie d'herbes hautes. C'est un piège de la nature. Dans les mauvaises terres embourbées, vos chevaux ne s'en sortiront pas et leurs hennissements affolés donneront l'alerte à tous les guetteurs ennemis qui ont entrepris de ceinturer la ville. Les archers anglais et les piquiers de Bourgogne viendront alors vous couper la voie par la droite et par la gauche.

– Messire capitaine, vous n'aurez qu'à me couvrir contre eux avec vos bombardes et vos archers depuis ces remparts.

– J'essaierai mais je n'ai pas les troupes suffisantes pour aller vous secourir. Quel jour avez-vous choisi pour donner l'assaut ?

– Je n'ai pas choisi le jour mais plutôt l'heure : dès ce soir, à cinq heures.

À tierce, je m'en retourne à l'église pour entendre la messe de bataille. Et c'est après none que je décide d'attaquer. J'ai mis, sur mon armure blanche, ma plus riche huque de velours brodé. Je veux être parée pour cet assaut. Comme si je devais me montrer pour la dernière fois et partir soignée. J'ai pris ma lance à pennons. Mon escuyer Jehan d'Aulon porte mon étendard.

Je vais saluer le capitaine. Il me souhaite bonne chance. Puis-je vraiment lui faire confiance ? Je ne sais. Il connaît la ville puisqu'il est né à Compiègne et il jouit d'une réputation de vaillance. J'ai entendu parler de ses mérites car il a combattu avec éclat parmi les défenseurs de la Meuse, il y a un an. Puis il a renoncé aux armes mais l'inaction lui a vite pesé. C'est un homme qui n'aime pas demeurer dans l'ombre ; il est revenu là, dans sa ville, afin de s'y faire élire capitaine par les habitants. Il est proche du sire de La Trémouille qui voulait donner Compiègne au duc de Bourgogne.

Et pourtant, il me paraît sincère dans sa résistance opiniâtre aux assiégeants. Tous les habitants saluent sa trempe et m'encouragent à le croire loyal. Il a mis en place l'artillerie des remparts et il tient, sur l'Oise, des bateaux prêts pour recevoir les combattants en cas de retraite.

Il est cinq heures de l'après-midi. Armée de pied en cap, et parée sur mon harnois de ma huque, je m'avance à la tête de ma compagnie d'hommes d'armes, sur un bel et fier coursier, mon étendard haut levé et flottant au souffle du vent. Tous les chevaliers sont sortis sous la herse de la barbacane fortifiée qui commande la tête du pont. Ils se sont regroupés derrière moi pour charger ensemble sur la rive.

Je veux aller droit sur la fameuse hauteur sans laisser le temps à nos adversaires de nous reconnaître. Je demande à mes trompettes de ne pas sonner la charge. Je n'ai qu'une cinquantaine d'arbalestriers et une vingtaine de gens de pied qui portent une targe. J'entretiens mes cavaliers de quelques précautions à prendre pour ne pas s'enliser dans la fameuse prairie gorgée de méchantes vases.

Nous marchons vers le coteau mais j'aperçois, hélas, sur mon flanc droit, des troupes qui accourent déjà de Clairoix et chargent mes gens. Les Bourguignons avaient préparé de ce côté-là, derrière quelques haies épaisses, une forte embûche.

De l'autre côté, les choses ne vont pas mieux. Les Anglais saillissent de Venette. Ils remontent les bords de l'Oise. Bientôt, ils surgissent derrière moi. Ils menacent de nous couper la retraite. J'ai beau revenir à la charge, le flot des assaillants m'oblige à reculer. Par deux fois, je repousse les Bourguignons et les ramène jusqu'à leur logis. Et une troisième fois, jusqu'à mi-chemin. La panique finit par s'emparer de mes soldats. Ils ne songent plus qu'à sauver leur vie. Ils tournent bride.

Un de mes chevaliers me crie, épouvanté :

– Retournez vers la citadelle ! Nous sommes perdus !

– Taisez-vous et battez-vous !

– Mais ils sont plus forts que nous et plus nombreux !

– Il ne tient qu'à vous qu'ils soient desconfis. Ne pensez qu'à frapper sur eux !

Hélas, autour de moi, les hommes font retraite. J'ai beaucoup de peine à sauver ma compagnie. En sortant du pont-levis, j'étais à l'avant, mais maintenant que les cavaliers s'en retournent vers la citadelle, je me retrouve à l'arrière.

Je ne céderai pas. Je veux faire face à l'ennemi comme un chef vaillant qui protège son troupeau. Mes efforts sont vains. Je vois des chevaux blessés qui s'enfuient sans leur monture, des cavaliers à terre qui gémissent dans les hautes herbes de la prairie bourbeuse. On crie de tous côtés :

– Repliez-vous ! Repliez-vous !

Ou encore :

– Au pont ! Au pont ! Au pont !

Je suis entraînée par mes hommes. Je recule malgré moi et m'en retourne droit au pont.

C'est trop tard. Les ennemis ont envahi tous les abords de la bastille. La cavalerie bourguignonne déferle. Beaucoup de mes hommes s'engouffrent sur le pont-levis.

Les archers lombards courent en tous sens et la plupart de mes soldats abandonnent leurs arbalestres pour aller se jeter, en armure, dans l'eau de la rivière.

Il ne me reste plus qu'à faire demi-tour moi-même pour gagner la rive et rentrer dans Compiègne.

Au moment où je vais aborder le pont, je n'en crois pas mes yeux. Je vois qu'il se relève et j'entends une voix qui hurle :

– Abaissez la herse !

Me voilà acculée dans l'angle formé par le flanc de la bastille et le talus de la chaussée.

Mon cheval, hagard et blessé à l'oreille, fait demi-tour. Les hommes de ma compagnie, piégés comme moi, tombent les uns après les autres sous les coups des assaillants. Je n'ai plus qu'une poignée de défenseurs autour de moi. Nous sommes entourés de cottes bleues et de croix de Saint-Georges.

Je me dresse sur mes estriers. Mon étendard m'échappe et roule à terre. Je suis cernée de toutes parts. Ce sont des archers bourguignons qui s'avancent lentement, lourdement et qui crient à pleine poitrine :

– C'est la Pucelle ! C'est la Pucelle ! C'est elle !

Alors ils se disputent entre eux. C'est à qui me prendra. Ils en viennent aux mains. Courant vers moi, chacun m'admoneste :

– Rendez-vous à moi ! Rendez-vous à moi !

– Jamais ! Jamais ! Jamais !

Un chevalier bourguignon, fort d'eschine, s'approche de plus près, la visière haute :

– Jehanne la Pucelle, donnez-moi votre foi !

– Ma foi, je l'ai donnée à un Autre ! Et pour toujours ! Je tiendrai mon serment…

Soudain, un archer, en surcot bleu déchiré, raide homme et bien aigre, me tire violemment par ma casaque de drap d'or. Je tombe en arrière. Il me renverse de cheval et me fait glisser toute plate à terre. Quelques Français, qui sont près de moi, s'efforcent de m'aider à remonter à cheval. Mais c'est impossible.

Un homme d'armes s'avance et me presse de me rendre à lui ; il aplatit son écu rouge sur ma poitrine :

– Jehanne la Pucelle ! Vous voyez que vous ne pouvez plus vous échapper. Rendez-vous à moi !

Je suis perdue. Je tourne la tête. De tous côtés, il n'y a plus autour de moi que des boucliers au lion de gueule menaçants. Ils sont prêts à m'occire. Je n'ose plus faire le moindre geste. Je demande au capitaine qui me presse s'il est gentilhomme :

– Oui, je le suis. Je suis le bastard de Wandonne.

Alors, je lui confie ma foi. Il explose de joie. Il se met à crier :

– Elle est prise ! C'est moi qui l'ai ! C'est moi qui l'ai !

Un peu plus loin, j'aperçois mon petit frère Pierrelot qui gémit, et mon escuyer Jehan d'Aulon qui s'effondre et se rend à son tour. Les voilà prisonniers comme moi.

L'homme qui m'a capturée est maintenant plus joyeux

que s'il eût un roi entre ses mains. Il m'emmène lui-même à Margny, sur la hauteur, pour m'y garder jusqu'à la fin de la besogne.

Bientôt ce sont les Anglais qui hurlent à leur tour. Ils n'osent croire à cette fortune. Transportés, ils font grands cris et esbaudissements :

– Nous l'avons ! Nous l'avons !

L'un d'entre eux me dira plus tard, à Margny :

– Nous eûmes été moins contents si nous avions pris cinq cents combattants d'un coup. Car nous autres, les Anglais, nous ne redoutions nul capitaine comme vous, la Pucelle des Armagnacs.

Je me retourne une dernière fois vers la citadelle. Adieu Compiègne ! Adieu la liberté ! Les feux de la Saint-Jean n'ont pas encore été allumés. Mes Voix avaient raison…

Il doit être six heures du soir. Les cloches des églises n'ont pas cessé de sonner pour encourager les habitants à prier et les soldats à combattre.

Quelques instants plus tard, je vois arriver, derrière une palissade de pieux où on me retient les mains attachées à de grands lacets, le duc de Bourgogne en personne. Il gîtait à Coudun, juste à côté, avec ses troupes fraîches. Je ressens de la gêne dans son maintien. Je l'ai tout de suite reconnu car il est entièrement revêtu de noir, même le chaperon. Le noir du deuil de son père, le noir de Montereau. Je le regarde sans faiblir. Ses yeux m'observent fixement :

– Alors, c'est vous, la Pucelle ?

– Oui, c'est moi. Je n'ai rien à dire au chef des Français reniés.

– Insolente petite bergère ! Reprenez vos esprits ! On ne parle pas ainsi à un prince du sang royal…

– Du sang royal ? Vous voulez dire un prince qui s'est dressé contre son sang, le sang français… Et puis, vous n'avez jamais répondu à mes lettres.

– Je ne réponds pas aux lettres des bergères.

– Oui, je sais, vous ne répondez qu'aux lettres des princes, des princes… anglais ! Un jour viendra où vous tomberez aux genoux du roi de France. Et vous le supplierez ainsi : « Sire, vos ennemis seront toujours mes ennemis ! »

«J'attends que le roi me rachète»

EN PLEINE NUIT, on me bouscule jusqu'à une tour flanquante, encombrée de soldats qui s'empressent de me désarmer. Ils me dépouillent d'abord de ma huque de drap d'or et de mes mitons, puis ils s'emparent de mon harnois de tête. Ils me contraignent à déboucler mes garde-bras et ma cuirasse.

Une nuée d'archers m'entoure. Les varlets, qui me surveillent de leurs yeux méfiants, me déchaussent de mes esperons et se disputent mes solerets. Lorsqu'ils me découvrent en simple pourpoint et qu'ils devinent ma poitrine, ils font un pas en arrière en riant grassement. Quelques-uns m'éclaboussent de leurs jurons. Plus tard, un escuyer me jette un gippon et une cotte usagée.

Le capitaine qui commande les geôliers, celui-là même dont les gens m'ont capturée, vient vers moi au petit matin et m'annonce qu'il m'a cédée à son maistre. Il se décoiffe de sa salade et m'avise qu'il appartient au sire de Beaurevoir, Monseigneur Jehan de Luxembourg.

Par la fenêtre de la sombre tour où l'on me retient prisonnière, j'entrevois un ciel aux couleurs muettes. Étrange printemps. Tout est blême. Je devine, au bruit, d'un côté une rivière, sans doute l'Aronde, et de l'autre, une baille où s'ébattent les volailles.

On se presse pour me voir. Je suis devenue une curiosité, comme une salamandre rare que l'on aurait trouvée dans les douves. Une petite bête précieuse à laquelle on veille d'apporter une livre de pain par jour. Car le sire de Beaurevoir a donné instruction de me tenir en bonne santé. Mes gardiens murmurent entre eux que je suis une « fille à rançon », une captive de prix, qu'il convient de garder en estat.

Après plusieurs journées passées au château de Clairoix, un chevalier me fait sortir sur le pont-levis. Ses palefreniers me baillent un cheval. Il pleut à torrent. Je revêts un chaperon de voyage que l'on m'a préparé. Je tortille la cornette autour de ma tête pour me mettre à l'abri. Ma jaque noire et ma grosse chemise de toile grise sont vite trempées.

Je ne sais pas où l'on me conduit par ces chemins parsemés de grands bois. Une escorte d'une dizaine de Bourguignons hargneux me fait cortège. Ils ont pris soin de retenir ma monture par une longe attachée aux poings de deux cavaliers et à la selle d'un escuyer qui marchent botte à botte. Ils m'injurient au premier pas de côté.

De temps en temps, l'escorte fait halte pour s'assurer que les harnachements sont prestement ajustés et qu'ils ne risquent pas de blesser les chevaux. On s'arrête aussi pour les faire boire. Ma seule consolation est de sentir derrière moi, à l'arrière du convoi, la présence de Pierrelot et de mon fidèle escuyer, Jehan d'Aulon, qui connaît bien le pays traversé. Il me glisse quelques mots précieux sur le chemin que nous empruntons.

La plaine picarde qui s'ouvre à nous a éloigné les pluies et les brumes. La chaleur des approches de l'été fait maintenant scintiller les lointains.

Bientôt, nous franchissons un nouveau pont-levis. Le portier et les hommes d'armes me conduisent au dernier étage d'une tour dont l'escalier est fermé au rez-de-chaussée. Je retrouve Jehan et Pierrelot, tout à côté de moi. Selon Jehan, nous sommes au château de Beaulieu-les-Fontaines. Très vite, on vient les chercher et je me retrouve seule.

Quelques jours plus tard, le bastard de Wandonne me requiert et m'accompagne jusqu'au palais épiscopal de Noyon, à quelques lieues de ma prison.

On me mène voir une grande dame, orfévrée de robe, qui semble en attente d'enfant. Elle porte un hennin à l'ancienne, est entourée de femmes de seigneurie et de serviteurs empressés. Je fais pâle figure à côté d'elle avec mes chausses noires maculées de boue.

Cette dame de grande courtoisie me fait asseoir. Elle me sourit. C'est la duchesse Isabeau de Portugal, l'épouse de Monseigneur Philippe le Bon. Elle a exprimé le désir, me dit-elle, que je lui sois présentée. Le duc a accédé à cette demande. Elle me pose de nombreuses questions sur ma santé, ma famille, mes visions. Je la sens attentive et touchée par ma détresse. J'ose lui dire ma peine de voir son époux, le duc de Bourgogne, faire allégeance au roi anglais. Elle ne répond pas mais je sens qu'elle m'observe avec les yeux de la compassion. Elle cherche à adoucir mon sort et se déclare prête à user de son influence. Elle espère que je ne logerai pas longtemps dans ces forteresses peuplées de soudards. Elle parlera à son mari.

Elle lui demandera que l'on me transporte au château de Beaurevoir qui est la demeure de Monseigneur de Luxembourg. Elle veut que l'on me garde en Bourgogne. J'y serai mieux protégée. Je crois comprendre, à travers ses paroles, que Philippe le Bon n'entend pas faire droit aux requêtes des Anglais et de leurs alliés, qui attendent que l'on me livre à eux.

La duchesse Isabeau de Portugal ne tarde pas à me faire savoir que son mari est décidé à résister aux Anglais sur cette question : le château de Beaurevoir est en Bourgogne, le roi Charles le Septième pourra ainsi m'y racheter, hors la présence et les convoitises des Godons. Ses paroles me procurent un peu d'espoir.

Malgré tout, l'appel de la liberté est plus fort que toute raison. Après deux jours passés dans la tour du château de Beaulieu, je commence à chercher le moyen de m'enfuir. Comme j'ai la taille plutôt fine, je parviens à sortir de la chambre où je suis retenue, en pratiquant une petite musse entre deux pièces de bois dans la charpente. Je me dispose ensuite à renfermer mes gardes dans une échauguette pour aller libérer mes compagnons de captivité. Hélas, le hasard de ses rondes amène le portier du château sur mon passage. Cet homme ne m'a pas plutôt aperçue qu'il donne l'alerte par ses cris. Je reviens sagement dans mon cachot et j'entends la corne du guetteur qui sonne l'alarme dans toutes les courtines. Il n'a pas plu à Dieu que je m'échappe pour cette fois.

Le voyage vers ma nouvelle prison, le château de Beaurevoir, sera rude, éprouvant. À cause de ma tentative d'évasion, on me lie les mains avec une méchante corde qui me déchire les poignets quand je tire sur les rênes. Souventes fois, je manque de tomber de cheval.

Nous traversons un pays aux larges horizons couronnés par des blés encore verts. J'aperçois une forteresse massive enceinte d'imposantes murailles de pierre blanche, hautement tourellées. Elles dominent un cercle de collines aux pentes adoucies mais recouvertes de bois touffus.

Je regarde le donjon. Ici, la fuite paraît impossible. Il fait au moins soixante-dix pieds de haut et les remparts sont entourés de fossés profonds, avec la crête du contre-fossé qui protège le chemin de ronde et le rend invulnérable.

Sur le front de la porte d'entrée, je retrouve les armoiries – avec les fameux griffons soutenant un lion à queue fourchue – gravées sur l'écu de mon vainqueur à Compiègne.

Tout autour de la cour principale, des varlets s'affairent entre le logement des gens de guerre et les écuries.

La forteresse est remplie d'hommes d'armes, de bruits de guerre, de hennissements de chevaux, de retentissements de cors, de lances reluisantes au soleil de juin, de bannières flottant au vent. Partout, au pied des murs, gisent des amas de boulets de pierre bleue, des réserves de fers de lance et des pointes de chevaux de frise. C'est un château de guerre.

On m'accompagne au sommet d'une des tours, sous le toit que soutient une puissante charpente en étoile. Elle est éclairée par les fentes des mâchicoulis noircis par la poix d'anciennes batailles.

On m'autorise à monter sur l'aire supérieure, une fois

par jour, afin d'y respirer les brumes du soir. On me donne deux seaux d'aisance, un peu de linge, et on me conduit à l'étuve où je peux enfin me laver, sous la sauvegarde de bonnes personnes de la panneterie. Je dors sur la paillasse d'un bat-flanc scellé dans le mur.

Heureuse surprise ! Trois dames de haut parage viennent me visiter. Elles portent de riches houppelandes et se présentent à moi : la dame de Beaurevoir, Jehanne de Béthune, qui est l'épouse de Monseigneur de Luxembourg, sa fille que les dames appellent Jehanneton, et une vieille demoiselle – encore une Jehanne – qui est leur tante. Je comprends à demi-mot que les trois Jehanne recèlent une sympathie secrète pour la cause de mon roi.

La dame de Beaurevoir me raconte que son premier mari a été tué, dans les rangs français, à la bataille d'Azincourt. Sa fille Jehanneton – Jehanne de Bar – me confie qu'elle partage les mêmes amertumes que sa mère vis-à-vis des Godons. Et la troisième Jehanne, qui est très ancienne – au moins soixante ans –, me glisse à l'oreille qu'elle fut jadis dame d'honneur d'Isabeau de Bavière et qu'elle est l'une des marraines de Charles le Septième.

Les trois dames de Beaurevoir me permettent d'assister aux offices religieux célébrés par les chapelains dans l'oratoire du château. Elles me visitent chaque jour. Au fil de leurs apitoiements, elles se prennent de tendresse pour moi et me délivrent des confidences sur le cours des choses. Ce qui nourrit mes inquiétudes les alarme. Mes chagrins les font pleurer. Le souci de ma liberté devient le leur.

Elles m'annoncent que l'on s'agite fort dans le parti anglais pour trouver les moyens de me perdre. Et elles ont appris que l'un des chefs d'accusation que l'on élève contre moi repose sur mon habit d'homme. Désirant me sauver du péril qui me menace, elles s'empressent de me porter des robes et gippons de mon sexe. Elles m'invitent de la manière la plus engageante à m'en revêtir. Elles vont même jusqu'à me faire porter du drap pour en faire des cottes à ma fantaisie, dans le cas où les robes qu'elles me présentent ne me paraîtraient pas convenables.

Elles savent que j'aime filer car je leur ai raconté cette joie de mon enfance. Elles connaissent aussi mon faible pour les beaux tissus. Mais je refuse leurs huques avec fermeté. Je ne quitterai point la robe noire que je porte. Je leur répète sans cesse :

– Comprenez qu'il est encore trop tôt pour laisser mon habit de chef de guerre. Je n'ai pas reçu le congé de Messire Dieu. Mon œuvre n'est pas terminée. Je ne peux accéder à votre requête.

Malgré le désir de mes nobles hôtesses d'adoucir ma captivité, elles ne peuvent en faire disparaître les rigueurs. Je n'ai pas la liberté de parcourir librement les remparts de Beaurevoir. On me retient dans le donjon mais je n'y suis pas enchaînée. On m'apporte chaque matin mon escuelle de soupe et un petit pain de froment.

Je suis traitée comme une prisonnière de guerre mais on me regarde aussi comme une captive de prix. J'attends que le roi Charles me rachète. Ce n'est sans doute qu'une question de jours…

« Ils vont me vendre ! »

Bientôt s'invite en mon cachot un chevalier portant un collet de fer et que Monseigneur de Luxembourg envoie me visiter en son nom. Il s'appelle Raymond. Il est seigneur de Macy. Cherchant à égayer mes angoisses par son entretien, il plaisante et se permet même ces agaceries badines que la délicatesse des mœurs et des usages a fait abandonner depuis longtemps chez nous, à Domremy, dans les mesnies moins relevées que la sienne. Je me plais en sa compagnie : sa conversation, son maintien et ses gestes sont pleins d'honnêteté.

Hélas, un jour, il se hasarde, en jouant, à vouloir porter la main sur mon sein. Je le repousse de toutes mes forces. Il me supplie d'entendre ses tendresses et d'agréer son amour. Je lui interdis de revenir me voir.

Malgré les visites des dames et ma promenade quotidienne à ciel ouvert en haut du donjon, je trouve le temps long. Je suis là depuis plusieurs mois déjà.

Ce qui m'afflige le plus, pendant toutes ces journées incertaines, c'est le danger où se trouvent les habitants de Compiègne et l'impossibilité où je suis de leur venir en aide. Je prie sans cesse pour eux et unis mes oraisons à celles de mes Saintes protectrices.

Bientôt, une nouvelle frayeur vient ajouter à mon malheur : les dames de Beaurevoir me font savoir que Monseigneur de Beauvais, l'évêque Cauchon, veut se venger de moi. Il séjourne ici même, au château de Beaurevoir.

Les dames ont surpris une méchante conversation : cet évêque aurait confié qu'il me regardait comme l'inspiratrice de son bannissement. À cause de moi, il a quitté Reims, puis son évêché de Beauvais, chassé par la foule. Il se prétend mon «juge naturel» car j'ai été arrêtée sur les terres de son diocèse. Il fait sa cour aux Anglais et presse les Bourguignons avec insistance pour me traduire devant son tribunal.

On ne parle plus de rançon à mon sujet mais de procès. Je ne comprends pas ce que fait le roi Charles. Où sont mes amis, La Hire, le Beau Duc, le frère Pasquerel ?

Un soir, la vieille dame de Beaurevoir, qui est la marraine du roi, s'effondre : elle m'apprend que l'Université de Paris a écrit au duc de Bourgogne pour que je comparaisse devant un tribunal ecclésiastique comme suspecte de magie et de sortilèges. Les docteurs et maistres veulent me faire un procès en la foi. La vieille dame me confie que son neveu a reçu une lettre d'éloges de l'Université. Elle le félicite d'avoir été loyal à son serment de chevalerie, qui est de garder l'honneur de Dieu et d'avoir employé sa noble puissance «à appréhender cette femme qui se dit La Pucelle, par qui la foi catholique a été blessée et l'Église déshonorée».

Les trois dames sont désemparées :

– Les théologiens profèrent que, par votre occasion, mauvaises doctrines, idolâtries et erreurs se sont répandues dans le royaume.

Selon les maistres de l'Université, ce serait une intolérable offense contre la Majesté divine s'il arrivait que, par négligence, je fusse délivrée.

Les trois Jehanne devinent, à son humeur inconstante, que le comte Jehan de Luxembourg a perdu toute fermeté et ne sait plus que répondre aux lettres qu'il reçoit. Selon les dames de Beaurevoir, le ton des messages envoyés au château a changé. Aux pompeuses louanges sur ma capture succèdent les menaces.

Les lettres anglaises commandent que l'on me remette à l'évêque de Beauvais. Et l'Université met en garde le sire de Beaurevoir : « Tout chrétien, de quelque estat qu'il soit, est tenu d'obéir en des pareils cas, sous les peines de droit canonique. » Les dames craignent pour lui.

Le jour du quatorze juillet, c'est le comte de Luxembourg lui-même qui me visite dans ma prison… Il a le visage navré – une ancienne blessure –, un œil perdu et l'autre qui fuit. Ne sachant que dire pour s'excuser, il sort de sa manche brodée une lettre de réquisition remise par des notaires apostoliques : l'évêque de Beauvais exige du duc de Bourgogne et de son vassal, c'est-à-dire de lui-même, que je sois livrée à l'Angleterre afin de me confier à l'Église pour engager un procès. Je proteste de toutes mes forces :

– Monseigneur, oserez-vous me livrer aux Anglais ? Oserez-vous me vendre ?

– Est-ce de mon fait, rétorque le comte, si vous êtes diffamée d'avoir commis plusieurs crimes comme sortilèges, invocations de démons, et autres forfaits touchant notre sainte Foi ?

– Mais je suis prisonnière de guerre… et rien d'autre !

J'appelle à l'aide la dame de Beaurevoir, son épouse. Je la vois accablée, elle embrasse les genoux du comte et tend les mains en le suppliant. Elle le conjure, par les motifs les plus pressants de l'honneur et de l'humanité, de ne pas livrer à une mort certaine une « captive courageuse et loyale ». Elle fait valoir à son époux, en sanglotant, que les lois de la guerre commandent de respecter l'innocence, puisque, en me rendant prisonnière, j'avais donné ma foi et reçu celle de mon vainqueur.

Je demande au comte d'attendre au moins les propositions du roi Charles le Septième qui aura sûrement, de son côté, et dans la discrétion, fait agir auprès du duc de Bourgogne pour être admis à payer ma rançon. La réponse du sire de Luxembourg me bouleverse : il y a une proposition de l'évêque de Beauvais et une du roi d'Angleterre, mais aucune offre du roi Charles.

Je suis foudroyée. Anéantie. La vieille comtesse supplie en vain son neveu de ne pas souiller d'une tache ineffaçable le blason impérial des Luxembourg.

Je m'accroche à un seul espoir : les lois de chevalerie s'imposent à une personne comme lui, qui appartient à une vieille famille de tradition. Il n'osera pas se parjurer.

Grâce à la vieille comtesse et à l'épouse du comte qui partagent mes pieuses oraisons et veillent à me prodiguer de précieuses consolations, je peux m'agenouiller à leurs côtés dans la chapelle parée de fleurs et de feuillages pour célébrer l'Assomption de la Vierge.

Depuis la plate-forme de ma tour-prison, durant ma promenade, j'observe la vie des campagnes. J'entends les moissonneurs, les vieilles femmes et les enfants courbés sous les éteules, le bétail que l'on mène au pacage. Je ferme les yeux, je goûte les rumeurs de labours et de lavoirs. Je devine, à l'écho de leurs chants, l'envol des rouges-gorges, des chardonnerets, et des merles bien sûr. Ils ne connaissent pas leur chance. Ils sont libres. J'entends un filet d'eau. L'écho de ma Meuse ! Et je revois les couchants de mes rosées d'automne. Quel chagrin ! Quel tourment !

Le sommeil ne vient plus. Les nuits sont sans fin. Au moindre bruit, je sursaute.

Dans un recoin de mon cœur, j'espère encore être mise à rançon ou échangée. Si le roi hésite à me racheter, je le serai par l'élan des bons Français qui se cotiseront pour moi.

Mais je ne comprends pas cette haine de l'Université de Paris dont me parlent les dames de Beaurevoir, car ces maistres si doctes ressemblent à leurs confrères qui m'ont interrogée à Poitiers et finalement recommandée au Dauphin.

J'incline à penser que le comte de Luxembourg et le bastard de Wandonne sont gens trop loyaux pour forfaire à l'honneur. Et surtout, la vieille comtesse me protège. Elle m'avoue qu'elle a mis en garde son neveu, Jehan de Luxembourg. Elle fait devoir à son futur héritier, par un testament écrit, de refuser la rançon qui me livrerait à mes pires ennemis. L'héritier semble sensible à l'héritage en ces temps où les choses matérielles ont plus grand prix que celles de l'esprit.

Hélas, un matin, on m'informe que la vieille comtesse a quitté le château de Beaurevoir et que son neveu a trouvé moyen de contourner sa recommandation impérieuse. Il a résolu de ne lui obéir qu'en apparence : il ne me livrera pas aux Anglais. Il se contentera de me remettre à son seigneur, le duc de Bourgogne. Après quoi, il ira se laver les mains dans la cuvette armoriée de tous les Pilate de la France reniée. On me transportera, à l'automne, dans une ville ducale. Puis ce sera à Philippe le Bon de décider de mon sort.

Un soir, j'apprends par un visiteur impromptu que la ville de Compiègne doit être mise à feu et à sang. Cette nouvelle achève de m'exalter l'esprit. Je veux me porter à son secours. Dans mon trouble, j'appelle à l'aide mes Saintes protectrices.

Soudain, je vois courir vers moi la jeune Jehanneton. Elle m'annonce la terrible nouvelle :

– Jehanne ! Ils vont vous vendre aux Anglais !

J'aime mieux mourir que d'être en la main de mes ennemis. Le roi n'a rien fait. L'archevêque de Reims, Regnault de Chartres, aurait même, m'a-t-on dit, écrit une lettre aux Rémois pour les aviser que je suis une fille de vanité et que ma capture vient châtier mes démérites.

Me voilà abandonnée de toutes parts. Je m'en veux de mes crédulités et même de mes innocences. Le roi a détourné la tête. L'Église me poursuit. La Bourgogne me livre. Mes compagnons de combat ne donnent plus aucune nouvelle. Et mes Voix me demandent de prendre tout en gré.

Il ne me reste qu'à tenter une nouvelle évasion. Je sais

que c'est folie de sauter en ma mauvaise robe fourrée. Mais je n'y tiens plus et, malgré le conseil de sainte Catherine, je décide de saillir de mon cachot.

Avec un linge de mon lit, je tresse une cordelette. Elle ne servira à rien. Trop courte. J'attends la nuit. Je me glisse par une meurtrière, pose un pied sur le rebord. Je me retiens d'une main. Mon Dieu, que l'on est haut ! Je regarde en bas. Je ne vois rien. Trop de brume qui monte des douves. Je pose le second pied. Je marche collée au mur. J'hésite. En dessous, s'ouvre un trou noir, sans doute un fossé d'eau, une nappe de roseaux, un lit de vase. Heureusement, mes Saintes sont avec moi. Et Compiègne m'attend. Et le Ciel me protège. Je saute. Dans le vide. Je tombe sur le dos. La douleur me transperce ; puis plus rien. Je suis morte.

Je me réveille sous un faisceau de lances. Entourée de gardes, je reviens à la vie dans une forme boueuse. On me donne des secours. Pendant deux ou trois jours, mon corps est si grevé que je ne peux ni boire ni manger.

Toutefois, sainte Catherine vient me réconforter. Elle m'invite à me confesser et à demander pardon à Dieu d'avoir défié les airs. Elle me confie aussi que les habitants de Compiègne auront secours avant la Saint-Martin d'hiver. Alors je reprends force et, tantôt, je suis rétablie. Je remercie mes Voix qui m'ont encore sauvée. Lorsqu'elles virent en quelle nécessité j'étais de chercher à m'évader, ne pouvant et ne sachant me tenir, elles me vinrent en aide et empêchèrent que je me tuasse. C'est la preuve que ce sont de bons esprits.

Je n'ai pas le temps de guérir complètement. Mes reins

endoloris me torturent. Je ne reverrai pas les dames de Beaurevoir. Un nouveau voyage m'attend. Une nouvelle prison.

En ce matin du mois d'octobre, l'escorte quitte le pont-levis. Nous passons près d'une abbaye. Les moines se signent comme sur le passage d'une fille du Diable. Je suis épuisée, l'âme endeuillée et le cœur broyé par les angoisses.

Nous entrons dans une ville austère, enceintée de fortes défenses. L'escorte passe entre deux châtelets successifs. On m'enferme à l'étage du châtelet principal dont les grosses tours surplombent les fossés des remparts. La pluie tombe nuit et jour. Je tremble de froid. On me fait savoir que je suis désormais entre les mains du puissant duc de Bourgogne et non plus de son vassal.

Je n'ai plus d'espoir sur cette terre et me tourne vers le Ciel où j'implore mes Voix. Elles me disent que je verrai bientôt le roi d'Angleterre. Cela ne me dit rien qui vaille.

Pauvre de moi ! Du matin au soir, je pleure. Je pleure sur l'enfant que j'étais, sur les bonheurs de Domremy que j'ai perdus, sur mes parents reclus là-bas dans leur chagrin. Je pleure aussi sur la lâcheté des hommes. Je pleure sur ce roi que j'ai mené jusqu'à Reims et qui a peur de son ombre souveraine. Je n'ai pas réussi à relever le monde du péché de veulerie.

« On rit en hurlant : Voilà la sorcière ! »

L'ESCORTE VIENT ME CHERCHER avant le jour et me désigne une vilaine monture, une sorte de mule qui boite bas. Nous prenons la route. Pour aller où ? On ne veut pas me le dire. Et d'ailleurs qu'importe ! Je suis résignée au malheur.

J'attends que mes Saintes me libèrent. Mais mon corps se rappelle à moi. Je grelotte. On me baille une grande cape de laine grossière. Merci mon Dieu…

Novembre a ramené le froid. Les palefreniers arriment sur l'un des chevaux de bât quelques collets de fourrure. On part vers l'hiver. Vers le nord.

La route est balayée par de méchants vents d'ouest chargés de crachins et de violentes averses. On passe à côté d'Azincourt et de Crécy. Le chemin des défaites et des humiliations. Ricanements du convoi. Dans les nuages de pluie, au-dessus des herbes d'eau et des terres molles, tournoient des vols d'oiseaux de malheur, criards et aigres, que je n'avais jamais entendus.

Soudain, sort de la brume épaisse une grande chose grise, parcourue de longs frémissements, un étang sans fin, sans berge, sans bords. C'est la mer. Je ne l'avais jamais vue. Où est-on ? Que fait-on ici au bout de la terre ? Personne ne veut me répondre. Et toutes ces mâtures, ces bateaux, ce port ? J'ai compris. La mer, c'est la barrière qui nous sépare de l'Angleterre, la prison du duc d'Orléans. On me rassure : je serai bientôt enfermée dans l'une des quatre tours crénelées de la forteresse du Crotoy.

Je loge au-dessus de la tour de la Brasserie qui abrite des futailles de houblon et de bières blanches. Ma prison est – paraît-il – célèbre. Elle a jadis abrité le Beau Duc. Les murailles sont épaisses et maçonnées en galets de mer. Le pont-levis, entre deux ponts dormants, franchit un fossé gorgé d'eau par les marées. Ici la mer s'invite partout, elle est maistresse de la terre et des hommes.

Au moins, j'ai grand air, sous un ciel gris et terne, toujours très bas et sans orgueil. Et charitable puisqu'il m'envoie un messager, captif comme moi, dans la citadelle : c'est un maistre de l'Université de Paris, un chanoine chancelier de la cathédrale d'Amiens. Il a été enfermé ici pour avoir conspiré contre la seigneurie anglaise en Picardie. C'est un prêtre et un Français de cœur. Il m'entend en confession et on me laisse assister à ses messes. La présence de ce compagnon d'infortune ranime mon courage et mes forces. Il m'aide à attendre et à ne plus rien espérer ici-bas. Ou plutôt à offrir, à tout donner.

Je lui raconte mes prisons et mes errances captives, mes évasions aussi. Il me met en garde :

Ici, Jehanne, ne cédez pas à la tentation de vous échapper. Nous sommes dans un pays où les chemins ne mènent nulle part. D'un côté, il y a la mer et l'Angleterre et, de l'autre, la baie de Somme, occupée par les Anglais. Ici, je ne prêche qu'aux mouettes. On ne s'échappe pas du Crotoy.

Il passe ses journées avec son missel ou plongé dans *L'Imitation de Jésus-Christ*. Mes geôliers, dans l'escalier, qui épient le moindre de mes gestes et braillent toute la journée, sont ma seule compagnie, avec les oiseaux de mer qui braillent eux aussi.

La tour est orientée vers les grands vents, battue par les flots. On l'appelle « la tour vers les champs ». Les champs d'écume. Les journées de décembre sont courtes mais le temps est long. Je tue les heures, accoudée à une lucarne, je promène mes yeux vers le large. J'interroge le Ciel et la mer qui s'unissent là-bas, à l'horizon, dans les moires du couchant.

Lasse, rêveuse, j'imagine, tout au fond, dans la mer brumeuse, les clairières du Bois-Chenu et mon père qui laboure un sillon d'écume. Puis, quand vient le tumulte des marées, les flots déchaînés, je crois deviner les dunes anglaises, la terre ennemie. Je veux partir là-bas, j'irai chercher, sur la grève d'en face, le duc d'Orléans. Il me dira merci ; merci d'avoir délivré sa ville.

Chaque lendemain ressemble à la veille. Il n'y a que la mer qui change et, parfois, s'emporte ; elle écume. Je guette, à l'horizon, quelque bateau de pêche, qui viendrait de chez Marguerite d'Antioche aborder à la douve et chercher mes geôliers en leur touchant le cœur. Une barque de saint Pierre. Rien ni personne ne vient. Excepté, un jour, quelques demoiselles et bourgeoises qui débarquent pour me visiter. Elles m'annoncent une bonne nouvelle :

Compiègne a été délivrée. Je saute de joie. Selon mes visiteuses, les revers anglais ont pour conséquence de déchaîner leurs courroux :

– Jehanne, il faut que vous sachiez que, même dans les fers, vous inspirez aux Godons une terreur profonde. Entre le roi d'Angleterre, l'évêque de Beauvais et les maistres de Paris, c'est à qui vous rachètera.

– Si les Anglais me rachètent, je suis perdue. J'ai tellement peur qu'ils viennent ici pour m'embarquer et m'emprisonner outre-Manche. Alors, je ne reverrai jamais Domremy et ma famille. Pourquoi cette rage des Anglais ?

– Vous n'êtes qu'un instrument. Pour épouvanter les troupes françaises et remettre un peu de bravoure dans les armées anglaises, ils ont nécessité d'infamer le roi Charles. En vous faisant passer pour sorcière, ils entendent souiller l'honneur du roi de France que vous avez fait sacrer à Reims. Les Anglais désirent que l'Église vous condamne en matière de foi pour déshonorer le roi Charles puisqu'il vous doit sa couronne. Ils veulent vous salir pour l'éclabousser.

Et déjà, mes gardiens m'avisent que l'heure de partir est venue. Ils me font descendre de ma tour, me poussent dans un chaland, au pied de la forteresse. Où m'emmène-t-on ? En Angleterre ? La silhouette du château du Crotoy s'éloigne dans les eaux grises. Les mouettes saluent en ronde. Nous allons vers la terre.

Soudain, j'aperçois une large rivière, un pont, un débarcadère. Des hommes d'armes s'approchent. Ils portent la croix de Saint-Georges. Des Anglais ! Voilà, je change de mains. Je passe des geôles bourguignonnes aux geôles anglaises. La rançon aura été payée. Je suis vendue. Pour dix mille livres tournois, me dit-on. On me lie les mains, cette fois-ci, derrière le dos. Un soldat a ôté mes estriers pour que je ne sois pas tentée d'esperonner ma monture. Je marche, affaissée sur ma selle, les mains bleuies par le froid, au milieu d'une troupe de deux lances fournies, d'une dizaine d'hommes d'armes et de vingt-cinq archers.

Après un long trajet, j'aperçois au loin une vaste enceinte noyée dans la brume d'une triste journée de l'Avent. Un capitaine anglais s'approche de moi ; il me montre du doigt le haut rempart qui est notre point d'arrivée : nous touchons à Rouen, c'est la forteresse de Philippe Auguste.

L'escorte passe le pont-levis et entre par la porte devers les champs. La cour est immense. On y croise un grand concours de seigneurs anglais et de prélats. On me presse, on me pousse à coups d'épaule. Je culbute, au milieu d'une haie d'archers et de pavois. J'entends des cris d'enfants. On rit à gorge déployée, en hurlant :

– Voilà la sorcière ! Le Diable est arrivé chez le roi d'Angleterre.

« Ils ont peur que, par sortilège, je m'envole »

C'EST LA PLUS SOMBRE SOIRÉE de ma vie. Dans le lointain, j'entends les cloches qui font fête dans toute la ville. Il doit être minuit. C'est Noël. J'écoute la joyeuse rumeur et les chants qui montent dans la cour jusqu'à l'huis de mon cachot. Les heures passent, je suis seule, j'ai froid. Je n'aurai pas de messe. C'est Noël sans Noël.

Depuis mon arrivée dans cette tour-prison, je n'ai pas eu le droit de sortir une seule fois. J'ai les jambes retenues par des ceps de fer réunis par un fort anel à une serrure, et reliés à une grosse pièce de bois d'au moins cinq pieds de long.

Pendant mon sommeil, je suis couchée ferrée aux chevilles avec deux paires de lourdes entraves et attachée étroitement par une chaîne traversante aux pieds de ma planche de lit. Un second anel, qui me retient par le milieu du corps, m'interdit de me mouvoir.

Je demeure ainsi sous la garde menaçante de cinq geôliers anglais, des houcepailleurs qui se vantent eux-mêmes d'avoir été choisis dans les derniers rangs des misérables. La nuit, deux d'entre eux restent dehors, en simple brigandine, en haut de l'escalier à sept degrés où ils font les cent pas. Mais les autres dorment sur leurs bat-flanc, en mon cachot, ou restent debout, coiffés de leur méchante barbutte. Leurs jambières de laine trouées laissent apparaître de vilaines croûtes. Ils jurent, titubent, hoquettent et vomissent sur leurs chausses de poulaine.

Ils désirent ma mort, me la promettent et font de moi la cible de leurs risées. Ils m'insultent et me traitent sans l'ombre d'un égard.

En vain, je les reprends de leur manque de charité. Ils poussent la méchanceté jusqu'à m'éveiller en pleine nuit pour m'annoncer l'heure prochaine de mon trépas.

À chaque instant, je suis exposée, de la part de ces hommes vils et dépravés, à des outrages toujours plus affreux. Plusieurs fois par jour et par nuit, ils tentent de me forcer.

Un soir, un de ces houcepailleurs, profitant de mes entraves, réussit à défaire mes aiguillettes et à détacher mes chausses. Je crie, je hurle. J'appelle à l'aide. Alors je vois arriver un seigneur à croix de Saint-Georges. Il sermonne les gardiens en faute, leur interdit de me toucher. Puis il se présente à moi comme le gouverneur de la ville et le précepteur du jeune roi d'Angleterre. Il me promet de changer la garnison. L'espoir d'un meilleur traitement ne dure qu'une journée.

La relève de la sentinelle ne change rien. Les tourments recommencent. On me crache dessus. Je n'ai aucun linge de rechange. Il me faut demander la permission de quitter mes bracelets de fer pour aller à nécessité de nature et marcher jusqu'aux latrines, dans un refend sans lumière.

Les anels ulcèrent mes chevilles et mes cuisses ; mes poignets ne cessent d'enfler.

Je demande à être conduite aux étuves du château. Les gardes refusent. Je suis hantée par la crainte de la vermine car ma cotte noire s'est déchirée et ma peau se couvre de malpropretés. Je ne supporte plus les regards ni les curiosités de mes gardiens. L'humidité est pire que le froid. Elle vient encombrer ma respiration. Et on m'interdit de tousser la nuit.

Depuis ma planche sans linge ni paillasse, je fixe les solives du plafond, servies par un brin de lumière de l'unique torchère. Mon regard s'évade vers les trois renfoncements de mon cachot : la fenêtre aux baies obstruées, le rentrant des latrines et une petite archère.

Un gardien dépose, au pied de mon lit, une escuelle de soupe froide au pain trempé, moisi. Je m'oblige à manger les choux aigres et le lard ranci que l'on me sert tous les trois jours. Je passe mes journées à repousser les vilaines mains, fermer mon cœur aux paroles odieuses, détourner les yeux des gestes obscènes, baisser la tête sous les crachats. J'implore mes Voix. Elles me commandent de prendre tout en gré. Dès que je bouge les lèvres, mes geôliers me frappent. Je perds le sommeil et jusqu'à la pudeur. Je marche à quatre pattes, comme un chien.

Heureuse surprise : quelques bourgeois de la ville font irruption dans ma geôle. Ils ont obtenu, par une haute protection, la permission de me visiter.

Un avocat en la cour laïque de Rouen m'engage ainsi à répondre avec prudence aux questions qui me seront faites. Je comprends qu'un procès se prépare. Un procurateur de la ville me confie que la forteresse où je suis est d'abord la résidence royale du jeune Henri VI. Je pense en moi-même que je suis dans la geôle la plus anglaise et dans la ville la moins française de France. Je suis une prisonnière de guerre de l'Angleterre. Mais si les Anglais m'ont achetée, peut-être me rendront-ils pour de l'argent. Je me console comme je peux.

Mes visiteurs me détrompent aussitôt : s'il y a un procès, c'est que je ne suis plus une prisonnière de guerre mais une sorcière présumée qui va être jugée en matière de foi. Alors ils me donnent conseil de faire valoir mon droit à être détenue non plus dans une geôle laïque mais dans une prison d'Église, à l'archevêché de Rouen où je pourrai quitter mon habit d'homme et où je serai gardée par des femmes.

J'exprime le souhait de voir le gouverneur du château, le comte de Warwick. Il me fait savoir que trois clefs ouvrent la porte de la tour-prison où je suis enfermée. L'une – « la clef d'Estat » – est détenue par le cardinal de Winchester au nom du roi d'Angleterre. Mais les deux autres ont été remises à l'Inquisiteur et au procureur qui vont me juger. Ce sont des « clefs d'Église ». Je n'entends rien à ces subtilités. On veut me faire accroire que je suis dans une prison plutôt ecclésiastique que laïque. Et, pour prix de son déplacement et de l'obligeance de ses réponses, le gouverneur me retire lui-même du doigt ma chère bague où j'embrassais à chaque heure « Jhesu et Maria » en pensant à mes parents.

Le lendemain matin, la porte de mon cachot s'ouvre sur une nouvelle visite douloureuse : c'est un serrurier qui vient installer, en face de mon lit, une cage de fer sur ordre des Anglais. Mes geôliers m'y enferment. On m'y attache par le cou pour me forcer à me tenir debout. Si bien que j'attends avec impatience le jour du procès, en espérant que l'on me détachera pour y comparaître.

Une certaine nuit, le Ciel m'envoie un réconfort inattendu : l'huis de mon cachot s'entrouvre. Et une torche à la main, un homme en tenue de captif s'approche de ma cage. Il me fait connaître qu'il est un prisonnier venant lui aussi du parti de notre Sire le roi de France. Il porte le nom mélodieux de « L'Oiseleur ». C'est un cordonnier de Champagne, un voisin. Il me livre des nouvelles de mon pays. Je me confie à lui en secret. Il m'inspire une grande confiance. Plusieurs jours de suite, il revient. À son approche, les gardiens quittent mon cachot. J'observe seulement dans le mur de la chambre prochaine un trou qu'ils ont percé pour garder un œil sur moi.

De parole en parole, L'Oiseleur en vient à s'enquérir de mes révélations. Il me pose toutes sortes de questions. Je peux tout lui dire, il comprend tout. Ma joie est intense. Je ris avec lui de bon cœur. Je suis tellement heureuse, après un si long temps, de rencontrer un homme du parti français et un compagnon de malheur qui me prodigue de si sages conseils…

Un peu plus tard, je lui révèle mon souci de me confesser. Surprise sans pareille, don de la Providence, il me fait l'aveu secret qu'il est prêtre. Et qu'il a caché ici, par prudence, son véritable estat. Aussi, il m'accorde le sacrement de Pénitence. Comment fait-il pour tout connaître du procès à venir ? Il m'informe que le roi anglais a diligenté des lettres patentes pour autoriser ma mise en jugement. Il me révèle les accusations qui me seront faites :

– Chère Jehanne, on m'a tout dévoilé ce matin. Vous êtes suspecte de divinations, d'enchantements, d'invocations de malins esprits et de plusieurs autres crimes de lèse-majesté divine. C'est l'évêque de Beauvais qui présidera le tribunal, car vous avez été appréhendée dans les limites de son diocèse. Vous êtes seulement prêtée par les Anglais…

L'Oiseleur ajoute que ma cage de fer a été forgée exprès pour moi parce que les Godons ont peur que, par sortilège, je m'envole. Il incline à penser qu'après les premiers interrogatoires, je serai conduite en prison d'Église. Il m'exhorte à m'armer de patience et à bannir toute forme de faiblesse face à mes juges. Le moindre recul sur mes Voix ou ma tenue, la moindre hésitation seraient mortels.

Cette captivité, si pénible, dure depuis deux mois au moins. Je compte les jours en guettant l'écho lointain des volées de cloches du dimanche ; et, grâce à la lumière des baies, je décompte les heures.

La solitude me pèse et mon corps s'affaiblit. Ce n'est plus qu'une vie d'injures. Jour après jour, un torrent de boue se déverse sur moi.

L'Oiseleur a cessé ses visites. Il aura été transporté dans une autre prison. Je ne vois aucun visage ami.

Heureusement que je garde mes protections célestes. Il ne s'écoule pas de jour sans qu'elles ne me dispensent leurs apaisements. J'en ai grand besoin. Pauvre de moi ! Pauvre fille de France ! La plaie en mon cœur s'avive et s'agrandit. Ô mon Dieu, que je souffre !

Il faut offrir… Dans le mot « souffrance », il y a encore le mot « France »… Oui, j'offre ma souffrance pour la France…

« *Je vais être jugée devant un autel* »

Au mardi suivant le dimanche des Brandons, un homme enfoui dans une housse de violet fourrée de menu-vair, fraîchement tonsuré, entre dans mon cachot, entouré d'archers qui éloignent mes gardiens.

Jeune et au parler obligeant, il se présente comme le doyen de l'Église de Rouen. Il a été désigné pour être l'huissier de mon procès et vient me « citer à comparaître » demain matin dans la chapelle royale du nom de Saint-Romain. Il me lit un billet de Monseigneur l'évêque de Beauvais et me fait savoir que, si je refuse de me présenter, je serai excommuniée. Le tribunal, me dit-il, est composé de « quarante-deux révérends pères, seigneurs et maistres », clercs ou religieux.

Comment pourrais-je échapper à mon procès ? Je vais répondre aux interrogations qui me seront faites. Je parlerai avec la vérité de mon cœur.

Je vois bien que nous sommes en Angleterre. La chapelle castrale est celle du roi anglais. Et j'ai appris que c'est le régent Bêtefort qui a payé la rançon pour m'acheter. Qui paye commande. Ce sera un procès de la France anglaise.

Pour qu'il soit tant soit peu équitable, je demande à l'huissier que, dans cette cause, Monseigneur l'évêque de Beauvais veuille bien convoquer des ecclésiastiques venant des parties de France du royaume de Bourges tout autant qu'il y en a déjà des parties anglaises de Normandie. Et je le supplie humblement de me permettre d'entendre demain matin la messe avant de me présenter à huit heures – heure prévue pour l'interrogatoire.

Je confie à l'huissier le soin de signifier mes souhaits au président du tribunal.

Toute la nuit, je supplie mes Saintes et tous les anges du Ciel de me venir en aide. Au petit matin, on vient me chercher. On me sort de ma cage. Alors qu'il n'y a que sept marches à descendre, je m'écroule dans l'escalier. J'ai les jambes coupées par mes frayeurs et les muscles engourdis par le manque d'exercice. On a libéré les entraves de mes chevilles mais je garde les deux mains enchaînées. En sortant de la tour-prison, je suis aveuglée par le jour. Il me faut accoutumer mes yeux privés de lumière depuis de si longs mois…

Je suis escortée par toutes sortes de gens d'armes. On me fraie un chemin parmi les attroupements. Les curieux descendent des courtines : nombre de dames aux nobles atours de la maison royale, mais aussi des serviteurs hors de besogne, des panetiers et des cuisiniers qui ont gardé leurs tabliers et leurs chaperons farinés. J'entends des cris mauvais, un vague tumulte.

La cour est immense à traverser. On me fait passer devant un oratoire, entre les abreuvoirs et les puits, les charrettes et les chevaux. Puis l'escorte fait halte devant la grande chapelle. On me ferre à nouveau les pieds.

Les deux battants de la porte s'ouvrent. L'huissier me fait signe d'entrer. Je marche dans la nef. Il y a peu de lumière. Les vitraux sont épais, des torches au-dessus des stations du chemin de croix éclairent le pavement de marbre. Les juges se tiennent au fond, sous les grandes statues du chœur, assis sur des bancs. Ils m'observent de la tête aux pieds : certains sourient de mes chausses desserrées et de ma coiffure mal taillée. Mes cheveux n'ont pas été coupés depuis longtemps.

Saisie par le froid du lieu, je frissonne. Je les regarde à mon tour. Un alignement de robes noires, sauf deux bures marron de moines comme celles de Neufchâtel. En les observant de plus près, je remarque qu'ils ont pris leurs précautions de grosse laine. Beaucoup d'entre eux ont le chef à moitié enseveli dans la visagière de leurs chaperons fourrés. D'autres ont enformé leurs têtières, ils baissent les yeux quand ils croisent mon regard. On distingue à peine les traits de leur visage. Est-ce l'humidité ou l'humilité ? Je ne vois que des yeux mi-clos, des bonnets et des capuchons.

On me conduit jusqu'à un tabouret. J'attends que l'évêque Cauchon me fasse asseoir. Il tourne le dos à l'autel, il est installé, face au peuple, dans un fauteuil à dais de bois. Il porte surplis blanc de cérémonie et aumusse gris beige. À plusieurs reprises, il se tourne vers une tache rouge encordonnée, séparée des autres juges, affaissée sur une chaise en retrait ; d'une manche de la robe pourpre s'agite un bras tendu qui envoie des signes, comme des ordres. Je comprendrai plus tard qu'il s'agit d'un vieux cardinal anglais, le cardinal de Winchester, coiffé d'un chapeau rouge à larges bords et cordons. C'est lui qui commande le procès.

L'évêque de Beauvais a posé sa main tremblante sur le velours noir d'une table couverte de parchemins roulés, de lettres pliées et de dossiers noués par des lacets de cuir.

Mon huissier visiteur rejoint, sur le côté de l'estrade, l'écritoire derrière laquelle il prend place. Ils sont deux à noter, assis à une table de bure où ils ont déposé leurs chaperons à cornette fourrée.

Je lève les yeux un instant, au-dessus du tribunal, vers le vitrail des hautes verrières du chœur : un évêque, sans doute saint Romain, avec le même scapulaire mauve que l'évêque de Beauvais, y est représenté, foulant aux pieds un dragon. Le dragon, aujourd'hui, pour ce tribunal qui prend séance en sa belle ordonnance et qui représente l'autorité et la science, c'est moi.

Je sens de la rancœur dans les yeux qui me dévisagent, et, le long des murs tapissés d'images pieuses, monte un murmure de vilaine passion. La haine suinte. Je vais être jugée devant un autel, dans un sanctuaire qui est la maison du Père. J'en appelle, dans une prière intense, au Juge souverain qui fut persécuté par des prêtres impies et des juges iniques. Oui, j'en appelle au Juge qui, un jour, jugera mes juges.

Soudain, l'évêque de Beauvais lève les bras au ciel pour interrompre le brouhaha. Il fait taire d'un geste ferme l'assistance bavarde. Ce ne sont plus que chuchotements et hochements de tête. Ayant calmé le vertueux émoi, le président du tribunal me fait signe de m'asseoir. Il lit un texte, en forme de rappel, dit-il, à tous les juges qui l'entourent :

– En ce vingt et unième jour du mois de février, le sérénissime et christianissime roi d'Angleterre, notre seigneur, nous a fait livrer cette femme, vulgairement nommée Jehanne la Pucelle, véhémentement suspecte d'hérésie, pour procéder contre elle, conformément à la raison et au droit en matière de foi.

Il s'arrête un instant, reprend son souffle et, d'une voix plus assurée, me toise depuis son trône. Il s'adresse alors aux juges :

– Attendu les crimes dont cette femme est diffamée et la difformité d'habit en laquelle elle persévère, il est convenable de surseoir à lui concéder la licence d'entendre la messe et d'assister à l'office divin.

Sa voix change. Elle devient de velours. Il s'adresse à moi, il me parle comme on parle aux enfants. Il semble plein de la conscience de son devoir et pose les deux mains sur sa croix pectorale en signe de piété. Il incline la tête, la met de côté comme si mon infortune lui causait du désagrément. Il paraît attendri à l'invocation du « bénin secours de Jésus-Christ ».

Alors il m'exhorte charitablement, pour ne pas prolonger le procès ni charger ma conscience, à répondre sans habiletés ni faux-fuyants. Puis il fait solennellement apporter les Évangiles et me requiert judiciairement de me mettre à genoux et de prêter serment, les mains sur les Écritures saintes.

La tête me tourne. Le jeûne, les larmes, le cachot m'ont épuisée. Je me relève avec peine sous le poids de mes fers et, d'une voix faible, j'affirme ma résolution réfléchie :

– Monseigneur, Messieurs les juges, je ne sais ce sur

quoi vous voulez m'interroger. Mais, par aventure, il se peut que vous me demandiez des choses que je ne vous dirai pas.

Alors montent de tous les bancs de la chapelle soupirs et grognements. L'évêque Cauchon tape du poing sur la table et reprend son interrogatoire :

– Jurez-vous de dire la vérité sur ce qui vous sera demandé en la matière de foi ?

– Sur mes père et mère et sur ce que j'ai fait depuis que j'ai pris le chemin de France, volontiers je jurerai. Mais je n'ai jamais confié à personne, fors mon seul roi Charles, les révélations faites à moi de par Dieu. Dût-on me couper la tête, je les garderai secrètes. J'ai reçu l'ordre par vision, de mon Conseil secret, de ne rien en dire à personne.

Ma réponse soulève un immense tapage. On me hue. Des voix s'élèvent depuis le fond de la chapelle pour que l'on me brise. L'assistance est debout. L'évêque tente de rétablir le calme.

Il patiente quelques instants en inclinant le regard vers les huissiers, puis revient à la charge. À nouveau, il m'exhorte. Il change de ton. Il menace. Je fléchis à nouveau les genoux et pose les mains sur le grand missel :

– Je jure de dire la vérité sur toute chose qui me serait demandée… si elle concerne la matière de foi.

La fièvre tombe un peu. L'évêque Cauchon est à demi satisfait de ma réponse. Il a en partie gagné. Il en reste là pour aujourd'hui sur cette question du serment. Puis il déroule un parchemin et commence l'interrogatoire :

– Votre nom et votre surnom ?

– En mon pays, on m'appelle Jehannette.

– Votre patrie ?

– Domremy qui fait un avec Greux où est l'église paroissiale.

– Le nom de vos père et mère ?

– Jacques Darc et Isabelle.

– Où fûtes-vous baptisée ?

– En l'église de Domremy.

– Quel âge avez-vous ?

– Dix-neuf ans, à ce qu'il me semble.

– Qui vous a enseigné votre croyance ?

– Ma mère. Elle m'a appris le Pater Noster, l'Ave Maria, le Credo.

– Récitez le Pater Noster !

– Si vous m'entendez en confession, je vous le dirai volontiers.

– Non, ici même et de suite.

– Jamais !

La foi n'est pas une exhibition. La chapelle est à nouveau debout. C'est un long murmure. Les bras se lèvent :

– Hérétique ! Elle ne connaît pas le Pater Noster ! Elle ne connaît que le Diable !

L'évêque Cauchon hésite, il décide de lever la séance. Il est hors de lui et m'intime la défense de sortir de ma prison sous peine d'être convaincue du crime d'hérésie. En forme de réponse, je lève mes poignets enchaînés. Je me redresse et m'époumone, passant par-dessus les cris :

– Je n'accepte pas votre interdit. Si je m'évade, nul ne pourra me reprocher d'avoir enfreint ou violé mon serment. Je n'ai baillé ma foi à personne.

Alors je saute d'un pied sur l'autre pour donner à entendre mes fers :

– Comment pourrais-je donc m'échapper avec ces entraves ?

L'évêque Cauchon bondit sous son dais qui vibre et pointe sur moi un doigt vengeur :

– Vous avez déjà plusieurs fois tenté de vous évader. Alors ne vous plaignez pas de vos fers. C'est moi qui ai ordonné de vous entraver.

– J'ai voulu m'évader et je le veux encore, ainsi qu'il est licite pour tout prisonnier.

Je tends encore mes poignets vers lui et je m'écrie en prenant à témoin tout le tribunal :

– Monseigneur le Juge, je sais que vous êtes mon ennemi !

L'évêque, devenu pâle, s'exclame à son tour :

– Le roi m'a donné ordre de mener votre procès. Et je le ferai. Je veux que ce soit un BEAU procès.

Quel roi a donc donné cet ordre ? Le roi d'Angleterre, évidemment. Le président-évêque fait appeler trois officiers pour me confier à leur surveillance. Il leur interdit de laisser quiconque conférer avec moi. Devant l'autel, la main sur les Évangiles, les officiers prêtent le serment solennel de « me lier et fidèlement garder », brandissant un trousseau symbolique. Puis ils se rendent à la chapelle pour remettre l'une des clefs au discret cardinal anglais et l'autre à celui que l'on nomme l'Inquisiteur. Je comprends qu'il s'agit là de suivre une règle de fausse apparence. Je serai en prison laïque et en prison d'Église à la fois.

La chapelle se vide peu à peu. Mais avant que le tribunal

ne se disperse, l'huissier déplore auprès de l'évêque de Beauvais le tapage du public et des docteurs eux-mêmes qui, bien souvent, ont couvert de leurs voix «les réponses de l'accusée».

Quand il n'y a plus personne et que le tribunal s'en est allé, l'escorte se reforme autour des escuyers du corps du roi qui éloignent les curieux. L'huissier m'accompagne jusqu'à mon cachot.

Je monte à grand-peine les sept marches. Stupeur, la cage de fer a disparu. Je retrouve le droit de m'allonger sur le dos. Tellement affaiblie que la planche me paraît douce. Mes yeux me brûlent encore. On m'apporte une escuelle. Je n'ai pas faim. Vaincue par la fatigue, mon esprit s'évade. Enfin, je m'endors d'un sommeil moins tourmenté.

J'ai suivi les conseils de Nicolas L'Oiseleur. J'ai senti, en répondant avec fermeté, que l'évêque Cauchon perdait sa maîtrise. Ils m'ont prise pour une enfant, oui, je suis une enfant du Bon Dieu. Je n'ai pas peur de ce procès. Les Voix me donneront la force. Comme le disait le saint Ignon de Lorraine, qui berça mon enfance, la vérité ici-bas ne triomphe jamais, mais ses ennemis finissent toujours par mourir.

«Le matin, ils sont mes juges et, le soir, les convives du roi d'Angleterre»

AU PETIT MATIN, quand s'ouvre la porte du cachot, je supplie l'huissier de m'accorder le secours de la communion. Hélas, il me renouvelle le refus de l'évêque. À jeun et entravée, je descends dans la cour, entre deux rangées de javelines et de guisarmes. Quand nous passons devant la chapelle castrale, sans nous arrêter, j'apprends que les séances à venir auront lieu ailleurs. C'est un nouveau déchirement. Je n'aurai même pas le secours du lieu saint, de l'autel tourné vers le Golgotha et du tabernacle. Lorsque j'aperçois la chapelle Saint-Gilles, je tente de retenir l'huissier :

– Quel est cet oratoire ?

– C'est la chapelle de la reine dédiée à Monseigneur saint Gilles.

– Abrite-t-elle le corps de Notre-Seigneur ?

– Oui.

– Souffrez, Messire, qu'en passant devant, je fasse oraison.

Je m'agenouille sur le sable, devant la porte de cet oratoire. L'huissier attend derrière moi, il ne dit mot. Peut-être prie-t-il à voix basse. Soudain, des roucaillements viennent d'une salle près des remparts. Je vois courir vers nous un clerc hors de lui, coiffé d'un haut bonnet, le camail au vent. Derrière moi, j'entends l'huissier s'écrier :

– Mon Dieu, le procureur !

Ledit procureur, rouge de colère, s'en prend à ce pauvre huissier :

– Truand, comment peux-tu laisser approcher sans licence cette putain excommuniée de l'Église ! Si tu recommences, je te ferai mettre en cette tour là-bas où tu ne verras lune ni soleil d'ici à un mois.

L'huissier, effrayé, ordonne aux soldats de m'entraîner vers une salle que le procureur appelle la « Chambre de Parement », où sont effectués les préparatifs des fêtes. Deux sentinelles anglaises sont apostées pour en garder la porte. Les entrées sont triées. On veut éviter le tumulte d'hier.

La pièce est spacieuse, flanquée de deux hautes fenêtres dont les panneaux, en verre blanc, portent les armes du roi et du Dauphin. Difficile d'effacer le passé, quand on est en vieille terre de France, chez Philippe Auguste. Le froid est moins aigu que dans la chapelle. Il y a deux grandes cheminées où brûlent d'imposantes flambées. Les têtes sortent des capuchons.

L'évêque Cauchon s'efforce de revenir sur les réserves de mon serment d'hier. Il veut que je dise la vérité sur tout ce qui me sera demandé. Je ne peux jurer sur les secrets qui ne m'appartiennent pas. Car ce serait me parjurer. Je refuse d'aller au-delà du serment d'hier :

– Monseigneur le Juge, j'ai juré, hier, dans la chapelle.

Ce serment doit vous suffire. Ne m'accablez pas. Je n'irai pas plus loin.

L'évêque de Beauvais s'abandonne à l'exaspération et, d'un geste de fureur, de la manche droite, cède la parole à son voisin, un maistre portant une aumusse qui lui couvre les épaules, sans doute un chanoine. Avec précaution, celui-ci ajuste son capuce et le rejette en arrière. Dès sa première question, je remarque que l'une de ses passementeries de poignet flotte dans le vide. Il semble raide. Il n'a plus de main droite et dissimule son moignon dans sa manche. Dès qu'il parle, il a les paupières tombantes, avec de petits battements à chaque mot. Il prend un air bonasse.

Je sens qu'il va inaugurer un autre parler que l'intimidation. Après le loup, le renard. Il me remercie de ma docilité, s'exerce à la bienveillance et, avec un sourire de fausseté, il revient sur mes premières années. Il évoque la maison paternelle, les enfants de Maxey, le Bois-Chenu, l'âge que j'avais quand je suis partie pour Vaucouleurs.

Mais le ton change lorsque l'évêque Cauchon lui fait signe d'aller droit au but :

– Avez-vous, dans votre enfance, appris quelque métier ?

– Oui. J'ai appris à coudre des toiles de lin.

– Vous savez filer ?

– Oh oui, je connais tous les tissus qui sont ici sur vous… et toutes vos fourrures. Et je ne crains point femme de Rouen pour filer et coudre.

Les rires fusent un peu partout, étouffés dans les manches. Mon impertinence a plu. L'évêque Cauchon la prend en mauvaise part. Il regarde, courroucé, les insolents qui rougissent et toussotent pour reprendre contenance. On revient aux choses sérieuses. Le ton n'est pas à la plaisanterie. Le juge en arrive à présent à des questions plus personnelles, intimes même :

– Receviez-vous l'hostie à Pâques ?

– Oui.

– Et aux autres fêtes ?

– Passez outre…

– Que signifie cette réponse ?

– Que votre question n'a rien à voir avec ce procès.

Silence. Le vieux cardinal anglais se lève, contrarié, et vient parler à l'oreille de Monseigneur de Beauvais. Sans doute pour lui glisser un conseil. L'interrogatoire reprend. L'évêque se racle la gorge, esquisse un sourire forcé :

– Parlez-nous de vos révélations. Quand avez-vous entendu vos Voix pour la première fois ?

– Quand je fus dans ma treizième année. J'eus une voix de Dieu pour m'aider à me gouverner. La première fois, j'eus grand peur. C'était vers midi, en plein été, au jardin de mon père, du côté droit, vers l'église.

– Que vous semblait-il de la voix que vous entendiez ?

– Elle me paraissait noble. Lorsqu'elle vint à moi pour la troisième fois, je reconnus que c'était celle d'un ange.

– Quel enseignement vous donnait-elle pour le salut de votre âme ?

– Elle m'enseignait à me bien conduire, à fréquenter l'église. Et me disait qu'il était nécessaire que je vinsse en France, que mon père ne sût rien de mon départ, que je lèverais le siège d'Orléans…

Après chaque interrogatoire, l'huissier m'escorte et me ramène à mon cachot. On m'attache avec mes chaînes à la grosse poutre de bois au bout de mon lit.

Je perds mes forces de jour en jour. Toutes ces questions m'épuisent, surtout celles qui touchent aux secrets qui ne sont pas les miens. Je répète dix fois, vingt fois, « passez outre ». On me demande ce que je fais dans mon cachot le soir, si je bois et si je mange, à quoi je pense. Je ne suis plus qu'une enfant qui pleure dans l'ombre.

Allongée sur ma planche, parfois je cherche, dans les obscurités, qui m'appelle. Ce sont mes présences invisibles, elles me parlent. Mains jointes et enchaînées, je les remercie. Et au cœur de ces nuits sans sommeil, je les supplie de me donner conseil pour le lendemain, en ma grande détresse. Elles m'invitent à ne pas céder :

– *Audacter !* De l'audace, Jehanne ! Répondez avec de l'audace et Dieu vous aidera.

Bien souvent, je repousse mon escuelle. Dès l'aube, j'attends que l'on vienne me chercher. *Audacter !* C'est la nourriture de mon âme. Je jeûne. Je fais carême. De temps en temps, j'entends, qui montent de la ville, les mélodies de l'Ave Maria. Les timbres des cloches de Rouen me rappellent ceux de Domremy. Je me couche sans manger selon l'usage du grand jeûne.

De l'audace, c'est au roi qu'il en faudrait ! Que fait-il ? Où est-il ? Pense-t-il encore à moi ? Me sait-il seulement aux mains des Anglais ? Je pleure des larmes de chagrin devant toutes les fidélités aveulies.

Chaque matin, on vient me chercher pour un interrogatoire. Les juges ne sont pas tout le temps les mêmes mais ont toujours la tête enfouie dans leur capuchon. La Chambre de Parement est en grand vacarme. Il y a plus de juges que de places. Certains restent debout.

L'évêque Cauchon s'en prend souvent aux deux greffiers qui écrivent ce qu'ils entendent. Il répète mes réponses mais en dérange le sens. Il voudrait me faire passer pour une sorcière orgueilleuse. Tout me paraît feint dans cette salle froide, les sourires encapuchonnés, les juges qui se surveillent entre eux, les salutations emmiellées, les agenouillements exagérés devant l'évêque quand il entre, les conversations à voix de plus en plus basse. Chacun fait mine de relire ses papiers. Les juges prennent soin de laisser paraître leur ressentiment, sauf les deux dominicains qui me font des signes pour m'aider dans mes réponses.

Tous les juges semblent craindre l'évêque. J'essaie de me tenir droite. Je tire mes entraves avec fierté même si je me transporte avec peine. Je garde la lumière de mes visions en mes pensées intérieures. Tous ces gros personnages portant la chape ont les deux mentons du tonnelier de Domremy. Ils se taisent et, bientôt, somnolent, commémorant leur dernier repas.

L'huissier m'avisera plus tard, sur le trajet du cachot à l'interrogatoire, que, souvent, ils ont table ouverte chez le comte de Warwick, qui habite dans la tour d'en face. Pendant qu'ils m'écoutent, ils digèrent les sauces, les vins et la bière qui coulent à flots à la table du gouverneur. Le matin, ils sont mes juges et, le soir, les convives du roi d'Angleterre.

Le juge manchot revient sans cesse sur l'affaire de mes Voix. De sa main valide à demi levée, il me questionne pour savoir si elles viennent me visiter dans ma prison :

– Avez-vous entendu vos Voix hier soir ?

– Oui. Et aussi ce matin.

– À quelle heure ?

– Hier, elles sont venues trois fois. À l'Angélus, à Vêpres puis à l'Ave Maria du soir.

– Que faisiez-vous hier matin quand l'une d'elles vous est apparue ?

– Je dormais. Elle m'a éveillée.

– Et que vous a-t-elle dit ?

– De vous répondre hardiment et que Dieu me viendrait en aide.

À cet instant, j'observe l'évêque Cauchon, bien pâle. Il remue rageusement les lèvres. Puis, dans un haussement d'épaules, il fait signe du doigt à la table des greffiers de ne pas noter ma réponse. Alors, pour lui montrer que je ne le crains point, je me tourne vers lui :

– Vous, évêque, vous prétendez que vous êtes mon juge, mais prenez garde à ce que vous faites car, en vérité, je suis envoyée de par Dieu et vous vous mettez en grand danger.

– Vous croyez que vos Voix viennent vraiment de Dieu ?

– Oui, et par son ordre. Je le crois aussi fermement que je crois à la foi chrétienne et que Dieu nous a rachetés des peines de l'Enfer.

– Les Voix à qui vous demandez conseil ont-elles un visage et des yeux ?

– Je ne vous le dirai pas. Quand j'étais petite, il y avait un proverbe à Domremy : « Beaucoup d'hommes sont pendus pour avoir dit la vérité. » Sans la grâce de Dieu, je ne pourrais rien faire.

– Savez-vous si vous êtes dans la grâce de Dieu ?

– Si je n'y suis, Dieu veuille m'y mettre. Et si j'y suis, Dieu veuille m'y garder. Je serais la plus malheureuse du monde si je savais n'être pas dans la grâce de Dieu.

Ma réponse suscite un long silence. Je suis du regard, d'un bout à l'autre de la salle, les maistres abîmés dans leurs fourrures. Soudain, un des juges prend la parole et fait connaître son irritation au juge manchot :

– Ce n'est pas une question à poser à une simple jeune fille.

L'évêque de Beauvais le coupe aigrement.

– Vous feriez mieux de vous taire !

La séance est levée.

Je comprends peu à peu que l'évêque Cauchon est aux ordres du cardinal d'Angleterre, mais que celui-ci lui a baillé sa confiance. Et donc Monseigneur de Beauvais agit à sa guise, fait interroger qui il veut, pose les questions de son choix. Il suspend l'interrogatoire dès qu'il le désire et fait rédiger les réponses comme bon lui semble.

L'huissier greffier qui me raccompagne jusqu'à mon cachot va devenir une figure familière. Il me dit son nom, Jehan Massieu. Il me confie qu'il est curé d'une petite paroisse normande et me glisse qu'il est ici à contrecœur. Il ne me cache plus ni sa gêne ni son trouble et ne cesse de me répéter à voix basse :

– Je ne sais vraiment pas à quoi rime ce procès…

«J'essaie de répondre par le sens commun»

JE SUIS COMME UNE LAIE perdue dans les fourrés. Je ne vois pas les pièges. Derrière chaque question se cachent foison d'embûches. Mais j'ai peut-être gagné le cœur des notaires. Ils me glissent sans cesse des regards de compassion. Et d'un léger mouvement d'épaule, ils m'avisent qu'ils écrivent sous la dictée de juges trop pressants. Ils n'ont pas le choix. Parfois, ils lèvent ou ralentissent leur plume, je vois qu'ils attendent un regard appuyé de l'évêque Cauchon pour retourner à l'obéissance de leurs encriers.

L'huissier Jehan Massieu, que j'appelle «Monsieur le chanoine», me révèle qu'il a été retenu hier soir par les Anglais. Ils lui font grief de n'avoir pas rédigé les procès-verbaux comme ils le voulaient. Ce n'est pas que les notaires inscrivent des paroles que je n'ai pas dites, mais on leur interdit de rapporter celles que j'ai dites. Alors, je me plains auprès des juges :

– Vous êtes des prêtres et des maistres. Hélas, vous faites écrire ce qui est contre moi et vous ne voulez pas que vos notaires notent ce qui est pour moi.

Le juge manchot n'est plus seul à me questionner.

Les autres docteurs renchérissent et entrent parfois en concours de fourberie. C'est à qui posera la question la plus matoise. Le procureur, surnommé « Benedicite », parce que, selon l'huissier, c'est lui qui bénit les pains anglais des soupers du régent Bêtefort, m'insulte amplement. Cela choque même ses voisins.

Il me faut beaucoup d'attention et sans cesse tendre l'oreille. Un juge m'interroge, un second interjette une autre question. J'ai à peine commencé à répondre au premier qu'il me faut répliquer au suivant. Alors je les supplie tous :

– Beaux seigneurs, faites donc l'un après l'autre et je vous promets que je vous répondrai.

Sans pitié, ils me fatiguent avec une guerouée de mauvaises curiosités. Ils changent à tout instant de propos pour voir si je m'égare dans mes réponses. Ils ironisent sur mes requêtes et, loin de se rendre à mes justes prières, redoublent leurs persécutions.

Je suis seule debout, ils sont tous assis. Ils ont de longues nuits tranquilles. Je vis dans les tourments de ma prison. Chaque jour, après les avoir quittés, j'essuie les crachats, les vomissures, les flaques d'urine et les outrages de mes geôliers. Je suis lasse.

Parfois, les maistres me retiennent à enquête jusque dans l'après-dînée pendant encore deux ou trois heures. Si bien que ce sont les docteurs assistants qui paraissent à leur tour fatigués.

Je m'efforce de me gouverner prudemment en mes réponses. À chaque question, on ouvre une trappe sous mes pas. Je ne la devine pas toujours. J'essaie de répondre par le sens commun.

Je vois que l'on cherche à m'emmener dans le Bois-Chenu pour y trouver des fées, des mandragores et toutes sortes de superstitions. On guette les danses, les feux de joie, les couronnes de fleurs. On voudrait trouver là-bas de la magie, des sortilèges. Je préfère le chant à la danse. Et je ne vois pas le mal qu'il y aurait à tresser des couronnes de fleurs.

On me demande si mes Saintes aiment les Anglais. Je réponds qu'elles aiment ce que Dieu aime et haïssent ce que Dieu hait.

Cela ne leur suffit pas :

– Dieu hait-il les Anglais ?

– De l'amour ou de la haine que Dieu a pour les Anglais, je ne sais rien. Mais je sais qu'ils seront boutés hors de France.

Quand la réponse est bonne, les prélats se rejettent légèrement en arrière et rajustent leur camail. Puis ils changent de pacage, transhument dans un autre champ pour brouter une herbe plus grasse.

L'un des moines, tout en robe blanche, le frère Isambard, s'enveloppe de son capuce pour s'abriter du froid mais surtout pour me faire signe avec ses yeux. Il n'est pas loin de moi. Quand le chemin me semble semé de trop de périls, avant de répondre, je le regarde : un jour qu'il se fait surprendre, le comte de Warwick lui adresse de mordantes injures :

– Indigne frère Isambard, pourquoi fais-tu tant de signes à l'accusée ? Par la morbleu, vilain, si je m'aperçois que tu te mets en peine de la délivrer, je te ferai jeter en Seine.

La plupart des questions portent sur mes Voix. Les juges sentent qu'elles me protègent et me donnent à résister. Le juge manchot insiste :

– Était-ce la voix d'un ange qui vous parlait ? La voix d'un saint ou d'une sainte ? Ou la voix de Dieu sans intermédiaire ?

– C'étaient les Voix de sainte Catherine et de sainte Marguerite. Elles étaient parées de riches et précieuses couronnes. Mais j'ai déjà dit tout cela à vos confrères qui m'ont examinée à Poitiers.

– Laquelle de ces apparitions est venue à vous la première ?

– Saint Michel est venu le premier.

– Avez-vous vu saint Michel et les anges corporellement et réellement ?

– Je les ai vus avec les yeux de mon corps aussi bien que je vous vois. Et quand ils s'éloignaient, je pleurais. J'aurais voulu qu'ils m'emportent avec eux.

– Quelle figure saint Michel avait-il lorsqu'il vous est apparu ?

– Je ne lui ai point vu de couronne, et, de ses vêtements, je ne sais rien.

– Était-il nu ?

– Pensez-vous que Dieu n'ait point de quoi le vêtir ?

– Avait-il des cheveux ?

– Pourquoi lui seraient-ils coupés ?

Ils rient entre eux de leurs malices et gémissent à mes impertinences. Les interrogations qui suivent sortent de bouches aigres et de plus en plus grinçantes. Ils veulent savoir si saint Michel avait une balance, quelle était la figure de sainte Catherine et de sainte Marguerite.

Soudain, les questions viennent sur la pénitence. Je réponds que je voudrais me confesser dans ma prison. Il y a assez de prêtres dans cette salle pour trouver un confesseur. Le juge manchot se croit autorisé à faire irruption en ma conscience :

– Êtes-vous donc en estat de péché mortel ?

– Si j'y suis, je l'ignore. Dieu veuille que jamais je n'y sois. Qu'il lui plaise de me préserver toujours de toute œuvre qui chargerait mon âme.

Au fil des interrogatoires, les juges reviennent sur la querelle de mes vêtements. Ils veulent savoir pourquoi je porte une robe masculine :

– Pensez-vous avoir bien fait de prendre l'habit d'homme ?

– Je l'ai fait par le commandement de mon Seigneur. S'il me demandait de prendre un autre habit, je le prendrais. Dans toutes les choses que j'ai faites, je n'ai rien fait au monde que par commandement de Dieu.

– Et ce commandement vient toujours avec de la lumière ?

– Passez outre.

– Vous avez dit vous-même qu'une grande clarté accompagnait vos Voix.

– Oui. Il y avait beaucoup de lumière de tous côtés.

Les maistres lèvent les yeux au ciel. Alors, contrariée par ces mines narquoises et incrédules, j'ajoute, un brin gausseuse :

– Oui, j'ai bien dit… de la lumière de tous côtés. Vous auriez tort de croire, mes seigneurs et maistres, que la lumière, qui est de Dieu, ne peut venir qu'à vous-mêmes.

Pour la première fois, toute la salle éclate de rire. Le seul à demeurer imperturbable est l'évêque Cauchon. Dans son regard contrarié, je lis qu'il craint, à travers les rires des juges, que ne s'établisse entre eux et moi une connivence. Elle existe déjà avec les deux moines et les deux notaires, que l'évêque appelle d'un nom potager « ses greffiers ». Alors l'évêque de Beauvais me tend un piège :

– Vous avez demandé, dès le premier jour, à ouïr la messe. Ne serait-ce pas plus honnête de l'ouïr en habit de femme ? Aimeriez-vous mieux prendre habit de femme et ouïr la messe que de garder habit d'homme et de ne pas l'ouïr ?

– Donnez-moi la certitude que j'ouïrai la messe si je suis en habit de femme.

– Je vous le certifie.

– Faites-moi faire une robe longue jusqu'à terre, sans queue traînante, et donnez-la-moi pour aller à la messe.

– Vous prendrez donc l'habit de femme pour aller entendre la messe ?

– Oui, si vous me donnez, comme à une fille de bourgeois, une houppelande longue. Mais je veux que l'on me laisse l'habit que je porte, au retour.

Les juges ne comprennent pas. Si j'ai pris l'habit d'homme, c'est pour la bonne raison que je suis devenue, depuis Chinon, chef de guerre. Un chef de guerre porte l'habit d'homme. On n'a jamais vu de chef de guerre habillé en femme. J'ai voulu ressembler à mes soldats, des pieds à la tête, et à ceux qui les commandent. Depuis les solerets et les esperons jusqu'à la coiffure à l'escuelle.

Surtout, j'ai donné, pour toujours, au Seigneur mon

Dieu ma virginité de corps et d'âme. La première fois que j'ouïs mes Voix, je fis vœu de la garder, tant qu'il plairait à Dieu. Chaque jour parmi les hommes, il me faut la protéger de toutes leurs entreprises, en serrant bien mes chausses et mes aiguillettes. Dans cette prison de soudards sans manières, je porte l'armure, « l'armure des pucelles ».

Ce titre de Pucelle – que toute la France a repris – irrite les juges. Ils avouent entre eux qu'il faut faire éclater d'un coup « l'hypocrisie de cette fille qui fait prêchements pour attraire le peuple ». Ils pensent que j'ai abusé la croyance des simples en jouant impudemment d'une orgueilleuse virginité. Qui sait jusqu'où peut aller le vice d'une fille vivant en garçon au milieu des soldats ou l'orgueil d'une femme qui cherche la gloire par l'épée ?

L'évêque de Beauvais cherche à fortifier l'accusation de sortilège. Il veut me déshonorer. C'est pourquoi il m'annonce que je serai examinée par des matrones. C'est la troisième fois que je vais être soumise à cette épreuve pénible, honteuse, dégradante.

La porte de mon cachot s'ouvre sur l'ordre de Jehan Massieu, « mon chanoine ». Je suis emmenée par les gardes. Je trébuche dans mes fers. On me fait traverser des salles inconnues, tendues d'immenses tapisseries et je suis introduite dans une vaste pièce qui me rappelle mon entrée à Chinon. Toute une cour de nobles dames m'attend.

Sur un siège un peu plus haut, la duchesse de Bêtefort est chargée de présider l'examen. Elle m'avoue agir d'après l'exhortation du roi anglais. Elle me fait visiter par des sages-femmes de son choix. Leurs œillades de mépris sont insupportables. Elles enquêtent en les parties intimes de mon corps comme on le ferait pour une chienne galeuse. Lorsque je me redresse, je croise des dizaines de paires d'yeux. Je soutiens tous les regards impudiques de hautainerie et de mauvaise curiosité.

Je vois, là-bas, à un guichet, l'œil d'un seigneur qui se cache. Il a poussé son sentiment du devoir jusqu'à vouloir surveiller, en personne, l'examen.

Les matrones jurées attestent sous serment mon intégrité et mon honneur. L'homme dissimulé n'y tient plus, il sort de sa cachette. Il est de grande taille. Je reconnais son nez cassé qui accentue la dureté de son visage. C'est le duc de Bêtefort. C'est lui qui commande tout le procès et médite ma perte. Il a osé promener, depuis une tenture déchirée, ses regards indiscrets. En cet instant, il se désole que les témoins affirment que j'ai été trouvée vierge. Il interroge un docteur en médecine qui lui répond à voix basse :

– Monseigneur, pour autant que j'aie pu en juger selon l'art de la médecine, il apparaît que cette fille est intacte.

Le régent anglais demande à son épouse qu'il n'y ait aucune trace du rapport des matrones parmi les pièces du procès. Tous les docteurs présents jurent de n'en souffler mot.

Les interrogatoires se poursuivent comme si de rien n'était. Mais l'accusation de magie est écartée. Il ne sera pas dit que je suis fille à dormir avec le Diable.

«Prends tout en gré, ne te chaille pas»

Un soir, alors que je suis de retour dans ma geôle, après avoir quitté la Chambre de Parement, une surprise m'attend en haut du grand degré de ma tour-prison. C'est mon ami L'Oiseleur, le cher cordonnier et prêtre lorrain, qui fait les cent pas, devant l'huis de fer. C'est une vraie joie de le retrouver ! Un grand réconfort, car j'étais sans nouvelles depuis de longues semaines. Il est venu m'apporter quelques consolations et conseils.

Je m'étonne de voir mes gardiens s'éloigner à son arrivée sur un seul geste de sa main. Mais il me rassure, il les a soudoyés car, ici, tout s'achète : les gardiens, les juges, les capitaines. Il me confie qu'il s'est fait passer auprès de l'évêque Cauchon pour un chanoine de Rouen et consulteur du Saint-Office, qu'il a gagné sa confiance et qu'il vient d'être nommé, sur la foi de ce titre, «assesseur» du tribunal. Grâce à cette facilité, il me promet de me livrer toutes les nouvelles qu'il lui sera ainsi donné de recueillir sur les desseins des juges.

Nous nous entretenons des méandres du procès. Il m'affirme que les choses vont plutôt bien pour moi et se propose de m'entendre en confession. Il me souffle quelques réponses à faire à mes juges et m'annonce que les interrogatoires se dérouleront désormais dans mon cachot. L'évêque Cauchon n'appellera par-devers lui que trois ou quatre docteurs et hommes habiles en droit car il ne veut pas lasser outre mesure le grand nombre des juges.

– C'est bon signe, ajoute L'Oiseleur. L'évêque veut ainsi éclaircir certaines de vos réponses mais le procès tire à sa fin. Ils n'ont pas grand-chose contre vous.

Il m'exerce aux prochaines joutes et surtout m'encourage à n'obéir qu'à l'Église du Ciel :

– Gardez-vous bien de donner créance à ces gens d'Église, me dit-il. Auquel cas vous seriez perdue.

Soudain, je crois ouïr des chuchotements depuis la pièce voisine de mon cachot. Je reconnais le timbre des voix de l'évêque de Beauvais et l'accent du comte de Warwick qui parlent aux notaires, l'œil collé au trou du mur. J'entends que le ton monte :

– Non, je n'écrirai pas cela, proteste l'huissier Massieu.

– Si, vous l'écrirez, je vous l'ordonne, tonne l'évêque de Beauvais qui dicte posément « elle a dit qu'elle n'obéirait qu'à l'Église du Ciel ».

Je ne saisis rien des raisons de tous ces bavardages. Je me tourne vers L'Oiseleur pour qu'il m'aide à comprendre. Mais il a déjà tourné les talons et s'est enfui.

Le lendemain matin, un soldat anglais vient transporter dans ma geôle des fauteuils d'église ainsi qu'un petit coffre sans serrure. Quelques instants plus tard, l'évêque, entouré de juges, pénètre à son tour dans ma prison. Tous les docteurs prennent place le long du mur rond. Ils m'accordent le droit de demeurer assise, en face d'eux, sur mon lit, à gauche de la fenêtre.

Mes gardes prennent place au pied de ma planche. Ils refusent de me déferrer. On apporte des hauts chandeliers pour que les notaires puissent écrire car, même dans l'embrasure de la fenêtre où ils ont installé la table des secrétaires, le cachot est trop sombre. Les interrogatoires commencent vers huit heures du matin et finissent à onze heures.

C'est un nouveau maistre qui ouvre la séance. Il tremble de tous ses membres et ne cesse de soumettre ses yeux bas au regard de l'évêque Cauchon. Des heures durant, il m'interroge sur le signe que j'ai donné à mon roi. Naturellement, je ne trahirai pas le secret de mes entretiens de Chinon. Il veut tout savoir sur Charles le Septième. Je lui raconte qu'un ange vint l'assurer qu'il aurait le royaume de France tout entier. Et que cet ange lui apporta une couronne d'or. Mes réponses semblent convenir à ce nouveau juge mais l'évêque de Beauvais n'en est pas satisfait. Je consens alors à révéler des choses qui ont trait au roi de France :

– Mon roi gagnera le royaume de France. Je vous le dis depuis cette prison de Rouen, en terre de Normandie : avant que sept années se soient écoulées, les Anglais abandonneront un gage plus précieux qu'ils ne l'ont fait devant Orléans. Ils perdront tout en France.

– Que voulez-vous dire ?

– Que les Anglais connaîtront la perte la plus grande qu'ils aient jamais éprouvée en France. Cela par une grande victoire que Dieu enverra aux Français.

– Comment savez-vous cela ?

– Je le sais par une révélation qui m'a été faite et qui sera accomplie avant sept ans. Je le sais aussi bien que je vous sais présents devant moi, en cette prison.

L'évêque Cauchon jette un coup d'œil sur les baies de la fenêtre aux énormes barreaux. Comme s'il guettait l'arrivée de mes Voix. Inquiet, serrant de ses deux mains aux doigts gonflés sa croix pectorale, il reprend :

– Y avait-il un sort dans l'étendard que vous brandissiez à la tête de votre compagnie ?

– Non. Aucun sort.

– Si le sort n'était pas dans votre étendard, ne l'a-t-on pas caché dans votre bague, que vous donniez à baiser à tous les dévots qui vous révéraient ?

– Et pourquoi y aurait-il eu un sort dans ma bague ?

– Et pourquoi pas ?

– Et pourquoi pas dans la vôtre ? Vous avez bien un anel au doigt, vous aussi ?

– Et ce désir de conquête de la gloire par l'épée ?

– Sur l'épée, j'ai répondu avant-hier.

– Ah ? Greffier, vérifiez.

– Je ne sais pas, marmonne le greffier.

– Moi, je sais. La prochaine fois, ayez meilleure mémoire.

– Ah oui, c'est exact ! Elle a répondu avant-hier, ajoute le greffier.

– Depuis que vous êtes ici, vos Voix vous demandent-elles un délai pour vous enseigner ?

– Sainte Catherine me parle quelquefois ici, mais je ne peux pas toujours la comprendre à cause du trouble de la prison et des noises de mes gardes.

– Qu'avez-vous imploré de vos Voix ?

– Trois choses : l'une, mon expédition en France, l'autre, que Dieu vînt en aide aux Français et qu'il gardât bien les villes de leur obéissance.

– Et la troisième ?

– Le salut de mon âme.

Le procureur « Benedicite » n'y tient plus. Il change de cible. Lors des séances précédentes, il cherchait sans cesse querelle à un bachelier qui m'interrogeait et lui reprochait de vouloir procéder selon la justice. Désormais, à chacune de mes réponses, profitant de l'assistance peu nombreuse, il m'injurie de la façon la plus grossière. Il me traite de « paillarde » et de « fille perdue ».

Un juge assesseur pose une question soufflée par Monseigneur Cauchon :

– Vous avez dit de l'évêque de Beauvais qu'il s'exposait à un grand danger en vous mettant en cause. À quel danger s'expose Monseigneur, et nous autres avec lui ?

– J'ai dit à Monseigneur de Beauvais et je le lui répète : vous prétendez que vous êtes mon juge. Je ne sais si vous l'êtes vraiment car vous m'apparaissez comme mon ennemi mortel ; vous feriez bien de me juger en équité car, sinon, vous vous mettriez en grand danger. Je vous en avertis. Si Notre-Seigneur vous en châtie, moi, j'aurai fait mon devoir, je vous en aurai prévenu.

– Pensez-vous être délivrée ? reprend le juge.

– Sainte Catherine m'a dit que j'aurai secours. Je ne sais si ce secours consistera en ma délivrance ou si, quand je serai en jugement, il se produira quelque trouble. Ce que mes Voix m'ont dit le plus souvent, c'est que je serai délivrée par grande victoire. Elles ont ajouté ensuite : « Prends tout en gré, ne te chaille pas car tu t'en viendras enfin au Royaume de Paradis, n'aie point souci de ton martyre. »

– Qu'entendez-vous par martyre ?

– J'entends la peine et l'adversité que je souffre en cette prison. Je ne sais si je souffrirai davantage mais je m'en remets en toute confiance à Notre-Seigneur.

– Depuis que vos Voix vous ont dit que vous iriez à la fin au Royaume de Paradis, tenez-vous pour une chose certaine d'être sauvée et de n'aller point en Enfer ?

– Je crois fermement ce que mes Voix m'ont promis, à savoir que je serai sauvée, aussi fermement que si je l'étais déjà.

Les juges se regardent. Le procureur s'exclame :

– Quel orgueil !

Un autre assesseur murmure :

– Elle se croit déjà sauvée !

L'évêque Cauchon se tourne vers les notaires :

– Notez ! Notez ! Cette réponse est d'un grand poids.

Un autre juge se lève. Il tremble de la voix :

– Je voudrais demander à l'accusée si elle croit ne plus pouvoir pécher mortellement ?

– Je n'en sais rien, mais de tout cela, je m'en remets à Notre-Seigneur.

«Je suis en Enfer, là où plus rien n'est vrai»

UN SOIR, JE REÇOIS LA VISITE de mon chanoine huissier. Il vient me donner conseil de me méfier de tous les autres visiteurs :

– N'écoutez plus personne ici et surtout pas ceux qui cherchent moyen d'avoir avec vous conversation et familiarité. Ils disent ne voir en vous que bien et honneur mais ils veulent vous perdre. Les assesseurs qui entendent vous juger en conscience sont à compter sur les doigts d'une main, les autres sont dans la crainte au point de n'avoir plus leur libre arbitre. Ils ont tous peur d'être jetés en Seine. Ici nous sommes chez les Anglais. Ils écoutent et surveillent tout. Nous vivons dans la terreur. Tous ceux qui prennent part au procès sont contraints de songer plus souvent à faire la volonté des Anglais qu'à suivre la voie de la justice. Pierre Cauchon et le procureur d'Estivet se conduisent en tout à l'instigation du roi d'Angleterre. Ils se rendent, chaque soir, dans la tour où séjourne le régent. Sachez que le roi Henri VI habite ici, au Bouvreuil, dans la tour d'à côté. Hélas, parmi les assesseurs qui vous jugent, il y a ceux qui ont un cœur de Godon. Il y a aussi les docteurs anglais. Vous pouvez les remarquer à leur silence. Ce sont les seuls qui se taisent. Ils ont la passion froide de la vengeance. Et puis, il y a les docteurs de Paris. Ils sont mus par l'appât de la récompense. Ils se rendent chaque fin de semaine là-bas, aux appartements royaux, dans la tour voisine, pour chercher leurs pièces d'or accordées par le trésor du petit roi anglais.

– Et mon ami Nicolas L'Oiseleur ?

– Oh ! Mon Dieu ! Il n'est pas votre ami, celui-là. Regardez là-bas dans le mur d'en face, ce petit trou. Pendant que L'Oiseleur vous visite, le notaire et l'évêque y collent l'oreille. J'y suis venu moi-même. Ils nous obligent, nous les notaires, à écrire et registrer vos faux aveux, fabriqués par L'Oiseleur. Ce sont des procédés déloyaux. N'écoutez pas les conseils de ce faux Lorrain qui ne veut que votre perte.

Je m'effondre. Plus rien ne tient. Tout n'est ici que trufferie : le Diable se déguise en cordonnier, en confesseur de mon pays. Je suis en Enfer, là où plus rien n'est vrai.

Je sens que le trébuchet roule sur moi. Qu'importent mes réponses ! Mon sort est scellé. Il n'y a plus qu'un seul sujet qui intéresse le Juge Inquisiteur : la question de mon obéissance à l'Église. Il me presse d'y soumettre tous mes dits et faits. Je ne comprends pas pourquoi il m'interroge sans cesse sur ce sujet-là :

– Bien sûr que j'aime l'Église, que je voudrais la soutenir de tout mon pouvoir pour notre foi chrétienne. L'église, je voudrais y aller et entendre la messe. Mais je vous répète que les Français gagneront bientôt une grande besogne qui mettra en joie presque tout le royaume de France. Et je vous le dis, afin que, quand ce sera advenu, on ait mémoire de ce que j'ai dit.

– Vous rapportez-vous de vos dits et faits à la détermination de l'Église ?

– Je m'en rapporte à Notre-Seigneur qui m'a envoyée, à Notre-Dame et à tous les benoîts saints et saintes du Paradis. Il me semble que c'est tout un de Notre-Seigneur et de l'Église et que, sur cela, il ne doit pas y avoir de difficulté.

Le juge m'explique la différence entre les deux Églises : l'« Église triomphante » où est Dieu, avec les saints, les anges et les âmes sauvées, et l'« Église militante » où est Notre Saint-Père le Pape, les cardinaux, les prélats, le clergé et tous les bons Chrétiens.

Le Juge reprend alors la même question :

– Acceptez-vous de vous en rapporter à l'Église militante qui est sur la terre de la manière que l'on vient d'exposer ?

– Je suis venue au roi de France de par Dieu, de par la Sainte Vierge Marie, de par tous les benoîts saints et saintes du Paradis et de l'Église victorieuse d'en haut. À cette Église-là, je soumets tout ce que j'ai fait ou ferai. Quant à me soumettre à l'« Église militante », je n'en répondrai maintenant pas autre chose.

– Jehanne, vous vous mettez hors de l'Église ! Acceptez-vous de vous soumettre à l'Église ?

– Messire Dieu premier servi.

– Mais vous vous placez au-dessus de l'Église…

– Messire Dieu premier servi.

– Vous récusez les gens d'Église que nous sommes, entre vous et le Ciel ?

– Messire Dieu, premier obéi, premier servi.
– Mais nous sommes les pères du concile universel...
– Vous n'êtes ni Dieu ni le Pape, son vicaire sur la terre...

Je n'ai pas encore terminé ma réponse que l'évêque Cauchon s'est levé d'un seul bond. Il fait volte-face et se tourne vers les greffiers :

– Notez ! Notez ! Nous avons fait un grand pas.

Derrière lui, j'entends plusieurs assesseurs qui murmurent :

– Réponse mortifère. Elle refuse de se soumettre à l'Église. Hérétique ! *Combusta est...*

Je ne comprends pas ce tumulte.

– Ce n'est pas à l'Église que je refuse de me soumettre, mais à vous, les juges d'Église. Mes Voix viennent de l'Église triomphante et vous entendez représenter l'Église militante, celle qui milite contre moi et qui a juré ma perte.
– Vous semble-t-il que vous soyez tenue de répondre pleinement au Pape, vicaire de Dieu ?
– Menez-moi devant lui et je lui dirai tout ce que je devrai lui dire.

L'évêque regrette sa question. Il la retire. Elle ne sera pas notée, ni mon souhait d'aller voir le Pape.

Mon cachot se vide. Ma réponse a fait blêmir les juges. Ils descendent en silence l'escalier en colimaçon.

Les cloches sonnent. Pas de messe. Mais je me recueille. Soudain, les cinq gardes viennent entourer mon lit où je suis allongée sur ma planche. Quel mauvais coup préparent-ils ? Ils chuchotent entre eux en parlant l'anglais. Puis l'un d'eux, le chef, ouvre toutes les serrures de mes chaînes. Il m'invite à danser. Tous les cinq, ils guimbardent, tournent, chantent. Je comprends qu'ils fêtent ainsi, en buvant, la mi-carême. Ils veulent me faire entrer dans leur ronde.

J'ai peur. Et je lutte contre ces brutes qui chancellent, un broc de vin à la main. Bientôt, ils se roulent par terre sans pouvoir se relever. À nouveau, j'appelle le comte de Warwick. Il les cravache et leur fait lâcher prise.

Aussitôt, je demande au gouverneur quel jour nous sommes. Il me répond : le onze mars. C'est le dimanche de Laetare. Reviennent en mon cœur douloureux mes si tendres souvenirs du Dimanche des Fontaines. Je revois Mengette, Hauviette qui courent vers l'Arbre aux Faées. On déplie la nappe sous les Loges des Dames. On renverse les paniers. On étale les bonnes galettes. Et puis on danse. Mais pas comme ces brutes avinées. On danse des caroles et on fredonne « Le roi Renaud », « Saint Nicolas », « La Bernette », « La Lorraine ». Toutes les filles et tous les garçons rient aux éclats. C'est un bonheur de voir les amoureux de la veille : ils ont déposé leurs bouquets en grand secret devant la fontaine des Rains et se penchent sur les miroirs d'eau pour y voir l'image de leurs visages réunis.

C'était le printemps. C'était le bonheur, notre jeunesse, les coteaux reverdis, les parfums de la Meuse…

J'entends un battement d'ailes. Un couple de pigeons vient se poser sur le rebord de la fenêtre. Ce n'est plus le même printemps. Car cette fenêtre profonde qui laisse entrer à la dérobée quelques rayons avares, me sépare, par de grands barreaux, des campagnes qui renaissent et que je ne vois pas.

« Je requiers que vous me meniez devers Notre Seigneur le Pape »

C'EST À CE MOMENT-LÀ que je reçois la visite d'un juge, celui-là même qui m'a interrogée la veille, maistre Jehan de la Fontaine. Il me signifie qu'en sa qualité de conseiller de témoin, il a le droit de « s'entretenir avec l'accusée ». Il est excédé – me confie-t-il – de tout ce qui se passe. Il ne supporte plus que l'on me tende chaque jour un nouveau piège. Il veut m'aider. Je ne sais si je dois le croire. Il en vient à m'expliquer ce que j'ignore encore sur la distinction de l'Église triomphante et de l'Église militante. Mais surtout, il souhaite me faire connaître que, pour les choses douteuses qui touchent la foi, on doit recourir au Pape. Il me baille un conseil contraire à celui de L'Oiseleur :

– Jehanne, vous devriez vous soumettre à l'Église universelle.

– Mais je ne veux pas me soumettre à ce tribunal qui la représente.

– Jehanne, ne confondez pas l'Église avec les gens d'Église. Ce tribunal n'est pas l'Église.

– Mais c'est un procès d'Église qui m'est fait. L'Église, c'est le concile. Et tous ces maistres de l'Université, ces docteurs, ces prélats de Paris reviennent du concile de Constance qui commande l'Église universelle.

– Jehanne, il faut que vous sachiez que l'Université de Paris n'est pas tout le concile et que le concile n'est pas toute l'Église. Il y a aussi la papauté et l'assemblée des fidèles.

– Mais les clercs me répètent, depuis deux mois, que le Saint-Esprit souffle sur le concile, qui est le corps du Christ. Que le concile tient son pouvoir de Dieu et qu'il est supérieur tant à la personne du Pape qu'au siège apostolique.

– Non, Jehanne, la papauté est au-dessus du concile et de ses décrets. C'est la Chaire de Pierre qui commande l'Église universelle. Le Pape est le vicaire du Christ. Vous devriez en appeler au Pape. Si vous le faites, le procès s'arrêtera, car votre appel est de droit. Soyez ferme quand la question viendra.

Je ne sais que penser, que dire, que faire, devant tous ces gens savants dans les choses de Dieu. Je ne suis qu'une fille indocte.

Quelques jours plus tard, le procès reprend. Suivant le conseil qui m'a été donné, j'attends avec fermeté la question qui ne manquera pas de revenir sur ma soumission à l'Église, tendue comme un piège sous mes pas.

L'évêque Cauchon, qui a toujours de la douce méchanceté dans la voix, tend vers moi une main paternelle et m'interroge avec précaution :

– Vous semble-t-il que vous soyez tenue de dire la vérité plus complètement à Notre Seigneur le Pape sur tout ce que l'on vous demanderait touchant le procès et le fait de votre conscience ?

– Oui. Ce que je requiers, c'est que vous me meniez

devant Notre Seigneur le Pape. Et alors, devant lui, je répondrai tout ce que je devrai répondre.

L'évêque se décompose. Il ne s'attendait pas à tant de résolution. Il se tourne vers les docteurs. C'est une tempête dans le cachot. Il frappe du poing sur la table. Les deux notaires qui ont la plume en l'air ne savent quoi noter. L'évêque, en les pointant du doigt, les foudroie :

– Malheureux ! N'écrivez pas cela. Je vous interdis de transcrire sa réponse.

Puis il se lève, se retourne vers les assesseurs collés contre la paroi de chaux vive :

– Qui, parmi vous, a parlé à l'accusée ?

Silence. Les juges sortent les uns après les autres. L'évêque Cauchon cherche des yeux le plus penaud d'entre eux. Maistre Jehan de la Fontaine est sorti le premier. On ne le reverra jamais.

L'évêque de Beauvais demande aux geôliers anglais si « des révérends sont venus s'entretenir avec la prisonnière » la veille ou l'avant-veille. Les gardes livrent les noms en montrant les marches que les maistres, coupables de compassion pour moi, ont dévalées pour s'enfuir. L'évêque de Beauvais se précipite dans l'escalier et les poursuit en criant : « Il vous en cuira ! Il vous en cuira ! »

Le gouverneur du château, qui a entendu du vacarme, accourt au-devant de l'évêque. Un peu plus tard, il fait proclamer que personne, pas même l'Inquisiteur, ne pourra dorénavant entrer « auprès de l'accusée ». Il n'y aura plus une seule visite. Ainsi nul ne sera tenté « de diriger l'accusée ni de lui prodiguer des conseils ».

Mon cachot entre dans les ténèbres. La porte de la tour

reste close. Même les gardes n'ont plus le droit de franchir l'huis de ma geôle. On me passe l'escuelle sous une barre de fer.

Nous entrons dans le temps pascal. Temps de l'angoisse. Les gardes sont muets. Cela m'inquiète. Mon humeur s'accorde par avance à ce dimanche des Rameaux où nous serons dans quelques jours. Je me souviens du chœur de mon église, à Domremy, où je m'agenouillais. Le curé suppliait pour les péchés du monde et nous faisait réciter par cœur les longs psaumes de la désolation du prophète Jérémie :

– Ô Jérusalem ! Veux-tu bien te convertir à ton Seigneur ?

Mon âme est abandonnée. C'est l'heure où le Fils de l'Homme va être livré aux mains des pécheurs. Ceux qui me donnent le baiser sont des révérends pères du concile, des princes de l'Église. Par leurs titres plus proches que moi de la Parole divine.

Quand arrive le jour des Pâques fleuries, je réclame à mes gardes une branche de buis béni. On me la refuse. J'écoute les chants dont l'écho monte jusque dans ma prison depuis la cour. Je reconnais la voix de celui qui officie et mène la procession, comme il le fit à Reims pour la Fête-Dieu : c'est mon propre juge, l'évêque de mon procès. Sinistre dimanche ! Vingt-cinquième jour de mars de l'an de grâce 1431.

Lugubre fête des Rameaux. Pas de messe. Pas d'Eucharistie. Pas de procession pour moi. Mais seulement pour les juges qui marchent, chantent leurs louanges et demandent à Dieu la grâce de les aider.

En pleine Semaine Sainte, j'apprends que je dois quitter

mon cachot le lendemain pour comparaître devant le tribunal. Je ne suis pas sortie de ma tour depuis plusieurs semaines.

Les soldats me font descendre l'escalier et traverser la cour centrale du château du Bouvreuil.

Au pied du donjon, en face de la tour des Deux Écus, qui est une tour jumelle de ma prison, je devine une escorte d'honneur pour un personnage entouré d'hommages armoriés, qui sort de ses somptueux appartements. Je l'aperçois de loin. Il est de petite taille. Il me regarde passer avec curiosité. Il a le visage d'un enfant qui n'a pas dix ans, revêtu d'une robe de drap d'or fourrée de martre.

Il est noyé dans la foule. Des hauts seigneurs et toute une cour de panonceaux à l'enseigne du léopard se pressent autour de lui. Cet enfant qui me regarde et me dévisage, à qui on a dû rebattre les oreilles que j'étais une sorcière et qui, maintenant, se signe pour conjurer l'idée même que je puisse l'approcher, c'est le roi de France et d'Angleterre. Il est ici chez lui. Ces tours n'ont pas de secret pour lui. Rouen est sa ville et le château du Bouvreuil sa résidence. Il m'a rachetée à la Bourgogne et c'est dans sa prison, chez lui, que je suis enfermée. Le comte de Warwick se penche révérencieusement pour lui murmurer quelque chose à l'oreille. Il se signe à nouveau, fait demi-tour et disparaît. Sans doute a-t-il eu peur que je lui jette un sort.

On m'amène dans une chambre voisine de la grande salle du château. Cette fois-ci, je n'ai plus d'entraves aux chevilles. C'est peut-être de bon augure. Quand j'entre dans la grande pièce plafonnée de longues poutres écussonnées, les regards se tournent vers moi, la foule se tait. Les révérends pères, « vénérables seigneurs et maistres » comme ils s'appellent, sont déjà assis sur une estrade richement drapée. On m'a répété qu'ils ne sont, à la ville, que hautes pensées, docteurs ou bacheliers, théologiens licenciés et médecins. Je commence à les connaître. Ils affectent de ne s'appeler entre eux que par leurs titres. Sur la marche la plus élevée se trouvent désormais les trois prêtres anglais. Je les sens bien plus assurés qu'au début du procès.

Tous ces visages hostiles me sont devenus familiers : le procureur, les greffiers, les assesseurs, les témoins. Monseigneur de Beauvais est, pour la première fois, vêtu d'une chasuble de drap d'or. Ce vêtement de cérémonie signifie sans doute que cette séance est la dernière. Il l'aura voulue solennelle. Derrière lui, un peu plus haut sur l'estrade, je reconnais, à son camail rouge, son nez grêlé et son visage affaissé de vieillard, le cardinal de Winchester. Il ne regarde pas la salle. Il surveille les juges. Souvent, l'évêque Cauchon se tourne vers lui. Il prend ses ordres. Comme un enfant de chœur exact.

Soudain, je suis glacée d'effroi. Parmi les assesseurs, je crois reconnaître, là-bas dans une stalle de chanoine, malgré sa tête baissée et son capuchon qui le dissimule, mon visiteur cordonnier L'Oiseleur, celui qui m'a confessée, qui m'a soutenue, qui m'a fait parler et m'a rassurée. Celui qui m'a trompée. Il est là, au premier rang des assesseurs. Il va me juger. Ce procès est une supercherie. Les juges sont des commis et des mimes. Ils font des grimaces. Ils s'entendent entre eux à faire leur profit de mes candeurs. Ce sont des clercs qui n'agissent, sous couvert de sapience et de foi, que pour le compte de l'Angleterre.

« Pas de messe pour Pâques.
Seulement l'œuf de mes geôliers »

LES JUGES ONT DE LA CHARITÉ les uns pour les autres. Ils se parlent à voix basse. Pour ne pas déranger ceux qui dorment. J'entends parfois un marmonnement :

– Elle est blême !

– Elle est belle…

– Oui, elle a la beauté du Diable.

Parfois, la vague enfle. Ce ne sont que grouillements et craquètements. Une véritable basse-cour. Muni d'une crécelle de carême, l'évêque de Beauvais fait taire la salle et ouvre la séance :

– Nous tous, ici présents, sommes des ecclésiastiques de grand savoir, versés dans la connaissance du droit humain et divin, ayant le propos et la volonté de procéder à votre égard, en toute piété et mansuétude. Tels ont toujours été nos sentiments, car nous n'avons jamais recherché ni vengeance, ni punition, mais votre seule instruction et votre retour dans la voie de la vérité et du salut…

Tant de prévenance cache de grandes méchancetés à venir. L'évêque me propose de choisir pour conseil un des maistres ici présents. Je lui réponds sèchement :

– Je me suis défendue seule jusqu'à présent. Quant au conseil que vous m'offrez, je vous en remercie. Mais je n'ai point l'intention de me départir de mon Conseil, celui de Notre-Seigneur.

La parole est donnée à un docteur de Paris qui commence la lecture du réquisitoire. Puis le procureur, qui continue à m'agonir d'insultes, se lève pour la première fois du procès et développe une longue litanie qui m'accable :

– Vous, l'accusée, avez été, par nous, déclarée sorcière, devineresse, fausse prophétesse, invocatrice et conjuratrice des esprits mauvais, superstitieuse, adonnée avec insistance aux arts magiques…

Vous pensez mal en tout ce qui se rapporte à la foi catholique…

Vous êtes schismatique…

Vous vous écartez de la foi à propos de l'article « l'Église une, sainte ».

– Ce n'est pas vrai. J'aime l'Église, une, sainte, catholique et apostolique. J'ai appris de ma mère à réciter le Credo.

– Taisez-vous ! Vous êtes maldisante et malfaisante…

Vous êtes sacrilège, idolâtre, apostate…

Vous êtes blasphématrice envers Dieu et ses saints…

– C'est faux ! Vous ne m'avez pas entendue. Vous ne m'avez pas écoutée.

– Vous êtes scandaleuse, séditieuse…

Vous êtes excitatrice de la guerre, cruellement altérée de sang humain.

– Non, je n'ai jamais tué personne. Je veux la paix !

– Vous n'avez fait que guerroyer ! Vous êtes perturbatrice de la paix.

– Oui, d'une paix anglaise. Mais pas d'une paix française.

– Vous êtes impudemment oublieuse de la décence et des convenances de votre sexe, prenant sans rougir l'habit et la condition des gens de guerre.

Est-il seulement utile de répondre ? Il me semble que tout est écrit, ordonné, jugé.

Je vois là-bas, au fond de la salle, le gouverneur du château qui baisse les yeux. Alors je l'interpelle :

– J'en appelle à vous, comte de Warwick. Osez me regarder dans les yeux. Vous savez bien, vous qui avez dû intervenir dans mon cachot, pourquoi je garde ces chausses jointes et fortement lacées. Vous connaissez les violences que me feraient les gardiens si je les quittais un seul instant, si je les desserrais seulement. Vous savez que si vous n'étiez pas venu à mes appels au secours, j'aurais été la proie de ces misérables.

Hélas, le vacarme couvre ma voix encombrée et enrouée par les larmes. Le procureur, qui feint de ne pas m'entendre, poursuit son réquisitoire :

– Pour ces causes et autres, vous êtes abominable à Dieu et aux hommes, prévaricatrice des lois divines, humaines et ecclésiastiques, séductrice des princes et des peuples, usurpatrice de l'honneur et du culte divin pour avoir sacrilègement consenti que l'on vous révérât et adorât. Vous avez donné vos mains et vos vêtements à baiser. Je vous accuse d'être hérétique et véhémentement suspecte d'hérésie. Et c'est pourquoi je sollicite du tribunal le châtiment conforme aux lois divines et canoniques.

Pendant des heures et des heures, je vais encore me battre. Tout n'est que calomnie dans ces accusations. On me suspecte de commerce avec les Dames fatales. Menterie. On m'accuse de porter sur moi une mandragore, une sorte de plante qui donne des pouvoirs magiques. Je n'en ai jamais vue. On dit aussi que j'ai mis un sort dans mon étendard. C'est une honte. Je proteste contre ces faussetés qui viennent, à chaque ligne du réquisitoire, me salir pour me perdre. On veut tuer mon âme.

On ose même soutenir que les articles d'accusation sont simplement extraits du registre de mes propres aveux. Je ne cesse de fixer mon regard sur les greffiers quand je peux croiser leurs yeux fuyants. Ils savent bien, eux, que ce réquisitoire haineux n'est que mensonge. Tout est détourné de son sens, parfois tramé à partir de vérités exagérées.

Ainsi affirme-t-on que je ne porte volontiers que des tabards et des robes fendues des deux côtés et que je n'affectionne que les vêtements somptueux et pompeux. Il est vrai que, depuis mon enfance, j'ai appris à connaître toutes les étoffes, les draps et les fourrures venant de Flandre, sur les charrettes qui faisaient halte à Domremy. Et j'ai appris à distinguer et aimer les tissus à cause de mon goût pour la couture. Après tout, je suis une fille et j'ai mes coquetteries. Mais dans l'estat de guenille où je suis, je ne vois pas comment on peut m'accuser d'aimer le faste. Je lui ai toujours préféré les austérités de la foi et de la charité. Il faudrait que le tribunal s'employât à choisir ses griefs : l'habit d'homme ou la robe fendue.

Oui, je me soumets à l'Église mais ce n'est pas blasphémer, me semble-t-il, que de répondre aux maistres du concile :

– Messire Dieu premier servi !

Terrible Semaine Sainte. À chacun son Chemin de Croix.

Je veux aller voir le Pape, le premier serviteur de Messire Dieu. Ces clercs-là, qui sont mes juges, ne sont pas l'Église. Je ne suis pas au-dessus de l'Église, mais eux ne le sont pas plus que moi.

Dans mes prières, je remercie de tout mon cœur les personnes si doctes qui m'ont expliqué que l'Église universelle est au-dessus de tous les Synodes et, naturellement, au-dessus de la petite Église anglaise. Pourquoi ces juges qui veulent me condamner n'ont-ils pas lu le grand registre de Poitiers ? L'assemblée des docteurs et prélats qui m'ont examinée là-bas pendant trois semaines représente autant l'Église que cet évêque Cauchon, chassé de son diocèse de Beauvais. Ce n'est pas moi qui refuse au Souverain Pontife, trônant au sommet de l'Église, la soumission que je lui dois. Mais ce sont mes juges qui ne veulent pas me conduire à Rome et qui ont toujours décliné mon souhait d'être enfermée dans une prison d'Église.

Je résiste en mon âme mais mon corps s'en va déjà. Quand je rentre en ma tour-prison, les soldats doivent me soutenir pour monter l'escalier. Je compte les marches. Chacune est une épreuve. Il y en a sept, comme les sept jours de la Semaine Sainte.

Personne ne vient plus me voir. Les geôliers ont obstrué les baies. Il n'y a plus un bruit, le cachot est sourd. On m'a mise dans le noir. Je ne perçois plus rien du temps qui passe. Je ne sais pas si nous sommes la nuit ou le jour. Il n'y a plus ni soir ni matin. Ce sont des heures insupportables, interminables. Je vais devenir folle…

Soudain j'entends les cloches lointaines de la ville, puis le glas de la chapelle castrale. Cela signifie que nous sommes le Jeudi Saint. C'est comme si une bouffée de lumière entrait dans le cachot de mon cœur. Ce temps qui revient, c'est la vie, l'humanité, la tendresse des heures… ces cloches sonnent comme pour prévenir l'agonie du Christ renouvelée. C'est l'heure des reposoirs. Là-bas, Hauviette – je l'entends qui m'appelle – cueille des fleurs en pleurant. Messire le curé invite chaque paroissien à entrer dans le mystère de la Rédemption. C'est l'agonie jusqu'à la fin du monde. Il ne faut pas dormir. Je veille sur la misère des hommes. J'offre tout.

Puis c'est le Vendredi Saint. La croix dressée sur une levée de terre, qui attend le supplicié. La flagellation. Les cordes. Les pointes. Les épines. Les faux témoins. Le reniement des amis. La haine dans les yeux des grands prêtres. Les prosternations des lâches et les appels à l'amitié de César. Le calvaire. La solitude. La soif. Les plaies ouvertes. La souffrance qui n'en finit plus : « Père, pourquoi m'avez-vous abandonné ? »

Je prie longuement pour Cauchon, pour Warwick, pour mes gardes, pour le procureur qui a menti du pire mensonge car, sans doute, il a menti seulement pour plaire.

Le jour du samedi saint, j'écoute les louanges des paroisses qui arrivent jusqu'aux baies de ma fenêtre.

Le lendemain, j'entends des cris lointains, sans doute la joie des gamins qui courent et partent en quête des œufs. Les œufs de Pâques. Arrive alors une chose inattendue, comme un geste tendre du Ciel : mes geôliers m'offrent un œuf qu'ils ont gardé pour moi. Ils mangent le leur en se taisant, dans le rayon du soupirail. Nous avons la même religion, les mêmes fêtes, les mêmes grâces. Et peut-être les mêmes exhaussements.

La fête universelle éclate à grand bruit par la ville. Il y a au moins cinq cents cloches qui carillonnent et jettent leur joyeuse volée dans les airs. Pas de messe. Pas de communion. Seulement l'œuf de mes geôliers. L'œuf de Pâques.

Où est donc le Royaume de Paradis que m'ont promis mes Saintes ?

Je pense à tous les Judas qui sont allés, pour prix de leurs journées de vacation d'assesseurs zélés, réclamer leurs vingt sols tournois ou saluts d'or. Et à ceux qui, pour prix de leurs assiduités, seront nommés dès la semaine prochaine chanoines de la cathédrale.

Pendant de longs jours, il ne se passe plus rien. Alors j'attends, allongée sur ma planche. On dirait que mes gardiens ont presque pitié de moi. C'est l'un de leurs chefs, un escuyer du roi d'Angleterre, qui vient maintenant me glisser en secret ce qui se passe au rez-de-chaussée. Ainsi m'apprend-il que les articles d'accusation sont partis à l'Université de Paris. Il n'y a plus que douze charges au lieu de soixante-dix. Je vais me battre.

Il y a encore un espoir que les docteurs du concile, forts de la lumière de l'Esprit, éclairent la cour de Rouen.

«Je sais pourquoi j'ai vomi, c'est la carpe de Monseigneur»

LA TÊTE ME TOURNE. La fièvre me mange les yeux. J'ai le visage en feu. J'ai vomi toute la nuit dans le seau d'aisance. Je suis malade. J'entends une grande agitation dans le colimaçon, les renfoncements et les niches des murs de toute la tour-prison. Le gouverneur, au rapport des geôliers, arrive, essoufflé et fâché, une torchère à la main. Il se penche sur moi, se retourne vers les gardiens, leur demande de me déferrer. Puis il les gronde sur un ton brutal :

– Vous êtes des incapables. Vous allez finir au fond de la Seine. Vous rendez-vous compte de ce que peut coûter au royaume cette paresse de toute une nuit ? L'accusée vous a appelés dix fois et aucun de vous cinq ne s'est réveillé. Que cette fille s'en aille mourir ainsi et tout l'avantage est perdu pour nous. Il faut appeler au plus tôt une consultation.

Un peu plus tard, les barbiers chirurgiens du Bouvreuil, français et anglais, eux-mêmes hors de leurs nerfs, se bousculent autour de ma planche, la sueur perlant à leurs tempes. Ils ont posé sur un tabouret une petite cuvette de terre avec des sacs de toile et se répandent en questions, cherchant à comprendre d'où vient le mal. Ils me tâtent le pouls, me palpent au côté droit. J'entends l'un d'entre eux confier aux autres à voix basse que je suis perdue. Le cardinal de Winchester, accouru à la rescousse, réplique sèchement :

– Pour rien au monde, chers docteurs, le roi n'accepterait qu'elle nous échappât par une mort naturelle. Il l'a trop chèrement payée. Il aimerait mieux perdre une somme de vingt mille nobles d'or que de voir cette Pucelle mourir de maladie sous ses yeux. Il ne faut pas qu'elle trépasse hormis par justice. Je vous donne ordre de l'examiner avec soin et de la guérir.

La fièvre redouble. J'aperçois, dans le halo de la fenêtre, devant l'huis du degré, l'évêque Cauchon. Il est le moins empressé de tous. Il laisse les médecins se disputer entre eux sur l'origine du mal. Finalement, les hommes de l'art sont d'avis que l'on doit me tirer du sang :

– Non. Pas une saignée, s'écrie le gouverneur Warwick. Cette fille est rusée. Elle pourrait en profiter pour se faire mourir.

Malgré tout, la saignée est décidée. Un des barbiers sort de sa trousse un couteau dédié à cet usage. Et, avec précaution, il me saigne. Je me redresse alors sur ma planche. Je désigne du doigt l'évêque Cauchon :

– Je sais pourquoi j'ai vomi… On m'a envoyé hier soir une carpe de la part de Monseigneur de Beauvais. J'en ai mangé et je crois que c'est cela qui m'a rendue malade !

Le procureur Estivet s'emporte et rétorque :

– C'est toi, paillarde, qui as mangé des harengs et autres choses nuisibles !

– Ce n'est pas vrai ! Je n'ai mangé que la carpe de Monseigneur.

Le procureur continue à m'injurier et à me traiter de fille de rien et de ribaulde. Il me soufflette. Je suis saisie d'un nouvel accès de fièvre qui met à nouveau mes jours en danger.

Je vois, à la mine desconfie de l'évêque Cauchon, qu'il aurait bien pu chercher à m'empoisonner pour sortir des embarras que le procès lui cause, car nous sommes à la fin des interrogatoires et il va falloir décider de mon sort.

Monseigneur de Beauvais semble près d'étouffer. Trempé de sueur, il écume comme un vieux bœuf. Le visage défait, il ne sait plus de quel côté regarder. En m'acquittant, il s'expose au courroux de l'Angleterre et, en me condamnant à mort, il encourt les foudres de tout le royaume de Bourges. Peut-être lui reste-t-il un peu de sa conscience d'homme de Dieu ou se croit-il déjà en Enfer. Il porte le poids d'une grande iniquité. Je suis certaine que ce n'est pas la commotion du procès qui m'a rendue malade. C'est la carpe de Monseigneur. Il a voulu me tuer.

Pendant plusieurs heures, je reste alitée sans bouger sur ma planche. Les nuits se suivent. Mes fièvres persistent. Au dix-huitième jour du mois d'avril, je reçois une nouvelle visite du tribunal. L'évêque Cauchon est assisté de sept docteurs qui portent camelot de poil de chèvre et boucassin de coton, car il fait encore très froid. Je reste couchée, fébrile, tourmentée, si faible que je crois à ma fin. Mes Saintes ne m'ont parlé que de ma délivrance. Je la pressens comme une délivrance de cette vie-là. Je ne veux plus penser à la terre. Dans quelques jours, ce sera l'Ascension. Je me laisserai enlever par le haut, élever de ma tour vers le Royaume de Paradis.

C'est curieux comme le visage de l'évêque Cauchon a changé. Il porte beaucoup moins de toilettes sur lui. À pas feutrés, il s'approche de mon lit. Il a le teint gris, l'œil lointain, presque fixe. Il me sourit en prenant une belle expression de tristesse paternelle :

– Nous sommes venus vers vous, Jehanne, avec les maistres et docteurs, en toute familiarité et charité pour vous visiter en votre maladie…

J'incline la tête et le remercie.

– … Pour vous réconforter et vous secourir, poursuit-il avec, dans la voix, une émotion qui se mesure.

Je suis si faible que je le crois.

C'est touchant pour moi de sentir tous ces docteurs s'approcher avec délicatesse, de voir ces têtes se pencher, mains dans les manches, de regarder ces prêtres qui essuient une larme. Il y a des robes blanches et des robes grises, des yeux humides et d'autres pleins de tendresse. Puis vient un long silence.

Je ferme les yeux. J'entends comme un soupir. À voix douce, Monseigneur de Beauvais m'exhorte à écouter les gens d'Église qui m'entourent. Ils sont là, par vocation et dans un mouvement du cœur, prêts à me sauver par tous les moyens possibles, comme ils le feraient pour chacun de leurs proches et pour eux-mêmes. Si je ne les écoute pas, ils seront obligés de m'abandonner.

J'ouvre les yeux. D'une voix faible, je remercie l'évêque :

– Il me semble que je suis en grand péril de mort, vu la maladie que j'ai. Si Dieu veut faire son plaisir pour moi, je vous requiers d'avoir confession, sacrement d'Eucharistie, et d'être ensevelie en terre bénie, à Domremy, à côté de l'église.

– Pour avoir les sacrements de l'Église, il faut vous soumettre à l'Église.

Je suis de plus en plus délabrée. Mes mains tremblent. À nouveau, je ferme les yeux et, à bout de forces, je les adjure de s'en aller :

– Laissez-moi tranquille. Je ne puis vous parler davantage. Mon cœur meurt en cette prison. J'espère que vous me ferez mettre en terre dans le cimetière de Domremy.

Je voudrais que l'on cessât de me harceler avec mon enfance, mes révélations, l'habit d'homme, le signe au roi, l'obéissance aux pères conciliaires. Je ne veux pas des conseils de ces clercs et notables docteurs. Je suis épuisée, rompue. Je ne répondrai plus.

Pourtant, les maistres et bacheliers se relayent à mon chevet. Ils m'adressent des exhortations et admonitions charitables. La sentence est proche. Ils font appel aux Écritures saintes, au Concile Universel. Ils me disent et me répètent que si je n'écoute que mon propre sens, je m'exposerai au plus grand des périls. Ce que l'évêque de Beauvais voudrait m'éviter de toutes ses forces et de toute son affection.

Un archidiacre me rappelle un passage de saint Matthieu que je ne connaissais pas :

– « Si votre frère n'écoute pas l'Église, qu'il soit pour vous un païen et un publicain. »

– Et qu'est-ce que cela veut dire ?

– Que si vous ne vous soumettez pas à l'Église et refusez

de lui obéir, nous ne pourrons que vous abandonner, comme une Sarrasine.

– Je suis une bonne chrétienne. J'ai été baptisée et je mourrai comme une bonne chrétienne. J'aime Dieu. Je le sers. Je voudrais soutenir l'Église de tout mon pouvoir.

– Ne voudriez-vous pas que l'on ordonnât une notable procession pour vous remettre en bon estat ?

– Oui, je veux bien que l'Église et les Chrétiens de Rouen prient pour moi.

On me baille une soupe au thym et au laurier comme je l'ai demandé en souvenance des remèdes de ma tante de Sermaize. Je retrouve un peu de santé. La lumière du jour est revenue dans mon cachot.

Au vingt-troisième jour du mois d'avril, c'est un immense vacarme qui monte de la cour castrale : sonneries de cloches et de trompettes, prises d'armes, processions, saouleries des gardiens qui trinquent et retrinquent :

– Par saint Georges, nom de Dieu !

Pauvre chevalier saint Georges ! C'est sa fête aujourd'hui : un saint anglais mais de grande courtoisie. Je le prie un instant de faire taire ces soudards.

Au matin du premier jour de mai, une main inconnue a glissé sous l'huis de mon cachot un brin de muguet. Je le serre sur mon cœur qui s'évade. J'en ai tellement cueilli là-bas, à Bermont. Je l'offre à Notre-Dame. Je vois flotter des guirlandes de primevères, Mengette et Hauviette qui dansent, la ronde, l'Arbre Charmine et, le soir, le grand feu de Mai, la carole de la nuit…

Le lendemain, ce n'est plus fête. On me tire de mon cachot pour une nouvelle séance dans la Chambre de

Parement. Les assesseurs sont là. Les regards sont graves. La sentence est proche.

L'évêque Cauchon se lève. Il rajuste sa chape. Il a le front lourd, les épaules basses. Il désigne un maistre en théologie, un archidiacre. Je suis là, debout, ma cotte courte, noire, est toute fraîche, pas encore sèche ; j'ai obtenu le droit de la laver. Je sens un mouvement d'émotion. On me voit très pâle, accablée par ces fièvres qui me tiennent. Je croise des regards de pitié.

L'archidiacre se penche en arrière à chaque phrase qu'il prononce. Il pousse sa voix. Il s'arrête puis reprend. Il ouvre et referme sa main, enfonce les pouces, lève les paumes. Le ton devient sévère, pesant. Il m'exhorte en me désignant cette belle couronne de vénérables maistres et docteurs. Qu'attendent-ils de moi, tous ces juges ? Veulent-ils me sauver ou me condamner ? Sont-ils là par eux-mêmes ou pour d'autres ? Leur compassion de visage est-elle sincère ? Ils en reviennent toujours à l'affaire de l'Église militante. Et je réponds toujours de la même façon :

– De mes dits et de mes faits, je m'en rapporte à Dieu, mon Seigneur. Je veux être menée et interrogée par le Pape.

– Voulez-vous vous soumettre à l'Église ?

– Qu'est-ce que l'Église ? Quant à ce qui est de vous, Monseigneur de Beauvais, je ne veux pas me soumettre à votre jugement car vous êtes mon plus grand ennemi.

– Vous devez vous plier au concile général de Bâle.

– Qu'est-ce donc que ce concile général ?

– C'est la congrégation de toute l'Église universelle et de la chrétienté.

– Mais c'est vers le Pape que je veux aller. Vous me posez toujours les mêmes questions. Je ne vous en dirai pas davantage dans mes réponses. Quand bien même je verrais le feu, je vous dirais tout ce que je vous dis là et rien d'autre.

Alors l'évêque Cauchon se tourne vers les greffiers :

– *Superba ! Superba*… Notez dans la marge : « Réponse orgueilleuse » !

«Ils veulent m'abîmer aux yeux de tous les Français fidèles»

DANS CE CACHOT OBSCUR, fétide, ce qui restait d'espoir en moi se consume. L'espoir que mon roi vienne me délivrer. Je sais désormais qu'il ne viendra pas. Il n'y a plus aucun secours à attendre. Je suis dans le plus grand délaissement. Mon cœur se trouble. J'appelle ma sœur Catherine qui est au Ciel. Et mon village de Domremy qui était tout pour moi. Pourquoi suis-je partie ? Ô maman, tu me manques, viens me prendre dans tes bras ! Et vous, Jésus de Bermont, venez me chercher…

À demi éteinte, je cède à mes accablements. Mes réponses sont inutiles. Elles me chargent. Si je réponds «oui», c'est preuve d'orgueil diabolique. Si je réponds «non», c'est preuve d'hérésie. J'ai compris que les Anglais veulent me faire mourir et que mes juges ne sont pas de vrais juges. Ce sont des sentinelles qui obéissent, des factionnaires. Le régent les paye à la journée, à la semaine, l'huissier me l'a avoué.

Un matin, les soldats m'amènent dans une grande salle au donjon du château. Je marche sur d'immenses pavés qui suintent l'humidité. Les murs sont si épais ! C'est un endroit sourd, aveugle. J'avance entre la niche d'un puits et l'embrasure d'une canonnière. Le burin anglais a oublié là-haut la clef de voûte qui porte les armes de France. Décidément, les Godons ne sont pas encore ici tout à fait chez eux.

L'évêque salue un homme qu'il appelle le « maistre persécuteur des hautes œuvres du roi ». On m'assoit face à lui, sur une selle de bois. L'homme tient ses appareils, les bracelets de fer, la potence d'estrapade, les poulies, l'étau, le chevalet d'angoisse. Il s'occupe à entretenir le feu d'une immense cheminée.

Je regarde avec effroi ces parois massives. Sans doute sont-elles destinées à étouffer les gémissements et les appels de détresse. J'ai compris que l'on veut me mettre à la torture. Les fers de la justice sont chauffés à blanc sous la vaste cheminée à voûte. Je reconnais, parmi les assesseurs, le cordonnier L'Oiseleur, les archidiacres, les chanoines. Un homme, avec un cou de bœuf et des mains géantes, sort du feu une pince rouge. Il la pose sur une des pattes de la selle de bois.

Les chanoines reculent dans la fumée épaisse qui les incommode. Quelques soupirs de désolation. Les visages sont lourds. Les bras se lèvent et retombent. Personne ne veut regarder la cheminée. Les roues, les cordes, le lit de bois, les tréteaux attendent tout à côté. Dans le coin, au pied de l'escalier, deux ouvriers gantés de cuir préparent la suite de la besogne.

Je poursuis du regard l'évêque Cauchon qui baisse les yeux. On dirait qu'il cherche à lire entre les pavés les mots à prononcer. Il ose me dire que j'ai menti et que je dois avouer. Dans le reflet du feu, son anel d'or brille à son gros doigt. Les bourreaux font signe, ils sont prêts à me ramener à « l'aveu de la vérité ».

Alors je vais puiser au fond de mon cœur les dernières paroles déposées par mes Saintes : non, ces gens d'Église n'en sont pas vraiment. Ce sont eux qui mentent. Je m'en remets à Notre-Seigneur. S'il doit me secourir, c'est le moment, pour Lui, de m'aider à toiser l'épreuve. Je respire profondément, en fermant les yeux. Je prononce quelques mots tranquilles :

– Même si vous avez résolu de me faire écarteler les membres et séparer mon âme de mon corps, je vous le répète : je ne vous dirai pas autre chose.

Silence. Les juges, comme interdits, d'un regard appuyé, me demandent de poursuivre.

– Et si je vous disais autre chose, je dirais ensuite que vous me l'avez fait dire par force.

Les exécuteurs s'impatientent. La pince va refroidir.

Mais l'archevêque d'Évreux, s'adressant à l'évêque de Beauvais, blâme cette menace de torture :

– En pareil cas, il ne me paraît pas sage d'en user ainsi car cela n'est pas du BEAU procès que vous appeliez de vos vœux.

L'évêque le foudroie :

– Maistre de Châtillon, vous nous rompez les oreilles. Laissez-nous en paix !

– Pardon, Monseigneur, pardon ! Mais je dois acquitter ma conscience. Ce procès me paraît imprudent. Il n'est pas besoin d'infliger à l'accusée l'épreuve de la torture.

Le chanoine L'Oiseleur, mon confesseur sacrilège, mon

conseiller perfide, mon faux ami, ose en appeler de mon salut ; il parle de moi comme si j'étais absente :

– Il me semble, pour la médecine de son âme, qu'il serait bon qu'elle fût mise à la torture.

– Mais il faut aussi, reprend le chanoine trésorier de la cathédrale, que l'on ne puisse pas calomnier un procès aussi bien fait que l'a été celui-ci jusqu'à aujourd'hui.

Ce n'est pas la pitié qui va me sauver de la torture. C'est le gouverneur Warwick qui n'en veut pas. Il veut pire. Lorsqu'il fait irruption dans la tour, il s'écrie :

– Pour rien au monde, nous ne voudrions que cette fille mourût ici. Le roi l'a achetée fort cher. Il faut qu'elle meure sur la place du Marché.

Il s'emporte contre les onze assesseurs, qui, par la torture, ont pris le risque de me soustraire au bûcher que le conseil royal me réserve. En faisant demi-tour, il ajoute :

– Vous aussi vous serez jugés. Le roi sanctionnera cette cléricaille de juges qui gagne bien mal l'argent qu'on lui donne. Cette épreuve est inutile. Il y a matière à condamnation plus que suffisante, sans recourir aux tourments. Nous la voulons vivante.

Il n'y aura pas de torture pour aujourd'hui mais je vais mourir. Ils vont me condamner. Il faut que je trouve la force de marcher avec la foi dans la nuit du Mystère. Ils vont m'infliger la mort des sorcières. Car ils ne veulent pas seulement me tuer ! Ils veulent m'abîmer aux yeux de tous les Français fidèles.

Mon Dieu ! Je crois à la Vie éternelle. J'irai en Royaume de Paradis, retrouver mes Saintes. Et cela me réjouit.

Mais, malgré tout, je voudrais vivre encore, de cette vie,

ici-bas, retrouver Hauviette et Mengette, courir en bord de Meuse. Je vais sur mes vingt ans. Ce n'est pas un âge pour mourir. Je sais que ma mort sera la plus terrible de toutes. On va occire mon corps, souiller mon âme. On va me faire mourir d'infamie. Le sacrifice de la vie est un grand sacrifice. Il n'y en a qu'un seul qui soit plus terrible encore et que l'on va m'infliger : le sacrifice de l'honneur. On va me déshonorer.

Je ne supporte plus ces séances, cette farce des écritures et paraphes qui circulent de mains en mains, ces notaires qui mouillent le doigt consciencieux et cachettent du parchemin en se donnant des airs de justice, ces chanoines rebondis qui prennent la pose, ces fronts soucieux, ces seigneurs et maistres qui enfouissent la tête dans leurs mains comme pour porter la misère du monde, et puis ces pères conciliaires qui prétendent, en ce jour de Pentecôte, recevoir seuls la langue de feu du saint concile.

On m'amène dans une chambre proche de ma prison pour une dernière sommation. Un docteur vient y lire son manuscrit, le binocle à la main. Toujours cette contenance onctueuse, la tête qui danse comme un serpent trop bien nourri. Il ose adopter un air désolé :

– Jehanne, amie très chère, il est temps, pour la fin de notre procès, de peser avec soin ce qui a été dit.

– Ne m'appelez pas « amie très chère ». Cessez ces mensonges ! Osez me regarder dans les yeux. Et parlez-moi d'une voix franche !

– Jehanne, calmez-vous ! Ne restez pas séparée de Notre-Seigneur Jésus-Christ qui vous a créée pour avoir part à sa gloire. Au nom de Monseigneur de Beauvais et de Monseigneur le vicaire de l'Inquisition, au nom de vos juges, je vous admoneste et prie… Si vous ne vous soumettez, sachez que votre âme sera engloutie dans le gouffre des damnations.

Le vénérable docteur baisse la voix et ajoute que la chose est écrite sur son papier, que c'est difficile à lire, mais qu'il lui faut être en règle avec la loi. Alors il lit :

– … quant à la destruction de votre corps, je la crains fort…

Il a l'œil faux, la bouche qui rit toute seule, il me regarde comme s'il était le cousin du Bon Dieu. Il ouvre les mains et conclut :

– … ce dont vous daigne préserver Jésus-Christ…

Long silence. L'évêque Cauchon attend. Il n'y a pas un mouvement d'épaule. Je me tiens coite. On me donne la parole. Il faut parler. Alors je parle :

– Messeigneurs et Messieurs les juges, je n'ai qu'une chose à vous dire : si j'étais au supplice
et si je voyais le feu allumé
et allumées les bourrées
et le bourreau prêt à mettre le feu
et que je fusse dans ce feu,
je n'en dirais pas autre chose et soutiendrais ce que j'ai dit au procès.

Alors l'évêque Cauchon se retourne vers le procureur :

– Avez-vous quelque chose à ajouter ?

Le procureur s'incline et, d'une mine satisfaite, fait signe que « non ». L'évêque sort de sa manche un parchemin préparé à l'avance :

– Nous, juges compétents… nous concluons en la cause.

Nous assignons l'accusée à demain pour nous entendre porter notre sentence, ainsi que pour faire et procéder outre, comme il sera de droit et de raison.

Je m'effondre. Le procès est fini. C'est mon dernier jour. Je traverse la cour pour regagner mon cachot. Pour une dernière nuit. En haut de l'escalier, surprise : de nouveaux gardiens m'attendent, portant guisarmes. Les anciens sont partis. Par précaution, on les aura changés. De peur qu'ils ne cèdent à l'émotion de mes paroles et qu'ils en aient le cœur touché.

La nuit qui s'annonce sera terrible. Je tremble de tous mes membres. Je suffoque. Quand l'huis de fer grincera, demain matin, je sais qu'il s'ouvrira sur mon ultime supplice. Il y aura la dernière traversée de la cour. Peut-être un dernier regard des seigneurs anglais, sans doute même un sourire de pitié de leurs dames. Et puis, un peu plus loin, un peu plus tard, ces mîtres apitoyées, ces bonnets de fausseté aux inclinaisons douloureuses, la voix douceâtre de ces hommes scrupuleux, soulagés, qui se diront à eux-mêmes : « Pauvre fille !... Nous avons fait notre devoir. Elle est si courageuse ! Quel gâchis ! »

« À l'assaut, on sait contre qui on se bat. Là, je ne sais plus »

JE NE DORS PAS. Je prie. J'entends du bruit. Un pas pesant qui gravit les sept marches du degré. Avec une prudence cérémonieuse, un homme en harnois ouvre la serrure de l'huis de mon cachot. Ce n'est pas un garde. C'est le gouverneur du château, le comte de Warwick. Il a revêtu la même armure qu'à la bataille de Patay, signifiant ainsi qu'il entend effacer, ce matin, ce mauvais souvenir. En tout cas, il a tenu à venir lui-même.

Il est accompagné du juge manchot, le docteur Beaupère, le plus acharné de tous les assesseurs. Celui-ci sort de son rabat un manuscrit. Il se met à lire un texte écrit d'avance. Après m'avoir fait signe que cela est conforme aux usages. La dernière phrase annonce mon supplice. Comme pour enrober son parchemin d'un peu d'humanité, le recteur ajoute :

– Vous allez être menée à l'abbaye bénédictine de Saint-Ouen, Jehanne. Si vous êtes bonne chrétienne, dites en l'échafaud que vous mettez vos faits et dits en l'ordonnance de Notre sainte Mère l'Église, et spécialement des juges ecclésiastiques.

En bas, dans la cour, une haie de guisarmes me fait cortège. J'avance lentement, les fers aux pieds, entre les soldats. Derrière les vitraux de la résidence du roi enfant Henri VI, j'aperçois, en me retournant, des dizaines de paires d'yeux. La cour d'Angleterre ne veut rien perdre de cette journée.

C'est alors que je vois s'approcher le chariot. Je marche, étourdie de lumière et de bruit. On m'arrête sous une poterne où je retrouve le faux ami, le révérend Nicolas L'Oiseleur. Il est encore là. Enveloppé d'un mantel de drap à chaperon double. Il s'est mis en habit de cérémonie. Avec une expression de regard répugnante, il ose me prendre les mains :

– Jehanne, si vous faites ce que je vous dis, vous serez sauvée. Vous serez bien traitée. Vous n'aurez pas de mal. Vous dormirez ce soir en prison d'Église.

Dans ma pauvre âme, il se fait un désarroi plus terrible que la plus rude bataille. À l'assaut, on sait contre qui on se bat. Là, je ne sais plus : les Anglais, les gens d'Église, l'Université, le Chapitre, les prieurs, la foule, les Français reniés, les Français retournés, les pères du concile…

Le chariot passe entre la tour des Deux Écus et la tour de la Grande Chapelle. Je voudrais me signer mais j'ai les mains entravées. Je tire sur mes chaînes qui se tendent. Les roues sur le pont-levis sonnent creux. Puis c'est la folle danse sur les pavés pointus. À chaque secousse, mes entraves déchirent mes peaux et me brûlent les chevilles.

C'est la première fois que je sors de l'enceinte du Bouvreuil depuis mon arrivée ici, il y a cinq mois. Pour la première fois aussi, je croise les regards de ce peuple qui me dévisage, hagard. Il se tait à mesure que progresse la charrette, refoulé par les archers anglais qui me fraient un chemin. Le passage dans les rues étroites devient plus difficile. Tous les ateliers sont fermés. Les marchands attendent devant leurs boutiques. Je baisse la tête. Je prie. Des hommes saluent discrètement le convoi, des femmes se signent lentement. J'en vois qui pleurent. La ville est dans la rue.

C'est avec peine que l'on atteint l'abbaye de Saint-Ouen. L'église est en chantier. Il y a grand concours de peuple. Seule la police anglaise déambule encore. Les commères désignent de leur doigt à leurs voisins les gens importants qui ont pris place sur les tréteaux. Beaucoup de mères ont emmené leurs petits, fourrés dans leurs robes ; ils me regardent bouche ouverte. Quelle honte ! C'est effroyable, ce regard des enfants…

La charrette s'arrête à côté du porche de la grande église. Je passe devant une tribune d'honneur couverte d'une immense tapisserie rouge. Sous le grand dais de pourpre, trônent les juges du procès, les évêques, les abbés, les docteurs et les seigneurs invités. Je les reconnais tous. Ce sont mes juges.

Le cardinal de Winchester a revêtu un camail de soie solennel. L'évêque Cauchon, avec son surplis blanc, tient sa crosse d'or à deux mains comme s'il craignait de défaillir. Tous les maistres alignés portent le collier d'hermine des fêtes d'obligation. Les échevins siègent sur le côté, en robe de satin cramoisi. Ils sont au spectacle, attentifs et gourmands. Ils attendent, en bons Normands, de voir ce qui va se passer.

On me fait marcher entre quelques pierres tombales, nous sommes dans un cimetière entouré de hauts murs. Les archers anglais m'indiquent un degré pour monter sur la deuxième estrade qui s'élève en face de la tribune d'honneur. Je prends place aux côtés des greffiers qui s'y trouvent déjà. L'huissier Jehan Massieu, en me voyant, retient quelques larmes. Sa tristesse me semble sincère.

Je regarde la foule. Des têtes se découvrent, d'autres se moquent de ma robe noire, usée, déchirée.

Sur la grande estrade et le dais de velours, il y a là tout un chapelet de hauts prélats : le cardinal d'Angleterre avec sa calotte rouge, les évêques de Therouanne, de Noyon, de Norwich, tous mîtrés d'or. À côté d'eux, je crois reconnaître l'abbé de Saint-Michel-au-Mont. Des compagnies anglaises gardent les deux estrades. Je retrouve aussi les abbés de Fécamp, de Jumièges, les bons prêtres de paroisses et hauts dignitaires de l'Université de Paris qui se sont relayés dans la chapelle et la Chambre de Parement. Juste au-dessous de moi, entre les deux amblons, se tient la charrette du dernier voyage.

Bientôt je vois monter sur l'estrade, à côté de moi, venant ainsi rejoindre les notaires, le docteur Guillaume Érard, recteur émérite de l'Université de Paris, chanoine de la cathédrale de Langres. Il porte une chape solennelle de précieuse soierie qui descend jusqu'au sol, fermée autour du cou par une agrafe d'orfèvrerie, celle que l'on met pour Pâques et Noël.

Je surprends une conversation à voix basse entre le recteur Érard et le notaire Manchon qui a l'air désolé et honteux, enfoui dans son chaperon. Il glisse au prédicateur qui va m'exhorter :

– Vous êtes prêt, monsieur le Recteur ?

– Hélas, grogne, entre ses dents, maistre Érard, j'aimerais mieux en cet instant être en ma douce Flandre.

Là-bas, sous le dais cardinalice, les prélats s'impatientent. En tournant la tête, j'aperçois, entre les croix qui surmontent les tombes, un peu plus loin, sur quelques pierres jointoyées de plâtre gris, le bûcher de fagots qui est paré. Devant lui se tient un colosse en tablier de cuir, avec une torche à ses pieds. Il croise les bras, il m'attend. Il écoute, comme toute la foule qui a envahi le cimetière, l'admonestation du prédicateur.

Le père Érard guette un signe de l'évêque Cauchon. Un clin d'œil de Monseigneur suffira. Il inspire alors tout l'air du cimetière, et lève les yeux au ciel. Puis il parle. Lentement. Il hausse le ton pour que les derniers arrivés, là-bas tout au fond, l'entendent eux aussi. Il prêche avec passion en faisant vibrer son parchemin de haut en bas. Jamais il ne me regardera. Il réserve ses gestes, sa fougue, au cardinal de Winchester, aux prélats et aux clercs de la cause anglaise.

Il commence par citer saint Jean :

– Oui, mes frères, il faut entendre ce verset si précieux : « Le sarment ne pourra porter de fruits s'il ne demeure dans la vigne. » Et si le sarment est stérile, alors il n'est bon qu'à être jeté au feu.

Le « sarment stérile », c'est moi. Maistre Érard insiste · je me suis séparée de l'Église. Puis il ajoute :

– Il n'y a jamais eu, en France, de monstre comparable à

celui qui s'est révélé en Jehanne. Elle est remplie d'orgueil et, de plus, sorcière, hérétique, schismatique…

Alors, il se laisse emporter par l'émotion et s'écrie :

– Ô France, noble Maison de France ! Toi qui as toujours été la protectrice de la foi, te voilà aujourd'hui abusée ! Ce Charles, qui se dit roi, a adhéré comme hérétique et schismatique aux paroles d'une femme diffamée, pleine de déshonneur. Mais, hélas ! C'est aussi tout le clergé de son obéissance et seigneurie, par lequel elle a été examinée et non reprise, qui l'a suivie aveuglément. Maison de France, qui a toujours été une maison très chrétienne, comment as-tu été ainsi abusée ? C'est grand-pitié !

Cette charge indigne contre le roi Charles me fait bondir :

– Parlez de moi et non du roi, s'il vous plaît !

Hélas, le recteur Érard ne veut pas m'entendre et, plus ardent encore, à trois reprises, en me désignant du doigt, il s'exclame :

– Oui, je te le dis à toi, Jehanne, et le répète devant cette foule assemblée ce matin en cette abbaye, ton roi, parce qu'il t'a écoutée, est hérétique et schismatique !

– Par ma foi, révérence gardée, j'ose vous répéter et jurer, sous peine de ma vie, que mon roi est le plus noble chrétien de tous les Chrétiens. Il aime la foi et l'Église…

Alors le prédicateur et l'évêque de Beauvais, d'une tribune à l'autre, échangent un regard de courroux. Ils se tournent vers l'huissier Jehan Massieu et lui crient :

– Faites-la taire !

À la fin de son sermon, maistre Érard s'adresse à moi, sur un ton plus doux :

– Jehanne, nos seigneurs les juges vous ont plusieurs fois requise de soumettre vos faits et dits à Notre sainte Mère l'Église. Ils vous ont montré que plusieurs choses que vous avez dites n'étaient pas bonnes à soutenir..

– Je vais vous répondre…

– Nous vous écoutons…

– Pour ce qui est de ma soumission à l'Église, je répète ici ce que j'ai demandé aux juges, que toutes les choses que j'ai faites ou dites soient envoyées à Rome, à Notre Saint-Père le Pape. C'est à lui et à Messire Dieu d'abord que je m'en remets. De mes dits et faits, je ne veux charger personne, ni mon roi ni aucun autre. Je veux tout prendre sur moi et, s'il y a quelque faute, c'est à moi et à personne d'autre qu'il la faut rapporter.

Sur cette parole, je vois l'évêque Cauchon quitter son trône et s'avancer jusqu'au bord de son estrade. Il lève un bras solennel :

– Révoquez-vous les faits et dits qui sont réprouvés par les clercs ici présents ?

– Je m'en rapporte à Dieu et à Notre Saint-Père le Pape.

– Cela ne suffit pas. On ne peut pas aller chercher le Saint-Père si loin, à Rome. Les évêques sont juges, chacun dans son diocèse. Il est nécessaire que vous vous en rapportiez à Notre sainte Mère l'Église et que vous teniez pour vrai ce que les clercs et gens connaissant ces choses ont déterminé de vos dits et faits.

– Je suis prête à me soumettre au Souverain Pontife et à l'Église catholique, à travers vous, les pères du concile, mais je requiers que l'on me mène devant le Pape.

Malgré les gestes de dénégation du cardinal anglais, maistre Érard, très embarrassé, opine :

– Eh bien, le registre de votre procès sera envoyé au Pape et il le jugera…

– Jamais ! Je ne veux pas que les choses se passent ainsi. Car je ne sais pas ce que vous mettrez de mes déclarations dans le registre. Je veux être menée moi-même au Pape et qu'il m'interroge.

Ma réponse provoque la consternation sur la tribune d'honneur. Les officiers anglais commencent à manifester. Il y a quelques cris étouffés. Maistre Érard se tourne avec embarras vers les évêques. Que faire ?

« *Mais vous m'aviez promis...* »

POUR UN PEU, la foule normande deviendrait française. Elle balance, prête à basculer.

Voyant qu'il ne peut ébranler ma résolution, Monseigneur de Beauvais déclare qu'il va prononcer la sentence. Il en commence la lecture avec une lenteur calculée. Tantôt il s'interrompt. On dirait même parfois qu'il ne veut pas aller jusqu'au bout. Il guette le moment où je vais céder. Les Anglais donnent de bruyants signes d'impatience.

Il parle longuement des soins nécessaires qui doivent être prodigués au troupeau. Il se plaint qu'aujourd'hui le bercail est infesté par de faux prophètes, il me déclare mensongère, inventrice de révélations et apparitions divines, séditieuse et cruelle. Et c'est d'une voix émue qu'il conclut, en me regardant avec une affection déguisée. Il ne me dit plus « vous » mais « tu ».

– Nous t'avons avertie de t'amender. Tu as refusé expressément de te soumettre au Pape, Notre Seigneur, et au sacré concile général. À cause de cela, nous te déclarons excommuniée et hérétique.

Il a lu son parchemin. Il ne m'a pas écoutée. Il a menti aux yeux de tous car je viens de me soumettre à nouveau à Notre Seigneur le Pape.

À cet instant, l'abbé L'Oiseleur, tout à côté de moi, me montre le bourreau et, sur un ton de commisération, me conseille :

– Jehanne, abjurez ! Sauvez votre âme ! Consentez à reprendre les habits de votre estat.

Je ressens un profond trouble. Je ne comprends plus ce qui se passe, mais j'ai peur. Je m'adresse à la tribune d'honneur :

– Je n'ai commis aucun mal. Je crois aux dix commandements de Dieu. Je m'en rapporte au jugement de Notre Saint-Père le Pape et je veux croire tout ce que croit la sainte Église.

Cette réponse n'est pas du goût du recteur Érard. Il me somme formellement d' « abjurer » mes propos. Alors je demande ce que signifie cette « abjuration ». L'huissier Massieu se penche vers moi et, à voix basse, il m'explique et me conseille :

– Rapportez-vous en à l'Église universelle qui vous mandera si vous devez abjurer ces choses ou non.

J'ai confiance en lui. Je suis ce qu'il me dit de faire :

– Soit. Je m'en rapporterai à l'Église universelle du point de savoir si je dois abjurer ou non.

C'est une immense clameur. Les deux tribunes protestent. Les lances menacent.

– Ce n'est pas ça ! reprend aussitôt maistre Érard. Tu dois abjurer présentement ou tu seras brûlée aujourd'hui même sur ce bûcher.

Un diacre me donne un autre conseil :

– Remettez-vous en à Notre Mère la sainte Église.

– Abjurez, insiste le docteur Érard, et vous serez délivrée de prison.

– Vous cherchez à me séduire, avec des promesses…

La foule est de plus en plus bruyante. Sous le coup de toutes les supplications, je suis terrifiée par le martyre qui m'attend. Je croise le regard du bourreau. Il s'est penché et a pris la torche dans sa main. Il porte le sourire d'un homme bien à son ouvrage et qui a tout son temps.

Je me rattache à l'assurance d'être mise en liberté que vient de me donner maistre Érard. En joignant les mains, je dis d'une voix sourde :

– Je me soumets au jugement de l'Église. Je prie saint Michel de me conseiller et diriger. J'aime mieux signer que d'être brûlée.

L'huissier Massieu s'approche et me met sous les yeux un parchemin – sept ou huit lignes de grosse écriture – sur le revers d'une feuille de papier doublé, qui commence par les mots « *Je, Jehanne…* ».

Sa lecture dure le temps d'un Pater. Je lis le texte lentement, à voix basse. Je m'engage à « ne plus porter les armes, ni l'habit d'homme, ni les cheveux coupés en rond, et à m'en remettre de mes dits et faits à l'Église ». Ce texte ne renie rien de mes révélations. Ce n'est pas une révocation. L'huissier me tend une plume. Je suis prête à quitter l'habit d'homme s'ils tiennent leur promesse de me mettre en prison d'Église.

Je sais signer depuis plusieurs mois, car j'ai appris à

lire et à écrire. Mais je ne veux pas apposer ma signature même sur ce texte sans grand engagement. Alors je crie :

– Je ne sais pas signer !

On me presse. Je trace une simple croix. C'est ma finesse de guerre que j'avais confiée en son temps au frère Jehan Pasquerel.

On m'a promis la liberté si j'acceptais de signer. Voilà, j'ai signé. Mais cette croix ne vaut rien. Le sourire me monte aux lèvres. J'ai échappé au bûcher. Et je n'ai rien renié.

Alors, maistre Érard, courroucé par mon sourire, appelle à lui, sur l'estrade, le secrétaire du conseil du roi d'Angleterre – un certain Laurent Callot. Celui-ci regarde l'évêque Cauchon puis tire de sa manche un papier tout écrit et me le présente à signer.

Ce n'est pas le même parchemin que tout à l'heure. Il est beaucoup plus long – deux pages pleines – et commence par d'autres mots que je lis à la dérobée : « *Toute personne qui a erré...* ». Je vois bien qu'il y a fourberie. On veut me faire signer ce nouveau parchemin. Je refuse.

Alors le secrétaire anglais me prend la main et, de force, me fait tracer mon nom en toutes lettres, avec des jambages exagérés.

Quand il lâche ma main, je décide de tracer, à côté de mon nom, un rond, c'est-à-dire un zéro, en signe de moquerie.

Maistre Érard reprend le parchemin et feint de ne pas voir le zéro que j'ai écrit. Le recteur lève les bras au ciel et brame :

– Elle s'est soumise ! Elle s'est soumise !

Alors l'évêque Cauchon reprend la parole. Il lit une autre sentence, qu'il sort d'une autre manche :

– … Tu reviens enfin, avec l'aide de Dieu, dans le giron de Notre Mère la sainte Église. Nous te délions par les présentes des chaînes de l'excommunication. Nous te condamnons finalement et définitivement à la prison perpétuelle, au pain de douleur et à l'eau d'angoisse, pour que tu pleures les fautes commises et que tu n'en commettes plus qui soient à pleurer à l'avenir.

Les prélats s'étreignent dans un élan d'émotion. Il y a une sorte d'immense soupir qui passe sur tout le cimetière. Le tribunal s'est levé. L'évêque Cauchon passe une main lente sur son front où perle la sueur. Il se considère comme quitte : l'abjuration est là, dans les formes.

Mais les chevaliers anglais, les escuyers, les archers viennent entourer l'estrade et lancent des pierres vers les juges en leur criant des injures. Ils disent que je ne me suis pas soumise. Puis c'est le gouverneur de Rouen qui tend un doigt vengeur vers Monseigneur de Beauvais :

– Vous nous avez trahis ! Nous voulions le corps. Maintenant, la fille nous échappe !

Je devine leur dispute : les Anglais attendaient ma mise à mort. L'évêque de Beauvais voulait, lui, mon reniement, mon déshonneur. C'est la commande qu'il a reçue du roi d'Angleterre : « flétrir la Pucelle pour entacher le sacre de Reims ».

On me fait descendre devant l'estrade. J'avance au milieu des sépultures. La foule s'écarte. Les yeux se baissent. Je rejoins la troupe des juges. Ils sont muets.

J'entends l'évêque Cauchon, devant moi, qui maugrée à l'adresse des Godons qui l'ont injurié :

– Vous me le payerez !

– Vous êtes trop favorable à l'accusée ! lui répond le cardinal anglais.

L'évêque jette à terre ses parchemins et je l'entends qui crie :

– Je viens d'être insulté ! J'ai ma conscience pour moi.

Il ne respire plus. Il est rouge de colère, il étouffe, ouvre son col. Ses yeux flambent. Le cardinal anglais prend toute sa peine à le calmer.

Je marche lentement dans le cimetière.

Je reçois des crachats. Les juges, l'évêque lui-même sont violemment hués, bousculés. Les soldats anglais les menacent du poing, de l'épée. Les insultes fusent :

– Traîtres ! Le roi a bien perdu son argent avec vous.

C'est le gouverneur Warwick qui mène le train. Il ne peut cacher sa fureur :

– Le roi est trahi !

– N'ayez cure, sire, lui répond un chanoine de Rouen. Avant deux jours, nous l'aurons rattrapée.

La charrette quitte le cimetière par le petit portail. Je me retourne vers maistre Érard et le révérend L'Oiseleur. Je les appelle :

– S'il vous plaît, gens d'Église, vous vous êtes engagés à m'emmener en vos prisons et que je ne sois plus en la main de ces Anglais…

La charrette s'arrête, après quelques mètres. Le chef de l'escorte se tourne vers l'évêque de Beauvais et lui demande :

– Où faut-il la mener ?
– Où vous l'avez prise, répond l'évêque.
– Mais vous m'aviez promis…, m'écrié-je.
– Je n'ai rien promis du tout. Je n'ai fait que mon office.

Les soldats anglais me conduisent au château. Chemin faisant, ils me maltraitent. Leur chef les laisse faire. La garnison redouble de défiance. Je retrouve mon cachot. Je m'écroule sur le sol, broyée de douleur.

« Tout ce que j'ai fait, je l'ai fait par peur du feu »

LE JOUR MÊME de cette épreuve, dans l'après-dînée, je reçois la visite de l'évêque de Beauvais et de l'Inquisiteur, accompagnés du faux ami Nicolas L'Oiseleur, et du vrai ami, frère Isambard de Lapierre.

L'évêque Cauchon, qui sait que ma signature d'une croix ne vaut rien, me représente combien Dieu a agi miséricordieusement à mon égard et combien mes juges ont été, eux aussi, cléments et indulgents envers moi. Ils m'ont admise à la grâce et au pardon de la sainte Église. Alors, il m'admoneste :

– Jehanne, vous aviez juré de ne pas reprendre l'habit d'homme.

– Oncques je n'ai compris faire serment de ne pas le reprendre.

Il me promet à nouveau de changer de prison, d'être transférée dans une prison avec des femmes.

Après leur départ, je quitte donc l'habit d'homme. J'attends d'être seule. Je dénoue mes aiguillettes, je délace mon gippon, je me dépouille de mes longues chausses jointes. Je prends les vêtements et un chaperon de femme qui me sont présentés par un capitaine. Je reconnais la robe, c'est celle que la duchesse de Bêtefort m'avait fait faire par un tailleur et que je n'ai jamais voulu revêtir jusque-là.

Je me laisse docilement raser les cheveux que j'avais toujours précédemment voulus taillés en escuelle, à la façon des gens de guerre.

On m'a jeté un sac avec indifférence dans un coin de la tour. Le barbier, par ordre de l'Inquisiteur, a rasé toute ma tête pour que ma chevelure repousse à la manière des femmes. Je serre mes vêtements d'homme dans le sac et je ramasse les cheveux. J'ai la tête nue.

Mais dès que les docteurs, satisfaits, se sont retirés, les soldats sont revenus et ont recommencé leurs bouffonneries. La nuit qui vient est un cauchemar. Il n'y aura ni trêve ni repos. Je suis en butte aux outrages et aux infamies de mes houcepailleurs.

Dès le samedi matin, je guette quelque prêtre pour obtenir de lui la certitude d'une communion et d'une messe. Personne ne vient. Terrible attente que les grossièretés des soldats de plus en plus déchaînés rendent encore plus insupportable.

Seules mes Saintes viennent me visiter mais elles prennent le visage du reproche. Elles me disent la grande pitié de la révocation que j'ai consentie, même avec rond et croix. La seule pensée d'avoir pu trahir est pire que la torture.

Je supplie leur pardon. La peur du feu, ma faiblesse, les mille voix de la foule, le lourd regard des juges m'ont brisée. Mais comment pourrais-je renier mes Saintes ? Non ! Ce n'est pas possible ! Jamais, jamais je ne le ferai.

Bientôt, mes gardiens entrent dans mon cachot. À nouveau, mes jambes sont prises par les fers. Une autre chaîne traversante reliée aux pieds du lit me force à rester couchée, immobile, retenue à la pièce de bois fermant à clef. Je ne peux faire un seul mouvement. Et il me sera impossible de me défendre des assauts de mes houcepailleurs.

Cependant, je suis un peu rassurée. Pour l'évêque Cauchon, je n'ai rien révoqué. Sinon je serais libre. Si on m'a enfermée dans cette prison d'Estat, c'est que l'on considère que j'ai persisté, que je ne me suis pas reniée. Le parchemin de l'abjuration que j'ai signé n'est pas le même que celui que j'ai lu. Les juges le savent fort bien.

Dans la nuit du samedi au dimanche, je pressens que je n'aurai pas de messe.

Les gardiens se jettent sur moi en proférant d'obscènes moqueries et en se livrant à toutes sortes de gestes impudiques. Moins agile et moins assurée dans mes nouveaux vêtements, j'ai grand-peine à repousser ces violences. Cette nuit du samedi est une nuit sans fin. Je vois arriver, les yeux brillants, le gouverneur Warwick qui vient prendre sa part de cette sale comédie. Il s'approche de ma planche et tente de me forcer. Je crie, je hurle :

– Vous, un milord. Quelle honte !

À l'aube, je demande que l'on me déferre pour me lever. Rires, gestes ignobles. L'un des soldats m'ôte mes vêtements de femme. Un autre tire du sac les habits d'homme et il me les jette :

– Lève-toi, paillarde !

Il glisse dans le sac les vêtements de femme et se plante en riant devant moi :

– Allons, putain, lève-toi ! Habille-toi en homme !

Je suis perdue. Je cherche à me blottir sous un bout de paillasse. Je les supplie :

– Vous savez qu'il m'est défendu de reprendre l'habit d'homme. Je ne veux pas le revêtir.

Ils répondent par des insultes. Ils essaient de me toucher. Je crie. Je hurle. Mais cette fois-ci le comte de Warwick ne viendra pas, et pour cause. Il m'a abandonnée à ces soudards. Ils peuvent bien faire de moi ce qu'ils veulent. Je n'ose plus bouger de ma planche.

Un peu plus tard, j'entends les cloches. Bien sûr, pas de messe. Toute la matinée se passe à repousser ces monstres.

Midi sonne au clocher de la chapelle. Je ne peux plus tenir. Il faut que j'aille à nécessité de nature, je suis obligée de revêtir l'habit d'homme pour aller aux latrines, ouvertes sur la paroi d'en face. Quand je reviens à ma planche, je supplie à nouveau que l'on me rende mes vêtements de femme. On me répond par des grossièretés. L'un des gardiens me fait le terrible aveu :

– Nous avons reçu des ordres.

C'était donc un piège ! Tout à coup, je vois entrer dans mon cachot les notaires au milieu d'un grand tapage. J'entends que l'on se bat dans la cour. La nouvelle n'aura mis que quelques minutes à descendre l'escalier. L'évêque Cauchon a aussitôt envoyé ses huissiers dresser procès-verbal. Les Anglais triomphent. Mon cachot se remplit de curieux. Les maistres, les capitaines, les chevaliers. Surtout les Anglais de la Maison royale.

Un juge me demande pourquoi j'ai agi ainsi. J'en donne la raison. Un haut seigneur anglais a voulu me forcer… Un soldat menace de sa hache le notaire qui a osé me poser la question et qui, maintenant, réclame le nom du haut seigneur. Le pauvre n'a que le temps de s'enfuir dans la cohue. Un autre notaire est mis à mal. J'entends les cris qui montent de la cour, s'adressant aux assesseurs du procès :

– Traîtres ! Mauvais juges ! Armagnacs ! Vous l'avez laissée vivre !

Soudain, je remarque le comte de Warwick. Comment peut-il oser se montrer encore devant moi ? Il est là, derrière l'huis de fer, droit comme un I. Bientôt il se retourne pour accueillir l'évêque Cauchon. Ils s'entretiennent à l'écart quelques instants. J'entends que l'un dit à l'autre :

– Elle est en habit d'homme ! Elle a rechuté !

Je suis défigurée, outragée, la tête rasée, le visage plein de larmes, en robe courte d'homme et pourpoint noir. Mais cette fois-ci, je ne changerai plus de mise. On aura beau me présenter des robes de femme, tant que je serai murée dans cet infâme cachot, je resterai en habit d'homme. Les abominations dont j'ai eu à me défendre m'en font nécessité. Et puis on n'a pas tenu ce que l'on m'avait promis : la délivrance des fers, la communion, la messe. Je pose mes conditions :

– Si on veut me laisser aller à la messe et ôter mes fers et si on me met en prison d'Église avec des femmes comme gardiennes, je ferai ce que vous voudrez.

L'évêque Cauchon me presse :

– Jeudi, vos Voix vous disaient-elles de résister ?

- Avant jeudi, elles m'avaient dit ce que je ferais ce jour-là et ce que je fis.

– Et le jour même, que vous dirent-elles ?

– Elles me dirent, quand j'étais sur l'échafaud, devant le peuple, que je répondisse hardiment à ce prêcheur qui me prêchait. C'était un faux prêcheur. Il m'a accusée d'avoir fait plusieurs choses que je n'ai point faites.

– Persistez-vous à vous dire « envoyée de Dieu » ?

– Si je disais que Dieu ne m'a pas envoyée, je me damnerais moi-même. La vérité est que Dieu m'a envoyée. Mes Voix m'ont dit depuis que c'était grande mauvaiseté de faire ce que j'avais fait. C'est par peur du feu que j'ai dit ce que j'ai dit jeudi et que j'ai révoqué ce que j'ai révoqué.

– Croyez-vous que les Voix qui vous sont apparues sont sainte Catherine et sainte Marguerite ?

– Oui, je le crois et elles sont de par Dieu.

– Dites la vérité touchant la couronne dont il a été parlé.

– Sur toute chose, je vous ai dit la vérité durant le procès du mieux que j'ai su.

– Et pourtant devant nous, juges, devant les assistants et devant le peuple, vous avez dit du haut de l'échafaud, quand vous avez fait abjuration, que vous vous étiez vantée faussement que ces Voix étaient sainte Catherine et sainte Marguerite.

– Je n'entendais pas ainsi faire ou dire. Je n'ai pas non plus, par mes paroles, entendu révoquer leurs apparitions, à savoir que c'étaient bien sainte Catherine et sainte Marguerite. Tout ce que j'ai fait, je l'ai fait par peur du feu et je n'ai rien révoqué qui ne soit contre la vérité.

– Ne craignez-vous plus le supplice du feu ?

– J'aime mieux faire ma pénitence, à savoir mourir, que d'endurer plus longtemps de telles souffrances en cette prison. Je n'ai jamais entendu révoquer quoi que ce soit.

Je n'ai jamais rien fait contre la foi et contre Dieu que je dusse révoquer.

Alors l'évêque Cauchon fait rédiger le procès-verbal puis il quitte le cachot. Une joie retenue se lit sur son visage plissé. Il dévale l'escalier et, sans attendre d'être en bas, il crie au comte de Warwick qui l'appelle :

– C'est bon ! C'est fait ! Ça y est ! Nous l'avons. Farowelle ! Farowelle !

Le notaire, qui est resté quelques instants, répète ce qu'il écrit, lentement : *Responsio mortifera.* Je lui demande ce que cela veut dire. Il hésite un instant puis murmure à voix basse :

– Hélas ! Hélas ! Réponse mortifère. Elle se condamne elle-même.

Et j'entends, depuis le bas de l'escalier, des cris qui se répètent en écho :

– Nous l'avons rattrapée !

« *Je vous ai tout dit* »

– C'ÉTAIT HIER SOIR.

Tard, dans la nuit, j'ai vu venir l'huissier Jehan Massieu. À son visage, j'ai compris. Il n'osait pas me regarder. Il a simplement lu la citation à comparaître. Puis il est reparti. Accablé. Je crois bien qu'il pleurait.

Je me suis allongée. Envahie d'une soudaine tranquillité. Le Ciel m'a envoyé sa force, sa paix.

Le sommeil est venu. Très vite.

C'est vous qui m'avez réveillée, frère Martin, à sept heures, quand vous êtes arrivé tout à l'heure.

Voilà, j'ai fini.

Je vous ai tout dit.

Pouvez-vous, s'il vous plaît, me bailler l'absolution ? Et la communion ?

Je remets ma vie entre les mains du Seigneur. Surtout dites à ma mère et à mon père que je les aime.

Vous avez pris un grand risque, frère Martin, en venant me voir ce matin. Vous êtes un vrai prêtre.

Je vous dis merci du fond de mon cœur. Et de là-haut, je prierai pour vous.

Pouvez-vous m'accorder une dernière grâce ?

– Laquelle, Jehanne ?

– De m'accompagner jusqu'au bout. Jusqu'au feu. Pour m'aider à porter mon supplice. Pour que je ne défaille pas et que, jusqu'à la fin, je prenne tout en gré.

– Oui, Jehanne. Je vous le promets. Je reste près de vous. Et si vous le souhaitez, quand nous quitterons cette prison, je monterai dans la charrette avec vous…

« Le cœur est encore là, intact dans les cendres »

UN CANTIQUE DE SUPPLICATION est monté de la chapelle castrale : « *Orate pro ea*. Priez pour elle. »

Lentement, l'escorte a descendu l'escalier à vis. L'huissier Jehan Massieu, hors de souffle, est venu me prévenir :

– Frère Martin Ladvenu, on vous attend !

C'est l'heure. L'heure de rejoindre le convoi.

Je presse le pas sur le sable de la cour.

Et, comme promis à Jehanne, je monte dans la charrette.

Huit heures sonnent à tous les clochers des paroisses. Les quatre chevaux passent la grande porte. Je suis derrière cette pauvre fille. Elle baisse la tête. Le rebras de son chaperon embronché lui cache la figure. Je ne sais si ce sont les sanglots ou les ornières qui lui secouent les épaules courbées. Elle pleure. Elle a froid, elle a une tunique de toile écrue et soufrée à manches coupées, lacée sur la poitrine, sans pourpoint.

Une compagnie anglaise, embâtonnée d'épées, de vouges et de guisarmes, escorte la charrette qui s'en va cahotant sur le pavé des rues qui mènent au Vieux Marché.

Les bonnes gens suivent avec leurs cierges. Ils processionnent et psalmodient les litanies. Ce ne sont que capuchons rabattus et visages masqués. Lugubre cortège.

Jehanne chancelle. Parfois elle doit s'appuyer à ma main. Un peu plus tard, elle obtiendra le droit de s'asseoir entre nous deux, le frère Isambard et moi, sur une planche de travers.

Sous les cloches d'un glas sans fin qui se répète d'église en église, on n'entend que le fer des chevaux, le pas des solerets à poulaine des soldats sur le pavé et les roues qui grincent. Mais pas de cris. Partout, le silence. Silence de recueillement. Ou plutôt d'épouvante. Car les volets sont entrouverts, les regards dérobés, les signes de croix volés à la rue. On se met au secret. On ne veut pas savoir. On ne veut pas voir. Malgré tout, on regarde, on ne veut pas manquer le défilé du cortège. Il n'y a rien d'autre à faire aujourd'hui en ville. Rouen est aux persiennes. C'est la ville de la sentence, la ville de justice.

Soudain, la charrette débouche sur la place. Il faut descendre. Jamais le Vieux Marché n'a connu pareille assistance. Il y a du monde sur les toits, beaucoup d'enfants accrochés aux pignons. Partout des milliers de braves gens. L'affaire a été préparée.

Il y a trois échafauds. Beaucoup d'invités et de célébrités. Au chevet de l'église Saint-Sauveur, une estrade d'honneur, surmontée d'un ciel de dais rouge, abrite le cardinal d'Angleterre, l'évêque de Beauvais, le prieur des Carmes et quelques autres mîtres et chapes de cérémonie. Les chanoines disputent le deuxième rang aux docteurs et maistres.

Sur une estrade voisine, garnie de fauteuils de pourpre, s'installent les seigneurs anglais de la cour royale, le bailli de la ville, les greffiers et les assesseurs. Beaucoup d'entre eux, des confrères du procès qui m'ont vu descendre de la charrette, me foudroient du regard : voilà un juge qui est passé du côté de la suppliciée, du côté de l'hérésie.

Nous marchons, derrière Jehanne, conduite par les soldats, jusqu'au troisième échafaud où l'attend le prédicateur désigné ; et nous montons derrière la condamnée tous les deux, l'huissier Massieu et moi-même.

Jehanne m'adresse un sourire de remerciement : j'ai tenu parole. Je suis là, à son côté. Je lui ai expliqué, à voix basse que, désormais, la mort est entrée dans l'ordre de sa mission.

Devant nous, près du pilori, émerge, sur un massif de plâtre, le haut poteau du bûcher de fagots et, sur deux montants, un énorme écriteau. Jehanne le regarde. Elle commence à lire. Puis elle ferme les yeux. Elle a raison. À mon tour, je lis à voix basse, ligne à ligne, gravées en lettres immenses :

«Jehanne,
Qui s'est fait nommer la Pucelle,
Menteresse, Pernicieuse,
Abuseresse du Peuple,
Divineresse, Superstitieuse.
Blasphemeresse de Dieu.
Malcréante de la Foi de Jésus-Christ.
Vanteresse. Ydolatre.
Dissolue. Invocateresse de Deables.
Apostate.
Schismatique et hérétique.»

Le bachelier qui, de sa plume, a commis ce panneau, aurait pu au moins se retenir de faire des fautes d'écriture. Mais c'est ainsi. La foi n'est pas un exercice de style. Tout le monde n'est pas dominicain.

Cependant, mon collègue juge, Nicolas Midi, commence sa besogne de prêchement à l'accusée. Il en appelle à saint Paul :

– Si un membre souffre, tous les membres souffrent…

Il salit la pauvre enfant, une dernière fois, puis il conclut après une heure de prédication, d'une voix solennelle :

– Jehanne, va en paix. L'Église ne peut plus te défendre. Et elle te livre au bras séculier.

Des femmes se pâment. Il n'y a pas un bruit. Jehanne bouge à peine. À voix basse, le capuce relevé sur ma tête, sans remuer les lèvres, je prie avec elle.

Alors, Monseigneur de Beauvais accomplit les derniers gestes canoniques : admonestations, exhortations, appels à pénitence se succèdent. C'est long. Il prend son temps. La foule s'impatiente. Il n'en finit pas. Occupée à ses prières, Jehanne ne l'écoute pas. Sauf quand il rappelle sa « révocation » du cimetière de Saint-Ouen : elle a commis le crime de rechute. L'évêque explique à la foule qu'elle a professé puis rétracté, reconnaissant de graves erreurs. Qu'elle a promis de ne plus y retomber. Mais qu'elle est retournée à son péché public d'hérésie. Elle est relapse. Il faut que, dans l'esprit public, il n'y ait pas que le bûcher mais aussi et surtout la flétrissure, dégradant et frappant, par ricochet, le roi de France d'illégitimité.

Soudain, l'évêque prend le Ciel à témoin et conclut avec une extrême solennité :

– Par cette sentence, nous prononçons que toi, membre pourri dont l'infection pourrait gagner les autres membres, dois être rejetée de l'unité de l'Église et retranchée de son corps.

Jehanne tombe à genoux. Et nous aussi. Prière ultime. On entend sa voix monter. Elle demande pardon. Pardon à toutes manières de gens, à tous ceux qui lui ont fait du mal. Puis elle invoque la Vierge, les Saints, les Saintes :

– Ô Marie, priez pour moi. Saint Michel, sainte Catherine, sainte Marguerite, soyez-moi en aide. J'ai besoin de vous.

Elle réclame des messes pour le repos de son âme. On entend ici et là des ricanements. L'indignation monte à ses lèvres. Puis elle se redresse face à la foule :

– Non, je ne suis pas hérétique ! Je suis une bonne chrétienne…

L'émotion parcourt les rangs. Beaucoup de gens sanglotent et disent que c'est grand-pitié. L'évêque Cauchon laisse échapper quelques gestes de fébrilité. Il soulève sa croix pectorale : il faut en finir. Le cardinal anglais demande à faire cesser « cette comédie ».

L'évêque de Therouanne semble troublé, voire ému. Les prières viennent de tous côtés. Plusieurs psaumes même. Et les larmes ne se cachent plus. Quelques prêtres larmoient. Une sorte de grâce passe sur la foule.

Les pères du concile s'impatientent. L'Université n'en peut plus. Les Anglais se crispent. On traîne trop. Ils réclament Jehanne, la suppliciée. Elle leur appartient.

Deux sergents du roi enfant montent sur l'estrade. Jehanne m'adresse un ultime salut. On l'entraîne devant le bailli, le juge séculier. Celui-ci se borne à ordonner :

– Emmenez-la.

Puis il s'adresse au bourreau :

– Fais ton devoir ! Et vite !

Il n'y aura pas de sentence.

Les Anglais conduisent Jehanne au pied du bûcher. Ils lui enlèvent le chaperon qui lui couvrait la tête et le remplacent par un bonnet de papier, haut d'une coudée, une mître d'infamie, sur laquelle on peut lire :

« Hérétique,

Relapse,

Apostate,

Idolâtre. »

Je suis là, tout près d'elle. Je l'ai suivie entre l'échafaud et le bûcher. Il me semble que du sang sort de ses yeux.

Je l'entends qui s'adresse à la foule des curieux :

– Ah ! Rouen ! Rouen ! J'ai grand-peur que tu n'aies à souffrir de ma mort.

L'évêque Cauchon s'approche. Elle lui lance le terrible reproche .

– Évêque, c'est par vous que je meurs !

Elle demande une croix. Un soldat anglais, de deux brins de bois pris à une bourrée de bûcher qu'il assemble, lui en fabrique une de fortune. Jehanne la prend et la porte à ses lèvres. Puis elle la glisse dans l'encolure de sa cotte, tout contre sa chair.

Elle me prie de faire chercher la croix de la paroisse afin de l'avoir sous les yeux jusqu'à la mort.

Le clerc de Saint-Sauveur, parti la chercher, l'apporte enfin

Il est onze heures du matin.

Les Anglais nous insultent. Ils ne veulent plus traîner.

Un ordre retentit :

– Menez-la ! Menez-la !

Jehanne marche seule. Sur son passage, la foule s'agenouille. Elle monte sur un petit escalier de bois jusqu'au bûcher, coiffée de sa mître de papier où des diables grimaçants entourent l'inscription mortelle.

Le bourreau a de grandes peines à lui lier le corps car le bûcher est trop haut pour lui. Il lui attache les épaules, la ceinture, les genoux.

Elle tient toujours la croix d'argent que je lui ai présentée.

Le bourreau n'a pas attendu. Il a pris sa torche de résine dans le porte-flamme de fer et mis le feu aux fascines.

Jehanne me fait signe de reculer car elle a vu les flammes qui léchaient ma robe de moine.

La fumée monte.

Je la regarde.

La foule est saisie.

La flamme ronfle.

Elle crie :

– Jhesu ! Jhesu !

La fumée devient noire.

La mître de papier s'envole au feu.

Jehanne appelle au secours .

– De l'eau bénite !

Et puis, d'une voix affaiblie, je l'entends qui lance un dernier cri à l'assistance :

– Mes Voix étaient bien de par Dieu !

Elle disparaît dans les fumées de la colonne de feu qui monte, se tord et tourbillonne

– Jhe-su ! Jhe-su ! Jhe…

Sa tête chavire dans le feu.

Un officier écarte les fagots avec une fourche. La flamme s'ouvre et tombe un instant. Elle laisse apparaître le corps nu, ligoté par des chaînes, tordu dans la mort atroce, rouge et noir.

On entend les chairs éclater.

Puis l'estache s'effondre. Une nuée d'étincelles rejaillit du brasier. Le feu a fait son œuvre. C'est fini. Le bourreau se penche sur le bois calciné.

Nonobstant l'huile, le soufre et le charbon qu'il avait appliqués contre les entrailles de Jehanne, le cœur est encore là, intact, dans les cendres. Il ne s'est pas consumé. Il le prend avec une pelle. Il le brandit, l'offre à la foule, interdite. Il ne sait qu'en faire. Il hurle :

– Il n'a pas brûlé ! Il n'a pas brûlé !

Déjà, la place se vide. L'odeur de cendre est partout. La gêne est immense. Chacun rentre chez soi.

Quand je m'en retourne à mon couvent de Rouen, une grande stupeur m'envahit : c'est le bourreau qui court au-devant de moi. Il m'a cherché partout dans la ville. Il tombe à genoux, en larmes. Il me supplie de lui accorder l'absolution :

– Jamais je n'aurai le pardon de Dieu. J'ai brûlé une Sainte !

Il me fait l'aveu que, sur ordre du cardinal d'Angleterre, vers cinq heures, un sac fut lancé du pont Mathilde. Il a disparu, roulé dans le courant. Juste au moment où sonnaient les cloches des Vêpres du Saint-Sacrement. C'était le cœur de Jehanne.

Le lendemain du mercredi trente mai, je suis allé au bord de la Seine. J'ai longtemps pleuré. Puis, la mémoire toute brûlante encore, me souvenant de tous les accents de la confession de Jehanne, je suis revenu au couvent des Dominicains. Alors, j'ai pris le temps d'écrire…

Couvent des Dominicains
Rouen – le trente et un mai 1431.

Postface

Quelques années après sa mort, les dernières prédictions de Jehanne furent accomplies :

– la reprise de Paris « avant sept ans », au mois d'avril 1436 ;

– la reconquête du royaume, après la bataille de Castillon en 1453.

Puis fut lancée une enquête officielle sur la régularité du procès de condamnation.

Le Saint-Siège ordonna l'ouverture d'un procès en nullité. L'ordre de Saint-Dominique s'y employa activement.

Le 7 juillet 1456, Jehanne fut réhabilitée par l'Église catholique elle-même.

Elle sera canonisée à Rome le 16 mai 1920.

Le grand historien Michelet avait écrit cette phrase prémonitoire : « Souvenons-nous toujours, Français, que la patrie chez nous est née du cœur d'une femme, de sa tendresse et de ses larmes, du sang qu'elle a donné pour nous. »

Note de l'auteur

Il suffisait de chercher un peu. De relire les fameuses minutes des procès, puis d'aller sur les traces de Jehanne, là où elle a vécu, là où elle est passée. Des historiens scrupuleux m'ont donné l'idée de fouiller dans les histoires locales que la tradition orale a portées jusqu'à nous – des annotations discrètes, des choses vues et oubliées, prises sur le vif.

Pendant plusieurs mois, j'ai visité et revisité Domrémy, Chinon, Orléans, Compiègne, Le Crotoy, Rouen… J'ai longé la Loire, observé tous les ponts, guetté les courants, j'ai refait la route du sacre et celle de la capture. Car, même quand il n'en reste rien, il demeure toujours quelque chose des voyages de Jehanne : un semblant de brume, un gazouillement de rivière, un chant d'oiseau, un cri qui n'en finit pas de retentir… Partout, on entend l'écho de ses chevauchées, on la devine, l'oreille tendue. On la retrouve, tout intérieure, si sensible aux fragrances et aux couleurs du jour.

Je suis allé là-bas, respirer l'air qu'elle a respiré, retrouver le sillon de ses humeurs, les petits brouillards du matin, ses réveils et soleils levants. Je me suis laissé envahir.

J'ai voulu renouer avec ses univers intimes, avec la langue, les saisons de son enfance. Je me suis efforcé ensuite de les accorder avec les lieux traversés, les larmes versées, les lumières qu'elle a allumées derrière elle pour la postérité.

Je n'ai rien inventé. Tout a été décrit, exhumé, ordonné par la grande Histoire. Bien sûr, j'ai lu et relu beaucoup de relations sur la vie de Jeanne d'Arc. J'ai même rafraîchi mon latin pour retrouver, à travers ses saillies, les colères de l'évêque Cauchon.

J'ai écrit ce journal intime comme les mémoires imaginaires de Jehanne mais sans trop de fantaisie, pour ne rien perdre de cette âme simple. Je voulais aller chercher sur Jehanne une autre vérité que celle des récits et des livres, la vérité de ses émois, celle de ses doutes de jeune fille, celle de ses ascensions, de ses regards vers les clartés derrière les barreaux, de ses éblouissements, de ses désarrois devant l'abominable.

Peut-être y a-t-il en effet un danger à la contempler depuis trop longtemps comme une sainte d'enluminure accrochée tout là-haut aux tentures sacrées. On ne la voit plus que séraphique ! Exhaussée, si parfaite et si lointaine ! J'ai seulement voulu un instant déposer la tapisserie pour la regarder de plus près et lui rendre un peu de son humanité, de ses fragilités, de ses vraisemblances.

Elle fut le plus formidable trait d'union que l'Histoire ait jamais inventé entre le Ciel et la terre. Les Voix relèvent de l'énigme. Mais, sans les Voix, Jeanne d'Arc n'existe pas. On apprend à voir en elle une petite fille du commun qui vibre avec son âge et aussi un personnage inattendu qui invite en nos vies le mystère, l'insondable.

Je n'ai pas forcé le trait pour la faire parler. Je n'ai mis dans sa bouche que des propos tenus ou probables. J'ai cherché à rassembler tout ce qu'elle a dit. Car elle a beaucoup parlé. C'était une fille des campagnes. Elle cueillait son langage, ses images et métaphores dans les bois, les veillées et les cryptes. Elle avait infiniment de poésie en elle. Beaucoup de ses répliques sont passées à la postérité. Elle prenait les mots et les frappait comme des médailles.

Elle fut et elle demeure le plus pur chef-d'œuvre que le génie allégorique ait jamais déposé en notre littérature ; là où se côtoient, dans leur impossible et monstrueux dialogue, l'infinie lâcheté et l'absolue candeur d'un ange de nos campagnes. Mon travail de copiste fut un labeur minutieux. J'ai tenté de faire parler un ange qui s'entretenait avec les anges.

J'ai eu la chance, avant d'écrire ce livre, de pouvoir rencontrer longuement les sommités du monde johannique, qui ont publié les biographies les plus célèbres et les plus reconnues.

Je les remercie du fond du cœur d'avoir pris de la peine en me consacrant du temps. Pardon d'avoir ainsi volé, à l'université et à leur œuvre scientifique, un peu de leurs heures si précieuses.

Un merci tout particulier à :

Madame **Colette Beaune,** professeur émérite à l'Université Paris X-Nanterre qui a publié un *Jeanne d'Arc* indépassable et qui m'a reçu avec délicatesse.

Monsieur **Philippe Contamine,** membre de l'Institut,

grand historien médiéviste, professeur à la Sorbonne, qui a publié le fameux *Dictionnaire Jeanne d'Arc*, une mine inépuisable. Il m'a donné l'idée de la « Grande Confession » de Jeanne à Martin Ladvenu.

Monsieur **Olivier Bouzy,** directeur du Centre Jeanne d'Arc à Orléans, auteur de plusieurs livres remarquablement documentés sur Jeanne d'Arc, dont le *Jeanne d'Arc en son siècle*, et coauteur du *Dictionnaire Jeanne d'Arc*. Il m'a fourni des indications bibliographiques majeures.

Monsieur **Xavier Hélary,** maître de conférences à Paris-Sorbonne, et coauteur du *Dictionnaire Jeanne d'Arc*, qui m'a éclairé avec brio sur Jeanne d'Arc chef de guerre.

Monsieur **Patrick Demouy,** professeur d'histoire médiévale à l'Université de Reims, spécialiste des sacres des rois de France, auteur de *L'Enfant et la Cathédrale*. Il a guidé mes pas pour retrouver la trace de Jeanne d'Arc à Reims, où il connaît l'histoire de chaque pavé. Nous avons arpenté ensemble les rues et la cathédrale de la ville du sacre. J'ai vu l'ancien jubé renaître dans ses yeux et ses mots d'érudit.

Madame **Marie-Ève Scheffer,** directrice de la forteresse royale de Chinon, archéologue reconnue pour ses publications en architecture médiévale, qui a bien voulu faire revivre pour moi, pièce par pièce, le séjour de Jehanne à Chinon.

Monsieur **Jean Favier,** membre de l'Institut, professeur des Universités, qui a publié le fameux *Pierre Cauchon*. Il m'a ouvert les portes des diocèses de l'évêque de Beauvais et de l'Université de Paris.

Monsieur **Olivier Hanne,** professeur agrégé d'histoire médiévale, docteur de l'Université d'Aix-Marseille, auteur d'une biographie remarquable sur Jeanne d'Arc, et récemment d'un livre qui fera date, *Jacques Gelu, de la venue de Jeanne*. Il m'a éclairé, en brillant pédagogue, sur les obscurités des procès de la Pucelle.

Monsieur **Alain Olivier,** responsable éminent du site de Notre-Dame-de-Bermont, où Jehanne venait chaque samedi. Il m'a accordé le privilège de visiter jusqu'aux parties privées de Bermont et m'a fait découvrir les dernières fresques inédites mises au jour, laissant penser qu'elle était blonde. Il vient d'écrire un livre majeur, *L'Abjuration de Jehanne d'Arc au cimetière de Saint-Ouen*.

Monsieur **Jean-Paul Sage-Frenay,** conservateur du département « Guerre de Cent Ans » du musée de l'Armée, admirable connaisseur des armements et harnois des guerres de Jeanne d'Arc. Il m'a guidé entre les vouges et guisarmes, dans une visite passionnante parmi les collections aux richesses insoupçonnables que l'Armée française a rassemblées aux Invalides.

Mère Marie de l'Assomption, OP, professeur de philosophie, qui m'a donné de précieux conseils sur la confession de Jehanne au dominicain Martin Ladvenu.

Madame **Mylène Bazin,** qui m'assiste depuis trente ans, dans mes créations, sur ses temps de loisirs et qui n'a pas son pareil pour les recherches documentaires et les trouvailles précieuses des œuvres oubliées.

Aude Paris, une jeune étudiante qui m'a aidé à retrouver, avec virtuosité, le parler de Jehanne et de ses contemporains.

Bibliographie

ANOUILH, Jean, *L'Alouette,* La Table ronde, 1953

AYROLES, Jean-Baptiste Joseph, *Jeanne d'Arc,* Éd. Gaume et Compagnie, 1894

AYROLES, Jean-Baptiste Joseph, *L'Université de Paris au temps de Jeanne d'Arc et la cause de sa haine contre la libératrice,* Éd. X. Rondelet et Cie 1901

BAILLY-MAÎTRE, *Les Prisons de Jeanne d'Arc au château de Rouen,* Imprimerie Longuyonnaire, 1931

BAILLY-MAÎTRE, *Le Supplice du feu à l'époque de Jeanne d'Arc,* Imprimerie Longuyonnaire, 1932

BARANTE, Prosper de, *Histoire de Jeanne d'Arc,* Éd. Didier et Cie, 1859

BARANTE, Prosper de, *Histoire des ducs de Bourgogne,* Ladvocat libraire, 1826

BAUSSAN, Charles, *Domrémy,* Éd. Flammarion, 1932

BEAUNE, Colette, *Jeanne d'Arc, vérités et légendes,* Éd. Perrin, 2008

BEAUNE, Colette, *Jeanne d'Arc,* Éd. Perrin, 2004

BEAUNE, Colette, *Naissance de la nation France,* Gallimard, 1985; rééd. coll. « Folio-Histoire », 1993

BEAUNE, Colette, *Le Journal d'un bourgeois de Paris : de 1405 à 1449,* Librairie générale française (Le Livre de poche), 1989

BEAUNE, Colette, *Le Grand Ferré, premier héros paysan,* Éd. Perrin, 2013

BENSAÏD, Daniel, *Jeanne de guerre lasse,* Éd. Gallimard, coll. « Au vif du sujet », 1991

BERNANOS, Georges, *Jeanne relapse et sainte* [1929], Plon, 1957

BÉROALDE DE VERVILLE, François, *La Pucelle d'Orléans*, 1599

BORDONOVE, Georges, *Charles VII, 1422-1461,* Éd. Pygmalion, 2006

BORDONOVE, Georges, *Jeanne d'Arc et la guerre de Cent Ans,* Éd. Pygmalion, 1985

BOUCHER DE MOLANDON, Rémi, *La Délivrance d'Orléans,* Éd. Herluison, 1883

BOUQUET, François, *Jeanne d'Arc au château de Rouen, étude historique,* Librairie E. Cagniard, 1865

BOURASSIN, Emmanuel, *Jeanne d'Arc,* Librairie académique Perrin, 1978

BOURBON-LIGNIÈRES, Marie Charles, *Étude sur Jeanne d'Arc et les principaux systèmes qui contestent son inspiration surnaturelle et son orthodoxie,* Librairie de la société bibliographique, 1875

BOURNAZEL, Alain, *Jeanne d'Arc, la vérité sur un faux procès,* Éd. Artena, 2012

BOUZY, Olivier, *Jeanne d'Arc, mythes et réalités,* L'Atelier de l'Archer, 1999

BOUZY, Olivier, *Jeanne d'Arc, l'histoire à l'endroit,* Éd. CLD, 2008

BOUZY, Olivier, in *Jeanne d'Arc : histoire et dictionnaire,* Philippe Contamine dir., Éd. Robert Laffont, coll. « Bouquins » 2012

BOUZY, Olivier, *Jeanne d'Arc en son siècle,* Éd. Fayard, 2013

BRASILLACH, Robert, *Le Procès de Jeanne d'Arc,* Librairie de la Revue française, Alexis Redier, 1932

BRENTANO, Funck, *Jeanne d'Arc, chef de guerre,* Éd. Flammarion, 1943

CALMETTE, Joseph, *Histoire des ducs de Bourgogne,* Éd. Albin Michel, 1976

CARATINI, Roger, *Jeanne d'Arc : de Domrémy à Orléans et du bûcher à la légende,* L'Archipel, 1999
CASTELOT, André, *L'Heure de Jeanne d'Arc : 1408-1447 (Histoire de la France et des Français),* Éd. Robert Laffont, 1989
CHAMPION, Louis, *Jeanne d'Arc écuyère,* Éd. Favre, 1999
CHARPENTIER Paul et CUISARD Charles, *Journal du siège d'Orléans,* Éd. Herluison, 1896
CHARTIER, Jean, *Chronique de Charles VII* [XVe siècle], Auguste VALLET DE VIRIVILLE édit., Chez Pierre Jannet, 1863
CHERUEL, Adolphe, *Histoire de Rouen sous la domination anglaise,* Éd. E. Le Grand, 1840
CLAESSENS, Aquilin, *Jeanne d'Arc, dossiers contemporains,* Éd. Jules Hovines, 1967
CLIN, Marie-Véronique, *Jeanne d'Arc,* Éd. Nathan, 1982
CLIN, Marie-Véronique, *Jeanne d'Arc,* Éd. Le Cavalier bleu, 2003
CONTAMINE, Philippe, *Guerre, État et société à la fin du Moyen Âge, études sur les armées des rois de France,* Éd. Mouton, 1972
CONTAMINE, Philippe, *La Guerre au Moyen Âge,* Éd. PUF, coll. « Nouvelle Clio », 1980
CONTAMINE, Philippe, *La France et l'Angleterre pendant la guerre de Cent Ans,* Éd. Hachette, 1982
CONTAMINE, Philippe, *La Noblesse au royaume de France, de Philippe le Bel à Louis XII,* Éd. PUF, 1997
CONTAMINE, Philippe, *Jeanne d'Arc : histoire et dictionnaire,* Éd. Robert Laffont, 2012
DEFOURNEAUX, Marcelin, *La Vie quotidienne au temps de Jeanne d'Arc,* Hachette, 1952
DELAVENNE, Magali, ALEXANDRE-BIDON, Danièle, BOUZY, Olivier, GUYON, Catherine, *Grandir au Moyen Âge : l'enfance de Jeanne d'Arc,* IAC Éditions, 2012
DELTEIL, Joseph, *Jeanne d'Arc,* Éd. Grasset, 1925
DEMAY, Germain, *Le Costume au Moyen Âge d'après les sceaux,* Librairie de Dumoulin, 1888

DEMOUY, Patrick, *Un portail pour le Ciel,* Éd. Mame, coll. « Un certain regard », 1989

DEMOUY, Patrick, *Petite vie de saint Rémi,* Desclée de Brouwer, 1997

DEMOUY, Patrick, *Reims, la cathédrale*, Éd. du Zodiaque, coll. « Le Ciel et la Pierre », 2001

DEMOUY, Patrick, *Genèse d'une cathédrale. Les archevêques de Reims et leur église aux XIe et XIIe siècles,* Éd. Dominique Guéniot, 2005

DEMOUY, Patrick, *Notre-Dame de Reims, sanctuaire de la monarchie sacrée,* CNRS Éditions, 2008

DEMOUY, Patrick, *L'Enfant et la Cathédrale,* Éd. Larousse, 2009

DEMOUY, Patrick (dir.), *La Grâce d'une cathédrale. Reims,* Éd. La Nuée bleue, 2010

DENIS, Léon, *Jeanne d'Arc médium : ses voix, ses visions, ses prémonitions, ses vues actuelles exprimées en ses propres messages,* Librairie des sciences psychiques, 1910

DESHAYS, Émile, *Jeanne d'Arc à Rouen,* Éd. Barbier, 1911

DEVELLE, E., *Jeanne d'Arc, Blois, avril-mai 1429,* Chez tous les libraires, 1894

DONCŒUR Paul, *Qui a brûlé Jeanne d'Arc ?,* Éd. Flammarion, 1931

DONCŒUR, Paul, *La Chevauchée de Jeanne d'Arc,* À l'art catholique, 1947

DONCŒUR, Paul, *Le Mystère de la passion de Jeanne*, tome 1 : *La Trahison,* tome 2 : *Le Martyre,* Éd. À l'Orante, 1948

DUBOIS, François Noël Alexandre, *Histoire du siège d'Orléans 1428-1429,* Éd. H. Herluison, 1894

DUBY, Andrée et Georges, *Les Procès de Jeanne d'Arc,* Éd. Gallimard, coll. « Folio-Histoire », 1995

DUFAŸ, Bruno, SCHEFFER, Marie-Ève, *Forteresse royale de Chinon, chronique d'un chantier,* Imprimerie départementale du Conseil général d'Indre-et-Loire, 2010

DUNAND, Philippe-Hector, *L'Abjuration du cimetière de Saint-Ouen,* Librairie Ch. Poussielgue/Éd. Privat, 1901

DUPARC, Pierre, *Procès en nullité de la condamnation de Jeanne d'Arc,* Éd. Société de l'Histoire de France, Klincksieck, 1977

DURANVILLE, Léon de, *Notice sur le château de Bouvreuil,* Librairie archéologique de Victor Didron, 1852

FAVIER, Jean, *La Guerre de Cent Ans,* Éd. Fayard, 1980

FAVIER, Jean, *Pierre Cauchon : Comment on devient le juge de Jeanne d'Arc,* Éd. Fayard, 2010

FONTANEL, Béatrice, *Nos maisons du Moyen Âge,* Éd. du Seuil, 2010

FRANCE, Anatole, *Vie de Jeanne d'Arc,* Éd. Calmann-Lévy, 1929

GALLO, Max, *Jeanne d'Arc – jeune fille de France brûlée vive,* XO Éditions, 2011

GOERRES, Guido, *Jeanne d'Arc d'après les chroniques contemporaines,* Librairie d'éducation de Perisse Frères, 1843

GUILLEMIN, Henri, *Jeanne dite «Jeanne d'Arc»,* Éd. Gallimard, 1970

GUITTON, Jean, *Problème et mystère de Jeanne d'Arc,* Éd. Fayard, 1979

HANNE, Olivier, *Jeanne d'Arc: le glaive et l'étendard,* Éd. Giovangeli, 2007

HANOTAUX, Gabriel, *Jeanne d'Arc,* Éd. Hachette, 1911

HARMAND, Adrien, *Jeanne d'Arc, ses costumes, ses armures,* Éd. Leroux, 1929

HÉLARY, Xavier, «Charles VII et les Français dans le procès de condamnation de Jeanne d'Arc», in *Universitas Scolarium, Mélanges offerts à Jacques Verger par ses anciens étudiants*, Éd. Droz, 2011

HÉLARY, Xavier, «Avant le procès de Jeanne d'Arc: le "dossier de l'instruction"», in *Hommes, cultures et sociétés à la fin du Moyen Âge,* Patrick Gilli et Jacques Paviot dir., Presses de l'Université de Paris-Sorbonne, 2012

HÉLARY, Xavier, *L'Armée du roi de France. La guerre de Saint Louis à Philippe le Bel,* Éd. Perrin, 2012

HÉLARY, Xavier, *Jeanne d'Arc, Histoire et dictionnaire*, Philippe Contamine dir., Éd. Robert Laffont, coll. « Bouquins », 2012

HENRY, Jean-François, *L'Unique et vraie Jeanne d'Arc,* Nouvelles Éditions latines, 1965

JADART, Henri, *Jeanne d'Arc à Reims. Ses relations avec les Rémois. Ses lettres aux Rémois,* Éd. Michaud, 1887

KEMPIS, Thomas a, *L'Imitation de Jésus-Christ,* traduction de l'abbé Félicité de LAMENNAIS, Éd. Marguerite, 1824

KRUMEICH, Gerd, *Jeanne d'Arc en vérité,* Éd. Tallandier, 2012

LANCESSEUR, lieutenant-colonel P. de, *Jeanne d'Arc, chef de guerre. Le génie militaire et politique de Jeanne d'Arc,* Nouvelles éditions Debresse, 1961

LE BRUN DE CHARMETTES, Philippe Alexandre, *Histoire de Jeanne d'Arc,* Chez Arthus Bertrand, 1817

LE CACHEUX, Paul, *Rouen au temps de Jeanne d'Arc et pendant l'occupation anglaise,* Éd. Lestringant/Picard (Société de l'histoire de Normandie), 1934

LEFILS, Florentin, *Le Crotoy,* Librairie de Poulet-Malassis et de Broise, 1861

LEGUAY, Jean-Pierre, *Vivre en ville au Moyen Âge,* Éd. Jean-Paul Gisserot, 2006

LEMOINE, général Félix, *Jeanne d'Arc, chef de guerre*, Éd. Charles Lavauzelle et Cie, 1830

LIOCOURT, Ferdinand de, *La Mission de Jeanne d'Arc,* Nouvelles Éditions latines, 1974-1981

LUCE, Siméon, *Jeanne d'Arc et les Ordres mendiants,* Éd. H. Champion, 1881

LUCE, Siméon, *Jeanne d'Arc à Domrémy,* Éd. H. Champion, 1886

MALEYSSYE, C. de, *Les Lettres de Jehanne d'Arc,* [Paris rue Bayard], 1911

MALEYSSYE, C. de, *Jeanne d'Arc à Rouen,* Éd. Desclée de Brouwer & Cie, 1919

MAROT, Pierre, *Jeanne d'Arc, la bonne Lorraine à Domrémy,* Éd. SAEP, 1980

MARTIN, Henri, *Jeanne d'Arc,* Éd. Furne et Cie, 1857
MICHELET, Jules, *Jeanne d'Arc*, in *Histoire de France*, tome V, Librairie classique et élémentaire de L. Hachette, 1841
MOINOT, Pierre, *Jeanne d'Arc, le pouvoir et l'innocence,* Éd. Flammarion, 1988
MONTEILHET, Hubert, *La Pucelle,* Éd. de Fallois, 2012
NETTE, Herbert, *Jeanne d'Arc,* Éd. Rowohlt Taschenbuch Verlag, 2007
NEVEUX, François, *L'Évêque Pierre Cauchon*, Éd. Denoël, 1987
NEVEUX, François, *De l'hérétique à la sainte : les procès de Jeanne d'Arc revisités,* Éd. Presses universitaires de Caen, 2012
OLIVIER, Alain et Jacques, *L'Abjuration de Jehanne d'Arc au cimetière de Saint-Ouen, genèse d'une calomnie,* Éd. Association Notre-Dame-de-Bermont/Études johanniques, 2014
O'REILLY, Ernest, *Jeanne d'Arc à Rouen,* Éd. E. Cagniard, 1866
O'REILLY, Ernest, *Les Deux Procès de condamnation de Jeanne d'Arc,* Éd. Plon, 1868
PÉGUY, Charles, *Le Mystère et la Charité de Jeanne d'Arc,* Éd. Gallimard, 1918
PERNIN, C.-R., *Jeanne d'Arc à Troyes,* Annales salésiennes, 1894
PERNOUD, Régine, *La Libération d'Orléans,* Éd. Gallimard, 1969
PERNOUD, Régine, *Jeanne devant les Cauchons,* Éd. du Seuil, 1970
PERNOUD, Régine, *J'ai nom Jeanne la Pucelle,* Éd. Gallimard, 1994
PERNOUD, Régine, *Réhabilitation de Jeanne d'Arc, reconquête de la France,* Éd. du Rocher, 1995
PERNOUD, Régine, CLIN, Marie-Véronique, *Jeanne d'Arc,* Éd. Arthème Fayard, 1986
PINASSA, Delphine, *Costumes : modes et manières d'être,* Éd. Desclée de Brouwer, 1992.
QUICHERAT, Jules, *Procès de condamnation et de réhabilitation de Jeanne d'Arc,* Chez Jules Renouard et Cie, 1841-1846
ROCOLLE, Pierre, *Un prisonnier de guerre nommé Jeanne d'Arc,* Éd. SOS, 1982

SARRAZIN, Albert, *Le Bourreau de Jeanne d'Arc,* Imprimerie L. Gy, 1910

SCHEFFER, Marie-Ève, « Le fort Saint-Ours de Loches, une occupation continue depuis le VIe siècle », in *Bulletin de la Société archéologique de Touraine*, 2004

SENZIG, Roger, GAY, Marcel, *L'Affaire Jeanne d'Arc,* Éd. Florent Massot, 2007

SEPET, Marius, *Jeanne d'Arc,* Éd. Mame, 1892

SHAW Bernard, *Sainte Jeanne,* Éd. Calmann-Lévy, 1925

SOREL, Alexandre, *La Maison de Jeanne d'Arc,* Éd. Honoré Champion, 1886

TRASSARD, François, *La Vie des Français au temps de Jeanne d'Arc,* Éd. Larousse, 2003

TUETEY, Alexandre, *Journal d'un bourgeois de Paris, d'après des manuscrits de Rome et de Paris*, Chez H. Champion, 1881

VIGNOLES, Étienne, *La Hire de Gascogne,* Éd. Lacoste, 1969

WALLON, Henri, *Jeanne d'Arc,* Firmin Didot Editeur, 1876

WEILL-RAYNAL, Étienne, *Le Double Secret de Jeanne la Pucelle révélé par les documents de l'époque,* Le Pavillon, Roger Maria Editeur, 1972

Table

DU MÊME AUTEUR

Lettre ouverte aux coupeurs de têtes et aux menteurs du Bicentenaire
1989, Éditions Albin Michel

La Chienne qui miaule
1990, Éditions Albin Michel

Notre Europe sans Maastricht
1992, Éditions Albin Michel

Avant qu'il ne soit trop tard
1993, Éditions Albin Michel

La Société de connivence
1994, Éditions Albin Michel

Dictionnaire du politiquement correct à la française
1996, Éditions Albin Michel

L'Aventure du Puy du Fou
1998, Éditions Albin Michel

La Machination d'Amsterdam
1999, Éditions Albin Michel

Vous avez aimé les farines animales, vous adorerez l'euro
2001, Éditions Albin Michel

La 51e étoile du drapeau américain
2003, Éditions Albin Michel

Quand les abeilles meurent, les jours de l'homme sont comptés
2004, Éditions Albin Michel

Les Turqueries du grand Mamamouchi
2005, Éditions Albin Michel

Les Mosquées de Roissy
2006, Éditions Albin Michel

Une France qui gagne : la preuve
2007, Éditions du Rocher

Le Puy du Fou, un rêve d'enfant
2010, Éditions Albin Michel

Les Secrets du Puy du Fou
2012, Éditions Albin Michel

Le Roman de Charette
2012, Éditions Albin Michel

Le Roman de Saint Louis
2013, Éditions Albin Michel

Composition : IGS-CP
Impression : CPI Bussière en décembre 2014
Éditions Albin Michel
22, rue Huyghens, 75014 Paris
www.albin-michel.fr
ISBN : 978-2-226-31234-1
N° d'édition : 21125/03 – N° d'impression : 2013455
Dépôt légal : novembre 2014
Imprimé en France